权威 · 前沿 · 原创

皮书系列为

“十二五”“十三五”国家重点图书出版规划项目

U0922252

智库成果出版与传播平台

中国社会科学院创新工程学术出版资助项目

2021年中国社会形势分析与预测

SOCIETY OF CHINA ANALYSIS AND FORECAST (2021)

主　编 / 李培林　陈光金　王春光
副主编 / 李　炜　田　丰　邹宇春

社会科学文献出版社
SOCIAL SCIENCES ACADEMIC PRESS (CHINA)

图书在版编目(CIP)数据

2021年中国社会形势分析与预测 / 李培林, 陈光金, 王春光主编. -- 北京 : 社会科学文献出版社, 2020.12
(社会蓝皮书)
ISBN 978-7-5201-7704-7

Ⅰ. ①2… Ⅱ. ①李… ②陈… ③王… Ⅲ. ①社会分析-中国-2021②社会预测-中国-2021 Ⅳ. ①D668

中国版本图书馆CIP数据核字(2020)第249022号

社会蓝皮书
2021年中国社会形势分析与预测

主　　编 / 李培林　陈光金　王春光
副 主 编 / 李　炜　田　丰　邹宇春

出 版 人 / 王利民
组稿编辑 / 邓泳红
责任编辑 / 桂　芳　张　媛

出　　版 / 社会科学文献出版社 · 皮书出版分社 (010) 59367127
地址：北京市北三环中路甲29号院华龙大厦　邮编：100029
网址：www.ssap.com.cn
发　　行 / 市场营销中心 (010) 59367081　59367083
印　　装 / 天津千鹤文化传播有限公司

规　　格 / 开　本：787mm × 1092mm　1/16
印　张：30.25　字　数：456千字
版　　次 / 2020年12月第1版　2020年12月第1次印刷
书　　号 / ISBN 978-7-5201-7704-7
定　　价 / 128.00元

本书如有印装质量问题，请与读者服务中心(010-59367028)联系

版权所有 翻印必究

社会蓝皮书编委会

主　　编　李培林　陈光金　王春光

副 主 编　李　炜　田　丰　邹宇春

课题核心组成员

李培林　陈光金　王春光　李　炜　田　丰

邹宇春　朱　迪　任莉颖　崔　岩　田志鹏

本书作者（以文序排列）

李培林　陈光金　田　丰　贾德刚　莫　荣

陈　云　惠大帅　吕学静　李　涛　宫啸雪

张文婷　刘　蔚　陈　刚　袁蓓蓓　李　炜

高海燕　吕　鹏　付　伟　刘　学　焦长权

黄送钦　傅　凡　朱　萌　张海东　姚烨琳

支钰明　黄　勇　刘保中　郭亚平　高文珺

朱　迪　郭　冉　王　璐　吴子洋　范　雷

祝华新　潘宇峰　田　明　冯　军　贾　峰

周恋彤　唐玉佳　栾雪菲　刘汝淇　黄瀞漪

赵晓艺　乔　健　吴惠芳　戴小燕　王宇霞

王　震　康　蕊　李　民　邹宇春　李建栋

主要编撰者简介

李培林　博士，研究员，全国人民代表大会社会建设委员会副主任委员，中国社会科学院原副院长、学部委员，俄罗斯科学院外籍院士。主要研究领域：发展社会学、组织社会学、工业社会学。主要研究成果:《村落的终结》（专著）、《社会结构转型——中国经济体制改革的社会学分析》（专著）、《和谐社会十讲》（专著）、《另一只看不见的手——社会结构转型》（专著）、《转型中的中国企业：国有企业组织创新论》（合著）、《新社会结构的生长点》（合著）、《社会冲突与阶级意识——当代中国社会矛盾问题研究》（合著）、《国有企业社会成本分析》（合著）、《中国社会发展报告》（主编）、《中国新时期阶级阶层报告》（主编）等。

陈光金　博士，研究员，中国社会科学院社会学研究所所长，《社会学研究》主编。主要研究领域：农村社会学、社会分层与流动、私营企业主阶层。主要研究成果:《中国乡村现代化的回顾与前瞻》（专著）、《新经济学领域的拓疆者——贝克尔评传》（专著）、《当代中国社会阶层研究报告》（合著）、《当代英国瑞典社会保障》（合著）、《内发的村庄》（合著）、《中国小康社会》（合著）、《当代中国社会流动》（合著）、《多维视角下的农民问题》（合著）、《当代中国社会结构》（合著）等。

王春光　博士，研究员，中国社会科学院社会学研究所副所长，中国社会学会农村社会学专业委员会理事长。主要研究领域：农村社会学、社会政策、移民和流动人口、社会流动和贫困问题等。主要研究成果:《社会流动和社会重构——京城“浙江村”研究》(专著)、《中国农村社会变迁》(专著)、《中国城市化之路》(合著)、《巴黎的温州人:一个移民群体的跨社会建构行动》(专著)、《超越城乡:资源、机会一体化配置》(专著)、《移民空间的建构》(专著)。

李　炜　博士,研究员,中国社会科学院社会学研究所。主要研究领域:发展社会学、社会分层、社会研究方法。主要研究成果:《社会福利建设研究的民意视角》(专著)、《提升社会质量的社会政策建设》(合著)、《农民工在中国社会转型中的经济地位和社会态度》(论文/合著)、《当代中国社会阶层的主观性建构和客观实在》(论文/合著)、《中韩两国社会阶级意识比较研究》(论文)。

田　丰　博士,研究员,中国社会科学院社会发展战略研究院。主要研究领域:人口与家庭社会学、青少年与大学生、社会问题与社会治理、社会分层、调查研究方法。主要研究成果:《当代中国家庭生命周期》(专著)、《家庭负担系数研究》(专著)、《城市工人与农民工的收入差距研究》(论文)、《改革开放的孩子们——中国“70后”和“80后”青年的公平感和民主意识研究》(论文)、《消费、生活方式和社会分层》(论文)、《高等教育体系与精英阶层再生产——基于12所高校调查数据》(论文)。

邹宇春　博士,副研究员,中国社会科学院社会学研究所发展社会学研究室主任。主要研究领域:社会发展与社会治理、社会资本与信任、志愿服务研究、社会调查方法、反贫困研究。主要研究成果:《中国城镇居民的社会资本与信任》(专著)、《当代中国社会质量报告》(合著)、《中国城市居民的信任格局及社会资本的影响》(论文/合著)、《自雇者与受雇者的社会资本差异研究》(论文/合著)、《城镇居民普遍信任的区域间及区域内差异分析——基于“资源因素论”视角》(论文/合著)、《大学生社会资本:内涵,测量及其对就业的差异化影响》(论文)、《中国志愿者现状调查报告》(论文/合著)。

序
“十四五”时期要积极推进社会结构的改进

党的十九届五中全会，提出了关于制定国民经济和社会发展第十四个五年规划和2035年远景目标的建议，为未来五年和长期发展绘制了宏伟蓝图，开启我国走向基本现代化的新征程，也意味着我国经济社会发展进入一个新阶段，也面临着一系列新挑战、新问题。

我国改革开放40多年的一条重要经验：就是在改革和发展中不断实现社会结构的改进，奠定社会和谐稳定的基础。

一　抓住机遇，大力推进社会的“结构改进”

当前，我国经济下行压力持续加大，国际发展环境日趋复杂，经济发展的动力和约束条件发生极大改变，加之新冠肺炎疫情防控常态化的冲击，经济社会形势影响因素的不确定性和难以预测性都大大增加。在这种情况下，我国在现代化新征程的起步阶段，应该抓住时机，大力推进社会的结构改进，筑牢社会和谐稳定和未来发展的基础。这样，我国在经济增长放缓时期，仍然可以实现社会结构改进的巨大成就。

所谓社会的“结构改进”，实际上就是社会结构朝着现代化改进和完成转型。一些国家在现代化的过程中没有能够实现社会结构的改进，所以很容易出现社会动荡和经济倒退，在人均GDP一万多美元阶段长期徘徊，陷入“有增长无发展”的陷阱。

二　我国实现社会结构现代化的“两大短板”

对照现代化社会结构的特征，也对照人均GDP一万多美元的同等发展阶段，再对照我国已达到的经济结构水平，我国目前的社会结构存在两大短板，需要重点实行“结构改进”。

一个是城乡结构的短板，即农民总量过多、收入过低。这也涉及我国区域结构、就业结构、职业结构、消费结构、社会阶层结构等一系列社会结构层面的改进，是构建现代化社会结构的关键指标。多数发达的国家和经济体，当初把农业劳动者占全部从业人员的比重从30%降到3%以下，用了大约30年的时间。我国现在农业劳动者占全国从业人员的比重是约26%，要达到5%左右，至少也还需要二三十年甚至更长的时间。我国绝大多数农民还没有完全摆脱相对贫穷和低收入的状况。2019年城镇居民的人均收入是农村居民人均收入的2.64倍，而浙江农村居民人均收入又是甘肃农村居民人均收入的约3倍。我国农民人多地少，户均耕作面积是欧洲的1/80到1/60，农业劳动生产率远低于第二、第三产业，农业现在是以全国约26%的劳动力，产出约7%的GDP。

另一个是收入分配结构的短板，即收入差距过大，中等收入群体比例较低。我国目前的收入分配差距，在国际比较中还是偏大，这不符合中国特色社会主义的本质特征，也影响到大众消费的发育和社会的和谐稳定。特别是收入分配的基尼系数，自2008年得到控制并出现下降趋势之后，近几年又有所反弹。中国社会科学院的社会学家与俄罗斯和巴西的社会学家合作，进行中等收入群体的比较研究，共同确定以收入中位值比例为基准的相对标准，基于2015年中国、俄罗斯、巴西的全国社会状况调查数据，中等收入群体的比例，在俄罗斯占56.6%，在巴西占43.9%，在中国占39.1%。三国的收入分层的最大差别是，中国和巴西的高收入群体（包括高富人群和富裕人群）比例高出俄罗斯十几个百分点，而中国的低收入群体（包括脆弱人群和相对贫困人群）比例高出俄罗斯和巴西十几个百分点。

其实我国这两个短板是有密切联系的，造成收入分配结构短板的主因，也是农民数量太多、收入太低。我国农业劳动者的比例不仅数倍于俄罗斯和巴西，也大大高于同等发展程度的国家。在农民工大规模转移接近尾声、耕地难以全部实行规模化经营、农产品价格已普遍高于国际市场又要保证国家粮食安全的情况下，如何让广大农民普遍富裕起来、进入中等收入群体，是我国现代化面对的最大难题。

三 补齐短板，通过释放社会活力实现“结构改进”

要补齐上文所说的两大短板，实现“结构改进”，需要两手抓。一方面通过制定社会政策和法律自上而下去调整结构，另一方面通过释放社会活力自下而上去“建构”，从而实现“结构改进”。

在当前情况下，更要注重释放社会活力。一是释放市场活力，创造更多的就业机会，防止过早“去工业化”，特别是对各种新型就业方式和灵活就业的“零工经济”，既要规范更要支持；对容易受到冲击的困难家庭和低收入群体的就业，给予更大的帮扶，通过积极就业增加收入，减少低收入群体和相对贫困群体的比重和对托底政策的依赖。二是释放农村活力，鼓励农民更广泛地兼业，推动以转移农民剩余劳动时间为特点的新型劳动力转移，更大力度地盘活农村的闲置资产，千方百计使相当一部分农民进入中等收入群体。三是继续通过改善民生筑牢社会和谐稳定的基础，特别要防止在收入增长放缓时期食品价格较大幅度增长，这是最容易引起群众普遍不满的方面。四是加强精准的信息发布和舆论引导，营造民众积极的生活和消费预期，促进形成理性平和、积极向上的社会心态。

李培林

2020 年 11 月 20 日

前 言

本书是中国社会科学院“社会形势分析与预测”课题组第 29 本分析和预测社会形势的年度社会蓝皮书。

2020 年是中国全面建成小康社会、全面完成脱贫攻坚任务、实现第一个百年奋斗目标的决胜之年，是落实国民经济和社会发展第十三个五年规划纲要、实现目标任务的收官之年。五年来，中国经济步入高质量发展新阶段，城乡居民收入增长显著，生活消费水平不断提高；全国就业在整体稳定的同时不断提高质量，教育事业更加公平地快速发展；“三农”事业发展和农村脱贫成果显著，医疗卫生改革不断深化，生态文明建设力度空前，新型城镇化不断推进。但经济社会发展中也存在着诸多风险和挑战，国际环境不确定性长期存在，收入分配差距仍然较大，居民消费增长潜力需要增强，人口老龄化压力增大，在解决绝对贫困问题后相对贫困问题不容忽视，教育发展质量和公平性水平仍需提高，社会结构现代化进程需要加快推进。

2020 年，新冠肺炎疫情突如其来，给中国经济社会发展带来了巨大冲击。国家采取了一系列保就业、保企业、保稳定、扩大消费的应对措施。中国人民在中国共产党的坚强领导下，团结一心，以坚定的信心、顽强的意志、果断的措施，取得新冠肺炎疫情防控人民战争、总体战、阻击战的阶段性胜利；继续深化改革开放，国民经济从负增长迅速恢复，是全球唯一实现正增长的主要经济体。

城乡居民的收入和消费同样受到新冠肺炎疫情的影响。2020 年上半年，城乡居民收入初显负增长态势，到第三季度从负增长转变为正增长。整个前三季度，全国居民人均可支配收入23781元，比上年同期名义增长3.9%，实际增速则由上半年的-1.3%转为0.6%。城乡居民收入增长趋势由负增长到正增长的转变，主要依靠农村居民收入的增长。前三季度，城镇居民人均可支配收入32821元，同比名义增长2.8%，实际下降0.3%，但降幅比上半年收窄1.7个百分点；农村居民人均可支配收入12297元，同比名义增长5.8%，实际增长1.6%。从城乡居民家庭生活消费支出整体情况看，总体仍然呈现下降趋势。统计显示，前三季度，全国居民人均消费支出14923元，同比名义下降3.5%，扣除价格因素后实际下降6.6%。其中，城镇居民人均消费支出19247元，比上年同期下降5.6%；农村居民人均消费支出9430元，名义增速由上半年的-1.6%转为0.8%。可见，中国扩大消费的关键仍然是增加城乡居民的收入。

“十三五”时期中国就业形势整体稳定，就业质量不断提高；全国失业率保持在较低水平，城镇登记失业率保持在4%以下，调查失业率保持在5%左右。2020年，新冠肺炎疫情一度对全国劳动就业产生了重大影响。国家推出了一系列保就业的政策措施，支持就业尤其是农民工就业的国家投入增加，就业形势较快好转，调查失业率从年初的6.2%回落到10月的5.3%。大学毕业生、农民工等重点群体就业扎实推进。

“十三五”期间，解决“三农”问题始终是党中央关注的重中之重，各级政府支持农业农村发展的经费投入力度不断加大，农村基础设施建设提档升级。国家持续实施精准扶贫战略，成就显著。2020年11月23日，贵州省宣布，该省最后9个深度贫困县按照现行贫困标准全部退出贫困县序列，这标志着国务院扶贫办公室确定的全国832个贫困县全部脱贫摘帽，全国脱贫攻坚任务基本完成。2021年和整个“十四五”期间，中国将致力于巩固脱贫攻坚伟大成就，推动精准扶贫与乡村振兴有效衔接，启动农村农业现代化进程。中国新型城镇化战略不断推进，城镇化的质量稳步提高。2019年末常住人口城镇化率升至60.6%，比2015年提高4.5个百分点，实现了1亿左右农业转移人口和其他常住人口在城镇落户的阶段性目标。

“十三五”期间，中国教育事业继续快速发展，推动着中国从人口大国向人力资源大国和人才资源强国不断迈进。2019 年高等教育毛入学率达 51.6%，标志着中国高等教育稳定进入普及化阶段。2020 年，新冠肺炎疫情对中国教育事业并未产生实质性影响，各项教学工作通过在线教学等诸多措施做到“停课不停学”。“十三五”期间，中国启动实施健康中国战略，推动医疗、医保、医药“三医联动”改革，全面推开公立医院综合改革，取消药品和耗材加成。医疗卫生服务体系不断完善，服务可及性不断提高，基本医保参保覆盖面稳定在 95% 以上。

2021 年是中国国民经济和社会发展第十四个五年规划开局之年，中国经济社会发展面临若干问题和挑战。国际环境不确定性长期存在，单边主义、保护主义、冷战思维上升。加之突发的新冠肺炎疫情在全球蔓延，进一步加剧了国际经济、政治、科技、文化、安全等领域的格局调整和变革，国际政治环境也趋于动荡复杂、充满挑战。从国内来看，现阶段收入差距仍然较大。2019 年全国居民五等份收入分组数据显示，低收入组人均可支配收入 7380 元，高收入组人均可支配收入 76401 元，高收入组人均可支配收入是低收入组人均可支配收入的 10.35 倍。受收入水平的影响，中低收入人群的消费水平拉动难度较大。人口老龄化程度不断加深。从国家统计局公布的数据来看，2019 年全国 60 岁以上人口数量达到 2.54 亿人，65 岁以上人口数量达到 1.76 亿人，占全国总人口的比例分别达到 18.1% 和 12.6%。2020 年，党的十九届五中全会通过《中共中央关于制定国民经济和社会发展第十四个五年规划和二〇三五年远景目标的建议》，把积极应对人口老龄化提升为国家战略，意义重大。教育、医疗卫生、社会保障等民生事业发展不充分不平衡的问题仍然存在，需要不断提高它们的发展水平、质量和社会公平程度。要加快发展中等收入群体，推进中国社会结构的现代化改进，进一步创新基层社会治理，建设人人有责、人人尽责、人人享有的社会治理共同体。2021 年及整个“十四五”期间，要紧紧围绕改善人民生活品质、提高社会建设水平的任务要求，着力推进全面建设社会主义现代化社会。

本年度“社会蓝皮书”的作者来自专业的研究和调查机构、大学以及政府有关研究部门，除总报告外，各位作者的观点，只属于作者本人，既不代

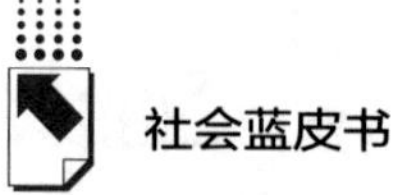

表总课题组，也不代表作者所属的单位。

本年度“社会蓝皮书”涉及的大量统计和调查数据，由于来源不同、口径不同、调查时点不同，所以可能存在不尽一致的情况，请在引用时认真进行核对。

本课题的研究受到中国社会科学院的重点资助，本课题的研究活动的组织、协调以及总报告的撰写，均由中国社会科学院社会学研究所负责。

本年度“社会蓝皮书”由陈光金、王春光、李炜、田丰、邹宇春、朱迪、崔岩负责统稿，李培林撰写了序言并审定了总报告，傅学军负责课题的事务协调和资料工作。社会科学文献出版社社长王利民，社会科学文献出版社原社长谢寿光，皮书分社社长邓泳红，编辑桂芳、张媛为本书的出版做了大量工作，在此表示诚挚谢意。

编者

2020年11月25日

摘　要

本报告是中国社会科学院“社会形势分析与预测”课题组的2020年度分析报告（社会蓝皮书），由中国社会科学院社会学研究所组织研究机构专家、高校学者以及国家政府研究人员撰写。

本报告分析了“十三五”期间中国经济社会发展的成就和2020年经济社会发展形势。报告认为，2020年是中国全面建成小康社会、全面完成脱贫攻坚任务、实现第一个百年奋斗目标的决胜之年，是落实国民经济和社会发展第十三个五年规划纲要、实现目标任务的收官之年。五年来，中国经济步入高质量发展新阶段，城乡居民收入增长显著，生活消费水平不断提高；全国就业在整体稳定的同时不断提高质量，教育事业更加公平地快速发展；“三农”事业发展和农村脱贫成果显著，医疗卫生改革不断深化，生态文明建设力度空前，新型城镇化不断推进。报告同时也指出，在经济社会发展总体格局平稳的同时也面临诸多难题和挑战。2021年，中国迈入全面建设中国特色社会主义现代化国家的新发展阶段，社会现代化进程的启动也是题中应有之义。在未来五年，要进一步调整收入分配秩序，继续显著缩小居民收入分配差距，提高居民消费增长潜力，为实现良性国内大循环奠定坚实基础，实施积极应对人口老龄化国家战略，加大力度实现精准扶贫战略与乡村振兴战略的有效衔接，重视在解决绝对贫困问题后对相对贫困问题的治理，推动教育、医疗卫生、社会保障等民生事业更高质量、更加公平地发展，推进以人为核心的新型城镇化，加快发展中等收入群体，促进社会结构的现代化改进。

本报告以翔实的统计数据和实地调查资料为依据，分四大板块，用1篇总报告和19篇分报告（未含附录部分），分别讨论了“十三五”期间以及2020年中国社会运行发展的总体状况和未来形势。总报告分析了“十三五”期间中国社会发展的主要成就以及未来面临的问题和挑战，分析了2020年新冠肺炎疫情对中国社会发展的主要影响以及中国人民在中国共产党的坚强领导下打赢阶段性疫情防控人民战争的积极成效，提出了2021年以及“十四五”期间应对挑战和难题的若干对策建议。第二板块由6篇报告组成，比较全面地分析了2020年的居民收入和消费、劳动就业、社会保障事业、教育事业、社会治安以及医疗卫生体制改革等领域的形势和问题。第三板块包括7篇调查报告，这些报告以翔实的调查数据，分别分析了社会主义核心价值观认同状况、“万企帮万村”精准扶贫行动成效、特大城市社会阶层结构发展状况、新时代中国居民文化服务与旅游消费状况、中国大学生健康状况和健康行为、青少年数字文化实践（短视频）状况以及城市快递员状况等。第四板块由6篇专题报告组成，其中3篇专题报告系统描述和分析了中国互联网舆情状况、食品药品安全形势、环境保护形势，分析了其中存在的问题和面临的新挑战；1篇专题报告重点分析了抗疫复工与迈向“十四五”时期的中国职工状况，1篇专题报分析了2020年中国决胜精准扶贫成效和需要进一步解决的问题，1篇专题报告分析了“十三五”期间中国健康扶贫攻坚成效和“十四五”时期健康扶贫的发展趋势。在所有这些问题上，各篇分报告都提出了具有针对性的对策建议。

目 录

Ⅰ 总报告

Ⅱ 发展篇

Ⅲ　调查篇

Ⅳ　专题篇

Ⅴ 附录

皮书数据库阅读**使用指南**

总 报 告

General Report

B.1

迈向全面建设中国特色社会主义现代化社会的新发展阶段

——2020~2021 年中国社会形势分析与预测

中国社会科学院“社会形势分析与预测”课题组 陈光金 田 丰 执笔*

摘 要：2020 年是中国全面建成小康社会、全面完成脱贫攻坚任务、实现第一个百年奋斗目标的决胜之年，是落实国民经济和社会发展第十三个五年规划纲要、实现目标任务的收官之年。五年来，中国经济步入高质量发展新阶段，城乡居民收入增长显著，生活消费水平不断提高；全国就业在整体稳定的同时不断提高质量，教育事业更加公平地快速

* 陈光金，中国社会科学院社会学研究所所长、研究员；田丰，中国社会科学院社会发展战略研究院研究员。

发展;“三农”事业发展和农村脱贫成果显著，医疗卫生改革不断深化，生态文明建设力度空前，新型城镇化不断推进。但经济社会发展中也存在着诸多风险和挑战，国际环境不确定性长期存在，收入分配差距仍然较大，居民消费增长潜力需要增强，人口老龄化压力增大，在解决绝对贫困问题后相对贫困问题不容忽视，教育发展质量和公平性水平仍需提高，社会结构现代化进程需要加快推进。2021年及整个“十四五”期间，要紧紧围绕着改善人民生活品质、提高社会建设水平的任务要求，着力推进全面建设社会主义现代化社会。

关键词：新发展阶段　全面小康社会　社会结构改进

2020年是中国全面建成小康社会、全面完成脱贫攻坚任务、实现第一个百年奋斗目标的决胜之年，是落实国民经济和社会发展第十三个五年规划纲要、实现目标任务的收官之年。在这一年里，面对波谲云诡、复杂多变、风险骤增的国际局势，中国人民在中国共产党的坚强领导下，团结一心，以坚定的信心、顽强的意志、果断的措施，取得新冠肺炎疫情防控人民战争、总体战、阻击战的阶段性胜利；继续深化改革开放，国民经济从负增长中迅速恢复，是全球唯一实现正增长的主要经济体。中国不断推进国家治理体系和治理能力现代化，创新社会治理体系，实施积极就业政策，致力于保障和改善民生，为人民福祉提升、社会和谐稳定、国家长治久安提供了有力保证。2021年，中国迈入全面建设中国特色社会主义现代化国家的新发展阶段，这将成为中国社会建设、社会发展的主旋律。

一　“十三五”期间中国社会发展主要成就

（一）经济步入高质量发展新阶段

“十三五”时期，中国经济发展坚持稳中求进工作总基调，坚持新发展理

念，全面深化供给侧结构性改革，取得了全方位的经济发展成就，为开启全面建设中国特色社会主义现代化国家新征程奠定了坚实的物质基础。

从经济总量来看，2016 年国内生产总值为 74.64 万亿元，2019 年达到 99.09 万亿元，增加 24.45 万亿元，2016~2019 年实际年均增长 6.63%。2020 年前三季度，国内生产总值达到 72.3 万亿元，考虑到新冠肺炎疫情得到有效控制之后，刺激经济增长、确保生产复苏的政策效应仍在显现，2020 年全年国内生产总值将首次突破 100 万亿元，人均国内生产总值达到 1 万多美元。在新冠肺炎疫情仍在欧美各国持续加剧、世界主要经济体仍然陷于衰退之中的情况下，中国 2020 年国内生产总值占全球经济比重有望超过 16%，对世界经济增长的贡献率可超过 30%，“十三五”期间中国经济整体实力得到进一步提升。

“十三五”期间，中国居民消费持续保持升级态势，成为推动经济发展的基础性力量。2019 年，中国社会消费品零售总额达 41.2 万亿元，已成为世界第一大实物消费市场，最终消费支出对经济增长的贡献率保持在 60% 左右。在消费转型升级发展的带动下，国内投资持续增长，其中，与消费直接相关的计算机、通信、教育和文化体育娱乐等领域的投资较快增长。

（二）城乡居民收入增长显著，生活消费水平不断提高

党的十八大明确提出，到 2020 年实现城乡居民人均收入比 2010 年翻一番。“十三五”期间，城乡居民收入增幅稳定，与国民经济增长基本同步。2010 年全国居民人均可支配收入、农村居民人均可支配收入、城镇居民人均可支配收入分别为 10046 元、5919 元、19109 元，到 2019 年分别增加到 30733 元、16021 元、42359 元，按可比价格计算，全国居民人均可支配收入可实现 2020 年比 2010 年翻一番。 2016~2019 年居民人均可支配收入年均实际增长 6.5%。2019 年，全国有 1.4 亿个家庭年收入达到 10 万 ~50 万元，中等收入群体规模达到 4 亿多人。城乡居民收入差距逐步缩小。

“十三五”期间，城乡居民消费结构持续改善、生活质量显著提升。恩格尔系数（居民食品支出占总支出的比重）从 2015 年的 30.6% 降到 2019 年

的 28.2%。消费新业态新模式蓬勃发展，2019 年网上零售额达到 10.6 万亿元，比 2015 年增长了 174%。

2020 年，虽然遭遇新冠肺炎疫情的冲击，但国家采取了一系列保就业、保企业、保稳定、扩大消费需求的应对措施，城乡居民的收入和消费均由年初的负增长转变为正增长。2020 年前三季度，全国居民人均可支配收入 23781 元，比上年同期名义增长 3.9%，实际增速由上半年的 -1.3% 转为 0.6%。其中，城镇居民人均可支配收入 32821 元，同比名义增长 2.8%，实际同比下降 0.3%，但降幅比上半年收窄 1.7 个百分点；农村居民人均可支配收入 12297 元，同比名义增长 5.8%，实际增长 1.6%。新冠肺炎疫情对城乡居民消费也产生了一定的影响。前三季度，全国居民人均消费支出 14923 元，同比名义下降 3.5%，扣除价格因素后实际下降 6.6%，名义降幅和实际降幅分别比上半年收窄 2.4 个和 2.7 个百分点。其中，城镇居民人均消费支出 19247 元，比上年同期下降 5.6%，降幅比上半年收窄 2.4 个百分点；农村居民人均消费支出 9430 元，名义增速由上半年的 -1.6% 转为 0.8%。

（三）全国就业整体稳定，就业质量提高，特殊人群就业推进工作取得成效

“十三五”时期中国经济增长整体转向中高速度的高质量发展阶段，就业形势整体稳定，就业质量不断提高。2016~2019 年，全国城镇新增就业每年都保持在 1300 万人以上，目前累计已超过 6000 万人；全国失业率保持在较低水平，城镇登记失业率保持在 4% 以下，调查失业率保持在 5% 左右。

劳动就业结构持续改善，就业质量不断提高。从就业人口的产业分布看，2019 年第三产业就业人口比例达到 47.4%，比 2016 年提高了 5 个百分点。从就业人口的城乡结构看，2019 年城镇就业人口比重达到 57.1%，比 2016 年增加 4.9 个百分点。从就业人口的技术结构来看，技能劳动者占比有所提高，到 2019 年全国技能劳动者总量约 1.7 亿人，占当年就业总人数的比重为 21.9%。就业结构的改善必然带来劳动者收入的增加和劳动者权益保障水平的提高，2016~2019 年全国城镇非私营单位就业人员平均工资年均增长 9.9%。截至

2019 年末，全国企业劳动合同签订率达到 90% 以上，社会保险覆盖面持续扩大。

大学生、农民工历来是社会普遍关注的就业重点人口。“十三五”期间，高校毕业生累计超过 4000 万人，就业率整体保持在 90% 以上，初次就业率保持在 70% 以上，就业水平整体稳定。2019 年全国农民工总量达到 29077 万人，比 2016 年的 28171 万人增加了 906 万人，其中 50 岁以上农民工占比已经从“十二五”末的 17.9% 增加到 2019 年的 24.6%。农民工的平均月收入从 2015 年的 3072 元增加到 2019 年的 3962 元。

2020 年，在新冠肺炎疫情的冲击下，就业受到一定影响，但通过一系列保就业政策措施的实施，就业形势迅速好转。据统计，2020 年初调查失业率高达 6.2%，10 月回落到 5.3%。国家稳就业政策体系进一步完善，支持就业尤其是农民工就业的国家投入增加，1~9 月，共向 564 万户企业发放失业保险稳岗返还资金 850 亿元，惠及职工 1.45 亿人。重点群体就业扎实推进。2020 年应届高校毕业生 874 万人，再创历史新高。受新冠肺炎疫情影响，2020 年各类招聘求职活动普遍推迟，毕业生就业去向落实时间与往年相比较晚，为推进高校毕业生就业创业，有关部门出台了毕业生就业帮扶政策措施并取得成效，公共部门吸纳高校毕业生就业达 280 万人，国家人力资源和社会保障部向 150 万困难毕业生和湖北毕业生发放了一次性求职创业补贴，向湖北高校毕业生投放了 80 万个岗位信息。到 9 月 20~24 岁大专及以上人员（主要是高校毕业生）失业率比 8 月回落 2.4 个百分点。农民工就业形势也好于预期，截至 2019 年三季度末，外出务工农民工总计达到 1.79 亿人，超过 2019 年同期规模。

（四）教育事业快速发展，促进教育公平取得成效

“十三五”期间，中国教育事业继续快速发展，推动着中国从人口大国向人力资源大国和人才资源强国不断迈进。2016~2019 年，中国高校毕业生累计达 3200 多万人（2020 年新增 874 万人），中高职毕业生累计达 3400 多万人，高素质科学人才和技术人才培养已经形成规模，为中国经济高质量发展提供

了较为充足的人才队伍支撑。2019 年，全国各级各类学校 53.01 万所，在校生 2.82 亿人，高等教育毛入学率达 51.6%，比 2015 年提高了 11.6 个百分点，标志着中国高等教育稳定进入普及化阶段。高中阶段教育毛入学率达 89.5%。总体上，中国各级教育普及程度都已经达到或超过中高收入国家平均水平。受高等教育普及化的影响，中国劳动年龄人口平均受教育年限从 2014 年的 10.05 年增加到 2019 年的 10.7 年。2019 年新增劳动力中接受过高等教育者占 50.9%，平均受教育年限达 13.7 年。

中国教育事业的快速发展，离不开国家教育投入显著增长的支撑。2019 年，全国教育经费总投入首次突破 5 万亿元，国家财政性教育经费超过 4 万亿元，占 GDP 的比重连续 8 年超过 4%。总体来看，教育公平性有所提升。“十三五”期间国家大力支持乡村教育，安排“特岗计划”教师 42.8 万人，乡村教师生活补助政策惠及中西部 8 万多所乡村学校近 130 万名教师，农村义务教育学生营养改善计划惠及 4000 万名农村学生，85% 的义务教育阶段农民工随迁子女在公办学校就读或享受政府购买学位服务，重点高校招收农村和贫困地区学生专项计划累计招生近52万人。针对困难群体受教育权利的保障，共资助各类家庭经济困难学生 3.9 亿人次，残疾儿童少年入学率达 93%。

（五）“三农”事业进步斐然，农村脱贫成果显著

“十三五”期间，解决“三农”问题始终是党中央关注的重中之重，各级政府支持农业农村发展的经费投入力度不断加大，农村基础设施建设提档升级。2016~2019 年，全国新建改建农村公路 120 万公里，截至 2019 年底，具备条件的建制村实现 100% 通硬化路，村村实现通邮，97% 的乡镇有了快递网点，基本实现稳定可靠的农村地区供电服务全覆盖。截至 2020 年 8 月底，农村卫生厕所普及率超过 65%，生活垃圾收运处置体系覆盖 90% 以上的行政村；截至 2020 年 9 月，超过 98% 的农村实现通光纤和 4G 网络。

“十三五”期间，全国粮食生产继续连年丰收，实现历史性的“十六年连丰”。2019 年，全国粮食产量达到 13277 亿斤，人均粮食占有量稳定在 470 公斤，远高于国际粮食安全线。2020 年，粮食产量继续增长，小麦、水稻等

的自给率超过 100%，玉米自给率超过 95%，果菜茶肉蛋鱼等产量稳居世界第一。农业生产生态环境保护持续推进，全国化肥农药使用量连续 3 年实现负增长，畜禽粪污综合利用率达到 75%，秸秆综合利用率、农膜回收率分别达到 86% 和 80%，农产品质量安全监测合格率稳定在 97% 以上。耕地轮作休耕制度试点稳步推进，全国耕地质量较 2014 年提高 0.35 个等级，农田灌溉水有效利用系数达到 0.559。农业经营从农户向多种形式适度规模经营发展，全国家庭农场、农民合作社超过 320 万家，高素质农民超过 1700 万人，农村承包地流转面积比例达到 35.9%。

“三农”事业的发展直接关系着决战脱贫攻坚战略目标的顺利实现。2016~2019 年，现行标准下农村贫困人口累计脱贫 5575 万人，贫困发生率到 2019 年降至 0.6%，90% 以上的建档立卡贫困人口得到产业扶贫和就业扶贫的扶持。2016 年以来，累计支持 522.4 万户建档立卡贫困户改造危房，支持 242.4 万户农村低保户、分散供养特困人员、贫困残疾人家庭等贫困群众改造危房，全国所有建档立卡贫困户均已实现住房安全有保障。到 2020 年 6 月底，按照现行标准贫困人口饮水安全问题得到了全面解决，八成以上的农村人口喝上了自来水。

（六）医疗卫生改革不断深化，居民健康水平明显提升

“十三五”期间，中国启动实施“健康中国”战略，推动医疗、医保、医药“三医联动”改革，全面推开公立医院综合改革，取消药品和耗材加成。2015 年到 2019 年底，中国居民人均预期寿命从 76.3 岁提高到 77.3 岁，孕产妇死亡率从 20.1/10 万下降到 17.8/10 万，婴儿死亡率从 8.1‰下降到 5.6‰，5 岁以下儿童死亡率从 10.7‰下降到 7.8‰，部分代表国民健康整体水平的统计指标超过了中高收入国家平均水平，个人卫生支出占卫生总费用的比重降至 28.4%。

中国居民健康素养水平明显提升，从 2015 年的 10.25% 提高到 2019 年的 19.17%，预计到 2020 年底实现健康素养平均水平在“十三五”期间翻一番的目标。基本医疗保险参保覆盖面稳定在 95% 以上。基本药物数量由 520 种增

加到685种。推进药品集中采购和使用，试点药品中选价格平均降幅52%以上，打通降价药进医院“最后一公里”。2019年，国务院正式对外公布《治理高值医用耗材改革方案》，对群众费用负担重、反映强烈、社会关注度高的医用耗材开展带量采购，挤出虚高价格的水分。对于临床用量较大、采购金额较高、临床使用较成熟、多家企业生产的高值医用耗材，方案提出按类别探索集中采购，鼓励医疗机构联合开展带量谈判采购，积极探索跨省联盟采购。2020年11月，国家首次组织的高值医用耗材冠脉支架集中带量采购产生拟中选结果。其中，心脏支架价格从均价1.3万元左右下降至700元左右，被称为“灵魂砍价”。

“十三五”期间，医疗卫生服务体系不断完善，服务可及性不断提高。2015年到2019年，每万人全科医生数从1.38人增长到2.61人，每千人口医疗卫生机构床位数从5.11张增长到6.3张，每千人口执业（助理）医师数从2.22人增长到2.77人，每千人口注册护士数从2.37人增长到3.18人，84%的县级医院达到二级及以上医院水平。公共卫生水平不断提高，覆盖面不断扩大，人均基本公共卫生服务经费补助标准从2015年的40元提高到2020年的74元，免费向全体城乡居民提供十四大类国家基本公共卫生服务项目。2019年，重大慢性病过早死亡率比2015年降低10.8%。加强老年健康教育和预防保健，大力发展医养结合，为居家老人提供医疗服务的机构达到4万多家，每年免费为65岁以上老人进行健康体检。健康扶贫成效显著，大病专项救治病种扩大到30种，累计分类救治贫困患者1900多万人，近1000万因病致贫返贫户成功脱贫。

（七）生态文明建设力度空前，绿色发展模式正在形成

“十三五”期间，生态文明建设以前所未有的力度全力开展。2015年1月1日，有着史上最严环保法之称的《中华人民共和国环境保护法》正式实施，到2018年，全国实施环境行政处罚案件18.6万件，较2014年增加124%；罚款总数较2014年的31.7亿元增加382%。随着全社会环保意识的增强，环境行政处罚案件数量和罚款金额均有所下降，2019年全国实施行政处

罚案件 16.29 万件，罚款金额 119.18 亿元。

五年来，中国生态环境质量总体改善。与 2015 年相比，2019 年全国地表水质量达到或好于Ⅲ类水体比例上升 8.9 个百分点，达到 74.9%；地表水质量劣Ⅴ类水体比例下降至 3.4%，降低了 6.3 个百分点；全国 337 个地级及以上城市空气质量优良天数比例为 82%。截至 2019 年底，“十三五”规划纲要确定的 8 项生态环境保护领域的约束性指标已提前达标。2020 年 1~9 月，全国地级及以上城市空气质量优良天数比例为 87.2%。

绿色发展模式正在形成。2019 年，单位 GDP 能耗比 2015 年下降 13.2%。水、矿产资源等利用效率全面提升，清洁能源占能源消费的比重达 23.4%，煤炭消费占比下降至 57.7%。境内实现超低排放的煤电机组约 8.9 亿千瓦，占煤电总装机容量的 86%，建成了世界最大规模的超低排放清洁煤电供应体系，光伏、风能装机容量、发电量均居世界首位。截至 2019 年底，单位 GDP 二氧化碳排放较 2005 年降低 48.1%，已提前完成到 2020 年下降 40%~45% 的目标。

（八）新型城镇化不断推进，居民住房水平明显提高

“十三五”期间，中国人口流动的整体水平有所下降，2015 年中国人户分离的人口 2.94 亿人，其中流动人口 2.47 亿人；2019 年中国人户分离的人口 2.80 亿人，其中流动人口 2.36 亿人；人户分离人口下降了 1400 万人，流动人口下降了 1100 万人。这意味着城市化进程中户籍制度改革产生了成效，特别是中小城镇户籍基本处于开放状态，有固定职业和收入的农业户籍居民可以相对自由地落户。

新型城镇化质量稳步提高。2019 年末常住人口城镇化率升至 60.6%，比 2015 年提高 4.5 个百分点，完成了 1 亿左右农业转移人口和其他常住人口在城镇落户的阶段性目标。2019 年全国城市数量达 684 个，建制镇数量达 21013 个，城市建成区面积达 6.03 万平方公里。2019 年底全国城市道路长度、轨道交通建成里程分别达到 45.92 万公里、6059 公里，分别比 2015 年增长 25.8% 和 97.4%。供水普及率、燃气普及率、污水处理率、生活垃圾无害化处

理率分别达到98.8%、97.3%、96.8%、99.2%，分别比2015年提高0.7个、2.1个、4.9个、5个百分点。2019年，城市建成区绿地面积和绿地率分别达到228.5万公顷和37.6%，分别比2015年增加19.8%和1.27个百分点。

城乡居民人均住房建筑面积不断增加。2019年，城镇居民人均住房建筑面积达到39.8平方米，农村居民人均住房建筑面积达到48.9平方米。保障性住房工作取得较大成绩，“十三五”期间全国棚改累计开工超过2300万套，帮助5000多万居民搬出棚户区住进楼房。截至2019年底，3800多万困难群众住进公租房。2019年、2020年共安排中央补助资金1400多亿元，支持各地改造城镇老旧小区5.8万个，惠及居民约1043万户。

二　未来五年社会发展的潜在问题和挑战

2021年到2025年，是中国经济社会发展的第十四个五年规划时期，是中国进入全面建设社会主义现代化国家的新发展阶段的关键五年。“十三五”时期的经济社会发展成就为“十四五”时期巩固全面建成小康社会成就，推进以人民为中心、以高质量发展为主题、以供给侧结构性改革为主线的社会主义现代化建设事业奠定了良好的基础。但同时，中国发展不平衡不充分问题仍然突出，重点领域关键环节改革任务仍然艰巨，创新能力不适应高质量发展要求，农业基础还不稳固，城乡区域发展和收入分配差距较大，生态环保任重道远，民生保障存在短板，社会治理还有弱项。

（一）国际环境不确定性长期存在

近年来，国际社会出现了一股强烈的“逆全球化浪潮”，单边主义、保护主义、冷战思维上升。加之突发的新冠肺炎疫情在全球蔓延，进一步加剧了国际经济、政治、科技、文化、安全等领域内的格局调整和变革，国际政治环境也趋于动荡复杂、充满挑战。美国政府一意孤行对中国实施多方位的打压，在经济、科技、文化、教育等领域引发诸多争端，部分国家甚至罔顾“一个中国原则”，干涉香港地区和台湾地区事务，打着“自由航行”的幌子

在南海进行挑衅。

在科技领域，美国重点打压华为、TikTok等科技企业，从一般的产业和商品贸易领域延伸到决定未来产业主导权的科技领域，可以说进入了中美科技争端的白热化阶段。美国针对中国科技企业的“实体清单”名录不断增加，一系列打击举措试图将中国科技企业全面封锁，并不断拉拢其他国家制造孤立中国科技企业的“国际联盟”，使“科技无国界”成为一纸笑谈。

国际形势的大变局还在加速变化，国际环境不确定性将会长期存在，外部环境变化对经济社会发展产生的短期和中长期影响客观上不容忽视。

（二）收入分配差距仍然较大，居民消费增长潜力需要增强

中国经济整体进入深化供给侧结构性改革，发挥中国超大规模市场优势和内需潜力，构建国内国际双循环相互促进的新发展格局。在新发展格局下，国内市场消费需求，尤其是居民消费需求将成为拉动经济增长的最主要力量。在努力推动城乡居民收入增长的同时，需要加快速度改善收入分配结构，缩小收入分配差距，增强中低收入群体的消费能力。

现阶段收入差距仍然较大。从2019年全国居民五等份收入分组的数据来看，低收入组人均可支配收入7380元，中间偏下收入组人均可支配收入15777元，中间收入组人均可支配收入25035元，中间偏上收入组人均可支配收入39230元，高收入组人均可支配收入76401元。高收入组人均可支配收入是低收入组人均可支配收入的10.35倍，受制于收入水平，中低收入人群的消费水平拉动难度较大。

城市住房价格持续攀升对居民消费的挤出效应依然存在。即便是在新冠肺炎疫情和经济增速下降的情况下，大中城市房价依然处于上涨态势。2020年9月，北京、上海、广州和深圳4个一线城市新建商品住宅销售价格环比上涨0.4%，二线城市新建商品住宅和二手住宅销售价格环比分别上涨0.3%和0.2%。一线城市新建商品住宅销售价格同比上涨3.9%，二手住宅销售价格同比上涨7.4%。二线城市新建商品住宅销售价格同比上涨4.8%，二手住宅销

售价格同比上涨 2.0%。三线城市新建商品住宅和二手住宅销售价格同比分别上涨 4.4% 和 1.7%。“房子是用来住的、不是用来炒的”这一定位，在增速下行的逆周期调整中更要加强落实。

（三）人口老龄化压力增大，人口发展战略需要继续调整

人口老龄化程度不断加深。从国家统计局公布的数据来看，全国 60 岁以上人口数量从 2015 年的 2.22 亿人增加到 2019 年的 2.54 亿人，占总人口比例从 16.1% 增加到 18.1%；65 岁以上人口数量从 2015 年的 1.44 亿人增加到 2019 年的 1.76 亿人，占总人口的比例从 10.5% 增加到 12.6%。2020 年，党的十九届五中全会通过的《中共中央关于制定国民经济和社会发展第十四个五年规划和二〇三五年远景目标的建议》把积极应对人口老龄化提升为国家战略，意义重大。

人口老龄化已经成为影响中国经济稳定增长的最重要因素之一。人口老龄化对中国经济社会发展将产生三个方面的潜在影响。一是社会整体负担水平持续上升。以人口负担系数为例，劳动力人口需要供养的老年人口数量不断攀升。二是劳动年龄人口总量开始下降，近若干年来每年减少数百万人。2019 年中国就业总量仍然维持在 7.7 亿人以上，但从 2018 年开始出现下降。三是应对人口老龄化的公共服务成本不断增加。应对人口老龄化国家战略只是人口发展战略中的一部分，还需要针对中国人口数量、人口结构、人口素质、人口分布方面存在的中长期问题，进行政策和战略调整，特别是要进一步优化生育政策，增强生育政策包容性，提高优生优育服务水平，应对当前的低生育水平和婚育年龄不断延迟所带来的各种问题。

“十三五”期间，除了 2016 年生育率有小幅回升之外，2017 年、2018 年和 2019 年连续三年下降。2019 年生育率下降的原因，主要是 20~29 岁黄金生育期的育龄女性减少了近 600 万人。考虑到生育水平会持续受到人口惯性的影响，黄金生育期育龄女性人口数量可能持续减少，进而造成出生人口数持续下降。由于人口政策调整的效应难以在短期内实现，如果不能提供更加有效的刺激政策，预计低生育水平会在未来较长一段时间内保持下去。从中长

期来看，无论是应对人口老龄化，还是为经济发展提供充足劳动力，这种趋势都是不利的。

（四）脱贫攻坚战略与乡村振兴战略亟待有效衔接，相对贫困问题不容忽视

2020年，全面建成小康社会、脱贫攻坚战将取得决定性进展，脱贫攻坚的阶段性任务基本完成。乡村振兴的难度要远远超过脱贫攻坚，不仅要解决好发展不平衡不充分的问题，还要在城乡协调发展过程中实现全社会的共同富裕。中国目前仍然处于新型城镇化过程之中，中西部地区仍然处于工业化过程中。在城市化和工业化过程中，人口、资本、产业等生产要素不断向城市聚集，乡村振兴所必需的各类生产要素短期内难以回流到乡村地区。国家统计局最新的监测调查数据表明，截至2020年，在经济增长趋缓、劳动年龄人口总量下降的情况下，农村外出务工的劳动力数量依然在增加，也印证了人口、资本、产业等生产要素不断向城市聚集的趋势尚未改变。

在实施脱贫攻坚战略的过程中，中国建立了非常严格的考核评估机制，包括专项巡视、第三方评估、通报排名等做法。这些措施和机制增强了各级政府完成脱贫攻坚任务的执行力，但如何促使这种行政执行力实现常态化和可持续性，还是一个不可轻视的问题。

中国的经济总量位居世界第二，制造业产能全球第一，但从人均水平来看，与发达国家相比还有较大差距。广大中西部农村地区与东部发达城市地区的差异巨大，乡村振兴还需要解决地域之间的多样性和复杂性问题。乡村振兴也是对国家治理体系和治理能力现代化及提升行政效能的重大考验。

（五）基础教育的质量提升空间较大，教育公平性水平仍需提高

中国基础教育水平仍然有较大的提升空间。2019年，我国学前教育毛入园率达83.4%，但这方面仍存在诸多短板，如学前教育资源尤其是普惠性资源不足，政策保障体系不完善，教师队伍建设滞后，监管体制机制不健全，保教质量有待提高，存在“小学化”倾向等。部分民办园过度逐利，幼儿安

全问题时有发生。2019 年九年义务教育巩固率达 94.8%，但义务教育落实学生减负要求后，又出现家庭教育负担增加、课外教育市场规模增长迅猛的新问题。

中国已经进入互联网时代，网络成为未来人们生活中的“必需品”。但在现有的普及性义务教育的各个阶段，网络素养、网络技术、网络安全等教育内容并没有被科学、合理地纳入，无论是教学内容，还是师资队伍，都满足不了互联网时代的教育需求。中国教育体系滞后于互联网发展的问题日渐显现。

城乡教育质量水平的差距依然存在。近年来，中国农村地区学校的硬件建设水平有了较大幅度提升，但由于大规模的人口流动依然存在，农村留守儿童和城市流动儿童的教育问题更为突出。在农村地区撤点并校之后，大部分农村学龄儿童必须进入城镇上学，提高了他们的教育成本，超载校车屡禁不绝的背后是留守儿童家庭照护的缺失和义务教育教学点分布不合理的双重影响。跟随父母进城的流动儿童受到人口调控政策影响，部分农民工子弟学校被迫关闭，一线城市流动儿童入学率下降。无论是留守，还是流动，都亟待保证数以千万计的农村儿童的教育质量，要加强阻断贫困代际传递的制度建设。

（六）橄榄形社会尚未形成，要加强社会结构的现代化改进

中国目前中等收入群体规模已达 4 亿多人，这意味着中国已经拥有全球规模最大、最具成长性的中等收入群体。中等收入群体具有强大的消费能力，不仅要满足基本生活需求，而且在休闲旅游、购车购房等方面也有较强的购买力。因此，中等收入群体对于推动形成以国内大循环为主体、国内国际双循环相互促进的新发展格局尤为重要。但目前中国的中等收入群体占总人口的比例只有三成左右，仍有增长的较大空间和潜力。党的十九届五中全会明确提出到 2035 年人均国内生产总值达到中等发达国家水平、中等收入群体显著扩大的远景目标。要实现这一远景目标，还须付出巨大努力。

从职业结构来看，现阶段中国中等收入群体以管理阶层、专业技术人员

和中小企业主等为主。目前，中国存在相当大一部分低收入农民工、农业劳动者和城镇贫困人口，全国仍然有6亿人的月收入在1000元以下。他们如何在未来的经济社会发展中进入中等收入群体，需要科学的谋划。

从经济结构来看，产业结构转型升级是扩大中等收入群体的前提条件，只有发展依托高新技术的高附加值产业，才能增加更多的经济产出，带来更优的收入效应。当前，中国产业结构中劳动密集型和资本密集型产业仍占较高比例，技术密集型产业占比不高。加之，在新一轮国际技术竞争中，有可能面对西方国家技术封锁的压力，自力更生发展高新技术产业的压力巨大，一些高附加值的产业和产品也受到国际政治负面影响，受到不公平对待。所以，扩大中等收入群体也需要加大产业结构和职业结构转型升级的力度。

三　2021年和“十四五”时期社会发展形势与对策

（一）新发展格局逐步形成，经济发展向更高水平迈进

在全球经济受新冠肺炎疫情冲击而普遍下滑的情况下，中国经济率先复苏，成为唯一保持正增长的主要经济体，无论是居民收入水平，还是对外贸易数额都在2020年第三季度转负为正，证明了中国经济依然具有较强的增长潜力和抗风险能力，旺盛的国内消费需求将成为推动2021年以及整个“十四五”时期经济社会发展的坚实基础。可以说，“十四五”时期中国经济社会发展仍然处于重要的战略机遇期，要坚持深化供给侧改革，引导经济高质量发展，推动形成以国内大循环为主体、国内国际双循环相互促进的新发展格局。

加快发展对全社会生产生活有重大影响的战略性新兴产业。现代科技日新月异，新一代信息技术、新能源、新材料、互联网、大数据、人工智能等都有可能成为中国经济增长的新突破点和产业发展的新引擎。必须把握新一轮科技和产业革命机遇，大力发展以技术创新为依托的产业集群，争取占据产业链的高端和上游，加快新旧动能转换的速度。

增强高质量新型城镇化的带动效应。“十三五”期间，中国已经完成一亿人进城的战略任务。从2021年起，在整个“十四五”期间，中国“以人为核心”的新型城镇化进程将持续加速升级，在注重城镇化规模效应的同时，要充分增强城镇化的质量效应，注重城镇反哺农村、工业带动农业，实现城乡协调发展、新型城镇化与乡村振兴战略联动的局面。

强化就业优先的产业发展导向。“十四五”期间，中国劳动年龄人口依然保持在9亿人左右，每年新增大学毕业生群体将超过900万人。要进一步提高资源配置效率，引导资金脱虚向实，振兴实体经济，强化就业优先的产业发展导向，为劳动力就业提供实体产业支撑。

（二）持续提高民生福祉，创造高品质生活

2020年全面建成小康社会，民生福祉得到显著提高，基本实现劳动力充分就业，高等教育日渐普及化，社会保障体系日益完善，基本医疗保险覆盖超过13亿人，基本养老保险覆盖近10亿人。“十四五”期间，要继续提高民生福祉，强化就业优先的政策，不断提高城乡居民收入水平，多渠道增加城乡居民收入，显著扩大中等收入群体。提高劳动报酬在初次分配中的比重，健全工资合理增长机制，增加中低收入群体的要素收入，继续提升农村居民的工资性收入比例，保持居民收入与经济增长基本同步，农村居民与城镇居民收入差距持续缩小；完善再分配机制，加大税收、社保、转移支付等调节力度并提高精准性。

要提高居民消费水平，增强消费对经济发展的基础性作用，特别要注重通过提高收入水平来提升居民消费品质，结合新业态新模式推动居民消费升级，促进线上线下消费融合发展，开拓城乡消费市场，积极培育国内消费大市场，为打通国内经济循环夯实消费基础。与此同时，要不断改善消费环境，强化消费者权益保护，创造维护高品质消费生活的社会法治环境。

要建立城乡统筹的多层次社会保障体系，提升社会保障水平，推动和完善基本养老保险、医疗保险的全国统筹，注重养老保险保障水平与经济增长同步，实施渐进式延迟法定退休年龄。针对弱势群体和相对贫困人口，推动

建立健全分层分类的社会救助体系。

教育领域要更加注重教育的公平性和时代性，完善学校、家庭、社会的分工协同机制建设，进一步增强义务教育的公平性，在推进城乡教育均衡发展和一体化的同时，加强对农村地区、农村家庭的留守儿童和流动儿童的关注，在适当时候推动十二年义务教育制度的出台。还要关注教育对科技产业的人才保障，不断提升高等教育质量，加快培养高新科技人才。

全面推进健康中国建设，不断完善疾控预防体系，进一步提升应对突发公共卫生事件的能力，创新公共卫生管理体制和应急体制。进一步推动落实家庭医生制度，加快建设分级诊疗体系，为人民提供全方位全周期健康服务，不断推动优质医疗资源扩容和区域均衡布局，避免医疗卫生事业过度产业化，发挥社会主义制度优势，坚持医疗卫生的公益属性。

（三）推动人口长期均衡发展，致力于避开低生育率陷阱

党的十九届五中全会通过的《中共中央关于制定国民经济和社会发展第十四个五年规划和二〇三五年远景目标的建议》提出，要促进人口长期均衡发展。为此，从 2021 年起，需要进一步调整国家整体人口政策，不仅要积极应对老龄化的挑战，还要着力避开低生育率陷阱。2016 年，中国开始执行全面二孩政策，随后出生人口数量有所反弹，2017 年出生人口数量为 1723 万人，但政策效应快速消失，并未出现生育堆积的状况。另外，2006 年以来，中国的总和生育率一直在 1.65 左右波动，生育水平偏低的问题持续存在，需要对未来掉入低生育率陷阱的风险保持高度的警惕。

从国际经验看，任何国家和地区一旦落入低生育率陷阱，需要付出巨大努力和代价才有可能恢复到人口更替水平。一个关键问题就是要有效提高社会的生育意愿。最近十几年来，几乎所有大型抽样调查数据都显示，中国社会的生育意愿偏低，平均理想子女数在 1.9 个左右，平均生育意愿在 1.82 人到 1.88 人，而且出生队列越年轻的人其生育意愿越低，甚至农村居民、流动人口的生育意愿也不断下降。人口生产的特殊性在于其生产周期较长，影响因素较多。有鉴于此，“十四五”期间，要加大人口政策调整力度，进一步放

开生育限制，制定有效鼓励和激励生育的社会政策，不断降低生育、养育、教育子女的家庭成本，逐步打造生育友好型政策体系和社会环境，在实施积极应对人口老龄化国家战略的基础上，将避开低生育率陷阱、根治出生人口性别比失衡等问题作为同等重要的国家战略来考虑，确保人口长期均衡发展，为实现经济高质量发展和社会稳定提供基础。

（四）大力推进基层社会治理创新，不断提升社会参与的能力和水平

“十四五”时期是开启全面建设社会主义现代化国家新征程的第一个五年规划期，加快推进国家治理体系和治理能力现代化是题中应有之义。首要的是理顺政府、社会和市场多元主体在社会治理过程中的定位和分工。党的十九届五中全会提出，“十四五”期间，国家治理效能要得到新提升，社会主义民主法治更加健全，社会公平正义进一步彰显，国家行政体系更加完善，政府作用更好发挥，行政效率和公信力显著提升，社会治理特别是基层治理水平明显提高。未来五年，要围绕提升行政效率和公信力，将社会治理重心下沉，不断提高基层治理水平。

社会治理是国家治理的重要方面，加强和创新社会治理，完善社会治理体系，重点是要不断提升社会参与的能力和水平。随着中国社会结构变迁，新职业群体和新社会阶层不断涌现，他们的政治参与和社会参与意愿不断提升，无论是在现实社会生活中，还是在网络虚拟空间中，他们都比以往更加积极地参与意见表达。要赋予他们有序参与政治生活和社会公共事务的空间和路径，打通民主协商、社会协同、公众参与路径，保证他们在建设人人有责、人人尽责、人人享有的社会治理共同体的实践中充分发挥积极作用，形成自治、法治、德治融合治理的良好局面。

（五）加强有序社会流动，推动社会结构现代化改进

中国经济社会从快速转型发展走向稳步转型发展，改革开放初中期形成的大规模社会变迁和社会流动开始放缓。“十四五”时期，在推动全面建设中国特色社会主义现代化国家的过程中，要着力改革创新社会流动相关体制

机制，推动社会结构的现代化改进，合理引导公众的社会流动预期，增强公众的经济收入安全感和社会地位安全感，化解焦虑情绪。要深化户籍制度改革，在落实全面放开中小城市落户限制的基础上，合理放宽大城市落户条件。要深化单位用人制度改革，破除阻碍劳动力和人才合理流动的体制机制障碍。要推动高质量就业，让每一个人都有通过辛勤劳动实现自身发展的机会。

参考文献

方晓丹:《居民收入实际增速由负转正 居民消费支出稳定恢复》，http://www.stats.gov.cn/ tjsj/sjjd/202010/t20201020_1795025.html。

国家统计局:《中国统计年鉴 2019》，中国统计出版社，2020。

国家统计局:《国家统计局新闻发言人就 2020 年前三季度国民经济运行情况答记者问》，http://www.stats.gov.cn/tjsj/sjjd/202010/t20201019_1794729.html。

国家统计局:《2019 年农民工监测调查报告》，http://www.stats.gov.cn/tjsj/zxfb./202004/ t20200430_1742724.html。

国家卫健委:《居民健康素养平均水平“十三五”期间翻一番》，http://health.people.com.cn/ n1/2020/1028/c14739-31909781.html。

人力资源和社会保障部:《人社部 2020 年第三季度新闻发布会》，中国网，2020 年 10 月 23 日。

张毅:《就业形势总体稳定 调查失业率有所回落》，http://www.stats.gov.cn/tjsj/sjjd/ 202010/t20201020_1795021.html。

《中国共产党第十九届中央委员会第五次全体会议文件汇编》，人民出版社，2020。

发 展 篇

Reports on Social Development

B.2
2020年中国城乡居民收入和消费报告

贾德刚 *

摘　要：2020年克服疫情挑战，中国居民收入实现继续增长，收入差距仍趋缩小；居民消费支出逐步恢复，城乡人居环境持续改善；消费者信心止跌回升，就业和收入信心企稳好转。近年来，国民收入分配格局向好，居民消费潜力有所释放。为实现“十四五”良好开局，促进城乡居民收入和消费较快增长，建议政府和有关部门更加重视：坚持共同富裕方向，实施扩大内需战略；强化就业优先政策，提高居民就业质量；完善要素定酬机制，优化居民收入结构；提升供给质量水平，激发居民消费潜力；营造良好价格环境，改善居民消费预期。

* 贾德刚，国家统计局中国经济景气监测中心统计师。

关键词：人居环境　消费者信心　收入分配　城乡居民

2020 年以来，面对新冠肺炎疫情的巨大冲击和复杂严峻的国内外环境，在以习近平同志为核心的党中央的坚强领导下，各地区各部门科学统筹疫情防控和经济社会发展，扎实做好“六稳”工作、全面落实“六保”任务，我国疫情防控取得重大战略成果，经济发展稳步恢复。前三季度，我国经济增长由降转升，供需关系逐步改善，市场活力不断增强，就业民生保障有力，社会大局保持稳定。在此过程中，城乡居民收入稳定回升，消费支出逐步恢复。

一　居民收入实现继续增长，收入差距仍趋缩小

（一）居民收入实现继续增长

2010~2019 年，全国居民人均可支配收入由 12519.5 元增加到 30732.8 元，2019 年首次跨入 3 万元大关；按可比价格计算，2011~2019 年累计增长 96.6%，年均增长 7.8%，全体居民收入比 2010 年翻一番的目标接近完成。其中，城镇居民人均可支配收入由 18779.1 元增加到 42358.8 元，按可比价格计算，2011~2019 年累计增长 80.1%，年均增长 6.8%；农村居民人均可支配收入由 6272.4 元增加到 16020.7 元，按可比价格计算，2011~2019 年累计增长 104.1%，年均增长 8.3%。农村居民收入提前一年实现翻番目标，实际增速连续 10 年快于城镇居民（见表 1）。

表 1　2010~2019 年居民人均可支配收入及增长情况

年份	全国居民		城镇居民		农村居民	
	绝对数（元）	指数（上年 =100）	绝对数（元）	指数（上年 =100）	绝对数（元）	指数（上年 =100）
2010	12519.5	10.4	18779.1	7.7	6272.4	11.4
2011	14550.7	10.3	21426.9	8.4	7393.9	11.4

续表

年份	全国居民		城镇居民		农村居民	
	绝对数（元）	指数（上年 =100）	绝对数（元）	指数（上年 =100）	绝对数（元）	指数（上年 =100）
2012	16509.5	10.6	24126.7	9.6	8389.3	10.7
2013	18310.8	8.1	26467.0	7.0	9429.6	9.3
2014	20167.1	8.0	28843.9	6.8	10488.9	9.2
2015	21966.2	7.4	31194.8	6.6	11421.7	7.5
2016	23821.0	6.3	33616.2	5.6	12363.4	6.2
2017	25973.8	7.3	36396.2	6.5	13432.4	7.3
2018	28228.0	6.5	39250.8	5.6	14617.0	6.6
2019	30732.8	5.8	42358.8	5.0	16020.7	6.2

资料来源:《中国统计年鉴 2020》。

2020 年克服疫情挑战，居民收入实际增速由负转正。受突如其来的新冠肺炎疫情冲击，一季度居民收入出现罕见下降，全国居民人均可支配收入同比名义增长 0.8%，实际下降 3.9%；随着统筹防疫和发展成效显现，上半年，全国居民人均可支配收入名义增速加快至 2.4%，实际下降 1.3%；前三季度，收入形势继续好转，全国居民人均可支配收入 23781 元，同比名义增长 3.9%，实际增长 0.6%，实际增速年内首次转正。

城乡居民收入均逐步回升，农村表现好于城镇。前三季度，城镇居民人均可支配收入 32821 元，相较一季度，名义增速从 0.5% 回升至 2.8%，实际增速从下降 3.9% 收窄为下降 0.3%；农村居民人均可支配收入 12297 元，名义增速从 0.9% 回升至 5.8%，实际增速从下降 4.7% 转为增长 1.6%。决战脱贫攻坚之年，各项政策加大支持力度，一季度贫困地区农村居民人均可支配收入 3218 元，同比名义增长 2.7%，比全国农村居民高 1.8 个百分点；到年底，现行标准[①]下的贫困人口将全部脱贫，832 个贫困县将全部摘帽，区域性整体贫困问题将得到解决。全面建成小康社会胜利在望。

① 现行农村贫困标准即 2010 年标准，为每人每年 2300 元（2010 年不变价）。按此标准，2015 年末我国贫困人口 5575 万人，贫困发生率为 5.7%。

（二）居民收入来源日益多元化

“十三五”以来，居民转移净收入和财产净收入占比逐步提升。2015~2019 年，全国居民人均转移净收入占人均可支配收入的比重从 17.4% 升至 18.5%，提高 1.1 个百分点；2020 年前三季度为 19.0%，比上年同期明显提高 0.8 个百分点（见图 1）。近年来，我国基本养老、医疗、低保等保障水平不断提升。2020 年，继续上调退休人员基本养老金，提高城乡居民基础养老金最低标准；居民医保人均财政补助标准增加 30 元，开展门诊费用跨省直接结算试点；坚决打赢脱贫攻坚战，提高城乡低保、社会救济等保障标准，强化困难群体基本生活保障，将因疫情和患病致困人员纳入救助范围。前三季度，全国居民人均转移净收入 4525 元，同比增长 8.9%，[①] 比上年同期上升 1.7 个百分点，有效发挥了对基本民生重要的兜底保障作用。

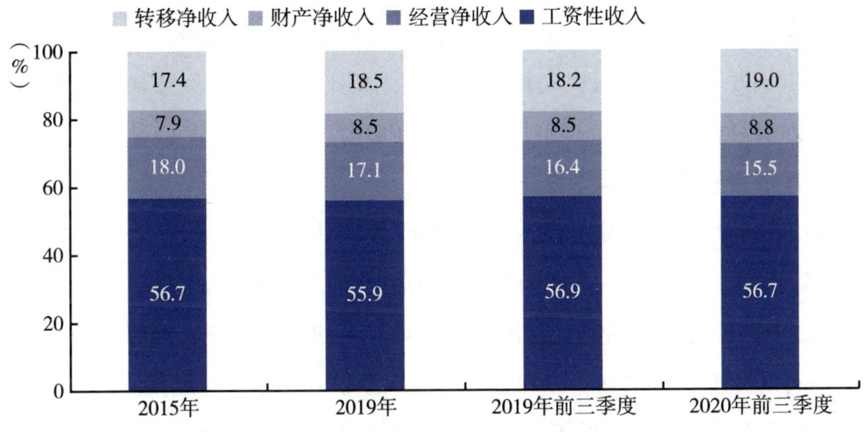

图 1　居民人均可支配收入来源结构

资料来源:《中国统计年鉴 2020》。

2015~2019 年，全国居民人均财产净收入占人均可支配收入的比重从 7.9% 升至 8.5%，提高 0.6 个百分点；2020 年前三季度为 8.8%，比上年同期提高 0.3 个百分点。近年来，受益于城镇住房租赁市场发展和农村承包地“三

① 居民收入以下如无特别说明，均为同比名义增速。

权”分置改革，城乡居民租金收入增长较快。2020年，受疫情影响，住房租赁市场较为低迷，前三季度租赁房房租价格同比下降0.4%，抑制了居民租金收入水平；不过，资本市场表现活跃，三季度末股票市场流通市值58.18万亿元，比上年末增长20.4%，1.6亿~1.7亿个自然人投资者直接或间接分享了部分增值收益。前三季度，全国居民人均财产净收入2090元，同比增长7.2%，增速比上年同期有所回落，但高于当期可支配收入总体增速，仍是居民收入增长的拉动力量。

居民经营净收入和工资性收入占比逐步回落。2015~2019年，全国居民人均经营净收入占人均可支配收入的比重从18.0%降至17.1%，下降0.9个百分点；2020年前三季度为15.5%，① 比上年同期明显下降0.9个百分点。近几年，农产品生产者价格较低，农村居民经营净收入增长迟缓；2019年畜禽价格涨幅较大，但规模养殖企业获利较多，农村居民受益相对不足。2020年前三季度，农业经营受疫情影响较小，畜产品价格持续高位运行，农村居民人均经营净收入增长了4.5%，但城镇个体工商户受疫情冲击较大，各项帮扶政策虽逐步显效，但城镇居民人均经营净收入仍下降6.9%，以致城乡合计下降2.0%。随着经济发展环境、市场主体结构变化，城乡居民个体从事生产经营活动的竞争力似乎在相对下降。

2015~2019年，全国居民人均工资性收入占人均可支配收入的比重从56.7%降至55.9%，下降0.8个百分点；2020年前三季度为56.7%，比上年同期下降0.2个百分点。在转移、财产净收入增长更快的状况下，居民工资性收入占比虽有所降低，但仍在一半以上。居民在企事业等单位稳定就业，是财富创造的最重要基础和源泉。近年来，国家实施就业优先政策，强化稳岗就业举措，居民工资性收入保持8%及以上的增速。2020年较快化解疫情影响，2月末外出务工农村劳动力总量仅为12251万人，4月末恢复到上年九成左右，二季度末达到17752万人，基本达到上年同期水平；前三季度，全国居民人均工资性收入13486元，同比增长3.6%，拉动全国居民人均可支配收入增长2.0个百分点。

① 在季度发布的居民可支配收入中，不包含农业自产自用的实物收入，这部分实物收入仅年末进行计算。

（三）居民收入差距仍趋缩小

1. 居民收入中位数增长较快恢复

居民收入中位数不易受收入极端值影响，相较于平均数，能够更好地刻画收入集中趋势。2016~2018 年，全国居民可支配收入中位数增速低于平均数增速，反映出全国居民收入分配状况有所恶化，与此同时，基尼系数从连续 7 年回落转为连续 3 年回升。2019 年，全国居民收入中位数增速加快并超过平均数增速，全国居民收入分配状况有所改善，基尼系数也出现回落。究其原因，从居民收入五等份分组来看，2019 年城镇中低收入户的收入增速从连续 4 年放缓转为加快，抵消本年农村高收入户收入增速放缓的影响，助推全国居民收入中位数水平较快提升。2020 年上半年，城镇中低收入户受疫情冲击较大，全国居民可支配收入中位数仅增长 0.5%，比平均数增速低 1.9 个百分点；随着疫情影响明显消退，前三季度中位数增速加快至 3.2%，与平均数增速差距收窄为 0.7 个百分点，年内居民收入分配状况好转（见图 2）。这表明未来应着力增强关键群体的抗风险能力，以稳步扩大全国中等收入群体规模。

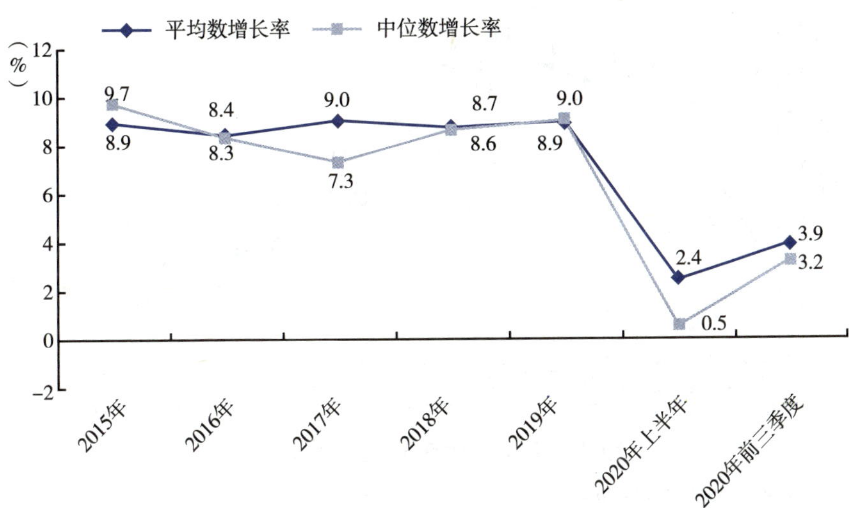

图 2　全国居民可支配收入平均数和中位数增长率

资料来源：国家统计局网站。

2. 居民收入城乡差距进一步缩小

近年来，农村居民收入保持较快增长势头，城乡居民收入相对差距继续缩小。回顾历史，2002~2009 年，城乡居民收入比[①]（以农村居民收入为 1）连续 8 年处在“3”以上，城乡收入相对差距较大。2010 年起，城乡居民收入比重回“2”时代。此后农村居民人均可支配收入增速持续“跑赢”城镇居民，有力地保证了城乡收入差距稳步缩小。截至 2019 年，城乡居民收入比已连续 10 年回落，并降至 2.64（见图 3）。从城乡居民收入比降幅看，2015~2017 年降幅较前期明显缩小，每年仅下降 0.01~0.02，一个重要原因是城镇人口比重占优后，农村较高收入者继续向城镇迁移，这种迁移对农村居民收入的拉低效应更大。党的十九大提出坚定实施乡村振兴战略、坚决打好精准脱贫攻坚战以来，农村居民人均可支配收入名义增速较城镇居民相对加快，2017~2019 年分别快 0.3 个、1.0 个和 1.7 个百分点，特别是 2019 年农村低收入组、中间偏下收入组家庭人均可支配收入分别名义增长 16.3% 和 14.6%，助力本年城乡居民收入比明显下降了 0.05。进入脱贫攻坚收官之年，2020 年前三季度城乡居民收入比为 2.67，比上年同期明显下降 0.08，城乡收入相对差距进一步缩小。

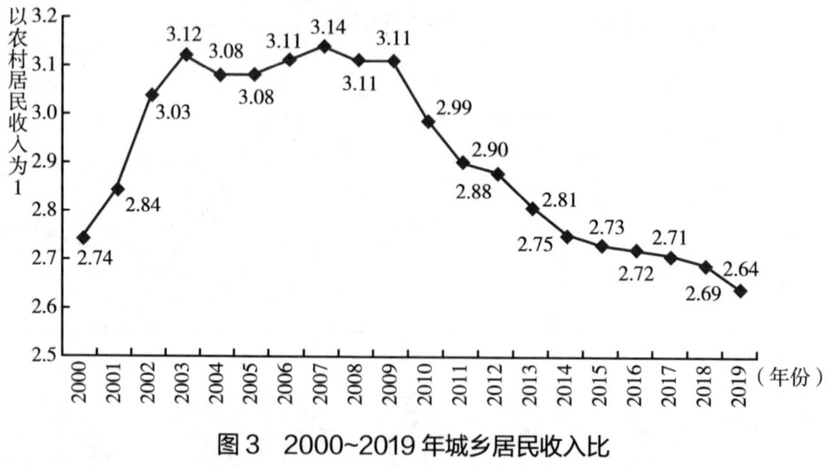

图 3　2000~2019 年城乡居民收入比

资料来源：《中国统计年鉴 2020》。

① 《中国统计年鉴 2020》指出，2013~2019 年人均可支配收入来源于住户收支与生活状况调查，1978~2012 年数据是根据历史数据按住户收支与生活状况调查可比口径推算获得。

3. 居民收入地区差距总体缩小

十九大以来，党中央加大力度支持老少边穷地区加快发展，强化举措推进西部大开发形成新格局，深化改革加快东北等老工业基地振兴，发挥优势推动中部地区崛起，创新引领率先实现东部地区优化发展，推动实施京津冀协同发展、长江经济带发展、粤港澳大湾区建设等重要战略，区域发展协调性继续增强，发展差距逐渐缩小。相较于 2015 年，2019 年西部地区居民人均可支配收入年均增长 9.2%，比中部地区高 0.2 个百分点，比东部地区高 0.5 个百分点，比东北地区明显高 2.4 个百分点。2015~2019 年，东部、东北地区与西部地区居民人均收入比值（以西部地区居民收入为 1）分别由 1.67、1.25 缩小到 1.64、1.14，中部与西部地区居民人均收入比值基本保持在 1.09，地区间差距总体缩小。需要指出的是，“十三五”期间，东北地区居民人均可支配收入增长相对迟缓，其城镇人均收入已从高于西部转为低于西部，2019 年为西部的 97%，农村人均收入虽仍高于西部地区，但优势明显降低。“十四五”时期构建以国内大循环为主体的新发展格局中，东北地区应深化体制机制改革，有效发挥自身优势，实现与其他地区同步甚至更快发展。

二　居民消费支出逐步恢复，城乡人居环境持续改善

（一）居民消费支出逐步恢复，服务消费低位反弹

1. 农村居民消费恢复快于城镇居民

2019 年全国居民人均消费支出 21558.9 元，首次超过 2 万元，比 2015 年增长 37.2%，年均名义增长 8.2%。其中，城镇居民人均消费支出 28063.4 元，比 2015 年增长 31.2%，年均名义增长 7.0%；农村居民人均消费支出 13327.7 元，比 2015 年增长 44.5%，年均名义增长 9.6%。农村居民消费支出增速快于城镇居民。

2020 年以来，各地区各部门在防控好疫情的同时，因地制宜、多措并举扩大消费，推动居民消费回升。前三季度，全国居民人均消费支出 14923 元，相比一季度，同比名义增速从下降 8.2% 收窄为下降 3.5%。其中，城镇居民

人均消费支出 19247 元，名义增速从下降 9.5% 收窄为下降 5.6%；农村居民人均消费支出 9430 元，名义增速从下降 5.4% 转为增长 0.8%。农村居民消费受疫情影响小、恢复快，支出增速继续超过城镇居民。

2. 恩格尔系数非常态化回升

2019 年，全国居民人均食品烟酒消费支出 6084.2 元，比 2015 年增长 26.4%，年均名义增长 6.0%；全国居民食品烟酒支出占消费支出的比重（恩格尔系数）为 28.2%，较 2015 年下降 2.4 个百分点（见图 4），连续三年处于联合国标准下 20%~30% 的富足区间。其中，城镇居民人均食品烟酒支出 7732.6 元，比 2015 年增长 21.6%，年均名义增长 5.0%；城镇居民恩格尔系数为 27.6%，较 2015 年下降 2.1 个百分点。农村居民人均食品烟酒支出 3998.2 元，比 2015 年增长 31.2%，年均名义增长 7.0%；农村居民恩格尔系数为 30.0%，较 2015 年下降 3.0 个百分点，已抵达生活富足区间。

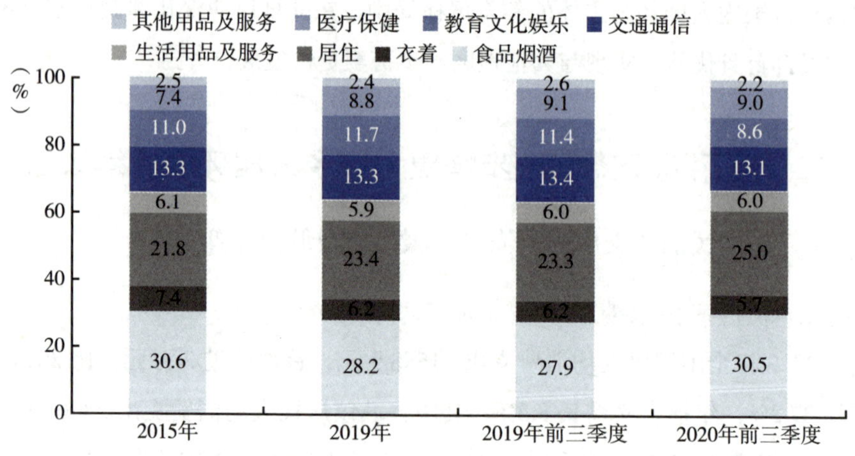

图 4 居民人均消费支出结构

资料来源：国家统计局网站。

2020 年前三季度，受居家时间增多、食品涨价较多影响，全国居民人均食品烟酒消费支出增长 5.5%，在其他类别支出增速放缓或下降背景下，全国居民恩格尔系数达到 30.5%，比上年同期高 2.6 个百分点。恩格尔系数的逆势回升，主要因为严格防疫抑制部分场景消费，生猪供求失衡明显推高价格，两者均不会长久。随着我国防疫水平提升、新消费场景开拓，以及居民消费升级潜力释放，恩格尔系数将重回下降轨道。

3. 居民服务消费低位反弹

2019 年，全国居民家庭人均服务性消费支出 9886.0 元，比 2015 年增长 53.0%，年均名义增长 11.2%，比全国居民家庭人均消费支出年均增速快 3.0 个百分点，占人均消费支出的比重为 45.9%，比 2015 年提高 4.8 个百分点。其中，人均教育文化娱乐支出 2513.1 元，比 2015 年增长 45.8%，年均名义增长 9.9%，比全国居民家庭人均消费支出年均增速快 1.7 个百分点，占人均消费支出的比重为 11.7%，比 2015 年提高 0.7 个百分点；人均医疗保健支出 1902.3 元，比 2015 年增长 63.3%，年均名义增长 13.1%，比全国居民家庭人均消费支出年均增速高 4.9 个百分点，占人均消费支出的比重为 8.8%，比 2015 年提高 1.4 个百分点。

相较于疫情前的较快增长，2020 年一季度居民服务消费支出明显下降，全国居民人均交通通信支出、教育文化娱乐支出、医疗保健支出分别下降 17.0%、36.1% 和 10.2%。随着我国疫情防控取得显著成效，人员流动趋于正常，聚集性、接触性消费逐步恢复，前三季度人均交通通信支出、教育文化娱乐支出、医疗保健支出收窄为分别下降 5.9%、27.7% 和 5.4%，均明显好转；经测算，三季度交通通信、医疗保健支出恢复正增长。

（二）居民消费品质继续提升，消费类别跨界替代

1. 居民食品消费更趋营养健康

居民食品消费更加注重绿色健康。2019 年全国居民人均薯类消费 2.9 公斤，比 2015 年增加 0.5 公斤，增长约 1/5；人均豆类消费 9.3 公斤，比 2015 年增加 1.5 公斤，增长约 19%，农村居民贡献较多；人均干鲜瓜果类消费 56.4 公斤，比 2015 年增加 11.9 公斤，增长约 27%；人均食用油消费 9.5 公斤，比 2015 年减少 1.1 公斤，下降约 1/10，减量主要来自城镇居民。另外，2019 年猪肉价格大涨引发消费类别替代，全年全国居民人均猪肉消费 20.3 公斤，比

上年减少约 2.6 公斤，而人均禽类、水产品、蛋类分别消费 10.8、13.6 和 10.7 公斤，分别比上年增加 1.8、2.2 和 1.0 公斤。随着生猪生产恢复扶持政策逐步显效，2020 年以来猪肉价格有所回落，未来会继续走低，居民食品消费将更加从容。

2. 居民耐用品消费普及提质

生活家电更加普及，汽车进入寻常人家。2019 年末，全国居民平均每百户拥有洗衣机、电冰箱和空调分别为 96.0、100.9 和 115.6 台，比 2015 年末分别增加 9.6、11.9 和 34.1 台，基本实现户均 1 台；全国居民平均每百户汽车拥有量为 35.3 辆，比 2015 年末增加 12.6 辆，增长 55.5%，农村增速相对更快。“十三五”期间，耐用品消费出现更多跨界替代，助力改善居民生活质量。在出行方面，2019 年末全国居民平均每百户电动车拥有量为 63.9 辆，比 2015 年末增加 16.3 辆，增长 34.2%，而每百户摩托车拥有量为 34.2 辆，比 2015 年末减少 8.0 辆，下降约 19%。在通信娱乐方面，2019 年末全国居民平均每百户移动电话拥有量为 253.2 部，比 2015 年末增加 28.4 部，增长 12.6%，而每百户计算机、照相机拥有量分别为 53.2 和 12.2 台，比 2015 年末分别减少 2.3 和 8.2 台，下降约 4% 和 40%。

（三）城乡人居环境持续改善，公共服务体系更加健全

1. 居民住房条件显著改善

我国建成世界最大的住房保障体系。“十三五”期间，全国棚改累计开工预计超过 2300 万套，帮助 5000 多万居民搬出棚户区、住进楼房；截至 2019 年底，3800 多万困难群众住进公租房，累计近 2200 万困难群众领取了租赁补贴，低保、低收入住房困难家庭基本实现应保尽保。城乡居民住房质量不断提升。2016 年以来，累计支持 522.4 万户建档立卡贫困户改造危房，核验表明，全国 2341.6 万户建档立卡贫困户均已实现住房安全有保障。2019 年、2020 年中央补助资金支持各地改造城镇老旧小区 5.8 万个，惠及居民约 1043 万户。城乡居民住房水平明显提高。2019 年，城镇居民人均住房建筑面积达到 39.8 平方米，比 2016 年增加 3.2 平方米；农村居民人均住房建筑面积达到 48.9 平

方米，比上年增加1.6平方米。

2. 居民生活环境显著改善

市政基础设施更加完备，城市居住环境更加舒适。2019年，供水普及率、燃气普及率、污水处理率、生活垃圾无害化处理率分别达到98.8%、97.3%、96.8%和99.2%，分别比2015年提高0.7个、2.1个、4.9个和5.0个百分点。2019年，城市人均公园绿地面积为14.4平方米，比2015年增加1.1平方米；城市建成区绿化覆盖率为41.5%，比2015年提高1.4个百分点。

美丽宜居乡村加快建设，人居环境整治成效显著。2018年初《农村人居环境整治三年行动方案》确定的目标任务基本完成。目前，全国95%以上的村庄开展了“三清一改”清洁活动，村容村貌明显改善。农村“厕所革命”扎实推进，2018年以来累计新改造农村户厕3000多万户，全国农村卫生厕所普及率达到65%以上。全国农村生活垃圾进行收运处置的行政村超过90%，其中约75%转运到城镇终端设施进行无害化处理；农村生活污水治理水平有了新的提高。

3. 公共服务体系更加健全

“十三五”以来，覆盖城乡居民的公共服务体系日益完善。教育方面，2019年，全国财政性教育经费占GDP的比重连续保持在4%以上；全国九年义务教育巩固率达94.8%，95.3%的县实现义务教育基本均衡；高等教育毛入学率达51.6%，进入普及化阶段；劳动年龄人口平均受教育年限达10.7年，新增劳动力中有50.9%接受过高等教育，平均受教育年限达13.7年。养老方面，2019年全国基本养老保险参保人数近9.7亿人，比2015年增加1.1亿人，覆盖城乡居民的基本养老保险制度已全面建立；同时，居家、社区、机构相协调，医养、康养相结合的养老服务体系初步形成。医疗卫生方面，2019年全国基本医疗保险参保人数达13.5亿人，覆盖面稳定在95%以上；医疗卫生服务可及性不断提高，84%的县级医院达到二级及以上医院水平，近90%的家庭15分钟内能够到达最近医疗点；个人卫生支出占卫生总费用的比重降至28.4%；公共卫生整体实力再上新台阶，2020年新冠肺炎疫情防控取得重大战略成果。

三　消费者信心止跌回升，支撑消费需求恢复

（一）消费者信心止跌回升

国家统计局中国经济景气监测中心开展的中国消费者信心调查①显示，“十三五”以来，中国消费者信心指数明显走强后呈现高位波动态势。具体来看，2016 年消费者信心指数基本处在 100~110 点的偏乐观区间，2017 年初指数突破 110 点后又在 10 月站上 120 点景气线，2018 年受中美经贸摩擦影响于年中降至略低于 120 点水平，2019 年受益于个税改革利好，指数保持在 120 点以上景气区间。

2020 年上半年，受新冠肺炎疫情冲击，居民就业、收入和消费状况变差，消费者信心指数明显回落，6 月降至 112.6，比上年末低 14.0 点。随着国家统筹推进疫情防控和经济社会发展取得成效，7 月消费者信心指数结束下跌趋势，9 月明显回升至 120.5，但尚低于疫情前水平（见图 5）。消费者信心企稳回升，

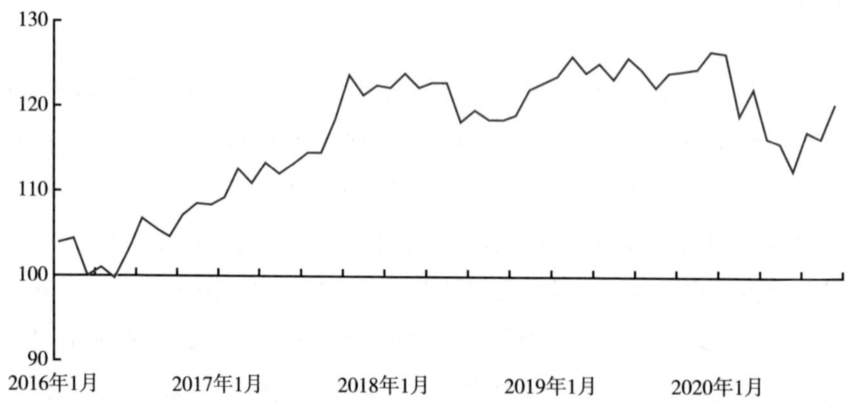

图 5　中国消费者信心指数

资料来源：《中国经济景气月报》。

---

① 国家统计局中国经济景气监测中心针对 19~64 岁城乡常住居民，以电话调查方式开展月度消费者信心调查。编制的中国消费者信心指数由就业信心、收入信心和消费意愿指数构成，指数取值均在“0~200”，“0”表示“极端悲观”，“200”表示“极端乐观”，“100”为“乐观”和“悲观”的临界值。指数大于 100 时，表明消费者趋于乐观，越接近 200，乐观程度越高；小于 100 时，表明消费者趋于悲观，越接近 0，悲观程度越深。

表明居民消费实力修复和消费预期向好，支持消费市场继续回暖和消费发挥对经济发展的基础性作用。

（二）消费者就业信心由弱转强

2020 年我国克服疫情挑战，前三季度城镇新增就业 898 万人，基本完成全年目标任务，消费者就业信心则经历大幅走弱又明显转强的过程。上半年疫情对居民就业的冲击逐步扩散，2~3 月预期疫情不会持续很久，部分市场主体采取减薪留职措施，消费者就业信心指数均为 128.3，仅比疫情前小幅回落，4~6 月疫情防控取得重大进展，企业加快复工复产，但接触性消费恢复较慢，中小微企业、个体工商户经营困难，市场裁员情况增多，消费者就业信心显著回落，6 月降至 114.2，比上年末低 18.7 点；下半年以来，“六稳”“六保”工作着力于稳企业保就业，加之经济运行稳定恢复、出口形势较为有利，消费者就业信心明显增强，9 月达到 125.4。

（三）消费者收入信心筑底好转

2020 年以来，消费者收入信心两度由降转升，夯实底部后呈好转态势。与 2~3 月就业信心小幅回落不同，2 月在严格防控疫情措施下，居民收入预期显著恶化，收入信心指数大幅下降 10.4 点，3 月防疫措施显效推动居民收入预期好转，收入信心指数回升 5.1 点，收复上月半数跌幅。4~6 月，与就业信心显著回落相伴随的是，收入信心指数逐月小幅回落，6 月降至阶段性低位 112.7，比上年末低 11.4 点；7~9 月，经济、就业形势向好，聚集性、接触性消费恢复，收入信心指数也波动回升，9 月升至 118.1。

（四）居民消费意愿震荡略升

2019 年下半年，受食品价格较快上涨影响，居民消费意愿指数已经总体走低。2020 年 2 月，因居民收入预期恶化、防疫限制消费行为，消费意愿指数从上月季节性高点下降 7.6 点至 103.4，3 月防疫形势向好、限制措施减少，消费意愿指数回升 6.6 点至 110.0；4~8 月，指数波动回落并在低位震荡，6 月和 8 月均为 104.6；随着就业和收入形势好转、食品价格涨幅明显回落，9 月居民消费意愿指数回升至 108.8。与居民消费意愿较低相对应的是，居民预防性储蓄动机上升。央行城镇储户调查结果显示，2020 年一季度末，居民在消费、储蓄和投资意向选择中，倾向于“更多储蓄”的占 53.0%，比上季度明显上升 7.3 个百分点，三季度末虽回落到 50.4%，但仍明显高于上年同期水平。

四　国民收入分配格局向好，居民消费潜力有所释放

从微观角度分析了居民收入、消费状况之后，还需要从宏观视野考察居民整体在国民收入、国内需求格局中的位置。

（一）国民收入分配状况改善

国民收入分配最终形成四个机构部门的收入：非金融企业部门、金融机构部门、广义政府部门、住户部门。随着收入分配体制机制改革的推进，近年来住户部门在国民收入分配中的份额呈稳步上升态势（见图 6）。在初次分配总收入中，即生产要素所有者及政府对增加值的分配，2018 年住户部门占比为 61.2%，比 2008 年最低位提高 4.2 个百分点，生产成果从企业、政府更多地向居民倾斜。从要素贡献看，劳动者报酬是住户部门收入的主要来源，2018 年其在初次分配中的比重为 52%，仍有提升空间。

初次分配总收入通过经常税、社会保险等进行再分配，形成各部门的可支配总收入，在此基础上经实物社会转移调节后，形成调整后国民可支配总收入。2018 年住户部门占国民可支配总收入比重为 59.4%，比占初次分配总收入比重低 1.8 个百分点，两者差值 2008 年以来基本稳定，发生在我国社会保障范围和水平快速提升过程中，表明再分配环节自身改革力度较大、贡献较多。2018 年住户部门占调整后国民可支配总收入比重为 65.2%，比调整前比重高 5.8 个百分点，两者差值比 2008 年扩大 2.2 个百分点，广义政府部门免

费或以极低价向居民提供消费性货物和服务，更大力度改善了国民收入分配状况。

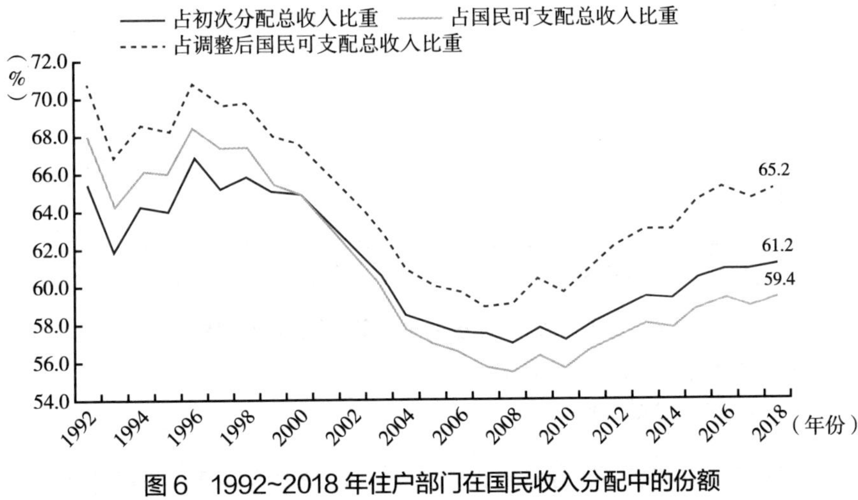

图 6　1992~2018 年住户部门在国民收入分配中的份额

资料来源:《中国统计年鉴 2020》。

（二）居民消费率有所提升

收入分配状况改善有助于提高居民消费水平，增强消费对经济发展的基础性作用，及构建以国内大循环为主体的新发展格局。近年来，居民消费在经济总量中的份额已有所提升。2019 年，我国最终消费率即居民和政府消费支出合计占支出法 GDP 的比重为 55.4%；其中，居民消费率为 38.8%，比 2010 年最低位提高 4.2 个百分点（见图 7）。当前我国居民消费率仍处历史较低水平，与多数国家 60% 左右的水平也相差很大，还有较多消费潜力可挖。居民消费支出加上广义政府部门的实物社会转移形成居民实际最终消费，2018 年居民最终消费率为 44.4%，比居民消费率高 5.7 个百分点，政府调节提振了居民实际消费。

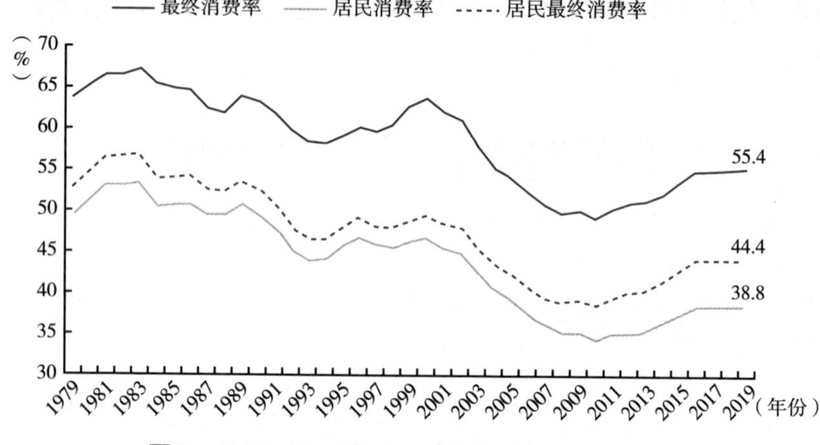

图 7　1979~2019 年居民消费率和居民最终消费率

注：居民最终消费率 44.4% 为 2018 年数据。

资料来源:《中国统计年鉴 2020》。

从增量看，居民消费对经济增长的贡献较大。2014 年以来，最终消费支出对 GDP 增长的贡献率均高于资本形成总额，2019 年两者贡献率分别为 57.8% 和 31.2%，分别拉动 GDP 增长 3.5 个和 1.9 个百分点，而居民消费支出占最终消费支出比重稳定在 70% 左右，可以说居民消费对经济增长的贡献相对较大。受疫情影响，2020 年前三季度最终消费支出下拉 GDP 增长率 2.5 个百分点，分季度看，一季度下拉 4.4 个百分点，二季度收窄为下拉 2.3 个百分点，三季度转为正向拉动 1.7 个百分点，最终消费支出对经济增长的贡献较快恢复，而居民消费支出贡献不足、有待释放。

（三）住户部门杠杆率较快上升

居民家庭资产和负债状况是影响消费的重要因素，家庭负债增长可能对自身消费短期产生挤入效应、长期产生挤出效应。2020 年以来，在 GDP 名义增速较低的情况下，房地产交易活跃，带动居民中长期消费贷款甚至居民经营贷款较快增长，导致住户部门杠杆率较快上升。具体来看，2020 年一季度，我国 GDP 名义增速出现较大负值，但住户贷款余额同比增长 13.7%；前三季度，GDP 名义增速转正但很小，住户贷款余额同比增速加快到 14.7%。2020 年三季度末，住户部门杠杆率（以金融机构人民币信贷收支表中的住户贷款 /GDP 来

衡量）为 61.4%，比上年末明显提高 5.6 个百分点，超过此前几年全年增幅（见图 8）。

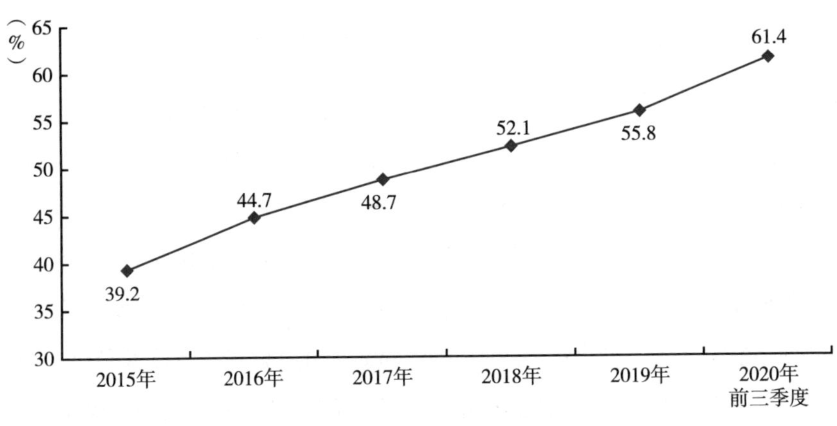

图 8　住户部门杠杆率

资料来源：根据中国人民银行、国家统计局数据计算。

五　2021 年促进城乡居民增加收入和消费的建议

下阶段，要切实把思想和行动统一到以习近平同志为核心的党中央重大决策部署上来，全面贯彻落实党的十九届五中全会精神，准确识变、科学应变、主动求变，科学把握新发展阶段，深入贯彻新发展理念，加快构建新发展格局，守住“六保”底线、夯实“六稳”基础，以改革创新激发新动能，以扩大开放培育新优势，不断巩固扩大疫情防控和经济恢复成果，确保全面建成小康社会圆满收官，为“十四五”开局奠定良好基础。为促进 2021 年中国城乡居民收入和消费较快增长，建议如下。

（一）坚持共同富裕方向，实施扩大内需战略

从国际看，全球经济长期供求失衡、增长低迷的形势因疫情大流行而加剧；从国内看，我国社会主要矛盾变化对发展战略、宏观政策、微观管理提出新要求。应在观念上更加坚持共同富裕方向，在行动上积极落实扩大内需战略，从激发居民消费潜力入手，增强市场主体活力，提升产能利用效率，支撑科技自立自强，培育完

整内需体系，实现国内供求更高水平的动态平衡，构建以国内大循环为主体、国内国际双循环相互促进的新发展格局，实现经济社会平稳发展、人民生活持续改善。

（二）强化就业优先政策，提高居民就业质量

继续在宏观政策层面强化就业优先政策，巩固就业作为居民收入主要来源的基础。加强对重点群体的就业支持。帮扶贫困家庭、零就业家庭高校毕业生尽快就业；畅通农民外出务工渠道，支持农民就近就业创业；做好退役军人安置和就业保障；保持对零工经济、自由职业的包容审慎管理。不断提高居民就业质量。培育适度规模经营主体，促进小农户和现代农业发展有机衔接；保持制造业比重基本稳定，加快发展现代服务业，推进数字产业化和产业数字化，创造更多技术型专业化就业岗位；落实2020年和2021年职业技能培训和高职院校扩招政策，提升居民就业能力。

（三）完善要素定酬机制，优化居民收入结构

从要素收入看，健全工资合理增长机制，提高劳动报酬在初次分配中的比重；促进住房租赁市场规范有序发展，探索推进农村集体经营性建设用地直接入市，增加城乡居民租金收益；提高上市公司质量，加强投资者权益保护，改善中小股民投资收益状况；充分体现知识、技术等创新要素价值，完善科研人员职务发明成果权益分享机制。从不同群体看，巩固脱贫攻坚成果，与乡村振兴有效衔接，推动脱贫群众迈向富裕；稳定小微企业所得税优惠政策，预防和制止平台经济垄断，增强城镇中低收入户抗风险能力；考虑降低个人所得税最高税率，促进高收入者境内结算工资报酬，提高资产持有和资本利得课税，合理调节过高收入。推动中等收入群体从4亿人规模继续扩大，较快实现其占全国主体的目标。

（四）提升供给质量水平，激发居民消费潜力

顺应消费升级趋势，以质量品牌为重点，促进消费向绿色、健康、安全发展；推动汽车等消费品由购买管理向使用管理转变，促进住房消费健康发展，支持生活性服务业高品质、多样化升级。适应常态化防控疫情要求，发展无接触交易服务，降低企业流通成本，以新业态新模式引领新型消费加快

发展。疫情导致出境旅行人数大幅减少，2020年前三季度我国服务贸易逆差1169亿美元，同比大幅收窄42%。把握境外需求回流机遇，扩大高质量教育、医疗服务供给，有效吸纳中高收入群体消费能力。加快消费基础设施和服务保障能力建设，改善居民消费软硬件环境。

（五）营造良好价格环境，改善居民消费预期

回顾历史，应更加重视维护主要领域价格稳定运行。坚持“房住不炒”定位，防范房价大起大落，引导居民合理储蓄或负债，降低经济运转租金成本。提高农业综合生产能力，保障重要农产品供给安全，确保食品价格总体平稳，减轻中低收入家庭食品开支负担。提升新能源消纳和存储能力，加快发展新能源汽车产业，降低原油对外依存度，有效控制居民用能成本。住房、食品、能源等价格走势平稳，有利于保持居民收入实际购买力，也有利于推行稳健货币政策、实现居民金融资产保值，两者共同改善居民消费预期。

参考文献

中华人民共和国国家统计局编《中国统计年鉴2020》，中国统计出版社，2020。

国家统计局网站发布2020年各季度《居民收入和消费支出情况》新闻稿及解读稿。

国家统计局中国经济景气监测中心编《中国经济景气月报》2020年第10期。

李培林、陈光金、王春光主编《2020年中国社会形势分析与预测》，社会科学文献出版社，2019。

B.3
2020年就业形势与未来展望

莫 荣　陈 云*

摘 要：2020年，在中美经贸摩擦、新冠肺炎疫情的重大冲击下，中国政府加大宏观政策对冲力度，强化经济、社会与就业政策联动，大力实施就业优先政策，援企、减负、稳岗、扩就业并举，中国就业形势在一季度出现大幅波动后，就业增长、失业情况、市场需求和企业用工等方面都快速改善，劳动力市场呈现“总体平稳、逐步回暖、好于预期”的发展趋势。下一阶段，要持续强化就业优先政策，坚持经济发展就业导向，继续加大财政、货币、产业、投资等政策稳就业保就业力度，完善重点行业企业、中小微市场主体和重点群体就业支持体系，加大灵活就业、自主创业支持力度，提升公共就业服务能力，防控规模失业风险，稳定就业局势，拓展就业新局面。

关键词：就业形势　新冠肺炎疫情　就业优先　“六稳”　“六保”

2020年是中国经济社会发展“十三五”规划收官之年，也是全面建成小康社会之年。在前期经济增速持续下行、经济结构深刻调整、智能化技术普遍应用、中美经贸摩擦持续紧张等因素影响下，再遭遇突发新冠肺炎疫情的

* 莫荣，中国劳动和社会保障科学研究院副院长，研究员；陈云，中国劳动和社会保障科学研究院就业创业研究室副主任，副研究员。

冲击，中国就业形势承受巨大压力。但在当前复杂经济形势和疫情重大冲击下，各级政府部门坚决落实党中央、国务院决策部署，统筹推进疫情防控和稳就业保就业各项任务落实，充分发挥组织、制度优势，扎实做好援企、减负、稳岗、扩就业各项工作；各市场主体、社会机构和劳动者充分发挥主体积极性，同心协力抗疫情、稳岗位、促就业，实现了疫情防控常态化下就业形势企稳向好，为完成“十三五”规划就业目标、实现全面建成小康社会提供了重要保障。

一　就业局势总体抗压企稳、好于预期

从疫情暴发以来劳动力市场主要指标数据走势看，就业形势与经济发展保持基本一致趋势。在一季度受到疫情重大冲击、出现大幅波动后，随着国内经济社会秩序加速恢复，经济增长逐步回稳。受疫情影响，GDP 增速一季度出现 6.8% 的大幅下滑，二季度由负转正，实现 3.2% 的增长，三季度同比增长 4.9%。[①] 消费、投资、外贸等主要经济指标都持续改善。随着稳定和促进就业的积极性因素不断累积，劳动力市场逐步复苏，主要指标也持续向好，就业局势呈现“总体平稳、逐步回暖、好于预期”的发展态势。

（一）就业增长快速恢复

从就业增长看，一季度城镇新增就业 229 万人，同比减少 29.3%，出现 2008 年国际金融危机以来的最大减幅；上半年城镇新增就业 564 万人，同比减少 23.5%。进入下半年，国民经济持续稳定恢复，特别是随着社会消费逐步回升、服务业逐步复工复市，城镇新增就业增长提速，1~10 月实现累计城镇新增就业 1008 万人，提前完成政府确定的全年目标任务；与上年比，同比减少 15.5%，[②] 减幅进一步收窄（见图 1）。

① GDP 增长数据来源于国家统计局网站。

② 城镇新增就业数据来源于人力资源和社会保障部网站，增减率根据各季度数据计算。

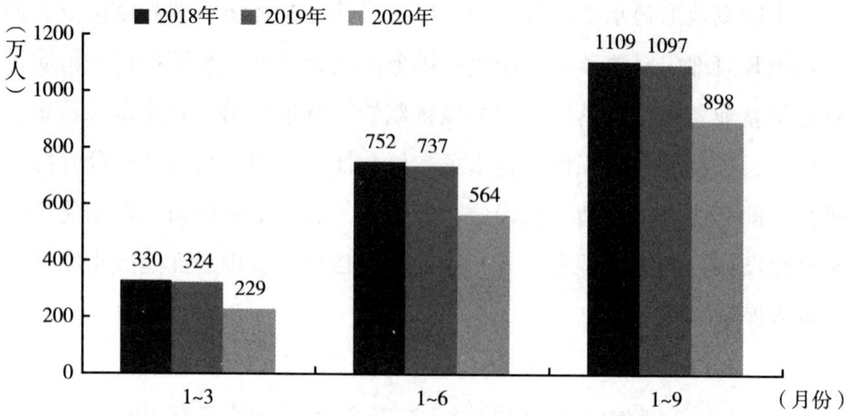

图1　2018~2020 年分季度累计城镇新增就业人数变化情况

（二）失业水平持续下降

从失业水平看，全国城镇调查失业率在 2 月攀升到 6.2% 的历史高点，之后呈现阶梯式逐步下降趋势，3~5 月维持在 5.9%~6.0% 的较高位，6~8 月下降到 5.6%~5.7%，9~10 月降至 5.4% 和 5.3%，10 月同比只高出 0.2 个百分点（见图 2）。

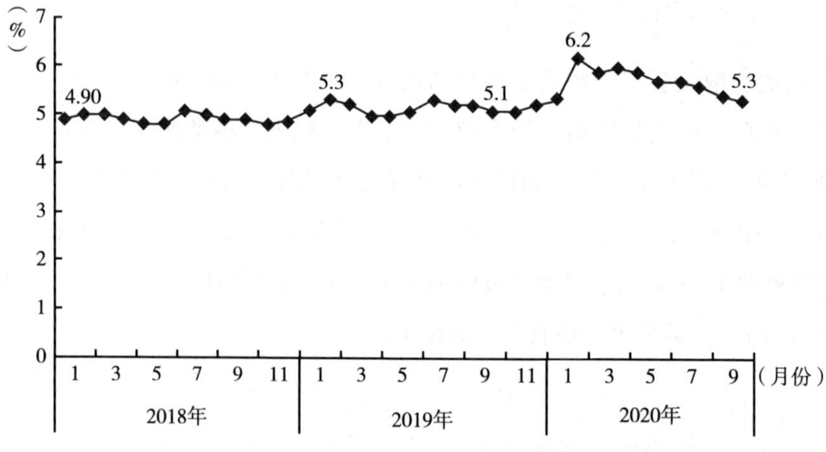

图2　2018 年以来全国城镇调查失业率变化情况

（三）市场需求逐步回暖

从市场需求情况看，人力资源市场机构网络招聘的数据显示，疫情发生后，市场需求急剧下滑，一季度招聘需求人数同比减少了 25.9%，二季度后市场需求逐步升温，至三季度实现由负转正，同比增加 1.1%，这表明受疫情冲击的劳动力市场正在逐步修复，市场需求回暖。

（四）企业用工渐趋稳定

从企业用工情况看，2 月，制造业从业人员指数与非制造业从业人员指数深度下滑，分别落到 31.8% 和 37.9% 的历史低点。之后，随着企业用工恢复，两者均出现快速反弹。10 月，制造业从业人员指数为 49.3%，非制造业从业人员指数为 49.4%。[①] 从近年情况看，以服务业为主体的非制造业从业人员指数一般高于同期制造业从业人员指数，而自疫情以来则持续低于制造业从业人员指数，主要是部分服务业企业属于劳动力密集和人员密切接触型企业，受疫情影响较大，受影响时间较长。但自 7 月以来，其从业人员指数已持续 4 个月上升，到 10 月再次高于制造业从业人员指数，表明非制造业企业用工已逐步回归正轨（见图 3）。

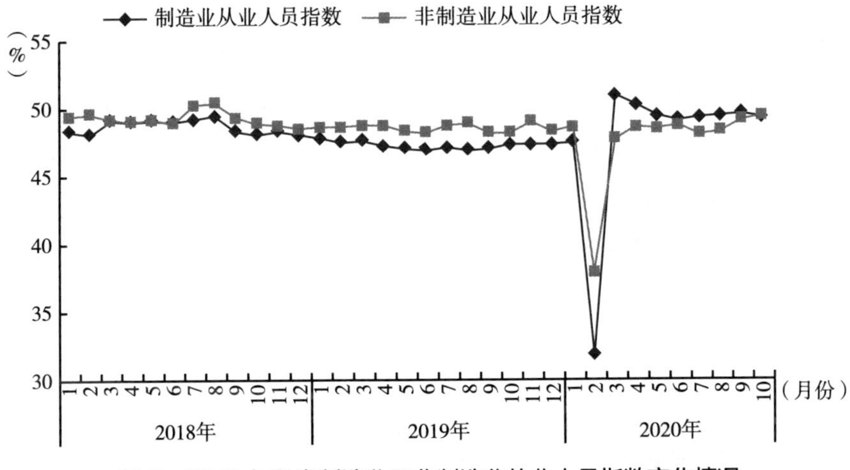

图 3　2018 年以来制造业和非制造业从业人员指数变化情况

① 制造业和非制造业从业人员指数数据来源于国家统计局网站，根据月度发布数据整理计算。

（五）群体就业基本稳定

农民工、高校毕业生和就业困难人员就业持续改善。农民工群体就业在疫情中首当其冲，尤其是春节期间返乡农民工大多未能按时返城返岗，就业压力遽然增加。但在疫情防控条件改善后，农民工外出就业加速推进，外出就业人员持续增加，调查数据显示，三季度农村外出务工劳动力达到17952万人，比二季度增加200万人，增长1.1%；同比减少384万人，减幅为2.1%，较二季度收窄0.6个百分点。①

应届高校毕业生在疫情影响下，初次就业率有所降低，就业时间有所后延，但总体上仍然保持稳定，随着离校未就业毕业生陆续找到工作，9月，20~24岁大专及以上人员调查失业率环比下降2.4个百分点。智联招聘和中国人民大学联合发布的应届生就业市场景气报告中，三季度市场中求职的大学生明显回落，大学生就业压力有所缓和。同时，困难群体就业降幅也逐步收窄。统计数据显示，前三季度全国累计城镇失业人员再就业人数353万人，累计就业困难人员就业人数115万人，同比分别下降12.4%和13.5%，降幅持续收窄。

截至10月底，全国外出务工贫困劳动力2973万人，是上年外出务工总数的108.9%。②在疫情冲击下，确保贫困劳动力就业稳定和收入增长，为如期实现脱贫攻坚目标任务做出重要贡献。“十三五”期间，近3000万贫困劳动力通过多渠道开发就业岗位、大规模开展职业技能培训实现就业，增加了收入。据有关统计，贫困劳动力平均务工年收入从2016年的12451元持续增长至2019年的26544元，增长113.2%；户均务工收入占比从63.3%上升到68.8%，上升了5.5个百分点。③

① 农民工外出务工数据根据国家统计局各季度发布数据整理。

② 就业困难人员数据、贫困劳动力就业数据根据人力资源和社会保障部各季度发布数据整理。

③ 《“十三五”中国近三千万贫困劳动力实现就业》，http://www.mohrss.gov.cn/SYrlzyhshbzb/dongtaixinwen/ buneiyaowen/hyhd/202011/t20201120_398241.html。

二　新冠肺炎疫情对就业的影响及应对

新冠肺炎疫情作为全球性重大公共卫生危机事件，其影响具有广范围、多层次、多维度、长时期的特点。截至 10 月底，全球累计确诊病例超过 4500 万人，死亡人数超过 110 万人。世界卫生组织（WHO）紧急情况负责人迈克尔·瑞安（Michael Ryan）甚至表示，估计全球超过 1/10 的人口可能感染。[①]从影响层次看，新冠肺炎疫情影响到每一个人和家庭，再到社区、街镇，以及国家、区域和全球层面。从影响维度看，新冠肺炎疫情不仅对人造成卫生健康危害，也影响到经济、社会乃至政治和文化心理方面。从影响时长看，新冠肺炎疫情本身持续时间较长，其影响既有疫情当期的直接冲击，也有滞后效应和潜在的长期影响。这些特点与其对劳动就业的影响都有着一定的联系。总体来看，新冠肺炎疫情对整个经济社会正常运行秩序产生重大冲击，对劳动力市场的影响也巨大而深远。国际劳工组织在 4 月发布的《新冠肺炎疫情和劳动世界：最新评估和分析》中指出，当前全球 81% 的劳动力（约 33 亿人）都受到强制性或者推荐性工作场所关闭政策影响，失业人口增加的规模将超过 2500 万人。[②] 但因各国疫情发展和控制情况不同，各国的经济社会条件有异，各自采取的应对措施和政策有别，因此新冠肺炎疫情对各个国家和地区就业的影响也存在显著差异。

（一）疫情影响就业的经济社会条件特征

此次新冠肺炎疫情是新中国成立以来在中国发生的传播速度最快、感染范围最广、防控难度最大的一次重大突发公共卫生事件。此次疫情暴发正值春节前后，正是大规模人口流动的高峰期，也是企业启动新一年生产活动和劳动者节后返岗或重新求职的时间，大量劳动者因假期而处于人岗分离的状态。从长期看，疫情发生于中国经济从高速增长向高质量发展的关键转型期。

① 资料来源于世界卫生组织网站。

② 资料来源于国际劳工组织。

当前，中国经济从高速增长向中高速调档下行，经济动能新旧转换，转型升级和结构调整进入爬坡期；经济结构发生深刻变化，服务业占比持续扩大、超过五成，消费对经济增长的贡献率不断上升，2019 年达到 57.8%；开放型经济特征日益明显，与全球经济联系日益紧密，年货物进出口总额超过 31 万亿元，服务进出口总额超过 5 万亿元。经济分工体系进一步细化，产业链相对完整，但部分重要原材料、零部件和技术人员仍然依赖外部供给。城乡人口流动规模大、频率高、速度快，春运期间客流量突破 4 亿人次，全年旅客运输总量 170 多亿人次。① 劳动力市场总量压力持续与结构矛盾突出并存。全国劳动力资源近 9 亿人，城乡就业人口达 7.76 亿人。近年需在城镇就业的新成长劳动力在 1500 万人以上，2019 年应届高校毕业生达 874 万人。与此同时，人口老龄化加速，劳动者代际更迭明显。新生代农民工的求职和生活观念及行为基本城市化，难以回流农村。这些节点性和阶段性的宏观经济社会条件，成为新冠肺炎疫情影响就业的底层架构和重要因素，决定着疫情影响就业的主要对象、范围、程度以至作用机理等方方面面。

（二）新冠肺炎疫情对就业的影响机理

与其他经济社会事件比较，受新冠肺炎疫情特点、为应对疫情而采取的防控措施及其所处经济社会发展阶段特征等诸多因素影响，疫情对劳动力市场的影响机制具有突出的特点。首先是防控措施限制人员流动、影响物流，进而影响企业经营生产，并进一步对企业资金流产生影响。这与金融危机从影响资金流，到影响企业生产经营和物流，再到影响企业用工和人员流动的机制有着明显区别。因此，金融危机的核心关键是从“钱”的问题进而影响到“人”的问题；而疫情的核心关键首先是“人”的问题，进而影响到“钱”的问题。疫情突发，劳动力市场正常秩序首当其冲。疫情防控使得人流受阻、物流不畅，人岗分离、要素分割、供需两断，企业不能按时复工复产，劳动者难以返城返岗。市场供需不畅，总量不足，加之结构性错配，导致“招工

① 本部分各类数据主要来源于各类统计公报资料。

难”“就业难”问题异常突出。随着疫情影响范围扩大、时程延长，疫情对经济社会的影响蔓延，部分企业生产经营陷入困境，劳动者就业机会减少，劳动收入下降，社会消费萎缩，再到由此产生的社会心理和行为习惯层面的影响，都不可避免地对就业产生冲击。特别是疫情在世界范围内的扩散，对全球化进程中的产业链、供应链造成冲击，叠加各种政治经济因素，疫情催化和加速扩大了世界经济结构性矛盾和冲突，进一步放大疫情影响，使得其对就业的影响机制更加复杂，产生更广泛与长期的后果。

（三）疫情对就业影响的阶段趋势

疫情对经济社会和就业的影响，与疫情持续的时间、烈度及防控强度有着密切关系。根据疫情持续时间是否超过企业和劳动者承受能力的临界点，其对经济社会和就业的影响也将出现根本性变化，需根据具体情形做跟踪分析，应对的政策措施也应做相应调整。根据疫情发展情况，其影响大致经历几个阶段。

第一阶段为疫情暴发初期，经济基本停摆，劳动市场冻结。随着疫情暴发，各地区相继启动一级防控措施，在较短时间内整合力量、全力抗击疫情，压制疫情蔓延是最紧迫任务。除防控疫情应急物资生产、基本公共生活保障、重大工程等活动外，其他经济活动基本停摆，全国范围内各个行业全产业链生产经营和用工都受到影响。经济增速大幅下滑，“假日经济”相关行业遭受重创。同时，劳动力市场出现“急冻”，供需两断。供给端出口受阻，城乡劳动者大面积待岗待业，无法正常工作；需求端进口封冻，多数企业不能正常用工。但由于这一时期在很大程度上与春节假期重叠，其前期影响被假期效应对冲，主要是对假日消费行业用工产生影响，宏观市场指标波动幅度有限，主要表现为市场预期引发企业对下一步复工用工的焦虑和劳动者对返岗求职的担心。

第二阶段为疫情趋缓期，劳动力市场有限恢复。在疫情防控体系建立后，疫情扩散得到基本控制，在统筹疫情防控和经济社会发展的政策指导下，实施分级分区防控，逐步开放人流物流，有序恢复经济活动，企业逐步复工复

产；从节后复工开始，在保持全面防控疫情不放松的前提下，部分地区、部分企业开始有序复工复产，部分劳动者开始返城返岗。但企业复工复产和劳动者外出仍受到一些约束限制，劳动力市场部分复苏，供求总量受限，供需两端矛盾相互交织，“用工难”和“就业难”问题突出，摩擦性矛盾成为突出特征。

第三阶段为疫情发展转缓期，劳动力市场加快恢复。这一时期没有发生新的大规模疫情，人流物流得到较大程度开放，经济活动得到较大程度恢复；除少数高风险地区外，多数地区和企业逐步实现正常经营生产，复工率和返岗率明显提升，用工需求和劳动力供给得到释放，劳动力市场渐趋活跃，农民工求职和应届毕业生春招集中展开，总体上出现供需双升态势。但由于各行业复工存在时间差，各地区复工复产进度不一，劳动力供给出现一定程度的重新配置，一些原来从事一定行业的劳动者转入其他行业，一些原来在某地就业的劳动者也可能转入其他地区就业，导致晚开工复工地区和企业出现更明显的招工难，市场结构性矛盾更加突出。这一阶段，受疫情影响仍然较大、风险较高地区和行业的企业不能如期复工，劳动者因长时间停工待业，形成局部地区、行业性的失业风险。

第四阶段为疫情常态化防控阶段，劳动力市场进入复苏期。疫情进入内防反弹、外防输入的常态化防控阶段。经济活动特点表现为国内逐步恢复，国际市场需求下降，国际贸易严重受阻。全球范围内疫情多点暴发和金融市场持续震荡，受疫情影响国家特别是发达经济体采取的隔离封境措施，对外贸及关联行业产生冲击，部分节后复工早的企业在突遭出货受阻、订单遽降、成本压力加大的情况下，出现个案性的规模减员裁员现象。但随着国际疫情持续，部分国家和地区生产秩序长期难以恢复，中国外贸出口逆势上扬、持续改善，货物进出口持续增长，有利于稳定外贸企业及上下游关联企业用工。

第五阶段为后疫情阶段，劳动力市场进入调整期。后疫情期，疫情防控措施全面解除，经济活动进入正常轨道，市场进入新一轮调整期，一些行业获得一定程度的补偿性高增长，一些新生行业、业态获得新的发展机会；同时也有一些行业企业没能经受住冲击而关停倒闭，被市场淘汰出清，市场需求结构性增加和减员可能同时出现，部分劳动者面临失业再择业问题，劳动力市场面临新一轮波动。为防控疫情和对冲其影响而采取的一系列政策措施也将逐步释放其滞后效应。同时，疫情催化的全球经济产业链供应链变化和经济结构调整乃至冲突，对部分行业、地区的企业生产经营和就业产生持续影响。更深层次的疫情引起或催生的技术变革、社会心理文化层面因素对就业的影响也将逐步显现。

（四）疫情对就业影响的突出特征

疫情对就业具有全域、全业、全员性影响。在近年国内经济下行压力加大、中美经贸摩擦等外部干扰因素增多情况下，就业形势本已稳中承压，疫情造成的重大冲击和复杂影响，导致就业形势更趋复杂严峻。总体上看，在当前宏观经济社会发展背景和条件下，疫情对经济和就业产生严重冲击，影响巨大，范围广、程度深，具有全域、全业、全员性特征。从地域上看，覆盖全国各省区市，既有经济发达地区，也有相对落后地区；既影响到劳动力输入地，也影响到劳动力输出地，尤其是一些用工大省也成为疫情重点影响地区，对就业造成重大冲击。从影响人员看，新冠肺炎疫情几乎对各类劳动者群体就业都产生影响。先是节后返程返岗的各类单位从业人员，之后是规模庞大的返乡农民工外出务工受阻，部分留城农民工不能复工，经济压力更大。再后是应届高校毕业生春招旺季遭遇“倒春寒”，就业压力骤增。农村贫困劳动力转移就业和城镇就业困难群体再就业更加困难。即便是疫情期间上岗复工人员，包括抗疫一线的医护人员和各类组织保障人员、基层工作人员等，也大多处于高强度连续工作状态。从影响时间看，病毒潜伏期长，疫情反复风险高，社会预期不稳定性增加。两个隔离周期就需要一个月时间，对企业用工和劳动者就业时间影响更大。尤其在全球暴发的风险下，疫情影响和控制的时间更长。全球疫情蔓延大大延长了其对就业影响的时间。而新冠肺炎疫情出现第二波的高不确定性更将经济活动和劳动力市场复苏拖入了较长时段。结构性、摩擦性、周期性失业问题交织，稳定就业局势需付出十分艰苦的努力。

疫情对就业的影响具有显著的结构化差异。从行业看，由于疫情发展和行业特点的不同，各地防控措施存在差别，企业受到的影响程度和经营生产条件各异，不同地区、行业、规模企业复工复产进度不一，用工需求释放存在较大时间差，面临的风险问题也不一样。这些使得就业结构性矛盾异常突出，同时行业性、区域性失业风险触发点增多，就业形势更为复杂。餐饮、旅游、影视等一些即期消费类行业受到的影响最为直接，部分行业企业属于“一年干一月，一月吃一年”，对春节假日经济依赖度高，受到的冲击更大。线下影视娱乐、旅游、商贸、家居服务等即时消费行业经营也受严重影响。农村部分家庭养殖业、当季农产品销售受到冲击，春耕春种普遍延后。教育，建筑业，房地产业，居民服务、修理和其他服务业，文化、体育和娱乐业等行业复工复产时间明显滞后。特别是其中的中小微企业和个体工商户受到的冲击更大，承压能力脆弱，如果不能及时减压止损，随着疫情影响的延长，出现较大规模的企业、店铺关停和人员失业的风险较大。中国劳动和社会保障科学研究院在 2020 年 2 月底开展的调查显示，不同行业企业对疫情后恢复正常经营状态的时间预期存在明显时间差。农林牧渔业、建筑业、制造业、卫生和社会工作、科学研究和技术服务业等行业预期恢复时间相对较短，住宿餐饮业、房地产业等行业预期恢复时间相对较长。

从区域看，就业形势面临新变化。一些中西部省份农民工返岗率较低，滞留人数较多，本地就业压力加大；而广东、江苏、浙江等地复工复产率较高，但外贸依存度也高，受国外疫情影响大。一些外贸企业在前期抓紧复工复产，但因国外疫情暴发，遭遇二次打击，出现订单突然取消或产品无法出货现象。企业生产经营困难重重，稳岗压力普遍加大。个别地区出现失业率的阶段性显著上升。

从群体看，疫情影响涉及绝大多数劳动者，农民工返城返岗迟滞，返乡农民工中外出的比例较往年同期减少。还有部分农民工在疫情早期返城，没有找到合适工作而重新返乡。总体看，农民工失业水平同比有所抬升。高校毕业生供给增加，需求下降，此长彼消，就业压力大增。疫情直接影响到应届高校毕业生春招工作，高校毕业生求职时间延后，大学生失业率在一季度末和七八月毕业季再冲新高。登记失业人员、贫困劳动力、新型冠状病毒感染者、湖北等疫情严重地区劳动者面临更多困难，失业风险有所累积。因服务业特别是家庭服务业和其他接触型服务业中女性就业比例较高，女性劳动者的失业率也会高于男性，就业压力相对更大。

与此同时，疫情危机中，基于信息互联网的新经济在应对疫情影响中发挥了积极的对冲作用。在传统批发零售受到严重冲击的同时，大量消费转移到新零售行业。在传统物流中断的同时，部分快递行业业务量大增。一些在线教育、在线娱乐游戏、在线办公等信息消费获得爆炸性增长。与之相关的电子信息、网络服务等行业，及基于“宅经济”的相关行业获得较快发展。疫情也暴露了公共卫生防疫体系建设和其他民生领域以及社会治理体系中的短板领域，对下一步经济社会发展提出了新的建设要求，创造新的经济和就业增长点。调查显示，部分企业认为疫情催生了新的市场需求，加速了企业管理和模式提质创新，企业生产经营会有新的机会和潜力。这些将成为经济发展新的动能，创造新的就业增长空间。

（五）应对疫情的就业政策措施

疫情发生以来，中国政府及时采取果断措施，统筹疫情防控与经济社会发展，采取一系列政策措施，对冲疫情影响。中央高度重视就业问题，在明确提出加大“六稳”工作力度的同时提出“六保”任务，并再次将“保居民就业”置于“六保”之首，进一步明确和凝聚“就业优先”共识。在目标上，在《政府工作报告》没有明确提出经济增长目标的同时，明确提出了就业工作目标，并根据经济社会实际情况实事求是调整就业工作目标，将城镇新增就业从2019年的1100万人下调到900万人，调查失业率从5.5%上调到6.0%，登记失业率从4.5%调高到5.5%，[①] 政策目标的调整，有利于引导政策方向，积聚力量和资源，也有利于引导和稳定社会预期。

在政策上，强调要实施好就业优先政策，全面强化稳就业举措。加强宏

① 李克强：《政府工作报告》，http://www.gov.cn/premier/2020-05/29/content_5516072.htm。

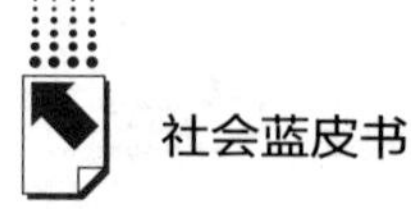

观政策调节，强化经济、社会、就业政策协调联动，出台了一系列政策措施，援企、减负、稳岗、扩就业并举，努力保住重点群体就业，稳住就业基本盘，确保就业局势总体稳定。

宏观政策方面，主要是根据疫情分级分区推动各类行业企业持续复工复产。采取更加有为的积极财政政策、调整财政货币政策取向，继续加大减税力度。实施更加灵活适度的稳健货币政策，充分利用各种金融工具，保持合理流动性，降低融资成本，减缓还贷压力，加大金融支持实体经济力度，为中小企业和个体工商户纾困解难，支持实体经济恢复发展。加快推进重大工程和基础设施建设，积极扩大内需，稳定和促进居民消费。加大外贸支持力度，稳外资、稳外贸，鼓励出口。

就业社保政策方面，实施“缓减免返补”政策，援企稳岗稳就业。“缓”就是缓缴养老、失业、工伤、医疗保险费和住房公积金，“减”就是减半征收养老、失业、工伤、医疗保险费，“免”就是免收养老、失业、工伤保险费，“返”就是返还失业保险费。“补”是指通过发放培训补贴、求职创业补贴、吸纳就业补贴等，支持劳动者提高技能、就业创业，鼓励企业开展培训，吸纳就业。据有关统计，截至 9 月底，三项社会保险费共减免 9107 亿元，缓缴 616 亿元，降低费率减收 2322 亿元，发放失业保险稳岗返还资金 850 亿元，支出就业补贴 638 亿元，累计让企业直接受益超过 1.3 万亿元，实实在在地为企业减轻了负担，稳住了就业岗位。①

针对农民工、高校毕业生等群体制定出台专门政策措施。实施支持农民工就业创业专项政策措施，特别是优先帮扶贫困劳动力实现就业增收。扩大企业吸纳、基层就业、招生入伍、就业见习规模，多渠道促进高校毕业生就业，引导用人单位适当延长或推迟招录，实施部分职业“先上岗、后考证”措施。确保失业人员及时足额领取失业保险金，对就业困难人员和疫情严重地区，通过开发临时公益性岗位，保障群众基本生活。动态调整就业困难人员认定标准，扩大失业保险保障范围、发放失业补助金等，开通线上失业保险待遇申领平

① 数据来源于人力资源和社会保障部网站，http://www.mohrss.gov.cn/SYrlzyhshbzb/dongtaixinwen/fbh/ 202010/t20201028_393432.html。

台，加强与低保、社会救助的衔接，切实保障失业人员的基本生活。

就业服务方面，通过点面结合、上下融合，创新服务，恢复市场活力促就业，推动劳动力市场供需对接匹配。在疫情初期，建立重点企业用工调度保障机制，组织农民工“点对点”服务，开辟劳务输出绿色通道，有序恢复线下服务活动，促进农民工安全有序返岗。搭建网上用工对接服务平台，分类精准推动企业复工复产；组织开展线上就业服务，创新开展大规模线上招聘，实施网上春风行动，启动百日千万网络招聘，实施就业创业服务攻坚季行动，推动市场供求匹配。全面开通并优化线上失业登记、线上失业保险申领、线上就业补贴申办平台。加大职业技能培训力度，深入推进职业技能提升行动，实施“互联网＋职业技能培训计划”，开展百日免费线上职业技能培训专项行动，提高劳动者就业能力。

三　下一步趋势和政策建议

（一）未来趋势与挑战

从当前和今后一个时期看，目前疫情防控取得重大战略成果，生产生活秩序加快恢复，宏观经济形势持续向好；劳动力市场活力逐步复苏，就业需求回升。特别是随着“十四五”规划出台，各项建设任务进入实施阶段，经济增速有望恢复到合理区间，经济结构将进一步优化；创新驱动的新技术、新经济、新业态加速发展，持续扩大开放和深化改革；绿色发展加快、城乡区域协调发展加力推进，将提供新的增长空间和增强抗压韧性；通过教育改革和大规模职业培训提升劳动者就业能力。按照“十四五”规划的建议要求，强化就业优先政策，坚持经济发展就业导向，完善重点群体就业支持体系，统筹城乡就业政策体系，[①] 都将为稳定就业总体局势、实现更加充分和更高质量就业目标提供有利条件和有力支撑。

但同时也要看到，就业仍面临复杂局面和诸多挑战。目前中国经济增长

① 参见《中共中央关于制定国民经济和社会发展第十四个五年规划和二〇三五年远景目标的建议》，人民出版社，2020。

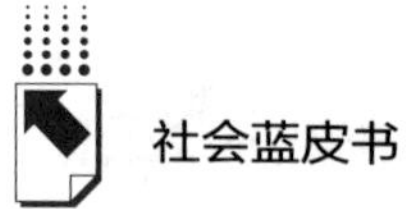

势头并不强劲，全面复苏尚需时日，就业增长特别是扩增动力疲弱。就业复苏本身具有滞后性。疫情影响下，企业生产经营方式发生变化，产销手段也更加依托网络、平台、数字技术、自动化和智能化技术，无接触、无人化的生产和服务更加普遍使用，疫情期间的“人员精简模式”可能延续并成为企业日后的正常管理和生产经营模式。企业用工需求，特别是新增用工需求将进一步受到抑制。同时，企业预期不明确、不稳定，在投资方面不敢投、不愿投的问题仍然突出。疫情发展仍面临不确定性，常态化条件下防止疫情反弹、局部暴发的任务仍然繁重，在一定程度上抑制生产消费的复苏，生活性服务业恢复较慢。行业恢复发展不平衡，餐饮、住宿、旅游、家政、文体、会展、航空运输等行业恢复仍面临一些困难。企业活跃度差异明显，中小企业产能利用率与大企业相比仍然偏低，一些长期亏损企业难免出现减员裁员。从外部环境看，境外疫情扩散蔓延对世界经济产生不利影响，给中国经济和就业带来新的挑战。域外第二波疫情风险增加，新冠肺炎疫情及其衍生的各种“次生灾害”，都将对全球经济产生多轮冲击，产业链、资金链、贸易物流和人员流动都将受到影响。主要经济体在前期实施宽松政策基础上，进一步宏观调控政策空间受限，世界经济长期增长动能或进一步减弱，金融和经济秩序或进一步动荡。世界银行和经合组织等对全球经济的预测进一步下调。外部需求难以短期内大幅增加。随着疫情发展和世界经济的不确定性加大，经济社会和就业领域的“疫后综合征”将逐步显现。国内经济复苏面临困难，外部环境更加严峻复杂，都将对中国就业形成“回潮效应”，影响就业局势的疫情单一因素向多重因素叠加转变，影响效应从短期化向长期化转变，结构性、摩擦性、周期性以及政策性问题相互交织。

（二）政策建议

针对当前阶段就业领域突出问题和后疫情时期可能出现的困难和挑战，要继续坚持统筹兼顾、长短结合、相机施策、重点突出的思路原则，在已有政策基础上，持续深化和落实就业优先政策，缓冲平滑疫情对就业的冲击，稳定就业局势，争取化危为机，拓展新形势下的就业新局面。

一是按照保就业要求，坚持经济发展就业导向，继续加大政策协同力度，财政、货币、产业、投资等政策与就业政策协同联动，避免“无就业复苏”。根据疫情发展和经济社会阶段性特征，抓住政策窗口，适时进一步出台有利于稳定和扩大就业的政策措施。提升投资和产业带动就业能力，实施重大项目重大产业就业评价。支持就业容量大的产业行业优先发展。实行包容审慎监管，支持新产业新业态发展。加大力度实施扩内需促消费政策，增加劳动者收入，提升消费能力，稳定市场需求。采取有效措施稳定产业链供应链，保障企业生产正常运转。促进国内外要素有效循环，提高市场主体存活率。

二是针对重点行业、中小微市场主体加大政策扶持力度。在系统梳理评估现有政策基础上，研究短期政策与长效机制的结合转换，进一步完善稳就业保就业政策。注重“特别行业、特定主体”的专项政策的实施和激发市场活力。针对受疫情影响冲击大、时间长的餐饮娱乐、交通、旅游、外贸、线下生活服务等行业，特别是承压能力弱的小微企业和个体工商户等，出台针对性支持政策。同时针对社区工厂、扶贫车间、易地安置园区等特定主体加大扶持力度。

三是继续有针对性地做好重点群体就业工作。着力促进高校毕业生就业。鼓励各类市场主体扩大毕业生招聘规模，建立人才储备计划，扩大市场容量。加强对中小企业和创新企业吸纳毕业生的人才政策扶持。加大鼓励毕业生基层就业创业政策力度，破除不合理的基层单位用人体制机制束缚，拓宽基层就业空间。加强高校毕业生就业创业服务，优化手续流程。搭建全国性网络供需对接平台，提高市场匹配效率，规范市场秩序。做好毕业生就业心理疏导，缓解其焦虑情绪。针对农村转移劳动力，要大力实施乡村振兴战略，促进要素下乡、项目下乡，加大返乡入乡创业扶持力度，鼓励发展新兴农业产业，加大农村基础设施建设和人居环境改善工程投入，支持农村劳动力就近就地就业。对引导农民工有序外出就业给予政策扶持。加快恢复劳动力市场秩序，促进各类用工主体通过市场扩大用工规模。推进公共就业服务均等化，加强针对农民工的就业服务、就业援助、职业培训。同时，加大兜底保障力度，加强对困难群体的社会保护，帮助城镇失业人员、就业困难人员、零就业家庭等尽快实现就业，稳定城镇就业局势。

四是加大灵活就业、自主创业支持力度，多渠道促进就业创业。继续深化“放管服”改革和持续推动“双创”，鼓励创业。加大对初创企业融资、用地支持力度，降低创业成本，鼓励“微创业”发展。要进一步优化城乡社区、城市治理等方面的就业创业环境，支持劳动者依托新技术平台就业，发展“小店经济”“夜市经济”，开放设立一批零工市场和创业市场，促进灵活就业。要更加重视劳动者权益保护，建立与灵活就业相适应的劳动工时、劳动报酬、最低工资、安全保障等多样化标准体系，健全依托市场的人力资源共享用工机制，扩大就业创业补贴、各类社会保险、技能提升培训对灵活就业人员的覆盖面，增强灵活就业人员社会获得感。

五是加强就业形势监测分析，提升公共就业服务能力。在国家和省一级建立制度化就业形势分析机制，进一步完善就业失业调查监测体系，开展就业需要调查。加快建立健全预测预警、分级响应、上下联动的失业风险防控和应急处置机制。制订风险防控预案，加强政策储备。加快建设全国统一的就业信息系统，促进数据信息互联共享，大力推进“智慧就业”建设。加强基层公共就业服务机构和队伍建设，提升公共就业服务能力，创新服务方式，开展直播带岗、专场招聘、人力资源服务行业促就业等多种形式的供需对接服务。

B.4
2020年中国社会保障事业发展报告

惠大帅　吕学静*

摘　要：新中国成立70年来，国家在大力发展经济的同时不断改善民生，让改革的红利惠及广大民众。中国的社会保障事业也取得了令人肯定的成绩，2020年初突如其来的新冠肺炎疫情，客观上给中国社会保障事业带来了不小的挑战。为应对疫情的冲击，国家采取了一系列措施，如在医疗保险方面减免患者医疗费用，在失业保险方面减免了企业社保缴费以帮助企业过冬等。虽然社会保险在应对疫情中起到了巨大作用，但也暴露出一些问题，如社保基金过度依赖财政支持、统筹层次低、区域间运行衔接不畅等。2021年是"十四五"规划的开局之年，将对中国民生与社保事业提出新的布局和要求，有效落实十九届五中全会精神也将是未来社会保障工作的重要发展方向。

关键词：失业保险　养老保险　医疗保险　退役军人保障

2020年是"十三五"规划的收官之年，也是中国全面建成小康社会的关键之年。新中国成立以来，中国的社会保障事业始终坚持以人民为中心，并时刻以努力提高人民幸福感为根本目标，特别是党的十九大明确提出了以人民为中心、增进民生福祉、共同富裕的论述，确立了中国特色社会保障体系

* 惠大帅，首都经济贸易大学劳动经济学院讲师；吕学静，首都经济贸易大学劳动经济学院教授。

建设的根本目标与历史方位。今后中国社会保障制度的重要性必然伴随人民日益增长的美好生活需要而不断提高，社会保障体系必定根据这种需要的日益广泛不断走向完善，社会保障水平也必定伴随经济社会的持续发展而不断提高。① 总的来看，中国的社会保障事业一直稳步发展，覆盖范围不断扩大，保障水平不断提高，取得了举世瞩目的成就。2020 年初，突如其来的新冠肺炎疫情对中国经济社会发展造成巨大冲击，也给 2020 年的社会保障事业带来巨大挑战。

一　2020 年中国社会保障事业面临的挑战

（一）疫情对中国社会保障事业的影响

2020 年初突然暴发的新冠肺炎疫情给中国经济社会的正常发展带来了极为不利的阻碍，大量企业正常的生产经营受到冲击，部分人民群众的基本生计陷入困难。虽然疫情对中国经济造成的影响是阶段性、暂时性的，但对经济发展和社会秩序仍然产生了全局性和系统性的冲击。疫情之初，为阻击疫情的蔓延，大量企业停产停业，劳动者收入、医疗等多方面受到影响。为抗击疫情，中国经济社会付出了巨大代价，一季度经济甚至出现了负增长，居民的生产生活秩序受到严重冲击。此次疫情在短期内造成经济处于“半休克”状态，绝大多数行业都遭受冲击，消费、投资和进出口都不同程度地受到影响，这对中国全面建成高质量小康社会目标的实现提出挑战，也是对中国经济韧性的一次考验。因此，特别需要社会保障制度作为维护社会安定的“稳定器”和保障民生的“定心丸”发挥保障作用。②

（二）中国社会保险总体收支平衡，社会保险覆盖面进一步扩大

人力资源和社会保障部（以下简称“人社部”）2020 年前三季度统计数据

① 郑功成:《全面理解党的十九大报告与中国特色社会保障体系建设》,《国家行政学院学报》2017 年第 6 期。

② 郑功成:《社会保障是抗击新冠肺炎疫情的重要制度保障》,《光明日报》2020 年 2 月 18 日。

显示，全国基本养老、失业、工伤保险参保人数分别为 9.87 亿人、2.12 亿人和 2.63 亿人，均提前完成“十三五”规划目标，较 2019 年底分别增加 1911 万人、673 万人和 958 万人。前三季度，三项社会保险基金总收入 3.57 万亿元，总支出 4.22 万亿元，9 月底累计结余 6.28 万亿元，基金运行总体平稳。截至 9 月底，社会保障卡持卡人数达 13.25 亿人，覆盖 94.6% 的人口，电子社保卡累计签发 2.55 亿张，27 个省份的 221 个地区开通电子社保卡移动支付应用。①

（三）应对疫情冲击，阶段性减免企业社会保险费

2020 年初的疫情对中国社保基金的短期冲击巨大，年初大量中小企业受劳动力缺失、订单减少、物流不便、需求不足、现金流紧张等多方面的影响，企业和个人缴费能力下降。为尽快缓解疫情的冲击，中央迅速制定政策并阶段性减免企业养老、失业、工伤保险单位缴费，以此来稳定民众紧张的情绪，降低企业缴费压力。②

2020 年 2 月，人社部等多部门联合发布《关于阶段性减免企业社会保险费的通知》（人社部发〔2020〕11 号），详细规定了自 2020 年 2 月起，各省、自治区、直辖市可根据受疫情影响情况和基金承受能力，免征中小微企业三项社会保险单位缴费部分，免征期限不超过 5 个月；对大型企业等其他参保单位三项社会保险单位缴费部分可减半征收，减征期限不超过 3 个月；受疫情影响生产经营出现严重困难的企业，可申请缓缴社会保险费，缓缴期限原则上不超过 6 个月，并且缓缴期间免收滞纳金。到 2020 年 6 月，人社部等多部门又联合印发《关于延长阶段性减免企业社会保险费政策实施期限等问题的通知》，通知明确延长阶段性减免企业基本养老保险、失业保险、工伤保险单位缴费政策实施期限。③ 同时，通知还指出 2020 年社会保险个人缴费基数下限可继续执行

① 卢爱红：《2020 年第三季度人力资源和社会保障部新闻发布会》，人力资源和社会保障部官网，2020 年 11 月 1 日。

② 人力资源社会保障部、财政部、税务总局：《关于阶段性减免企业社会保险费的通知》（人社部发〔2020〕11 号）。

③ 人力资源社会保障部、财政部、税务总局：《关于延长阶段性减免企业社会保险费政策实施期限等问题的通知》，人社部官网，2020 年 6 月 22 日。

2019 年个人缴费基数下限标准，个人缴费基数上限按规定正常调整。个体工商户和各类灵活就业人员 2020 年缴纳基本养老保险费确有困难的，也可自愿暂缓缴费。截至 9 月，基本养老、失业、工伤三项社会保险总计为企业减免社保费约 9107 亿元，缓缴社保费 616 亿元，显著降低了企业的经营负担。

（四）社保扶贫工作更加细化，多手段共促脱贫攻坚

2020 年是中国决胜全面建成小康社会具有里程碑意义的一年，是“十三五”规划的收官之年，也是脱贫攻坚战的决胜之年。年初由于疫情对中国经济社会发展及就业工作造成严重冲击，客观上也造成用工需求减少，部分劳动者外出流动不畅，特别是一些跨区域的劳动务工难度加大，这给中国扶贫工作带来了全新的困难和挑战。

为保障国家脱贫攻坚任务按时完成，维护贫困家庭的基本权益，社保扶贫相关部门迅速采取多种举措，加大扶贫的力度。各部门积极推进扶贫龙头企业和地方合作社、扶贫车间等带贫主体开工复工，并要求相关部门开展以工代赈，临时增设公益性岗位来托底安置贫困劳动者，以此来促进贫困劳动力迅速就近就业。① 在就业方面，积极推进就业脱贫工作，2020 年 4 月统计表明，外出务工贫困劳动力有 2300 多万人，仅占上年外出务工总数的 86%。截至 9 月底，25 个省份外出务工贫困劳动力已经增长至 2934.4 万人，达到上年同期人数的 107.5%，其中 52 个挂牌督战县的外出务工贫困劳动力 295.7 万人，是上年的 116.2%；东部 9 个省份吸纳中西部地区贫困劳动力 793.5 万人。中西部 22 个省份扶贫公益性岗位安置 494.9 万贫困人口，3.2 万个扶贫车间吸纳贫困劳动力就业 43.1 万人。② 在养老保险扶贫方面，中国进一步推动针对贫困人口养老保险建档立卡的动态清零工作，并坚持按照每新增一人纳入一人、每到年龄一人发放一人的要求，让老年贫困人口逐步摆脱贫困。截至

① 刘玉安、徐琪新:《从精准扶贫看完善农村社会保障制度的紧迫性》,《东岳论丛》2020 年第 2 期。

② 卢爱红:《2020 年第三季度人力资源和社会保障部新闻发布会》，人力资源和社会保障部官网，2020 年 11 月 1 日。

2020 年 9 月底，总计有 5949 万建档立卡的贫困人口参加基本养老保险，参保率超过 99.99%，全国范围内基本实现了应保尽保。

二 医疗保险事业充分发挥“稳定器”作用

（一）将新冠肺炎诊疗救治费用纳入医保

2020 年初新冠肺炎疫情暴发，面对新型病毒的肆虐，民众生命财产安全遭到巨大威胁。为迅速稳定疫情，保障人民群众的生命财产安全，国家医保局和财政部在 1 月 22 日联合下发了《关于做好新型冠状病毒感染的肺炎疫情医疗保障的通知》，明确提出了要充分认识到疫情防治工作的重要性，务必确保患者不会因费用问题影响就医，同时确保收治患者的医院不会因支付政策而影响患者的救治。① 首先，对于确诊新冠肺炎患者产生的医疗费用，在基本医保、大病保险、医疗救助等按规定支付后，个人负担部分也由财政给予补助，实施综合保障。其次，对于确诊新冠肺炎的异地就医患者，要先救治再结算，报销不必执行异地转外就医支付比例调减规定。最后，确诊新型冠状病毒感染的肺炎患者使用的药品和医疗服务项目，符合卫生健康部门制定的新型冠状病毒感染的肺炎诊疗方案的，可临时性纳入医保基金支付范围。疫情之初，据统计确诊新冠肺炎患者的人均医疗救治费用达到 2.15 万元，一些重症患者达到十几万元，甚至几十万元，医保均按照规定予以报销。② 在这次抗击新冠肺炎疫情过程中，国家医保局、财政部等部门及时出台有关政策，把人民群众的生命安全放在首位，不计成本地对大众生命安全进行保护，充分体现了中国社会主义制度的优越性。

（二）中国医疗保险收支基本持平，不断深化制度改革

根据国家医疗保障局数据统计，截至 2020 年 8 月中国基本医疗保险参保

① 国家医疗保障局、财政部：《关于做好新型冠状病毒感染的肺炎疫情医疗保障的通知》，国家医疗保障局官网，2020 年 1 月 22 日。

② 国务院新闻办公室：《抗击新冠肺炎疫情的中国行动》，国务院官网，2020 年 6 月 7 日。

人数为13.49亿人，医保基金收入为15020.8亿元，医保支出为12951.8亿元，医保基金在2020年上半年疫情暴发的情况下，依然略有结余。[①] 这充分说明中国医疗保障制度经过10余年的发展已具备更加强大的保障能力。2003年的“非典”时期，中国的医疗保险仅覆盖了城镇职工，农村居民与城镇非就业居民并未被纳入医保制度，此后，伴随国家社保制度不断完善，全民医保成为重要的民生目标，近年来医保的覆盖率持续稳定在95%以上，截至2019年末，覆盖率已高达97%。可见，中国不断完善的医保制度为此次抗击新冠肺炎疫情提供了坚强而有力的后盾。

2020年3月，中共中央、国务院发布了《关于深化医疗保障制度改革的意见》，明确了中国医疗保障制度的改革目标。到2025年，中国医疗保障制度要更加成熟，并基本完成待遇保障、医保支付、基金监管等重要机制以及医药服务供给、医保管理服务等关键领域的改革任务；到2030年，全面建成以基本医疗保险为主体，医疗救助为托底，补充医疗保险、商业健康保险、慈善捐赠、医疗互助共同发展的医疗保障制度体系，医保治理的现代化水平显著提升，更好地实现保障病有所医的基本目标。[②]

（三）2020年中国医保补助标准继续提升，医疗保险保障范围进一步扩大

2020年6月国家医保局等多部门联合下发了《关于做好2020年城乡居民基本医疗保障工作的通知》，明确规定：①2020年中国城乡居民基本医疗保险人均财政补助标准再次新增30元，达到每人每年不低于550元。而且，2020年个人缴费标准也同步提高30元，达到每人每年280元。这进一步提高了中国居民医疗保障水平，让百姓切实受益。②发挥医疗救助的托底保障作用。落实困难群众救助政策，确保困难群众应保尽保，加大重特大疾病

---

① 国家医疗保障局：《2020年1~8月医疗保险和生育保险主要指标》，国家医疗保障局官网，2020年10月20日。

② 中共中央、国务院：《关于深化医疗保障制度改革的意见》，国家医疗保障局官网，2020年3月5日。

救助力度，探索从按病种施救逐步过渡到以高额费用为重特大疾病救助识别标准。

同时，中国医疗保障行政部门还将建立健全动态调整机制，原则上每年调整 1 次《基本医疗保险药品目录》，将更多医疗患者需要的医药物品纳入医保。① 截至 9 月，共有 728 个目录以外西药和中成药通过形式审查，而其中能够满足“2019 年 12 月 31 日前，进入 5 个（含）以上省级最新版基本医保药”要求的药品多达 493 个。8 月，国家医保局公布《2020 年国家医保药品目录调整工作方案》和《2020 年国家医保药品目录调整申报指南》，明确提出将与新冠肺炎相关的呼吸系统疾病治疗用药纳入 2020 年药品目录拟新增药品范围。

（四）建立健全稳健可持续的医疗保险筹资运行机制

根据 2019 年 5 月国家医疗保障局和财政部发布的《关于做好 2019 年城乡居民基本医疗保障工作的通知》的要求，2020 年底前取消个人（家庭）账户，并向门诊统筹平稳过渡；已取消个人账户的不得恢复或变相设置。② 不少民众对此规定存在误解，认为个人账户就是职工医疗保险的个人账户，其实这里规定的个人（家庭）账户是个别地区在推行“新农合”统筹城乡居民医疗保险过程中设置的，实际仅涉及很少一部分人。实际上，中国城镇职工的医疗保险账户并不会受到该规定的影响。

对居民医疗保险影响较大的是国家医保局近日发布的《关于建立健全职工基本医疗保险门诊共济保障机制的指导意见（征求意见稿）》，其中明确提出了今后单位缴纳的基本医疗保险费全部计入统筹基金。职工的个人医保账户资金实际上分为两部分，个人和企业都会扣除一部分资金作为医疗保险费用，其中企业缴纳的部分有 70%~80% 进入统筹账户，剩余部分则进入个人

---

① 国家医疗保障局:《基本医疗保险用药管理暂行办法（征求意见稿）》，国家医疗保障局官网，2020 年 4 月 29 日。

② 国家医疗保障局:《关于做好 2019 年城乡居民基本医疗保障工作的通知》，国家医疗保障局官网，2019 年 5 月 13 日。

医保账户。截至2019年底，中国职工医保统筹基金（含生育保险）累计结存14128亿元，个人账户累计结存达到8426亿元。此次改革主要是为了增强中国医保共济保障能力，避免医保账户资金沉淀过多，提高资金使用效率。该意见公布之初，部分群众担心统筹账户的设立会影响职工医保账户的保障能力，有损职工个人利益。

实际上，对于缴纳医保的职工个人而言，建立完善的共济保障制度，门诊费用由统筹基金支付，支付比例从50%起步，同时扩大个人账户的使用范围，非但不会对职工的医疗保障水平造成负面影响，反而会提高总体保障水平。建立医保共济制度是未来医疗保险改革的大方向，在不增加职工个人和企业负担的前提下，完善医疗费用支付方式，调整医保基金结构，发挥医疗保险的保障作用，可以切实有效地提高医疗服务水平，提高医疗基金使用效率，有效降低患者的医疗负担。

三　就业压力加大，失业保险金支出大幅提升

（一）受疫情影响，上半年中国就业压力增大

2020年上半年突如其来的疫情对中国就业市场冲击巨大，大量企业停产停业，劳动者外出务工困难给就业带来了巨大的压力。据人社部统计，第一季度的城镇调查失业率为5.9%，环比小幅回落，全国城镇登记失业率为3.66%，第二季度城镇调查失业率为5.7%。① 2020年《政府工作报告》也明确指出，2020年的工作任务重点是稳定就业、保障民生。因疫情的影响，2020年的新增就业任务相比上年下调了200万人，失业率提高了1个百分点，截至4月底，城镇新增就业人口354万人，比上年减少了105万人。所幸下半年中国经济增速回升，加之政府采取多种手段努力扩大就业，截至9月底城镇新增就业人口898万人，城镇调查失业率为5.4%，城镇登记失业率为

① 卢爱红：《2020年第三季度人力资源和社会保障部新闻发布会》，人力资源和社会保障部官网，2020年11月1日。

4.2%，低于预期失业率。①

为应对失业人口数量增长压力，中国采取了多种方式来促进就业。一是国务院办公厅出台《关于支持多渠道灵活就业的意见》（国办发〔2020〕27号），要求鼓励个体经营发展，增加非全日制用工的就业岗位，支持探索新的就业形式，推动新职业的发布与应用，并开展有针对性的职业培训，如疫情期间出现的短期"共享员工"、利用互联网居家办公就业、远程办公兼职等多种形式的就业，都有效缓解了就业压力。二是针对重点群体推进就业，为高校毕业生、困难家庭毕业生提供优质的线上就业推荐活动，为下岗失业人员开展多方面的职业技能培训，帮助这类人员再就业。三是继续优化就业服务，开展创业服务攻坚月、城市联合招聘会、民营企业招聘月等活动，为劳动者提供更为广阔的就业平台，努力将失业率降到最低，将劳动者就业落到实处。②

（二）2020年失业保险基金支出大幅上升

中国失业保险制度运行 30 年来一直在经济社会发展中发挥着重要作用，2019 年以前失业保险金结余也一直持续增长。近两年中国失业保险金的收支明显压力较大，2019 年中国失业保险参保人数为 2.05 亿人次，收入 1272.6 亿元，支出 1340.2 亿元；2020 年前三季度中国失业保险参保人数为 2.16 亿人次，收入 652.3 亿元，支出 1491.7 亿元。③可以明显发现，2020 年中国的失业保险金收支压力较上年明显增大。一方面是疫情期间中国实施的阶段性降费率政策和减免失业保险费政策导致失业保险基金收入明显减少；另一方面是疫情客观上造成领取失业保险金的人数在短期内大量增加。据统计，2019 年中国失业保险基金结余 4625 亿元，但预计到 2020 年底结余将降至 3900 亿元，基金结余备付期限将由 2019 年末的 3.4 年降至 2020 年末的 2.3 年，这将对失业保险基金运行以及各地失业保险政策的实施造成较大影响。

---

① 2020 年《政府工作报告》，新华社官网，2020 年 5 月 29 日。

② 国务院办公厅:《关于支持多渠道灵活就业的意见》，中华人民共和国中央人民政府官网，2020 年 7 月 31 日。

③ 郭晋晖:《高失业风险群体亟待全覆盖 失业保险基金"家底"骤降千亿》，第一财经，2020 年 6 月 11 日。

2020 年中国失业保险基金区域不平衡问题开始凸显，经济较发达的地区和省会城市失业保险基金结余较多，其他城市失业保险基金结余相对较少，有些落后地区甚至出现赤字，全靠省级资金调剂。这也导致各地失业保险政策实施的力度存在差异，形成区域壁垒，在客观上造成了失业保险返还政策在经济相对落后地区和失业保险基金结余不足地区难以推行。

四　养老保障事业总体运行平稳

（一）养老金持续16年上涨，基金运行情况总体平稳

2020 年 4 月，人社部等下发《关于 2020 年调整退休人员基本养老金的通知》，其中明确提出针对 2019 年底前已经按规定办理了退休手续并按月领取基本养老金的退休人员，全国总体上调比例按照 2019 年退休人员月人均基本养老金的 5% 确定。[①] 这也是中国为了保障老年人的生活权益，提高其幸福生活指数，连续 16 年持续上调养老金。2020 年全国近 3 亿人领取养老金，调整退休人员的基本养老金是提高保障和改善民生水平的重要手段，在今后相当长的一段时间内，保障养老金的有效运行仍将是社保工作的重要任务之一。

受上半年疫情影响，国家为企业减负，减免社保缴费力度很大，很多人都很担心 2020 年中国养老金能否按时足额发放。据人社部统计，截至 2020 年 9 月中国减免三项社会保险，减轻企业成本 12045 亿元；其中养老保险成本所占比例最高，达到 84.2%，达 10140 亿元。从前三季度企业养老保险基金的实际运行情况来看，中国养老保险基金的运行经受住了疫情的考验，总体还是比较平稳的，甚至好于年初预期。到 2020 年 9 月底，全国的参保职工人数达到 2.8 亿人，比 2019 年底增长了 4.1%，离退休人数 1.1 亿人，比 2019 年底增长了 2.5%。从全国养老金收支来看，总收入 2.1 万亿元，总支出 2.8 万亿元，养老金累计结余达 4.5 万亿元。[②] 总体来看，养老金的运行有比较雄

① 人社部等:《关于 2020 年调整退休人员基本养老金的通知》，人力资源和社会保障部官网，2020 年 4 月 27 日。

② 卢爱红:《2020 年第三季度人力资源和社会保障部新闻发布会》，人力资源和社会保障部官网，2020 年 11 月 1 日。

厚的基础，当前存在的问题主要是省际养老金调剂的结构性矛盾。2020年中国企业养老保险基金的中央调剂比例提高到4%，跨省调剂基金规模已经达到1768亿元。截至9月底，中国前三季度1352亿元的调剂基金已经全部拨付到位，同时2020年中央财政也对地方养老保险提供了5800多亿元的专项支持。今后，中国将加快推进养老保险基金的省级统筹工作，为养老保险的安全性与及时性提供有力保证，确保养老保险金能够按时足额发放。

（二）探索长期护理保险制度，满足老龄社会需求

2020年《政府工作报告》明确指出要创新社会治理，切实保障妇女、儿童、老人、残疾人合法权益，大力发展养老托幼服务。截至2019年底，中国60岁以上老人大概有2.54亿人，失能人员超过4000万人。随着中国人口结构变化，老年人口逐年增长，高龄化加剧，中国已经进入老龄社会，及时建立长期护理保险制度就成为目前迫切的社会需求。[①] 为应对中国人口老龄化的压力与满足重度失能人员基本护理保障需求，2020年9月，国家医保局与财政部联合印发《关于扩大长期护理保险制度试点的指导意见》（医保发［2020］37号），在有条件的地方设立试点并深入研究，综合考虑当地的经济发展水平、保障需要和资金筹集能力等多种因素，逐步扩大参保对象的范围。[②] 先从职工基本医疗保险人群起步，优先保障符合条件的失能老年人、重度残疾人。同时，要努力探索建立互助共济、责任共担的多渠道长期护理保险筹资机制，探索建立与经济发展水平和保障能力相适应的筹资动态调整机制，为今后全面建设长期护理保险制度积累实践经验。

（三）多部门联合发力保障养老服务健康发展

健康照护、养老护理直接关系到广大人民群众的日常生活和切身利益。随着老龄化社会的到来，中国对康养服务人员的需求也在不断扩大。人社部

---

① 民政部:《2019年民政事业发展统计公报》，民政部官网，2020年9月8日。

② 国家医保局、财政部:《关于扩大长期护理保险制度试点的指导意见》，国家医保局官网，2020年9月28日。

计划在2020年至2022年培训各类康养人员500万人次以上，并利用现有的职业培训基地，在全国范围内建成10个以上的国家级高标准康养人才培训基地。强化政府的引导作用，促进康养人员的培训就业，提升康养服务水平，构建康养职业资格和技能水平评价体系，提供高技术人才职业发展晋升渠道。

为进一步加强对全国养老服务工作的领导，强化养老服务事务统筹协调能力，国务院办公厅发函《国务院办公厅关于同意建立养老服务部际联席会议制度的函》，联席会议制度涉及21个部门，由民政部牵头、多部门配合，主要工作就是统筹协调全国养老服务工作，认真研究养老服务工作中的重大问题，并努力完善养老服务体系；同时，研究审议养老服务的法规和政策，拟定养老服务事业的年度重点工作计划；部署养老服务改革创新中涉及的重点事务，检查养老服务有关政策措施落实情况等。

为了规范养老服务市场秩序，保障养老服务产业健康发展，2019年10月民政部印发了《养老服务市场失信联合惩戒对象名单管理办法（试行）》，要求有效规范中国养老服务市场的秩序，逐步构建养老服务领域的市场信用体系，保证养老服务业持续健康发展。今后，中国养老服务联合惩戒制度会本着公开、公正、及时的原则，定期对养老服务机构，包括居家社区养老机构及其法定代表人进行约束，并主要针对侵害老年人的诈骗、非法集资、违规经营、虚假骗保等行为进行规范。被列入惩戒名单的机构或个人将被多部门联合惩处，严重违法的甚至需要承担相应法律责任。

五　退役军人保障政策逐步制度化规范化

军人肩负着保家卫国、维护人民生命财产安全的重任，退伍军人的保障不同于一般群体的保障，每年有大量军人退伍，针对这部分群体需要构建科学合理的制度才能切实保障其权益。2018年4月16日，中国正式成立退役军人事务部，主要是为了将退役军人权益保障落到实处，以达到稳定军心以及加强军队现代化建设的目标。

（一）退役军人保障制度相关法律法规逐步完善

从制度层面看，中国现阶段的退役军人保障制度尚未形成完善的制度体系，在法规制度方面虽然有《中华人民共和国兵役法》和《退役士兵安置条例》，但这类法规原则性规定较多，有些地方不符合实际，还需要根据实际需求调整适用。因此，中国目前迫切需要一套能够满足退役军人保障需求的法律法规，以便保障相关规章制度的有效、科学运行。

2020 年 1 月 14 日，退役军人事务部联合人社部等 20 个部门共同下发了《关于加强军人军属、退役军人和其他优抚对象优待工作的意见》，主要目的是在加强优待军人军属的基础上，进一步建立健全退役军人和其他优抚对象优待政策制度，从而更好地体现国家和社会对国防贡献的支持与肯定。关于退役军人的优抚要与贡献相挂钩，坚持对退役军人关爱与管理并重原则，立足中国当下国情实际，逐步构建可持续的优待制度体系。一是在荣誉激励方面，要努力构建优抚对象的荣誉体系，进一步强化精神褒奖和荣誉激励机制。二是在退役军人生活方面，要不断完善中国退役军人的补助、抚恤、援助等政策，健全抚恤补助标准，保障退役军人在困难时能够及时获得有效救助。三是在退役军人养老方面，国家将大力兴办优抚医院、光荣院等，并鼓励社会各级各类养老机构优先接收优抚对象，并提供一定的优惠服务。四是在住房方面，逐步完善国家住房保障制度，构建完善的优抚对象住房优待办法，保障优抚对象的基本住房条件等。五是提出构建基本优待目录清单，目录清单是开放性的，各地可在优待内容、范围、标准等方面开拓创新，随着经济社会发展不断调整充实。

2020 年 6 月由退役军人事务部起草的《退役军人保障法》经过第一次审议，10 月经过了第二次审议，可见如果顺利的话，《退役军人保障法》有希望在 2021 年开始实施。① 这部《退役军人保障法》强调安置工作总体遵循公开公平公正、优先安置退役军人的原则，同时也会根据退役军人在部队服役

① 退役军人事务部:《退役军人保障法（草案）征求意见》，退役军人事务部官网，2020 年 6 月 22 日。

期间的表现评分，确定具体的安置岗位。《退役军人保障法》为解决退役军人的历史遗留问题提供了更可靠的制度保障。在立法上明确提出国家加强退役军人保障体系建设；构建退役军人优待证制度，由国家统一制发、统一编号；其中退役军人以供养方式安置的，明确以国家供养终身等多种手段保障退役军人的权益。

此外，2020 年退役军人事务部还出台了多部关于退役军人保障制度的规章来保障退役军人的优抚权利，如《关于做好烈士亲属异地祭扫组织服务工作的意见》《退役军人事务工作表彰奖励办法》《关于加强军人军属、退役军人和其他优抚对象优待工作的意见》《关于进一步规范退役士兵移交安置工作有关具体问题的通知》等。

（二）多途径拓展退役军人安置渠道

2020 年 7 月退役军人事务部等五部门发出《关于共同促进自主就业退役军人就业的倡议》，希望广大金融机构、国有企业和民营企业能够积极履行各自的社会责任，加大对退役军人的支持力度，并与退役军人事务部门通力合作，提供一定数量的岗位优先聘用自主就业的退役军人。① 截至 2020 年 7 月底，退役军人事务部门已经分别与保利、万科、顺丰、京东、滴滴、阿里巴巴等众多企业签署了退役军人就业合作协议，并为退役军人提供了 8 万多个就业岗位，实现了总计 6.5 万人的就业。

同时，各地方政府也加大力度、采取多种形式促进退役军人就业。截至 2020 年 8 月底，北京市已经建成了 1 个市级退役军人服务中心，全市建成 16 个区级退役军人服务中心，实现了对全市退役军人的全覆盖。② 北京市财政拿出 1.2 亿元对退役军人事务进行支持，对本市退役军人的就业、优抚、维权、咨询等多方面需求进行保障，完善的退役军人保障体系已经初步建成。贵州省退役军人事务厅则出台了《关于进一步稳定和促进退役军人就业创业

---

① 退役军人事务部等:《关于共同促进自主就业退役军人就业的倡议》，退役军人事务部官网，2020 年 7 月 28 日。

② 《北京实现退役军人服务保障体系建设全覆盖》，《解放军报》2020 年 7 月 23 日。

工作的措施》和《贵州省退役军人事务领域常态化服务联系退役军人工作机制》，主要是加大全省对退役军人就业创业的支持力度，促进全省退役军人的高质量就业和成功创业。① 同时，制度上也要为退役军人构建常态化的联系服务机制，为存在就业困难的退役军人实施“一对一”“多对一”的“组团式”帮扶和常态化的联系工作。陕西省则大力促进退役军人就业，在西北大学举办退役军人就业推介会，参会的有中国兵器集团等 138 家招聘单位，为退役军人提供 3000 多个就业岗位。2019 年陕西率先成立了以社会资金为主的省级退役军人的关爱基金，并出台了《省市县三级退役军人关爱基金操作实施细则》和《陕西省退役军人关爱基金管理使用办法》等规范性文件，实现政府的普惠保障与对社会特殊群体的关爱相互补充，并在统筹社会力量支持退役军人工作的实践中迈出重要一步。截至 2020 年 7 月底，陕西省级退役军人关爱基金分 4 批次援助了 875 名特困退役军人，总计资金达到 1605 万元，市、县两级关爱基金援助 408 名特困退役军人 298.1 万元，有效实现了对困难退役军人的救助优抚。

六　目前中国社会保险事业存在的问题

（一）社会保险的覆盖面还有一定的扩展空间

目前，中国社会保障的覆盖面每年都在扩大，纳入社会保障的群体也在不断丰富，但人人享有社保的基本目标尚未实现，与中国人民期待的美好生活需求还有一定的差距。针对灵活就业人员、新业态从业者以及自由从业者等职业群体的社会保障仍有一定的提升空间，这部分人员情况特殊，也需要社会保障制度充分发挥保障作用，维护其基本权益。

（二）社会保障资金的收支平衡压力较大

由于 2020 年突发疫情，各项社保支出均有所扩大，加之缺乏科学的精算

① 贵州省退役军人事务厅:《贵州省出台退役军人事务领域常态化服务联系退役军人工作机制》，贵州省人民政府官网，2020 年 5 月 18 日。

制度，社会保险的远期平衡与近期平衡存在一定的矛盾，同时中国的社会保险制度尚未形成可靠的内部平衡机制，较多地依赖财政支持。随着中国加速进入老龄化社会，养老保险的收支平衡问题将更加突出。

（三）多层次的社会保障体系尚未建成

虽然中国在 21 世纪初就提出建立多层次的社保体系，但实践中构建多层次的养老和医疗保障体系、补充商业保险等方面尚未取得实质进展。如在养老保险方面，2018 年中国的城镇职工养老保险参保人数为 4.19 亿人，而参加企业年金的人数仅为 2388 万人，后者仅为前者的 5.7%。同时，商业养老保险和健康险的规模也非常有限，慈善组织在获取社会资源的同时，面临社会公信力不足、资源分配不均等多方面问题。

（四）失业保险工资替代率低，供求不相匹配

2015~2019 年的失业保险工资替代率一直维持在 10% 以下，而这一标准的替代率实际很难维持失业者的基本生活水平（国际上一般失业保险工资替代率会达到 50% 以上）。这就导致有些失业者会考虑自身领取失业保险的时间和机会成本等多方面因素，从而放弃领取失业保险。同时，中国的失业保险供求也不匹配，目前大多数失业保险参保人员是工作比较稳定、自我保障意识比较强的人群，实际上这部分人失业风险并不高。但对于灵活就业者和一些农民工群体，这类人往往风险意识较低，对失业保险的认识不足，参加失业保险积极性不高，但实际失业的风险却比较高，这类人一旦出现失业实际上很难享受到失业保险金的保障。

七　未来中国社会保险事业的发展趋势

2020 年是“十三五”规划和全面建成小康社会的收官之年，也是谋划“十四五”规划的关键之年。2020 年中国社会保障事业的发展因为疫情受到很大冲击，但得益于多年的社会保障制度体系建设，虽然上半年养老、失业、

医疗、就业等多方面受到疫情影响，但随着中国经济社会逐步恢复正常，社会保障事业也逐步正常健康发展。社会保险的覆盖面依然有所扩大，社保部门为保障企业迅速恢复生产，采取多种措施减免企业社保缴费金额。在医疗保险方面，迅速将新冠肺炎治疗相关费用纳入医保体系，降低了患者的医疗成本，有效控制了疫情的进一步扩散。在退役军人方面，出台多项政策法规，对退役军人的保障体系进行制度化、法治化构建，将退役军人保障事务落到实处。

2021 年是中国共产党建党 100 周年，也是“十四五”规划的开局之年，党的十九届五中全会明确指出了中国未来社保工作的重点方向。总体来看，2021 年中国社会保障事业可能会向以下几个方面布局。

第一，继续构筑多层次的社会保障体系。改革目前社会保险的个人账户制度，探索市场与政府相互结合、权利与义务相互结合的社会保险制度体系，完善社会保险资金筹集与运行机制，构建统一、明确的社保缴费标准，以及根据经济社会实际发展变化的保险待遇给付机制与待遇调整机制。加快推进社会保险的城乡统筹和制度整合，建设科学、完善的现代化社会保障制度体系。

第二，构建科学合理的社会救助体系。充分发挥社会保障制度的兜底功能，为贫困人口、低收入者提供不同类型的综合救助，明确中国社会救助制度的定位，从简单的物质救助提升到兼顾服务救助和精神救助，由被动的求生存型救助转向发展型救助。

第三，加快完善适应人口老龄化社会的养老保障体系。随着老龄化加剧，应尽快实现基础养老金全国统筹，同时推进养老保险管理信息系统和经办流程的统一，努力构建基础养老金全国统一的管理机制。进一步提升养老保险基金的可持续发展水平，积极推进多层次养老保险体系建设。建立多样化的养老服务保障体系，健全以居家养老服务为重点的养老保障体系，全面推进医养结合，助力养老服务业发展升级。

第四，全面落实十九届五中全会精神，开启“十四五”规划社会保障制度的新篇章。按照“十四五”规划的要求在“全面推进健康中国建设”“积极应对人口老龄化国家战略”“增加托育服务有效供给”等多方面布局。

参考文献

陈洋、穆怀中、边恕:《机关事业单位养老保险职业年金缴费适度水平研究》,《数量经济技术经济研究》2019 年第 3 期。

何文炯:《中国社会保障:从快速扩展到高质量发展》,《中国人口科学》2019 年第 1 期。

林义:《中国多层次养老保险的制度创新与路径优化》,《社会保障评论》2017 年第 3 期。

尹蔚民:《全面建成多层次社会保障体系》,《中国社会保障》2018 年第 2 期。

郑秉文:《第三支柱商业养老保险顶层设计:税收的作用及其深远意义》,《中国人民大学学报》2016 年第 1 期。

郑功成:《多层次社会保障体系建设:现状评估与政策思路》,《社会保障评论》2019 年第 1 期。

中共中央宣传部:《习近平新时代中国特色社会主义思想学习纲要》,学习出版社,2019。

B.5
2020年中国教育改革和发展报告*

李 涛　宫啸雪　张文婷**

摘　要：2020年是中国“十三五”规划的胜利收官之年，也是决战脱贫攻坚、决胜全面建成小康社会的关键之年。受突如其来席卷全球的新冠肺炎疫情的冲击，2020年是中国教育极不平凡的一年，充满机遇与挑战，全年的教育关键词应该是“线上”与“线下”、“应对”与“变革”、“过去”与“未来”、“总结”与“规划”。总体来看，作为承上启下的关键年份，2020年中国各级各类教育事业在艰难中依然稳步发展，诸项教育发展既定目标圆满实现，这体现在实现县域义务教育基本均衡、建档立卡贫困家庭辍学学生全部清零等诸多方面。与此同时，2020年中国教育改革进入真正意义上的“深水区”，从“规模”走向“质量”的教育发展使教育核心改革力度加大，使2020年成为名副其实的“教育改革年”，这主要集中体现在教育评价、教育督导以及各学段教育结构深层改革方面。相信“十三五”时期教育发展规划的完美收官，将给“十四五”时期中国教育的高质量发展奠定深厚基础。

关键词：教育改革　教育发展　在线教育

---

* 本文系作者主持的“国家高层次人才特殊支持计划项目”阶段性研究成果。

** 李涛，教育部人文社会科学重点研究基地东北师范大学中国农村教育发展研究院院长助理、教授、博士生导师，国家万人计划青年拔尖人才；宫啸雪，东北师范大学中国农村教育发展研究院硕士；张文婷，东北师范大学中国农村教育发展研究院硕士。

“十三五”时期，以习近平同志为核心的党中央高度重视教育工作，始终把教育摆在优先发展的战略地位，开启了加快教育现代化、建设教育强国的历史新征程。教育系统以习近平新时代中国特色社会主义思想为指导，深入学习贯彻习近平总书记关于教育的重要论述，增强“四个意识”，坚定“四个自信”，做到“两个维护”，全面落实党中央决策部署，教育总体发展水平进入世界中上行列，人民群众教育获得感明显增强，中国教育国际影响力和竞争力明显提升。①

“十四五”时期对中国教育事业来说，机遇与挑战并存，必须牢牢抓住发展机遇，推动中国教育事业高质量快速发展。

一　各级各类教育事业稳步发展

截至2019年，全国各级各类学校总计53.01万所，比上年增加1.13万所，增长2.18%；各级各类学历教育在校生人数总计2.82亿人，比上年增加660.62万人，增长2.40%；专任教师数为1732.03万人，比上年增加59.18万人，增长3.54%，② 教育规模进一步扩大。

（一）各级各类教育保持良好发展态势

中国积极发展学前教育，学前教育发展效果显著。全国共有幼儿园28.12万所，比上年增加1.45万所，增长5.44%。学前教育入园幼儿1688.23万人，在园幼儿4713.88万人，比上年增加57.46万人，增长1.23%。学前教育毛入园率高达83.4%，比上年提高1.7个百分点。③

九年义务教育整体实现跨越式发展。全国义务教育阶段学校总计21.26万所，招生人数3507.89万人，在校生达1.54亿人，专任教师数为1001.65万

① 陈宝生:《开启建设教育强国历史新征程》,《人民日报》2020年9月20日。

② 本小节数据主要来自《2019年全国教育事业发展统计公报》，中华人民共和国教育部门户网站，2019年5月20日。

③ 《2019年全国教育事业发展统计公报》，中华人民共和国教育部门户网站，2019年5月20日。

人，九年义务教育巩固率达到 94.8%。其中普通小学共有 16.01 万所，比上年减少 0.17 万所，下降 1.05%，另有小学教学点 9.65 万个，比上年减少 0.49 万个，小学学龄儿童净入学率高达 99.94%，小学生师比为 16.85：1。初中阶段共有学校 5.24 万所（含职业初中 11 所），比上年增加 433 所，增长 0.83%，初中阶段毛入学率为 102.6%，初中生师比达到 12.88：1。全国义务教育阶段在校生中进城务工人员随迁子女总计 1426.96 万人。其中，在小学就读人数为 1042.03 万人，在初中就读人数为 384.93 万人。九年义务教育普及水平不断提高，义务教育均衡发展取得巨大成就，更加注重教育质量的提升。

特殊教育事业进一步得到发展。全国共有特殊教育学校 2192 所，比上年增加 40 所，增长 1.86%；招收特殊教育学生总计 14.42 万人，比上年增加 2.07 万人，增长 16.76%。在校生达到 79.46 万人，比上年增加 12.87 万人，增长 19.33%。其中，附设特教班在校生达 3845 人，占特殊教育在校生的 0.48%；随班就读在校生 39.05 万人，占特殊教育在校生的 49.14%；送教上门在校生 17.08 万人，占特殊教育在校生的 21.50%。如今中国特殊教育体系正在不断完善，其中，残疾人接受义务教育的水平得到全面提高；接受高中阶段教育的发展脚步也在加快；同时大力推进相关职业教育，有能力接受高等教育的特殊人群将得到充分发展。

高中阶段教育发展速度加快。全国高中教育阶段共有学校 2.44 万所，比上年增加 55 所，增长 0.23%；高中阶段毛入学率 89.5%，比上年提高 0.7 个百分点。学校类型主要包括普通高中、中等职业学校和成人高中，其中普通高中 1.40 万所，比上年增加 227 所，增长 1.65%；普通高中生师比 12.99：1。中等职业学校 1.01 万所，比上年减少 151 所。中等职业教育招生 600.37 万人，比上年增加 43.32 万人，占高中阶段教育招生总数的 41.70%。高中阶段教育是学生发展的关键时期，根据经济社会发展需要，加快普及高中阶段教育，有利于实现学生的进一步发展。

高等教育质量得到提升。全国共有普通高等学校总计 2688 所（含独立学院 257 所），比上年增加 25 所，增长 0.94%。其中，本科院校 1265 所，比上年增加 20 所；高职（专科）院校 1423 所，比上年增加 5 所。全国各类高等教育在学总规模为4002万人，高等教育毛入学率达51.6%。近年来，各级政府不断增加高等教育的投入，中国高等教育规模和质量得到不断扩大和提升，高等教育事业发展迅猛，中国已从高等教育大众化正式进入普及化阶段。

民办教育得到快速发展。目前，全国在册各级各类民办院校19.15万所，较上年增加8052所，占全国总数的36.13%；各类教育在校生5616.61万人，比上年增加238.40万人，增长4.43%。① 民办教育为中国教育事业的发展做出了巨大的贡献，积极面对和正确引导民办教育发展，有利于满足不断扩大的教育需求。

（二）国家财政性教育经费占比

2020年6月，教育部发布的《2019年全国教育经费执行情况统计快报》显示，全国教育经费总投入共计50175亿元，较上年增长8.74%。其中，国家财政性教育经费总计40049亿元，较上年增长8.25%。② 具体各个阶段教育经费分配情况如图1所示。

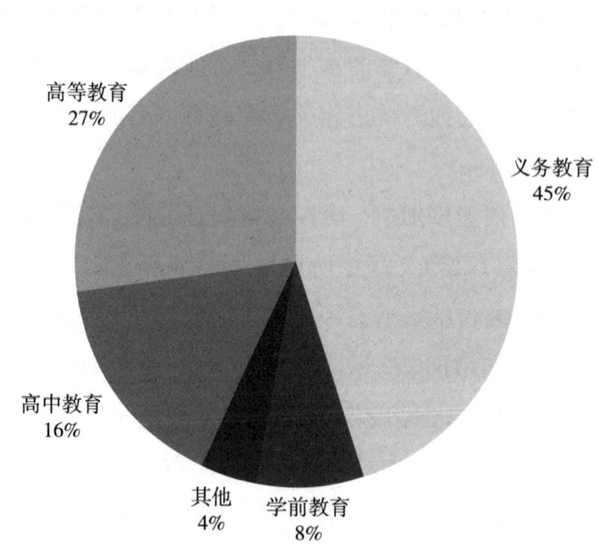

图1 教育经费在各级教育间的分配情况

资料来源：《2019年全国教育经费执行情况统计快报》。

---

① 《2019年全国教育事业发展统计公报》，中华人民共和国教育部门户网站，2019年5月20日。

② 《2019年全国教育经费执行情况统计快报》。

二 锐意改革，教育事业不断发展

长期以来，中国教育改革锐意进取，教育事业不断发展，总体实力和国际影响力不断增强，教育现代化取得重大进展，为全面建成小康社会奠定了良好的教育基础。2020 年，既是中国全面建成小康社会和“十三五”规划的收官之年，也是谋划“十四五”规划的启动之年，在做好新冠肺炎疫情防控的基础上，继续深化教育各要素的系统改革、全面深化新时代教师队伍建设等方面取得了优异成就，顺利实现了“十三五”教育发展目标。

（一）做好新冠肺炎疫情防控下的“停课不停学”工作

2020 年初暴发的新冠肺炎疫情影响范围之广、时间之久前所未有，党中央高度重视，习近平总书记亲自指挥、亲自部署，全国教育系统全年的重点工作是依法依规做好学校疫情防控工作，确保疫情防控期间“停课不停学、停课不停教”，打好、打赢疫情防控阻击战。各级各类学校的春季学期多次延迟开学时间，使正常的课堂教学秩序被打乱，“停课不停学、停课不停教”成为疫情期间响亮的教育口号，考验了学校和教师的应变能力。

2020 年上半年，中国各级各类学校在疫情防控期间开展了大规模的在线教育教学，积极面对关于线上教学“教什么”和“怎么教”的新挑战，还不断思考开学后“课堂教学”与“线上教育”二者如何结合起来的新问题，根据经验总结在线教育规律。教育部已明确要求在线教育教学不能搞“一刀切”，不能要求所有教师都必须参与到制作直播课的任务中，不能要求所有学生每天上网“打卡”，在不搞形式化的同时还要扎实推进线上教学资源共享和教育教学方式创新。明确线上教学不能完全替代开学后的课堂教学，严控在线教育教学内容，积极引导，尊重地方、学校和家长的选择。应该说，受疫情影响，“在线教育”是 2020 年中国教育的关键词，这对于全国各级各类学校熟练运用信息化手段推进教育教学改革具有重大作用。2020 年下半年，中国各级各类学校学生陆续顺利返校复课，教育系统扎实做好常态化疫情防控工作，确保教师和学生的公共健康，在全世界树立了教育抗疫的典范。

（二）深化新时代教育督导体制机制改革

教育督导是教育法规定的一项基本教育制度，党中央、国务院高度重视教育督导工作。2020 年 2 月，中共中央办公厅、国务院办公厅印发《关于深化新时代教育督导体制机制改革的意见》（以下简称《意见》），以深化新时代教育督导体制机制改革，充分发挥教育督导的作用。目前，教育督导在督促各级政府部门落实教育法律法规、教育方针政策，规范办学行为和提高教育质量等方面具有重要意义，但教育督导制度本身还不够完善，在机构健全性和权威性、充分运用督导经验与结论等方面不能与新时代教育改革发展的要求实现良好的契合。① 为此，《意见》明确提出：要进一步深化教育督导管理体制改革、进一步深化教育督导运行机制改革、进一步深化教育督导问责机制改革、进一步深化督学聘用和管理改革、进一步深化教育督导保障机制改革。通过完善教育督导机构设置、全面落实教育督导职能、提高教育督学专业化水平、严格教育督导队伍管理监督等方式，促进新时代教育督导体制机制改革。预计到2022年，中国能够基本建成全面覆盖、运转高效、结果权威、问责有力的中国特色社会主义教育督导体制机制。

（三）深化新时代教育评价改革

教育评价是教育发展的方向标，有什么样的教育评价，就会有什么样的办学导向。要从根本上保障中国教育的高质量发展，扭转教育功利化倾向，必须扭转不科学的教育评价导向，对学校、教师、学生、教育工作的评价体系要彻底改正，坚决克服唯分数、唯升学、唯文凭、唯论文、唯帽子的顽瘴痼疾，真正提高教育治理能力和水平。2020 年 6 月，习近平总书记主持中央全面深化改革委员会第十四次会议，审议通过了《深化新时代教育评价改革

① 《关于深化新时代教育督导体制机制改革的意见》，中华人民共和国教育部门户网站，2020 年 2 月 19 日。

总体方案》，随后由中共中央、国务院正式印发此方案，这是自新中国成立以来第一个关于系统性改革教育评价体系的文件。方案重点设计了五个方面 22 项改革任务，包括改革党委和政府教育工作评价，推进科学履行职责；改革学校评价，推进落实立德树人根本任务；改革教师评价，推进践行教书育人使命；改革学生评价，促进德智体美劳全面发展；改革用人评价，共同营造教育发展良好环境等。总体方案对各级各类党组织和政府、学校、教师、学生、社会人员等不同主体进行分类，以便从横向考虑基础教育、职业教育、高等教育等不同教育领域特点，同时纵向顾及大中小幼不同学段特点，明确地提出分层教育评价改革思路和措施以及实施路径，凸显了教育评价改革的系统性、整体性、协同性。总体围绕完善立德树人体制机制、破除“五唯”顽瘴痼疾的目标，引导全社会树立科学的教育发展观、人才成长观、选人用人观。

（四）全面深化新时代教师队伍改革

教育事业发展，关键在于教师。教师教育是提升教育质量的动力源泉，也是教育事业的工作母机。为全面落实全国教育大会精神和《中共中央 国务院关于全面深化新时代教师队伍建设改革的意见》，2020 年 9 月 7 日，全国教师发展大会在北京隆重召开，会议明确提出要加强师德师风建设、大力振兴教师教育、深化教师管理综合改革、不断提升教师地位待遇、加强党对教师工作的领导。

尽管国家实施了《乡村教师支持计划（2015—2020 年）》等多项特殊政策，努力改善乡村教师状况，但乡村教师依然是中国教育事业发展中的最短板和薄弱之处，存在数量紧缺、年龄老化、结构失衡、素质偏低、流失严重、发展领域偏窄、吸引力不强等突出问题，为此必须把促进乡村教师队伍建设和发展摆在更加突出的优先战略位置。2020 年 8 月 28 日，教育部等六部门发布《关于加强新时代乡村教师队伍建设的意见》，明确提出要加强师德师风建设，激发教师奉献乡村教育的内生动力，创新挖潜编制管理，提高乡村学校教师编制的使用效益，配合实施“乡村教师支持计划”“银龄讲学计划”等项目助力乡村教师队伍维稳与优化，通过国家公费师范生和地方免费师范生的培养引导优秀人才向乡村学校流动、创新教师教育模式；同时，保证对乡村中小学校的经费投入，优化师生工作与生活环境，全方位提升农村学校软硬件配置水平，为农村学校吸引人才、留住人才，让乡村教师获得更广阔的发展空间，使其成为符合新时代要求的高质量乡村教师。力争经过3~5年努力，乡村教师数量基本满足需求，质量水平明显提升，队伍结构明显优化，地位大幅提高，待遇得到有效保障，职业吸引力持续增强，贫困地区乡村教师队伍建设明显加强。[①] 以乡村教师队伍建设这一教育发展最短板为突破口，全面深化新时代教师队伍改革，努力提升教师能力和情怀，是中国教育事业发展的根本保障。

三　统筹发展，集中力量办教育

2020年是《国家中长期教育改革和发展规划纲要（2010—2020年）》（以下简称《纲要》）的收官之年，新冠肺炎疫情是中国教育事业发展的“加试题”。在此背景下，教育系统及时做出调整，统筹规划，确保教育事业稳步发展。在做好疫情防控的同时，统筹义务教育均衡发展、探索建立公共卫生安全教育长效机制、加快新时代研究生教育改革发展、加强和改进新时代中等职业学校德育工作等。

（一）超过95%的县（市、区）实现县域义务教育基本均衡

自2010年《纲要》实施以来，教育部决定建立县域义务教育均衡发展督导评估制度，开展义务教育发展基本均衡县的督导检查和评估认定工作。随后两年，教育部分别与全国31个省（区、市）和新疆生产建设兵团签署了义务教育均衡发展备忘录，共同推进义务教育均衡发展。2012年，教育部颁布《县域义务教育均衡发展督导评估暂行办法》，明确对基本办学标准、县域义

① 《关于加强新时代乡村教师队伍建设的意见》，中华人民共和国教育部门户网站，2020年8月28日。

务教育校际差距、县级政府推进义务教育均衡发展工作、公众对本县义务教育均衡发展状况的满意度展开评估，主要采取“县级自评”“地市复核”“省级评估”“国家认定”这一自下而上的评估方式进行。2017 年，为巩固义务教育基本均衡发展成果，引导各地将义务教育均衡发展向更高水平推进，教育部出台《县域义务教育优质均衡发展督导评估暂行办法》，建立县域义务教育优质均衡发展督导评估制度。

2020 年是国家推进义务教育基本均衡目标达成的决胜阶段。最新数据显示，截至 2019 年 12 月底，全国累计已有 23 个省份整体实现县域义务教育基本均衡发展，共有 2767 个县通过国家认定实现县域义务教育基本均衡，占比 95.32%，提前一年实现了 2012 年确立的 2020 年目标——实现基本均衡的县（市、区）比例达到 95%。[①] 应该说，中国县域义务教育基本均衡取得卓越成就，但需格外注意的是，全国仍有 9 个省份 136 个县未通过认定，其中包括中部 2 个省份 39 个县、西部 7 个省份 97 个县，[②] 这些都是义务教育均衡发展难上加难的核心攻坚区，也是真正阻断教育贫困发生的主战场。当然，县域义务教育均衡发展水平存在波动性，对已经通过认定的县，还要进行动态监测复查，警惕部分农村贫困地区县域义务教育基本均衡出现反弹。

（二）加快推进职业教育提质培优

为贯彻落实《国家职业教育改革实施方案》，办好公平有质量、类型特色突出的职业教育，加快推进职业教育现代化，教育部联合国家发改委、工业和信息化部等八部门于 2020 年 9 月出台了《职业教育提质培优行动计划（2020—2023 年）》，行动计划的核心是落实立德树人根本任务、推进职业教育协调发展、完善服务全民终身学习的制度体系、深化职业教育产教融合和校

① 《国务院关于深入推进义务教育均衡发展的意见》，教育部网站，http://www.moe.gov.cn/jyb_xwfb/ xw_zt/moe_357/jyzt_2016nztzl/ztzl_xyncs/ztzl_xy_zcfg/201701/t20170117_295047.html。

② 《2019 年全国义务教育均衡发展督导评估工作报告》，教育部网站，http://www.moe.gov.cn/fbh/live/2019/50415/sfcl/201903/t20190326_375275.html。

企合作、健全职业教育考试招生制度、实施职业教育治理能力提升行动、实施职业教育“三教”改革攻坚行动、实施职业教育信息化2.0建设行动、实施职业教育创新发展高地建设行动。中国正在加快构建纵向贯通、横向融通的中国特色现代职业教育体系，大幅提升新时代职业教育现代化水平和服务能力，为促进经济社会持续发展和提高国家竞争力提供多层次高质量的技术技能人才支撑。此外，中国正在加快推进修订和落实《中华人民共和国职业教育法》，依法依规创新性办好职业教育，提升职业教育的影响力和美誉度。

（三）加快新时代研究生教育改革发展

新中国成立以来，中国累计培养1000多万名博士、硕士，2020年在学研究生高达300万人，基本实现了高层次人才的自主培养，建立起相对完备的研究生教育体系，成为世界研究生教育大国，为中国科技创新提供了有力的人才支撑。面对日益动荡复杂的国际局势，中国亟待进一步完善能够促进人才培养、基础科学和核心技术创新突破的高质量研究生教育体系，需要更全面准确地把握新时代研究生教育发展规律，凸显创造性。

习近平总书记对研究生教育工作做出了重要指示，认为“研究生教育在培养创新人才、提高创新能力、服务经济社会发展、推进国家治理体系和治理能力现代化方面具有重要作用，要适应党和国家事业发展需要，培养造就大批德才兼备的高层次人才”。具有重要里程碑意义的全国研究生教育会议于2020年7月29日在北京召开，会议主要以提升研究生教育质量为核心，以深化改革创新、推动内涵式发展为目标。9月，教育部、国家发改委、财政部三部门联合发布《关于加快新时代研究生教育改革发展的意见》，强调“立德树人、服务需求、提高质量、追求卓越”的工作主线，从“加强思想政治教育”“深入推进学科专业调整”“完善人才培养体系”“提升导师队伍水平”“严格质量管理”“加强条件资源保障”六个方面提出关键改革举措，推进落实“学科专业建设改革行动”“交叉学科高质量发展行动”“产教融合建设行动”“一流学科培优行动”“关键领域核心技术高层次人才培养行动”“基础学科深化建设行动”“博士生教育提质行动”“导师指导能力提升行动”“课程教材建设质量提升行动”“质量提升和管理行动”十大专项行动，[①]这对于加快新时代研究生教育改革发展具有重大意义。

四　凸显教育公平，办好人民满意的教育

新中国成立以来，中国教育事业攻坚克难，建立了世界上规模最为庞大的教育体系，一直以来教育公平都是中国教育事业发展的奋斗目标。近年来，教育系统一直不断努力，不让任何一个孩子丧失基本的受教育机会，尽量保证教育质量公平，确保教育公平最大化实现。2019 年，全国各级各类学校总计 53.01 万所、在校生人数为 2.82 亿人，各级教育普及程度已经达到或超过中高收入国家的平均水平，保障了亿万人民群众受教育的权利。截至 2020 年 9 月 15 日，全国义务教育阶段辍学学生由 2018 年的 60 万人降至 2419 人，其中建档立卡贫困家庭辍学学生全部清零，这对于一个拥有 14 亿人口的发展中大国而言，是极其伟大的教育公平成就。

（一）多项教育公平目标顺利达成

在学前教育方面，毛入园率已于 2019 年达到 83.4%，[②]距离 85% 的规划目标仅差 1.6 个百分点，按照过去 8 年年均增长超过 3 个百分点的增速，有望 2020 年末顺利完成规划目标，全国普惠性幼儿园覆盖率不断增长，这对破解农村贫困儿童“入园难、入园贵”等核心问题具有重要作用。

在义务教育方面，中国自 2010 年以来实施了中华人民共和国义务教育史上单项投资最大的工程——“农村义务教育薄弱学校改造计划”项目，正因农村义务教育薄弱学校办学条件的改善，制约县域义务教育均衡发展的最大短板才逐渐补齐，为通过县域义务教育基本均衡国家认定奠定了重要基础，实现基

① 中共中央、国务院:《深化新时代教育评价改革总体方案》，http://www.gov.cn/gongbao/content/2020/ content_5554488.htm。

② 《2019 年全国教育事业发展统计公报》，http://www.moe.gov.cn/jyb_xwfb/s5147/202005/t20200521_457227.html。

本均衡的县（市、区）比例达到95.32%，提前一年实现了2012年确立的2020年目标。中国“义务教育有保障”问题基本得到解决，义务教育普及程度已达到世界高收入国家的平均水平，这是根本阻断中国贫困发生的重大教育贡献。

在职业教育方面，2019年底，全国中等职业学校在校生已达1576.5万人，中等职业教育的生源主体来自农村家庭和贫困家庭，毕业后超过90%的学生在城镇就业，就业率近年来稳定达到96%。未来两年中国职业技能培训将达3500万人次以上，高职院校将通过实施分类考试招生扩招200万人，扩招指标将继续向贫困地区倾斜，建档立卡等贫困家庭学生将被优先录取。

在高等教育方面，自2012年以来，重点高校招收农村和贫困地区学生专项计划累计招生近60万人，建档立卡贫困家庭普通高校毕业生人数从2015年的27.5万人增加到2019年的50.9万人。

（二）特殊群体受教育权利得到极大改善

中国从2017年开始实施了《第二期特殊教育提升计划（2017—2020年）》，2020年各级各类特殊教育普及水平已得到全面提高，残疾儿童少年义务教育入学率达到95%以上，非义务教育阶段特殊教育规模显著扩大，3.6万名残疾青壮年文盲接受了扫盲教育。

留守儿童和流动儿童是中国乡村社会剧烈变迁而产生的两大特殊学生群体。相比于其他学生群体，他们因更易受风险波动影响而成为教育公平中的弱者。中国2016年出台《关于加强农村留守儿童关爱保护工作的意见》，要求到2020年，未成年人保护的法律法规及制度体系要更加健全，普遍增强全社会关爱保护儿童的意识，让儿童成长环境更为完善、安全更加有保障，明显减少儿童留守的现象。2020年10月17日，《中华人民共和国未成年人保护法》已经第十三届全国人大常务委员会第二十二次会议第二次修订，将于2021年6月1日起施行。到2020年，中国已建立贫困地区建档立卡等贫困家庭留守儿童台账，基本建成家庭、学校、政府和社会力量相互衔接的留守儿童关爱服务网络，留守儿童已明显减少。留守儿童中有部分是孤儿，中央财政建立了专项转移支付补助为各地孤儿发放基本生活费，从2019年开

始，中央财政补助东、中、西部的孤儿基本生活费标准在原来基础上增加了50%。针对流出乡村的流动儿童，核心是妥善解决就学问题，以输出地政府管理为主、以公办中小学为主的“两为主”政策在2020年切实得到进一步落实。

（三）教育助力脱贫攻坚取得成效

2020年是全面决战脱贫攻坚和决胜全面建成小康社会的关键之年。扶贫先扶志，扶贫必扶智，教育在中国脱贫攻坚事业中具有根本性的战略地位。截至2020年底，中国已建成向贫困学生全覆盖的资助体系：在学前教育阶段，对学前一年幼儿免除保教费（简称“一免”），对家庭经济困难学前一年幼儿发放生活补助金（简称“一补”），主要用于家庭经济困难幼儿的学习和生活费开支；在义务教育阶段，实施“两免一补”政策①；在职业教育阶段，中等职业教育实施免学费和国家助学金政策②；在高中教育阶段，普通高中免除建档立卡等家庭经济困难学生学杂费并实施国家助学金政策③；在高等教育阶段，实施“奖助贷勤补免”及入学绿色通道等“多元混合”的资助方式。在建成贫困学生资助体系的当下，未来工作是提升资助力度、精度和智能化水平。

此外，为直接促进乡村振兴和扶贫工作，中国各级各类学校全力投入教育、产业、智力、健康、消费等扶贫的直接工作中。通过学校与贫困地区、乡村直接结对，利用学校一切资源提升农村教育水平、资助家庭经济困难学生就学、帮扶贫困群众实现稳步脱贫，助力中国在2020年全面建成小康社会、打赢脱贫攻坚战。

---

① 义务教育阶段已全面免除城乡学生学杂费，对农村学生和城市家庭经济困难学生免费提供教科书，对家庭经济困难寄宿生提供生活补助。

② 2018 年底，中等职业教育共资助学生 1629.7 万人次，资助金额 399.96 亿元。

③ 普通高中教育已建立起以“国家助学金”为主体、“学校减免学费”等为补充、社会力量积极参与的普通高中家庭经济困难学生资助政策体系。2016 年 12 月《普通高中国家助学金管理办法》颁布，资助金额由 1500 元提高到 2000 元，普通高中教育共资助学生 1332.74 万人次，资助金额 189.79 亿元（2018 年）。截至目前，中央财政累计投入 503.22 亿元，惠及几千所高中阶段学校的上千万学生。

五　2020 年教育公共舆论热点

社会公众通过舆论表达自己的教育诉求，维护自己的教育权益，关心教育实时热点话题，有利于进一步监督与改进教育工作，不断推动教育事业发展。

（一）“停课不停学”背后城乡在线教育数字鸿沟问题

在新冠肺炎疫情期间，中国 6.4 万余个教学点实现数字教育资源全面铺开，98.7% 的中小学校（含教学点）接入互联网，成功实现规模空前的“停课不停学”，基本满足了 2 亿学生家中远程在线学习需求。① 但在线教育也使未能接入互联网的学校（教学点）教学工作停滞，同时给家庭困难学生及其家庭增加网络设备购置方面的经济负担，尤其对边远农村贫困家庭来说困难较大。河南邓州市张村镇上营村村民李某上初三的二女儿因家中没钱给她买手机上网课，一时想不开喝药自杀引发社会舆论关注，其背后隐匿的城乡数字鸿沟问题逐渐凸显而成为社会舆论焦点。

（二）推迟高考引发社会热议

受新冠肺炎疫情影响，2020 年中国高考推迟一个月，这是 17 年来，中国首次调整高考时间，也是中国自恢复高考以来，高考时间首次整整推迟一个月，引发全社会广泛关注。疫情背景下，不仅复习情况、心理压力、试卷难度等多因素交织，这次高考还是部分省份新高考改革后的首次考试，更有部分地区遭受洪水灾害而影响考试进度。除了常规的身份证、准考证核验外，2020 年增加了戴口罩、测温、消毒、一米间距等检查程序，每个考点都派驻了医护专员、救护车，并安排隔离考场备用，这皆是特殊之年的高考场景。

① 陈宝生:《开启建设教育强国历史新征程》,《人民日报》2020 年 9 月 10 日。

（三）新冠肺炎疫情影响下应届毕业生就业困难

2020 年中国高校毕业生达 874 万人，再创历史新高，且新冠肺炎疫情持续时间久、影响范围广，国际政治经济局势也变化纷纭，就业形势异常严峻，社会各界高度关注就业问题。从 2020 年《政府工作报告》可看出，“就业”出现 39 次，成为最高频词。报告明确提出要千方百计稳定和扩大就业，开展“六稳”（稳就业、稳金融、稳外贸、稳外资、稳投资、稳预期）和“六保”（保居民就业、保基本民生、保市场主体、保粮食能源安全、保产业链供应链稳定、保基层运转）工作。

为此，各地各部门密集出台多项促进毕业生就业的公共政策，如大幅增加企事业单位应届生岗位比例、延长毕业生应届身份、放宽部分岗位准入限制、扩大高校招生规模、设置第二学士学位、鼓励开发科研助理岗位、允许地摊经济复苏等，教育部等六部门还启动了从 2020 年 5 月 6 日一直持续到 8 月中旬的 2020 届普通高校毕业生就业“百日冲刺”行动，高校和用人单位也大规模采取“线上招聘”等新形式，多管齐下促就业。就业议题成为 2020 年社会舆论高度关注的热点，围绕就业的一系列举措，如硕士研究生招生规模同比增加 18.9 万人，普通高校专升本同比增加 32.2 万人；同时，最新的就业分类中将“开设网店”归为自主创业，将“互联网营销工作者”“电子竞技工作者”“公众号博主”等算作自由职业；重启第二学士学位算作升学等，一时间都成为舆论关注的焦点。

（四）“双一流”评估和学科评估工作引发公众高度关注

“双一流”建设是中国高等教育领域继 211 工程、985 工程之后的又一国家战略，2017 年 1 月，经国务院批准同意，教育部、财政部、国家发展和改革委员会印发《统筹推进世界一流大学和一流学科建设实施办法（暂行）》。共有 42 所一流大学、137 所高校的 465 个一流学科入选“双一流”，“双一流”即世界一流大学和一流学科。“双一流”建设以学科为资助主体，每五年调整一次名单，2020 年各高校“双一流”建设周期总结评估陆续展开，评估工作陆续接近尾声，各专家组也陆续给出最终评估意见，2021 年第二轮“双一流”建设即将展开。关于第二轮“双一流”名单会如何调整引发社会广泛议论，各种不同版本的非官方“双一流第二批名单”从网络流出，这也反映了公众对“双一流”建设评估的高度关注。

与此同时，教育部学位与研究生教育发展中心于 2020 年 11 月 3 日正式公布《第五轮学科评估工作方案》，正式启动第五轮学科评估工作。学科评估工作是对全国具有博士、硕士学位授予权的一级学科进行整体水平评估，自 2002 年首次开展学科评估以来，已完成四轮，第五轮评估指标做了较大改革，以深化新时代教育评价改革，重点突出“改革结果评价”“强化过程评价”“探索增值评价”“健全综合评价”，这也引发了社会舆论的高度关注。

B.6

2020 年中国社会治安形势分析报告

刘蔚　陈刚*

摘　要：2020 年，受新冠肺炎疫情的冲击及国际力量格局的调整转型影响，中国反恐形势总体平稳，但政治安全风险挑战更加现实直接。在全力做好疫情防控和维护稳定工作中，关系人民获得感、幸福感、安全感的刑事案件、治安案件数量较明显下降。扫黑除恶专项斗争形成压倒性态势，“六清”行动效果明显。涉众型经济犯罪治理纵深推进，防范了重大金融风险。积极回应民生诉求，持续打击食药环和涉野生动植物违法犯罪，禁毒工作稳中有进，趋势向好，但新型网络犯罪快速上升，电信网络诈骗突出。目前我国社会治安还面临扫黑除恶斗争依旧严峻、涉疫涉企违法犯罪凸显、电信网络诈骗案件影响广泛、毒情形势严峻复杂、枪支爆炸物品违法犯罪问题突出等“风险点”。建议强化底线思维，防范化解政治安全风险；净化社会环境，谋划扫黑除恶常态化；服务双循环，多元化解“疫后综合征”；深化部际协同，立体防控新型网络犯罪；坚持“双防”策略，密织禁毒防控网；多线多层并行施策，打击整治枪支爆炸物品违法犯罪，构建良性运行的社会治安防控体系，助力平安中国建设。

关键词：社会治安　防控体系　治安形势　平安中国

---

* 刘蔚，中国人民公安大学国家安全学院讲师、硕士研究生导师，首都社会安全研究基地研究员；陈刚，教授、博士研究生导师，中国人民公安大学进修部主任。

面对当今世界百年未有之大变局，大国关系面临前所未有的考验，国际环境带来新矛盾新挑战，社会主要矛盾变化带来新特征新要求，尤其是受2020年新冠肺炎疫情的冲击，我国发展环境有着更加深刻复杂的变化，外部环境不稳定性不确定性明显增加，内部发展韧性强劲，国家治理体系和治理能力现代化取得重大进展。伴随“十四五”规划逐步开局，中国重点领域关键环节步入改革攻坚期与深水区，发展不平衡不充分问题仍然突出，社会治理还存在短板弱项。2020年，我国经济缓慢走出新冠肺炎疫情影响，社会治安大局稳定，安全与发展、发展与改革等问题相互交织叠加，社会治安呈现新态势。

一　2020年社会治安总体状况与趋势

（一）反恐形势总体平稳，政治安全风险挑战更加现实直接

2020年3月13日，国务委员、国家反恐怖工作领导小组组长、公安部部长赵克志在国家反恐怖工作领导小组会议暨全国反恐怖工作电视电话会议上强调，要以习近平新时代中国特色社会主义思想为指导，增强“四个意识”、坚定“四个自信”、做到“两个维护”，坚持凡“恐”必打、露头就打、打防结合、标本兼治，坚持系统治理、依法治理、综合治理、源头治理，强化责任担当、积极主动作为，扎实抓好反恐怖工作各项措施的落实，不断拓展我国反恐怖斗争良好态势，为全面建成小康社会营造安全稳定的社会环境。[①] 过去一年中，全国各地在党中央统一决策部署下，积极落实反恐防恐各项措施，持续巩固了我国反恐怖斗争成果，保持了暴恐案事件零发生的良好态势，侦破的暴恐极端团伙案件逐年大幅下降，尤其在新冠肺炎疫情期间严防发生暴力恐怖和个人极端暴力案事件。面对反恐怖斗争的长期性、复杂性、艰巨性，各地公安机关将不断健全完善反恐怖工作体系，积极适应推进国家治理

---

① 《赵克志在国家反恐怖工作领导小组会议暨全国反恐怖工作电视电话会议上强调 扎实抓好反恐怖工作措施的落实 为全面建成小康社会营造安全稳定环境》，中华人民共和国公安部网站，2020年3月13日。

体系和治理能力现代化要求。在反恐怖工作责任、情报信息搜集分析与研判预警、反恐防范标准体系、重点行业和新兴业态涉恐安全隐患排查整治、反恐应急处置能力建设、专业力量建设、反恐怖宣传教育、反恐怖国际合作等方面固根基、补短板、强弱项，统筹兼顾，整体推进。

作为国家安全的根本，政治安全是不可动摇的底线。受复杂深刻变化的外部新环境及新冠肺炎疫情的持续影响，政治安全风险的挑战更加现实直接。2020 年 7 月，平安中国建设协调小组政治安全专项组召开第一次会议强调，维护国家政治安全，要坚持党的领导和中国特色社会主义制度不动摇，自觉把维护制度安全、捍卫政权安全放在首要位置来抓，进一步提高防范抵御国家政治安全风险的水平。① 2020 年是极不平凡的一年，西方部分大国以各种理由、采取各种方式对我国实施底线施压，挑衅中国、围堵中国、遏制中国，对我国政治安全造成威胁。近些年来，一些西方国家政府打着自由和人权的幌子借助各类议题对我国内政进行干预，境内外敌对势力利用疫情对我国进行各种捣乱破坏，渗透颠覆破坏活动直接威胁我国政治安全。2020 年 6 月 30 日，在《中华人民共和国香港特别行政区维护国家安全法》正式生效后，反中乱港势力受到极大震慑，有所收敛，但反中乱港行为仍未完全停止，部分西方国家政府依旧编排谬论、污名化港区国安立法、恣意抹黑中国。我们应清醒地认识到，西方敌对势力对我国实施“西化”“分化”“遏制”的图谋与活动将长期存在，政治安全领域风险错综复杂，当前和今后一个时期，要增强忧患意识，做到居安思危，一以贯之地推进防范化解重大政治安全风险工作。

（二）全力做好疫情防控和维护稳定，公安机关立案数量明显下降

党的十八大以来，我国公安机关刑事案件立案数量与受理治安案件数量总体下降趋势明显，且趋于稳定（见图 1）。从国家统计局公布的数据来看，与 2012 年相比，2019 年公安机关刑事立案数从 6551440 起下降到 4862443 起，8 年间下降率为 25.78%；公安机关受理的治安案件由 13889480 起下降为

① 《平安中国建设协调小组政治安全专项组第一次会议召开》，中华人民共和国公安部网站，2020 年 7 月 6 日。

9624881起，下降率为30.70%，这说明在平安中国建设过程中，我国社会治安综合治理体系与治理能力现代化水平不断提高，无论面对怎样的国际局势演变与国内态势发展，社会治安防控体系在动态环境下始终保证了国家改革的稳步发展，确保了重要战略机遇期的社会大局稳定。

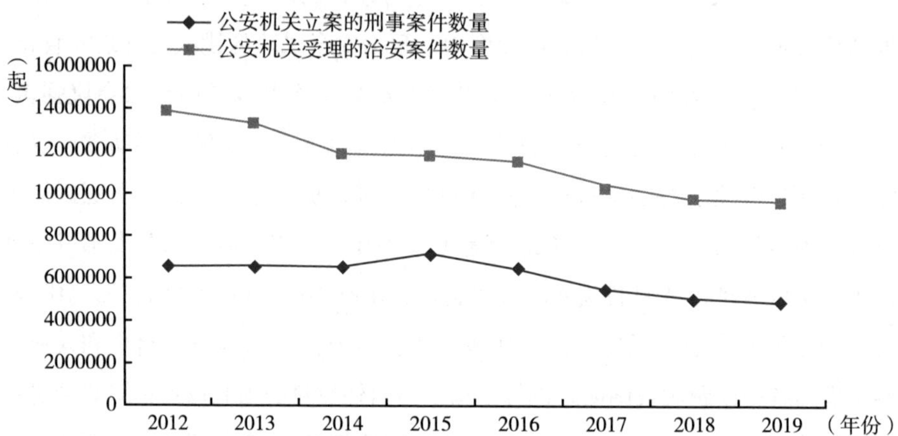

图1　2012~2019年公安机关立案的刑事案件和受理的治安案件情况

数据来源：国家统计局年度数据，http：//data.stats.gov.cn。

根据国家统计局数据（见图2），2012~2019年，公安机关立案的杀人、伤害、抢劫、拐卖妇女儿童四类刑事案件均有显著下降趋势，2019年四类案件总共发生114282起，相比2018年的135726起下降率达到15.80%，相较于2012年的373597起下降率达到69.41%。尤其是在新冠肺炎疫情期间，全时空静态安防体系以及追踪性动态监测体系的完善，大数据及人脸识别技术在全社会各行业的深度应用，社区层面楼宇对讲、视频监控、周界报警的逐渐覆盖，让我们既能够实时、及时掌控社会基本面各元素的动态情况以及虚拟空间的各类舆情，也能够有效汇集特定区域空间及跨区域空间的人流、物流、信息流、资金流，做到情报先行、前瞻预警、研判前置，确保社会公众生命财产安全。近年来，各级公安机关尤其注重传统社会治安防控手段与现代科技的有效匹配和深度融合，不断强化利用现代科技确保公众安全的基础性工作，有效提升了人民群众的安全感。

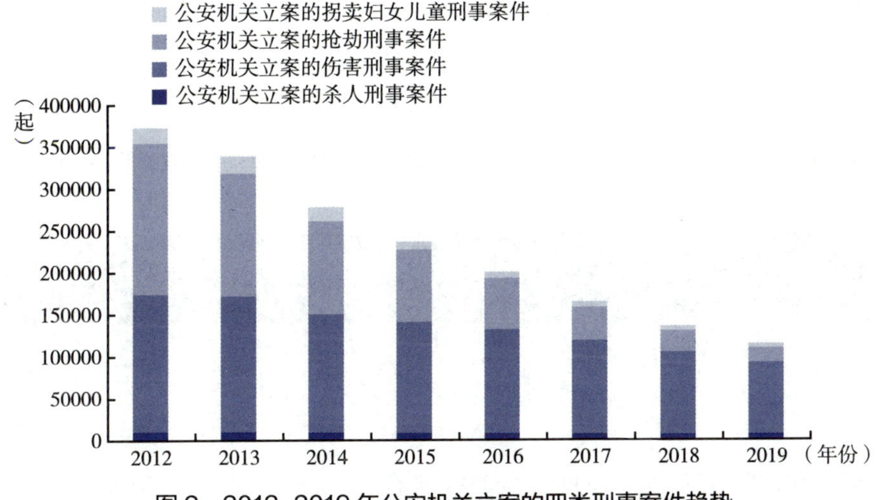

图 2　2012~2019 年公安机关立案的四类刑事案件趋势

数据来源：国家统计局年度数据，http：//data.stats.gov.cn。

2020 年，面对新冠肺炎疫情带来的严峻挑战，公安机关全面融入“六稳”“六保”工作大局，在疫情防控的特殊时期、关键时期以及防控常态期，持续加强社会面整体防控，确保治安秩序良好。从近些年的发展看，公安机关在维护良好社会治安秩序上的警力投入与措施强化确保了社会大局稳定。根据国家统计局数据（见图 3、表 1），与 2018 年相比，2019 年公安机

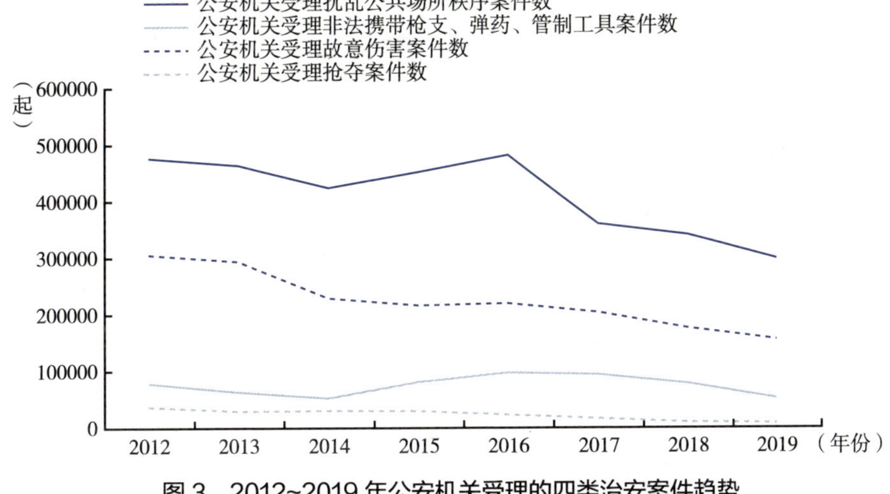

图 3　2012~2019 年公安机关受理的四类治安案件趋势

关受理的扰乱公共场所秩序案件数由341448起下降到299385起，下降率为12.32%；故意伤害案件数由176387起下降到156090起，下降率为11.51%；抢夺案件数由10018起下降为7908起，下降率为21.06%。持续的专项治理与常态化防控稳步推动公安机关对社会基本面治安秩序的治理防控取得良好效果。

表1　2012~2019年公安机关受理的四类治安案件数量

单位：起

类型＼年份	2012	2013	2014	2015	2016	2017	2018	2019
扰乱公共场所秩序	476836	464682	424549	452474	481862	361120	341448	299385
非法携带枪支等	78707	63802	52964	81668	97941	95067	78697	52811
故意伤害	306328	294449	229277	216716	220193	204054	176387	156090
抢夺	37479	30111	30404	29691	23508	16600	10018	7908

数据来源：国家统计局年度数据，http://data.stats.gov.cn。

中国是枪爆犯罪最少的国家之一，打击治理枪爆违法犯罪历年是我国公安机关工作的重要内容，它直接关系到社会大局的持续安全稳定、社会公共安全以及人民生命安全的有效保证，整治枪爆违法犯罪同样是一场长期的人民战争。近年来，涉枪涉爆犯罪呈现新态势，边境走私、网上勾联、寄递贩运、矿山秩序、省际制爆、原材料管控等领域问题突出，[①] 境内制贩、网上贩卖、境外走私是当前公安机关整治枪爆违法犯罪的三个重点，同时严防重点地区枪爆危险物品的流入流出。国家统计局数据显示，相较2018年，2019年非法携带枪支、弹药、管制工具案件数从78697起下降到52811起，下降率为32.89%。截至2019年8月，全国共收缴各类枪支8万支、子弹185万发、炸药139吨、易制爆危险化学品451吨，共破获涉枪涉爆案件1.6万起、打掉犯罪团伙163个、捣毁涉枪爆窝点117个、打击处理1.7万人。[②] 可以说，针对全国涉枪涉爆犯罪的打击、整治、防范、管控工作纵深发展，逐步从源头

① 李军：《保持高压震慑态势 铲除涉枪涉爆隐患》，中国警察网，2019年8月13日。

② 李军：《保持高压震慑态势 铲除涉枪涉爆隐患》，中国警察网，2019年8月13日。

上对涉枪涉爆以及违反危险物质管理规定案事件实现有效治理，民众自觉检举揭发、自觉抵制非法枪爆物品的法治观念与安全意识得到提升。在当前和今后一段时间，公安机关将继续坚持网上网下、境内境外相结合，基于动态专项和日常工作相结合做好整治枪爆违法犯罪工作。

（三）扫黑除恶专项斗争形成压倒性态势，“六清”行动效果明显

2019 年末，全国扫黑除恶专项斗争视频会议暨领导小组第 8 次会议宣布了扫黑除恶的具体成效，全国依法打掉涉黑组织 2848 个、涉恶犯罪集团 9304 个，破获刑事案件 350719 件。全国立案查处涉黑涉恶腐败和“保护伞”案件 51734 件，处理 61227 人，给予党纪政务处分 42769 人，移送司法机关 6837 人。全国排查整顿软弱涣散村党组织 4.47 万个，排查调整受过刑事处罚，存在“村霸”、涉黑涉恶等问题的村干部 4.17 万名。[①] 自 2019 年 10 月开展全国扫黑除恶专项斗争第二次推进会以来，截至 2020 年 9 月，全国共依法打掉涉黑组织 856 个、涉恶犯罪集团 2458 个，缴获各类枪支 785 支，依法查封、扣押、冻结涉案资产 2562 亿余元。[②] 2020 年，是自 2018 年开始的扫黑除恶专项斗争的关键时期、收官之年，从目前扫黑除恶专项行动的工作成效看，对黑恶势力形成了压倒性态势。

随着扫黑除恶专项斗争的纵深推进，2020 年 4 月，公安部“净网 2020”行动开始，继续在网络虚拟空间深入推进专项斗争，对网络虚拟空间黑恶势力加大打击力度，尤其侧重对频繁为网络诈骗、赌博等突出犯罪“输血供粮”的黑灰产犯罪实施“全链条”打击，对猖獗隐蔽的暗网违法犯罪追踪打击，对网络犯罪团伙及大窝点大面积向境外转移等违法犯罪进行遏制处理，整治网络黑恶势力犯罪生态，实现扫黑除恶无盲区。此外，针对采取胁迫、教唆、引诱、欺骗等行为利用未成年人实施黑恶势力犯罪行为的动向，最高人民法

① 《郭声琨在全国扫黑除恶专项斗争视频会议暨领导小组会议上强调 持续推进深挖整治 着力推动长效常治 确保扫黑除恶专项斗争取得全面胜利》，新华网，2019 年 12 月 30 日。

② 《近一年来扫黑除恶取得七大进展 破获涉黑涉恶刑事案件 13.8 万起》，中华人民共和国公安部网站，2020 年 9 月 26 日。

院、最高人民检察院、公安部、司法部专门制定了《关于依法严惩利用未成年人实施黑恶势力犯罪的意见》，其中突出了打击重点，明确了利用未成年人实施黑恶势力犯罪的行为，保护了未成年人合法权益。

在扫黑除恶专项斗争收官决胜之年，全国公安机关进一步深化“线索清仓”“逃犯清零”“案件清结”“黑财清底”“伞网清除”“行业清源”的“六清”行动，对先前1.5万余条涉黑涉恶线索“再起底”“再核实”，深化追逃行动、缉拿目标逃犯，依法依规开展扫黑除恶“打财断血”，针对现有在办案件积极推进案件应“清”尽“清”，对黑恶势力“关系网”“保护伞”“骨头案”“钉子案”深入核查、纵深发力攻坚打击，优先查处涉黑涉恶腐败和“保护伞”案件，将明确的十大重点行业领域突出问题作为2020年专项斗争的重点领域。从各省区市目前工作推进看，“六清”行动取得明显效果。调查显示，95.1%的群众对专项斗争成效表示“满意”和“比较满意”，比2018年同期提高15.1个百分点。①

（四）纵深推进打击涉众型经济犯罪，防范化解重大金融风险

近年来，涉众型经济犯罪总体情况较为严峻，社会领域与专业领域犯罪重叠交织，传统经济犯罪与网络经济犯罪共生发展，一旦出现问题将严重威胁我国经济安全与政治安全，在广度与深度上都有极强的破坏力。公安机关打击处理的涉众型经济犯罪主要包括非法集资、传销犯罪、地下钱庄犯罪、涉税犯罪等经济犯罪案件。具体来看主要有：违法违规经营情节严重、实施“庞氏骗局”的P2P平台，以及打着“养老服务”“虚拟货币”“外汇投资”等幌子和未进行登记备案、冒充“私募基金”实施的非法集资犯罪；打着“消费返利”“电子商务”“区块链”“爱心慈善”等幌子实施的传销犯罪；与跨境赌博、涉黑涉恶高度关联的地下钱庄犯罪，以及全国性、跨区域的涉税重大案件。②

① 《近一年来扫黑除恶取得七大进展 破获涉黑涉恶刑事案件13.8万起》，中华人民共和国公安部网站，2020年9月26日。

② 《全国公安机关打击非法集资犯罪专项行动推进会暨经侦重点工作部署会召开》，中华人民共和国公安部网站，2020年11月12日。

在公安机关、金融监管、财政、网信、税务和商务等部门合力立体化治理下，避免了金融领域的风险向社会治安领域的传导，确保了社会基本面的稳定，诸多打着金融创新和“互联网＋”旗号的涉众违法金融活动得到有效遏制，如全国实际运营 P2P 网贷机构，由高峰时期约 5000 家降至 2020 年 6 月末的 29 家，借贷规模及参与人数连续 24 个月下降。[①] 公安机关立案的伪造、变造货币，出售、购买、运输、持有、使用假币刑事案件从 2018 年的 1216 起下降至 2019 年的 994 起，下降率为 18.26%。[②] 自 2020 年开展跨境赌博治理工作以来，截至 2020 年 9 月底，全国公安机关共立案各类跨境赌博案件 8800 余起，抓获犯罪嫌疑人 6 万余名，打掉涉赌平台 1700 余个、非法技术团队 730 余个、赌博推广平台 820 余个，打掉非法支付平台和地下钱庄 1400 余个，查明涉案资金上万亿元。[③] 2020 年，公安机关破获了首起以数字货币为交易媒介的特大跨国网络传销案，涉案金额 400 多亿元。此外，公安机关针对地下钱庄犯罪、涉税犯罪、潜逃境外的经济犯罪嫌疑人分别开展了“歼击 20”“百城会战”“猎狐行动”等专项行动。

2020 年伊始，受新冠肺炎疫情的影响，诸多涉众型经济犯罪从线下转至线上，从境内转至境外，变换形式、改变面貌，手段花样不断翻新，诱惑性、迷惑性、欺骗性较之传统经济领域犯罪更强。在当前和今后一段时间，新兴经济领域如网络借贷、虚拟货币、游戏充值、直播带货等仍可能成为涉众型经济犯罪领域的重点领域，需继续重点关注。

（五）持续打击食药环和涉野生动植物违法犯罪，积极回应民生诉求

2020 年 5 月，公安机关展开“昆仑 2020”专项行动，对危害食品、药品、生态环境及侵犯知识产权和涉野生动植物等领域的违法犯罪展开全环节、全要素、全链条的治理打击。截至 2020 年 8 月，专项行动共破获刑事案件 2.4 万余起，捣毁违法犯罪窝点 7400 余个，打掉犯罪团伙 3000 余个，抓获犯罪

---

① 郭树清:《坚定不移打好防范化解金融风险攻坚战》,《求是》2020 年第 16 期。

② 数据来自国家统计局网站，http: //data.stats.gov.cn。

③ 《打击治理跨境赌博取得重要阶段性成效》，中华人民共和国公安部网站，2020 年 10 月 22 日。

嫌疑人 4.3 万余名，涉案总价值 185 亿元。[①] 事实上，公安机关近年来针对食药环和涉野生动植物违法犯罪的高发多发态势专门进行了机构调整，成立了食药犯罪侦查部门，以此积极回应民生诉求，保护人民群众生命健康安全和国家生态安全。

2020 年公安机关依法治理的焦点领域违法犯罪内容：在食品安全领域侧重肉制品、食用油、保健食品、酒水饮料等；药品领域主要涉及疫情期间的假劣口罩、医疗器械、消毒液等防疫物资以及制售假劣急救类、心血管类、抗癌类药品；生态环境资源领域主要涉及污染环境、盗伐滥伐林木、非法占用林地草原、破坏野生植物资源、非法采矿采砂；知识产权领域主要涉及制售假冒伪劣汽车配件、家用电器、儿童用品、建筑材料及机械设备；涉野生动植物领域主要是配合防范重大公共卫生安全风险，对非法狩猎、非法收购出售、非法捕捞水产品等野生动物犯罪网络和利益全链条进行处理打击。

（六）新型网络犯罪快速上升，电信网络诈骗突出

伴随现代科技的迅猛发展，新型网络犯罪呈现逐年增多的趋势，其中电信网络诈骗刑事犯罪形势严峻，2019 年诈骗刑事案件在全年立案刑事案件中占比达 29.49%，与 2018 年相比，2019 年立案的诈骗刑事案件从 1156351 起上升至 1433831 起，上升率为 24.00%（见图 4）。在常态化疫情防控的背景下，2020 年 4 月公安机关也针对新型网络犯罪展开“云剑 -2020”专项行动，截至 7 月，公安机关破获电信网络诈骗案件 10.1 万余起，抓获犯罪嫌疑人 9.2 万余名；累计打掉民族资产解冻类诈骗犯罪团伙 290 余个，抓获嫌疑人 3600 余名，侦破了诸如“7 · 22”特大跨境电信网络诈骗案、“12 · 31”特大杀猪盘诈骗案以及“健康中国 2030”“国家 863 项目”“大狮集团”“五祥慈善基金会”等重大诈骗案件。[②]

① 《“昆仑 2020”专项行动取得阶段性明显成效》，中华人民共和国公安部网站，2020 年 8 月 9 日。

② 《公安机关“云剑 -2020”行动取得显著成效》，中华人民共和国公安部网站，2020 年 11 月 12 日。

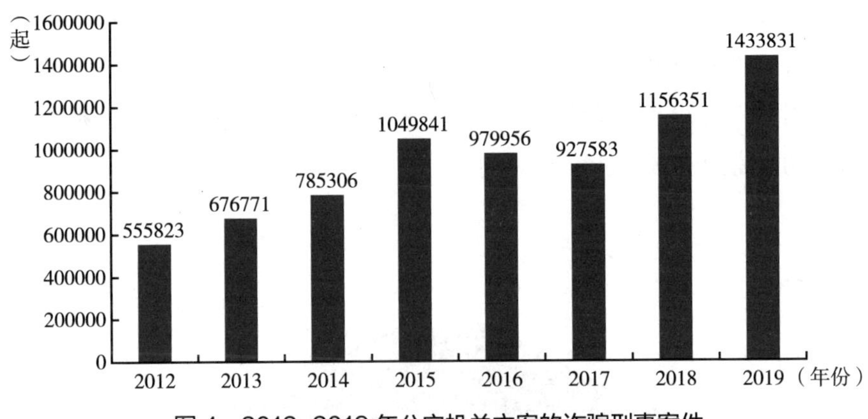

图 4　2012~2019 年公安机关立案的诈骗刑事案件

数据来源：国家统计局年度数据，http://data.stats.gov.cn。

除了面对新型电信网络诈骗案件高发多发的态势外，近年来，涉医的网上非法屯号及恶意抢号、网络雇凶杀人、网络售卖公民个人信息、暗网售卖枪支毒品以及淫秽色情视频等网络犯罪同样呈现多发态势。此外，网络相约自杀、网约策划实施暴力犯罪等网约犯罪行为也呈现上升趋势。可见，在今后一段时间，在网约犯罪群体呈年轻化发展趋势的背景下，新型网络犯罪将会迭代升级，网络违法犯罪的滋生蔓延需要持续动态关注并综合施策防控。

（七）禁毒形势稳中有进，趋势向好

中国的禁毒斗争形势稳中有进，趋势向好。2020 年 6 月，国家禁毒委员会办公室发布了《2019 年中国毒品形势报告》，报告指出，当前治理毒品滥用问题取得一定成效，但滥用人数规模依然较大、吸毒活动隐蔽性增强、新型毒品增多、滥用风险严重影响社会治安。① 根据国家统计局数据，2019 年我国公安机关受理的毒品违法犯罪活动案件数仍处于高位态势，但相较于 2018 年，2019 年受理的毒品违法犯罪活动案件数从 538521 起下降至 451088

① 《2019 年中国毒品形势报告》，中华人民共和国中央人民政府网站，2020 年 6 月 28 日。

起，下降率为 16.24%（见图 5）。面对当前我国禁毒斗争形势的新特点和新变化，公安机关于 2020 年 4 月专门召开会议对“净边 2020”专项行动进行了部署，对外严防毒品渗透入境，对内侧重在摸底排查、拔钉追逃、制毒物品管控、物流寄递等方面进行治理管控。

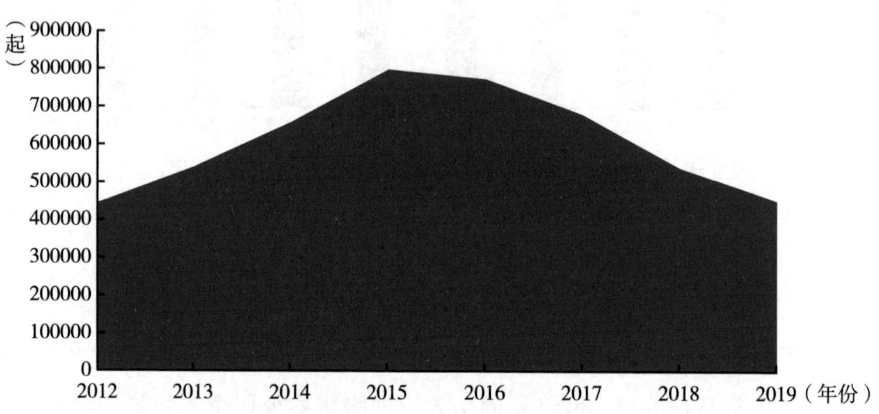

图 5　2012~2019 年公安机关受理的毒品违法犯罪活动案件数

数据来源：国家统计局年度数据，http://data.stats.gov.cn。

2020 年 1 月至 7 月，公安机关在疫情防控的工作压力下，共破获毒品案件 2.6 万起，抓获嫌疑人 3.3 万名，缴获毒品 29.8 吨；破获千克以上案件 1291 起，打掉制贩毒团伙 1053 个，抓获各类毒贩分子 100 余名；破获制毒物品案件 93 起，缴获制毒物品 1549 吨、制毒设备 84 套。① 从目前国际与国内多种因素考量，基于当前毒情发展态势，在国内疫情逐步趋向常态化管控的前提下，当前及未来一段时间，我国禁毒斗争在毒情内外双向传导、防止毒品输入、控制毒情反弹等方面仍将有较大压力，禁毒工作需要国内外、各部门、各警种、全社会的协同治理。

① 《公安部召开“净边 2020”专项行动推进视频会议》，中华人民共和国公安部网站，2020 年 7 月 7 日。

二　2020 年度治安形势“风险点”

（一）扫黑除恶斗争依旧严峻

在为期近三年的扫黑除恶专项斗争中，公安机关始终保持了对黑恶势力违法犯罪的压倒性态势，“六清”行动持续压实主体责任，截至目前取得了令人瞩目的成效。但我们仍要清醒地意识到，与黑恶势力作斗争是一项长期的工作。在严打专项斗争中，黑恶势力也出现了诸多新特点：一是传统黑恶势力犯罪网络化，借助互联网，利用互联网金融、直播软件、短视频平台等方式实施套路贷、组织网络的黄赌毒，并且逐渐形成了网络链条化操作；二是互联网领域逐渐出现新型网络黑产，利用网络水军、恶意软件、黑公关、自媒体等手段进行传谣造谣、敲诈勒索、诽谤攻击，甚至出现网络雇用遥控指挥，形成网络打手；三是诸多隐性“高级”形态的黑恶势力在线上与线下仍然存在或伴随互联网新业态的形成而显现，身份的变更、合法化的面目、“保护伞”的撑腰都令黑恶势力具有更强的隐匿性。

（二）涉疫涉企违法犯罪凸显

2020 年突如其来的新冠肺炎疫情是对国家治理的一场大考，疫情防控工作既凸显了我国的制度优势，也暴露了我国的治理短板，随着疫情防控工作的常态化，进入冬季后，我们仍然面对疫情再次来袭的较高可能性。截至 2020 年 3 月末，全国公安机关共侦办各类制售假劣涉疫情防护物资案件 1095 起，捣毁犯罪窝点 830 个，查扣涉案口罩 4840 万只及一批医用酒精、消毒液等物资。[①] 目前，涉疫涉企违法犯罪主要有以下几类：一是涉疫违法诈骗犯罪，主要是利用网络虚假售卖口罩、防护服、耳温枪等涉疫物资犯罪活动，对复工复产企业实施诈骗活动以及利用疫情和迷信歪理邪说蛊惑蒙骗民众等违法犯罪，截至 2020 年 7 月，公安机关针对涉疫诈骗犯罪共破案 1.6 万起，

① 《公安部：截至目前共侦办各类制售假劣涉疫情防护物资案件 1095 起》，中国新闻网，2020 年 3 月 31 日。

抓获犯罪嫌疑人7506名[①]；二是涉疫假冒伪劣物资案件，主要是借助复工复产制售假冒伪劣防护物资或是在疫情防护物资原材料上制假售假，涉及药品、医疗器械、医用卫生材料等；三是扰乱防疫秩序、市场秩序、社会秩序等妨害公共卫生安全并危害企业合法权益的犯罪行为，包括拒不执行防疫居家隔离政策、影响公平竞争营销环境的商业贿赂、暴力威胁或敲诈勒索复工复产企业等违法犯罪活动。此外，随着新冠肺炎疫苗的研发进展，出现微商在朋友圈售卖假新冠疫苗的违法活动。

（三）电信网络诈骗案件影响广泛

截至2020年8月，公安部开展“云剑-2020”专项行动以来，全国共破获电信网络诈骗案件15.5万起、抓获犯罪嫌疑人14.5万名，同比分别上升65.6%和74.1%，为群众直接避免经济损失约800亿元，96110反诈预警专号累计防止870万群众被骗。[②]电信网络诈骗案件具有成本低、回报快、难追踪的特点，该类案件犯罪分子借助电信、网络等手段容易形成跨国、跨区域、牵涉人群多、涉案金额高等大案要案，且利用虚拟空间的复杂性、隐匿性容易让人迷惑上当受骗，老人、宅男宅女、大学生、高级知识分子等与外界接触较少，生活圈子相对“封闭”的人群易于受骗，诸多案件往往是“一人受骗、全家受损”。在具体手法上，公安部曾公布过48种常见电信网络诈骗手法，其中高发案件主要集中在网络贷款、网络刷单、平台套现、“杀猪盘”，以及冒充客服、熟人、公检法等工作人员等手段和方法上，且花样手段不断翻新，针对不同年龄层次人群、不同工作性质群体有专门的剧本套路。随着互联网的快速发展，线上与线下生活方式的多样化，加之民众“找便宜”“贪便宜”等人性弱点和心理特点，电信网络诈骗案件一定程度上也形成了黑灰产业链，影响日趋广泛。

---

① 《公安部：今年上半年共破案涉疫情诈骗犯罪1.6万起》，新京报网站，2020年7月28日。

② 《全国公安机关打击电信网络诈骗犯罪成效显著》，中华人民共和国公安部网站，2020年9月24日。

（四）毒情形势依然严峻复杂

根据《2019 年中国毒品形势报告》，在全球毒品问题呈现恶化态势的大背景下，我国毒情形势在毒品滥用、毒品来源、毒品贩运三个主要方面都出现了新变化与新特点，毒品滥用增长势头有所减缓，毒品来源面临境外输入和国内制造双重压力，毒品贩运活动呈现境内境外、网上网下相互交织的局面。① 随着疫情防控常态化工作的持续开展，我国仍将面临严峻复杂的毒情形势压力，导致当前毒情形势严峻复杂的原因主要有：一方面，一代传统毒品、二代合成毒品、三代新精神活性物质形成了叠加供应态势；另一方面，国产毒品制造活动在公安机关的持续严打下逐渐减少从而出现向境外转移的趋势，但国内毒品市场产量减少及毒品价格暴涨等因素，又导致境外毒品渗透抢占市场、地下制毒反弹；另外，互联网的升级发展、手机银行与微信和支付宝转账等网络支付的广泛普及、现代物流寄递的快捷发展等，极大地增加了对网络贩毒追踪查控的现实难度。在禁毒斗争中，既有全链条涉毒团伙网络的"大毒专案"，也有零包贩毒、非法持有毒品、容留他人吸毒等"小毒小案"，更有因为吸毒而导致暴力伤人、"毒驾"肇事肇祸等案件，这些"专案""小案"和因毒品衍生的案件不仅给公共安全造成极大的隐患风险，更直接影响普通民众的幸福感。

（五）枪支爆炸物品违法犯罪问题突出

2020 年 5 月 15 日，全国深化打击整治枪爆违法犯罪专项行动推进会召开，为了维护社会大局稳定和良好的治安环境，公安机关将继续展开为期三年的新一轮整治枪爆违法犯罪专项行动。9 月 10 日，公安部又专门召开打击整治网售仿真枪违法犯罪专项行动。近年来，枪支爆炸物品违法犯罪是历年公安机关"零容忍"和持续保持高压打击态势的一类犯罪。目前，这类犯罪问题主要有五个突出特点：一是当前散落社会中的非法枪支爆炸物品还有待

① 《2019 年中国毒品形势报告》，中华人民共和国中央人民政府网站，2020 年 6 月 28 日。

进一步清查收缴；二是超标玩具枪、水弹枪等仿真枪具有境内制造、网上贩卖、境外走私、物流寄递等新特点；三是枪支爆炸物品违法犯罪易与暴恐、黑恶和黄赌毒等犯罪合流；四是枪支爆炸物品违法犯罪开始呈现网络化、隐形化，对网络传播制枪制爆以及贩卖枪支爆炸物品的有害信息需要重点监管整治；五是危爆物品生产、销售、储存等各环节仍然存在主管部门与企业单位之间的衔接漏洞。枪支爆炸物品违法犯罪不容小觑，此类案件事关人民群众的生命安全、事关各行各业的有序运转、事关国家社会的长治久安。

三　未来展望

（一）强化底线思维，防范化解政治安全风险

从统筹国内国际两个大局以及发展安全两件大事来看，非传统安全领域威胁的持续蔓延，“三股势力”的现实威胁，部分西方大国和境外敌对势力对我国的持续打压，种种矛盾问题相互交织缠绕。现实的挑战、威胁与遏制，对我国的渗透破坏力度空前，全方位、全手段的底线施压、极限施压公开化、立体化。对此，我们必须增强忧患意识，做到居安思危，始终清醒地意识到反恐怖斗争是一项长期斗争，必须坚持底线思维，保持战略定力，掌握战略主动权，不断提升防范化解政治安全风险的能力和水平。

（二）净化社会环境，谋划扫黑除恶常态化

在扫黑除恶专项行动的收官之年，如何巩固并深化现有扫黑除恶的工作机制使之常态化良性运行是当前专项工作的关键议题。从稳定社会发展的大局考虑，公安机关需要持续发力净化社会环境，保持良好的社会治安秩序，从源头上防范并遏制黑恶势力滋生蔓延，同时从基层社会综合治理角度将扫黑除恶工作与其他基层治理工作有效融合。

（三）服务双循环，多元化解“疫后综合征”

随着国际国内形势和条件的多重变化，当前我国已经进入新发展阶段，

开始构建以国内大循环为主体、国内国际双循环相互促进的新发展格局。在新发展阶段和新发展格局方位路径的指引下，公安机关尤其应注重在当前和今后一个时期对发展和安全的统筹，对防范化解重大风险进行综合研判、统筹谋划、有力应对，为畅通国内大循环、保障国内国际双循环提供有力支撑。

（四）深化部际协同，立体防控新型网络犯罪

当前和未来一个时期，新型网络犯罪仍会处于高发运行态势。面对新型网络犯罪的高发势头，要充分认识防控新型网络犯罪是一项复杂的社会治理系统性工程，单一部门的努力无法形成有效的治理局面，需要各主管部门和全社会的共同努力。要注意立体防控新型网络犯罪的体制机制建设，在“一盘棋”的统筹规划中进一步畅通部际协同渠道，并创新针对不同类型的差异化案件协同机制。要注重对现有案件的深挖彻查，从新型网络犯罪的组织、招募、回流、运作等盘根错节的黑色产业链各环节切入，及时发现线索，密切关注新动向，畅通联席会议情报信息交流渠道，重拳出击，打击幕后及违法犯罪关联人员和周边组织。要注重各政府部门、各行业领域对新型网络犯罪的宣传预防，关口前移，形成全社会对新型网络犯罪的防范意识。部际协同机制中要注重与国外重点国家和地区的工作业务合作，形成境内外步调协同的工作态势。

（五）坚持“双防”策略，密织禁毒防控网

毒品问题牵涉面广，要坚持境内外“双防”策略，在常态化疫情防控的局面下，要密织禁毒防控网、削减毒情反弹压力。要强化国际禁毒合作，既要注重“金三角”“金新月”“银三角”等传统毒品来源国家和地区的情报信息交流和禁毒执法合作，也要防范合成毒品和新精神活性物质等新型毒品从境外向我国的渗透，与周边邻国开展警务合作管控或展开跨国禁毒执法合作。要遏制内部毒情的发展势头，对毒品滥用问题侧重从青少年入手进行预防教育，对毒品制造侧重防范国内制毒反弹及跨境转移，对毒品贩运侧重关注华中、华东、华北和西北四条路线，形成境内跨部门、跨地区的整体性毒品治理大

格局。强化毒品网络吸贩的追踪查控，与网络监管部门和电信网络企业以及银行等部门形成合力，在数字化毒品暗语语义库以及对重点人员动态监测的信息化科技支撑下，形成网上网下互联互通、协同打击态势。

（六）多线多层并行施策，打击整治枪支爆炸物品违法犯罪

枪支爆炸物品违法犯罪直接关系人民群众生命安全、关系社会面治安形势发展、关系国家社会大局稳定，需要多线多层并行施策，纵深推进打击整治。要注重部门联动专项行动线与部门协同查控线的纵横贯通，公安机关要连同法院、检察院、司法、交通等部门对网络贩枪贩爆、枪爆与恐黑黄赌毒合流态势进行梳理、排查、管控，同时要注重多层面进行枪爆隐患滋生场所、重点部位的清理检查和隐患整改。要借助现代科技打造涉枪涉爆人防、物防与技防的立体化多层面防控体系，深化现有查控枪爆危险物品的流入线与流出线建设，形成常态化改革管理与动态性监测管控的防控体系。

参考文献

李军:《保持高压震慑态势 铲除涉枪涉爆隐患》，中国警察网，2019 年 8 月 13 日。

郭树清:《坚定不移打好防范化解金融风险攻坚战》，《求是》2020 年第 16 期。

B.7

2020年中国卫生事业发展报告

——抗击疫情和突发公共卫生事件中的治理体系

袁蓓蓓*

摘　要：新冠肺炎疫情的暴发和全球蔓延，给经济、社会和人民造成重大损失。我国在疫情防控过程中，既体现了制度优势，也暴露出公共卫生应急管理体系存在的缺陷。本文通过系统梳理我国公共卫生应急管理体系建设进展、取得的主要经验及其在新冠肺炎疫情中的表现，归纳公共卫生应急管理体系存在的问题，就建立良好运作和平战结合的治理体系和更有效地应对突发公共卫生事件提出针对性建议。

关键词：公共卫生　应急管理　新冠肺炎疫情

一　中国公共卫生应急管理体系和运行机制建设进展

2003年SARS暴发以后，中国开始对公共卫生应急管理体系的建设高度重视，逐步构建了“一案三制”的核心框架，即通过不断完善预案、建立法制、理顺体制、创新机制，构建公共卫生应急管理体系。同时，通过加大投入、加强基础设施和信息系统建设等举措支持体制的完善和机制的运行。

* 袁蓓蓓，北京大学中国卫生发展研究中心副研究员，全球卫生新兴之声理事会成员，世界卫生组织卫生体系研究证据整合专家委员会成员，主要研究领域为基层卫生服务体系、卫生人力资源激励机制、公共卫生体系改革等。

（一）建立应急法制

2003 年以后中国相继完善和颁发了《突发公共卫生事件应急条例》《中华人民共和国突发事件应对法》《中华人民共和国传染病防治法》等一系列法律法规。2007 年印发《全国卫生部门卫生应急管理工作规范》，专门明确了各类卫生应急机构在日常和应急处置中的工作职责。法律法规和工作规范的发布，逐步明确了中国应对突发公共卫生事件遵循的方针和原则，规定了各级政府、相关部门、医疗卫生机构、社会公众在应对突发公共卫生事件中的权力、责任和义务，逐步完善突发公共卫生事件应对全过程从监测预警、应急准备、应急处置到善后恢复的运作机制，初步实现了中国公共卫生事件应急管理的有法可依。

（二）完善应急预案

《突发公共卫生事件应急条例》明确规定："国务院卫生行政主管部门制定全国突发事件应急预案，省、自治区、直辖市人民政府应根据全国突发事件预案，结合本地实际情况，制定各行政区域突发事件应急预案。"2006 年制定了《国家突发公共卫生事件应急预案》和《国家突发公共事件医疗卫生救援应急预案》，要求预案编制贯通行政和各类组织层级。2006 年 12 月，国务院办公厅印发《突发公共卫生事件社区（乡镇）应急预案编制指南（试行）》，预案编制工作逐渐向社区、农村和各类企事业单位深入推进。在法律和指南的引导下，各级政府和各类组织迅速行动，2003 年后五年就完成了制定各级各类应急预案 130 多万件。同时，预案制定还要求地方和部门联合、专业力量和社会组织共同参与应急演练。2013 年国务院发布《突发事件应急预案管理办法》，要求各地各级进一步修改补充应急预案，提高各地应急预案质量。

（三）理顺应急体制

《突发公共卫生事件应急条例》明确规定中国应急管理体制构建原则是"统一领导、综合协调、分类管理、分级负责、属地管理"，各级人民政府负责公共卫生事件应急处理的领导和指挥，各有关部门和组织团队按照预案规定，在各自的职责范围内开展公共卫生事件应急处理的有关工作。“非典”事件后，中国迅速行动并构建了应急管理体制的基本构架：纵向贯通国家、省（区、市）和县（区、市）三级，横向贯穿各应急相关部门和组织团队。

第一，建立应急指挥机构。各省区市成立了应急管理常设职能部门“卫生应急办公室”，应急办主要履行值守应急、信息汇总和综合协调职能。“非典”事件后 5 年时间，全国 30 多个省级卫生厅局和新疆建设兵团卫生局，都设立了卫生应急办公室，243 个地市和 1605 个县卫生局设立了卫生应急办公室，28 个省疾病预防控制中心（CDC）设立了卫生应急办公室。同时根据法律法规，在突发事件发生后，县级以上地方各级人民政府需要成立由本级人民政府主要负责人、相关部门负责人、驻当地中国人民解放军和中国人民武装警察部队有关负责人组成的突发公共事件应急指挥机构。《突发公共卫生事件应急条例》中明确了应急指挥机构的职能，包括在常态下编制预案、统筹推进应急设施建设、配置各种资源、组织开展演练、排查风险源，在突发公共卫生事件中采取措施、实施相关处置工作。

第二，加强应急处置机构建设，包括疾病预防控制机构、卫生监督机构、医疗救治体系等。图 1 显示了突发公共卫生事件处置相关机构的组织及其职责分工：各级医疗、疾病预防控制、卫生监督和出入境检疫机构等负责开展突发公共卫生事件的日常监测工作。这些机构监测到疫情信息后，会及时按照条例进行上报，听从政府管理部门指导，与各部门协同合作，进行突发公共卫生事件的应对。SARS 危机后，国家投入大量资金完善应急体系内各类机构。2003~2005 年，中央财政安排 92 亿元公共卫生专项资金，用于支持突发公共卫生事件医疗救治体系、疾病信息网络体系、卫生执法监督体系、疾病预防控制体系和重大疾病预防控制工作；2006 年，又安排 51 亿元专项资金支持公共卫生体系建设。特别的，政府投入 117 亿元支持国家、省 CDC 的硬件设施建设。2003 年国务院批准了《突发公共卫生事件医疗救治体系建设规划》，决定由中央和地方预算共同筹措资金，在直辖市、省会和地级市建立紧急医疗救援中心，以加强应急医疗救治体系建设；之后全国建立了多个重要医疗救治、救援基地，旨在提升突发卫生事件受伤人员现场急救、医疗后送、物资调配能力。在基本公共卫生服务项目方面，2009 年启动实施基本公共卫生服务均等化政策，截止到 2019 年免费提供的公共卫生服务扩大到十二大类 46 项；该项目经费在提供服务的同时，也加强了基层公共卫生服务提供机构的建设。

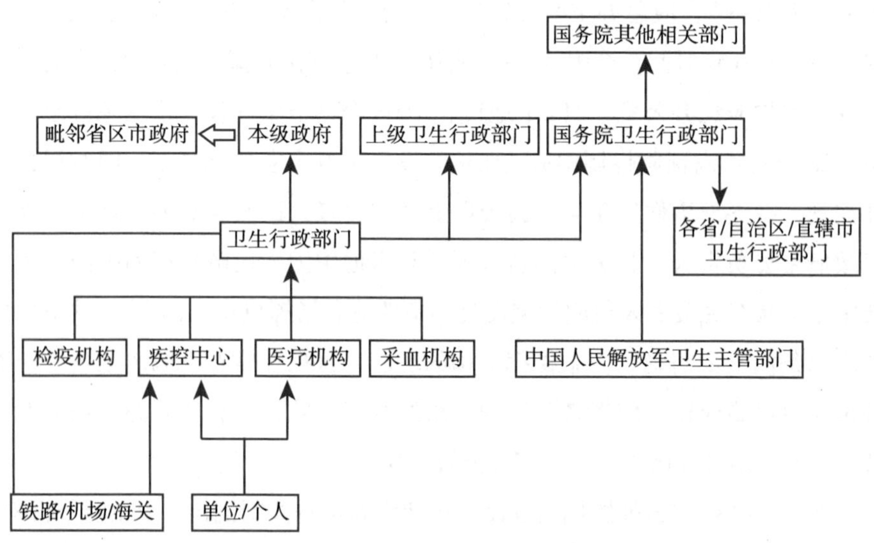

图 1　中国突发公共卫生事件处置相关机构的组成情况

第三，加强人才队伍建设，组建专业应急救援队伍和专家咨询队伍。人力资源是突发事件应急处置的核心力量。“非典”后中国陆续印发《关于加强基层应急队伍建设的意见》《国家卫生应急队伍管理办法（试行）》《2011—2015 年全国卫生应急工作培训规划》，推动应急处置团队的建成和能力提高。同时，重视突发公共卫生事件的专家委员会的建立，国家应急预案明确要求卫生行政部门负责组建“专家咨询委员会”。2007 年颁布《关于加强基层应急管理工作的意见》，开始对基层应急队伍的组建加以规范；之后逐步完善基层综合性应急救援队伍和专业应急救援队伍的组成、职责和管理体制。在应急专业队伍建设外，人力资源储备也开始关注更大范围的社会动员，建立了志愿者制度，有序组织各类社会组织、企业和人民群众参与应急管理。

（四）构建应急机制

应急管理体系转化为有效的应急行动，需要应急机制的构建。SARS之后，通过《突发公共卫生事件应急条例》《国家突发公共卫生事件应急预案》《国家突发公共事件医疗卫生救援应急预案》逐步明确了突发公共卫生事件处理中的运行机制，包括：应急监测预警机制、信息报告责任和沟通机制、应急决策和协调机制、分级负责与响应机制、现场处置分工机制、社会动员机制、应急资源配置与征用机制、奖惩机制、社会治安综合治理机制、城乡社区管理机制、政府与公众联动机制、国际协调机制以及突发公共卫生事件总结评估机制等，其中包括以下六个重点。

第一，监测预警网络的建立。各地在法律法规引导下建成监测预警网络，主要包括突发公共卫生事件监测报告系统、救灾防病网络直报系统、国家传染病自动预警系统。对于法定报告传染病疫情和其他突发卫生灾害事件，已建立从国家到县级的四级疾病防控网络，网络直报系统在基层及县级以上医疗卫生机构覆盖率达到 94% 以上，县级以上疾病防控机构实现全部覆盖，从基层乡镇获知突发公共卫生事件信息的平均时间由过去的 5 天缩短到 4 小时。当前仍在完善流感监测系统、症状监测系统、救灾防病信息报告系统、高温中暑病例报告信息系统、健康危害因素监测信息系统等。有些地区努力整合医疗机构、传统媒体、互联网和 120、热线电话等平台监测信息，致力于建成整合制度化的突发公共卫生事件风险评估和预警监测机制。例如，国家启用突发公共卫生事件和救灾防病相关信息网络直报系统后，山东省在 2005 年加大硬件建设力度，于 2009 年在全国率先实现了 924 所二级以上医院和 1680 所乡镇卫生院网络直报系统的全覆盖。①

第二，明确监测中信息报告责任、分工和沟通机制。2003 年《突发公共卫生事件应急条例》规定了突发公共卫生事件的上报工作。2006 年《国家突发公共卫生事件应急预案》和《突发公共卫生事件社区（乡镇）应急预案编

① 明萌、于国防、盖英群：《山东省卫生应急工作机制和体系建设的现状与思考》，《社区医学杂志》2011 年第 7 期。

制指南（试行）》明确突发公共卫生事件责任报告单位包括县级以上各级人民政府卫生行政部门指定的突发公共卫生事件监测机构、各级各类医疗卫生机构、卫生行政部门、县级以上地方人民政府和检验检疫机构、食品药品监督管理机构、环境保护监测机构、教育机构等有关单位；责任报告人包括执行职务的各级各类医疗卫生机构的医疗卫生人员、个体开业医生等。同时，对突发公共卫生事件相关的业务管理工作、网络直报工作，以及事件报告范围、标准、内容、方式、时限和程序等均做了明确规定。要求市疾控中心开展舆情监测，对获取的信息及时进行分析，根据分析结果及时采取针对性措施；市疾控中心切实落实 24 小时疫情值班制度，认真做好网络直报信息的审核和分析、科学开展风险评估、做好趋势研判，科学指导防控工作。建立突发公共卫生事件月报、季报、年报制度。规定每年召开突发公共卫生事件形势分析会，开展传染病疫情自动预警试点和突发公共卫生事件媒体信息监测工作。

第三，建立应急决策指挥和联防联控机制。《突发事件应对法》授权各级政府根据实际需要设立突发事件应急决策和指挥机构；同时在各级政府领导下，建立“横向到边、纵向到底”的卫生应急联防联动机制，应急办纵向与各县（市、区）应急办，横向与食药监、安监、工商、农业、出入境等部门建立协作机制。联防联控机制在应急状态启动后既可发挥国务院的政治权威、起到决策和协调作用，也可利用各部门在各自领域的技术优势。例如 SARS 之后在甲流的应对中，在疫苗接种的种类、剂量和次数等关键技术问题上，先由卫生、发改、工信、药监等部门进行会商，专家委员会疫苗专家指导组提供有力支持，再经由联防联控工作机制上报国务院进行最终决策。①

第四，建立应急资源配置与征用机制。2003 年印发的《突发公共卫生事件应急条例》提出保证突发公共卫生事件相关应急设施、设备、救治药品和医疗器械等物资储备的要求。2006 年《国家突发公共事件医疗卫生救援应急预案》明确在物资储备中各方的职责，“卫生行政部门提出医疗卫生救援应急

① 胡颖廉:《中国应急管理组织体系比较研究——以突发公共卫生事件为例》,《北京科技大学学报》(社会科学版) 2012 年第 2 期。

药品、医疗器械、设备、快速检测器材和试剂、卫生防护用品等物资的储备计划建议。发展改革部门负责组织应急物资的生产、储备和调运，保证供应，维护市场秩序，保持物价稳定”。2010 年，原卫生部应急办印发的《关于加快突发公共事件卫生应急体系建设和发展的指导意见》进一步明确卫生应急物资目录、储备种类、数量和方式，以及应急物资调用程序和调运机制。各地各级按要求建立了应急物资储备制度并逐步落实，例如，郑州大学第二附属医院根据《河南省省级卫生应急队伍装备参考目录（试行）》，建设卫生应急物资储备，采用重点分级装备的方式，建立物资储备管理制度，在急诊科、药学部和房产维修科分别设立了卫生应急物资储备库，由专人负责管理，在物资使用上严格执行物资管理制度。①

第五，探索信息公开和社会沟通机制。2006 年卫生部编写了《公共卫生突发事件应急沟通教程》。2007 年卫生部和美国国家疾病控制中心撰写了风险沟通材料，并在全国各地提供培训。同年 4 月，《政府信息公开条例》规定了政府信息公开的范围、方式和程序，提高了政府工作的透明度。2008 年，卫生部编写《卫生应急风险沟通指南》，对省级卫生行政人员进行媒体应对培训，并首次将卫生风险沟通写入 2009 年的卫生新闻宣传工作通知中，首次在政府文件中建议政府人员加强风险沟通和危机沟通，强调紧急情况下信息传播和公信力的重要性。②

第六，开启应急工作评估机制。2007 年印发的《全国卫生部门卫生应急管理工作规范》对应急评估工作的具体内容、评估方式、评估步骤和流程做了具体规定。2011 年、2012 年又先后制定了《国家卫生应急综合示范县（市、区）创建工作指导方案》和《国家卫生应急综合示范县（市、区）评估管理办法（试行）》，评估、总结和推广先进的基层卫生应急综合管理模式，以全面提升中国基层卫生应急能力。2012 年《突发事件公共卫生风险评估管理办

① 谭琳琳、郝向阳：《医院突发公共卫生事件应急管理现状及策略分析》，《智慧健康》2018 年第 4 期。

② 邱五七、Cordia CHU：《我国公共卫生应急管理风险沟通探讨》，《中华卫生应急电子杂志》2017 年第 6 期。

法》再次强调突发事件公共卫生风险评估工作，要求不断反思和积累应急处置中的经验和教训，提高对突发事件的风险识别、分析和管理能力，以最大限度地预防和减少突发公共卫生事件及其造成的危害。

二　中国突发公共卫生事件应急体系的运行绩效

2003 年 SARS 是中国突发公共卫生事件应急体系建设的转折点，之后中国在高致病性禽流感、猪链球菌感染、手足口病疫情、甲型 H1N1 流感、中东呼吸综合征等一系列突发公共卫生事件中，利用已建成、渐完善的应急管理体系，基本做到了快速反应和控制疫情，有力地保障了人民群众的身体健康和生命安全。

（一）信息报告系统辅助快速监测和预警

在甲型 H1N1 流感和高致病性禽流感防控中，及时扩展和完善监测网络，有效助力疫情阻断。甲型 H1N1 流感防控中，在传染病个案报告系统和突发公共卫生事件信息报告系统的基础上快速新建灾区疫病情监测、报告、预测预警功能，将原来的流感监测网络由 197 家哨点医院扩大到 556 家，网络实验室由 63 家扩大到 411 家，每周检测标本 1 万余份，能及时提供流感样患者比例、甲型 H1N1 流感病例占流感病例的比例和病毒变异的数据。高致病性禽流感防控中，关注相关部门监测系统的协作，国家林业局在全国快速设立第一批 118 个野生动物疫情疫病监测点，全面启动疫情疫病监测体系，建设野生动物疫情疫病监测网络。①

（二）及时组建应急决策小组并启动联防联控机制

在高致病性禽流感、甲型 H1N1 流感、中东呼吸综合征等一系列突发公共卫生事件中，最为一致的运行机制是及时组建应急决策小组，应急决策小

① 汤奋扬:《公共卫生突发事件应急管理研究》，河海大学硕士学位论文，2006。

组的核心功能是指挥防控行动、下发文件和技术规范。在甲型 H1N1 流感防控中，卫生部成立了甲型 H1N1 流感防控工作领导小组，指挥应急行动，下发了一系列通知和技术规范，对各地加强防控和医疗救治准备工作提出明确要求，指导各级医疗卫生机构和专业技术人员规范开展病例诊疗和疫情防控工作。2013 年上海市 H7N9 禽流感的处置中，2 月发现第一例病人后，4 月 3 日国家即发布《人感染 H7N9 禽流感疫情防控方案》和第一版《人感染禽流感治疗方案》；4 月 5 日，上海市 CDC 在此基础上向各县区疾控中心发布 H7N9 禽流感病例报告和处置流程的指导意见；各级疾控中心也按照相关文件的要求，开展了疫情的监测防控工作[①]。在 MERS 应对过程中，指挥决策部门也快速出台和更新工作规范，国家卫计委修订并形成了 2015 年版《中东呼吸综合征疫情防控方案》，进一步对防控工作予以细化和规范；同时，该方案要求根据疫情变化和评估结果及时更新，以更有效地应对 MERS 疫情防控。

联防联控机制在几次重大疫情防控中发挥了重要作用。甲型 H1N1 流感防控中国务院形成多部门联防联控工作机制，成立了 33 个部门和单位组成的综合口岸、医疗、畜牧兽医、保障、宣传、对外合作和科技等 8 个工作组以及甲型 H1N1 流感防控工作专家委员会，即“8 + 1”的联防联控格局；同时，公共医疗卫生与社区的防控相互配合，属地在第一时间控制疫情后再进行专业性的处置，充分发挥社区网格化管理的作用，广泛调动民间的人力资源和基层组织的参与。高致病性禽流感防控中，卫生部在 2005 年与农业部建立了防控人感染禽流感、人畜共患疾病联防联控协调工作机制；特别关注与农业部配合做好家禽养殖行业的协调工作，坚持预防为主，采取扑杀与免疫相结合的综合防控措施，对发生高致病性禽流感地区扑杀家禽的损失，给予合理的补偿，对家禽实行免费强免疫。MERS 疫情处置中则更关注与公安、检疫等多部门的联防联控机制，助力快速发现病例和密切接触者：5 月 27 日，国内出现首例输入性 MERS 病例后，在公安、检疫等多部门密切配合下，4 小时找到患者，7 天内迅速将 78 名 MERS 病例密切接触者全部追踪到位；航空局加

① 刘琦:《我国突发公共卫生事件危机预警管理研究》，沈阳师范大学硕士学位论文，2016。

强了对各航班尤其是涉及疫区航班的消毒和处置，检疫、边检、卫生等部门积极配合，入境检疫做到“两小时内逐级上报、三次严格排查”，从检测到得出结果仅需要5个小时。[①]

（三）重视应急预案的制定和演习，疫情发生后预案及时启动、各类机构迅速进入防控状态

2015年5月27日，国内出现首例输入性MERS病例后，国家卫计委和疾病预防控制中心即刻派出专家组指导防控。第二天参与应急处理的相关部门立即启动应急预案，并按照预案要求开始行动。疾病预防控制应急预案要求，与出入境信息系统联合，要求入境检疫加速加强排查，加速检测及结果的报告。医疗机构的应急预案发挥作用明显，预案及时启动、有条不紊地进入防控状态；医院感染管理部及时评估医院感染风险和个人防护能力，确定消毒隔离措施与院感防控重点，及时对全院医务人员进行消毒、个人防护、MERS相关知识等的培训，关注防控细节；医院制定、完善工作流程，优化ICU布局，科学防控，同时改造负压病房，加强环境消毒，降低空气传播风险。

针对高致病性禽流感，国家层面制定实施应急预案和《重大动物疫情应急条例》，各省也相继制定和修订《防控人感染高致病性禽流感应急预案》。开展国内防控演习的同时积极参与全球联合演习。2006年，通过观摩韩国、澳大利亚等国家的演练和参与APEC应对流感大流行演练，吸收借鉴其他国家应对人感染禽流感疫情和应对流感大流行的经验，提高中国应对禽流感防控和处置突发公共卫生事件的能力。

（四）疫情处置中，紧抓监测方法和疫苗开发、药品以及应急资源配置

为了实现对甲流感染者的早确诊、早治疗，相继研制出甲流病毒核酸检测试剂盒、甲流病毒抗原检测试剂盒等快速检测试剂，极大地节约了医疗成

---

① 曹青:《我国突发公共卫生事件应急管理问题研究》，新疆大学硕士学位论文，2016。

本、有效控制了疫情传播。为了解决抗病毒药物储备不足的问题，紧急开展中医药治疗甲流的科技攻关。疫情发生早期，中国就建立了由发改委、卫生部、工信部、药监局、中国疾病预防控制中心、中国药品生物制品检定所和10 家流感疫苗生产企业形成的甲流疫苗研发与联动生产协调机制，成功研发、生产出甲型 H1N1 流感疫苗，并实现了在重点人群中的大规模接种。针对高致病性禽流感，组织科研机构和生产单位对病毒及其防治进行科技攻关，研制出具有自主知识产权，符合世界动物卫生组织有关生产、质量控制和质量保证要求的多种新型禽流感疫苗。MERS 疫情应对中，广州市级财政投入 800 万元购置检测、防护设备和物资，经绿色通道直接送达病房，医院救治能力全面升级；省卫生计生委调拨 300 套防护服、150 个防护眼罩、4 个消毒喷雾器，确保医护人员“零感染”。

（五）疫情处置和恢复中重视信息公开和社会沟通

甲型 H1N1 流感处置中卫生部门加大防控知识的宣传力度，使更多的公众及时了解防控工作进展和防控工作措施。卫生部新闻办公室采取一系列专业措施了解公众态度、引导舆论，如派出专家负责媒体报道、网络舆情监测和分析工作；同时开设“公共卫生热线”，每天提交公众“热点话题”，把握舆论发展趋势。高致病性禽流感防控中重视防治科普知识的宣传工作，使广大群众了解高致病性禽流感传播的特点和预防知识。中国出现首例 MERS 确诊病例，国家卫生计生委即对外通报，广东省政府执行新闻发言人制度，及时报告权威的 MERS 病例治疗进展情况和防控形势，信息公开透明，消除流言引发的恐慌，稳定社会情绪。

三　中国突发公共卫生事件应急体系在新冠肺炎疫情防控中的表现

2020 年新冠肺炎疫情暴发，考验了中国已建立的公共卫生应急体系在一种新发、未知传染病上的应对效率。应对过程中，既体现了中国现有应急体

制在动员、资源调动和多部门协同上的优势，也暴露了在快速决策上的缺陷。新冠肺炎疫情应对也是不断磨炼和完善中国应急体系的过程。

疫情最初期的预警与决策机制反应有待完善：疫情初始，由医院首先发现不明原因肺炎病例，按法律法规对应程序进行了上报，各级各类部门也随即进行了相应行动，武汉市组织专家从病情、治疗转归、流行病学调查、实验室初步检测等方面分析，认为上述病例系病毒性肺炎。国内在第一时间报告疫情和采取应对行动的同时，也及时主动向世界卫生组织以及美国等国家通报疫情信息，向世界公布新型冠状病毒基因组序列。但全新病毒的突如其来以及对疾病的认识不足，还是使得疫情预警和全面防控启动有所延迟，提示现行应急系统的预警和决策机制在新发和未知传染病上运行效率有待提高，主要原因包括：①官方疫情网络直报系统缺少对未知传染病报告和响应的规范，对非官方消息的关注和利用不够；②疫情信息上传、决策下达方面涉及专业机构、行政部门与政府等多类机构，监测、预警和报告过程中涉及的层级和环节过多；③虽然“非典”以后国家大幅增加了对公共卫生系统的资金投入，不论是疾控中心、从业人员还是监督机构都有了较大幅度的发展，但专业公共卫生部门的权力配置有待改善，疾控中心作为专业技术单位没有行政和决策权，现行法律未授权疾控部门向公众直接发布信息，而只能向同级行政部门报告，而地方政府才是启动行动的首要责任主体；④地方政府作为应急行动启动的决策者往往习惯于报上一级人民政府再做决定，这导致决策及时性受限于地方领导对突发疫情的重视程度和专业判断能力。

不过，在疫情初期反应相对延迟后，中国及时总结教训，为追上防控最佳时机，中国发挥“集中力量办大事”的制度优势，建立抗击疫情举国体制，利用和加强了已有的应急管理机制，具体有如下表现。

（一）决策和领导机制上，加强原有的领导小组模式，形成“两组一机制”的决策领导模式

2020年疫情暴发后，中央层面成立由国务院总理李克强任组长的中央应

对新型冠状病毒感染肺炎疫情工作领导小组，组建多部门协调工作机制平台，建立了国务院应对新冠肺炎疫情联防联控工作机制，统筹 32 个政府机构；纵向上，加强对地方的防疫指导，向湖北等疫情严重的地区派出了指导组，指导当地开展疫情防控工作；横向上，各地成立由党政主要负责人挂帅的领导小组，确保中央部署全面落实到位。由此形成了由中央工作领导小组、国务院联防联控工作机制和派驻地方指导组共同构成的“两组一机制”的决策领导体制。中央成立了领导小组是此次疫情防控工作的重要分水岭，之后决策有力、部署全面，并实现了对各种资源的调动。

（二）发挥联防联控的优势，协调防疫、救治、经济和民生

新冠肺炎疫情防控采取史无前例的大规模控制传染源和切断传播途径的举措，重视“源头防控”，实行“早发现、早报告、早隔离、早治疗”和“应检尽检、应收尽收、应隔尽隔、应治尽治”的疫情防治方针。“重灾区”实施“封城”、“停运”和分级交通管制，从 1 月 23 日开始对拥有 1100 万常住人口的超大型城市武汉实施历时 76 天的“封城”；湖北武汉和其他市，以及全国其他地区多地暂停市内公共交通，或者根据风险高低实施差异化交通管控。强制性关闭休闲娱乐场所，推行在家办公、线上教学等措施避免人员聚集和交叉感染。社区采用封闭式管理，居民在家自我隔离，定期供给或者采购生活物资，以隔断病毒传播链条。

（三）在救治感染人群上，坚持“把医疗救治工作摆在第一位”

“把救治作为重中之重”，明确了“应收尽收”“早诊早治”“集中收治”的原则；迅速新建扩建救治设施，短期内新增床位 10 多万张，包括“火神山”“雷神山”两座各自可容纳 1000 多张床位的传染病专科医院，新建“方舱医院”、改扩建一批定点医院、改造一批综合医院；分级设置医院和按病情分级分类分流救治轻、中、重症患者；实施免费治疗以解除患者后顾之忧，避免因看不起病而导致病重病亡和扩大传染源；针对湖北省感染人数剧增和医疗资源紧缺的问题，全国医疗卫生人员驰援湖北，30 个省、自治区和

直辖市，以及新疆生产建设兵团和中国人民解放军等共调派 340 多支医疗队、42000 多名医务人员驰援湖北，采取对口支援、一省包一市等方式明确帮扶责任。

（四）重视民生保障

在陆续实施社区封闭管理后，居民基本生活的保障，留守老人、儿童、残疾人等弱势群体的照顾与服务，慢性病患者的医药购买等问题日益突出，部分治理能力较强的社区采取了引入专业社会组织提供服务、组织居民进行互助、与社区周边的商贸企业合作等创新方式，并很快产生了政策扩散效应，为其他社区所效仿。

快速应对疫情早期的应急资源供应问题。由于市场和各部门对此类全面防控和封闭管理没有应对经验，部分城市出现个人防护用品（如口罩）严重供不应求的情况，全国各地医院也出现护目镜、防护服等物资严重不足的状况。相关部门在全国范围优化组织生产，加强医用物资和生活必需品应急供应，严厉查处各类哄抬物价和制假售假的违法行为，为抗击疫情提供物质基础。

推动规范化信息公开、专业化社会沟通。在疫情防控工作全面铺开后，坚持公开透明的态度，建立日常新闻发布机制，启动疫情数据日报制度。同时，普及科学防控知识，向公众提供持续、清晰、重要的信息，让人民群众及时全面了解政府应对疫情的方针政策，增强民众防疫意识和能力，促进其积极响应并配合政府的防控部署。基层注重居民宣传和沟通，全国 400 万名城乡社区工作人员在志愿者的配合下，对 65 万个城乡社区开展摸排工作，宣讲防疫知识和开展心理疏导。

充分调动基层资源、利用城市社区网格化管理助力疫情防控。城市人口多、社区居住人员多样化，社区网格化管理以网格单元为主体不断“摸实、摸透”网格内部的社会人际关系、社交网络和沟通状况，在本次疫情防控中，社区在安全隐患排查、社区人员往来管理、疫情信息公开和消除群众恐慌、防疫知识宣传、生活物资保障等方面起到了关键作用。同时，结合大数据手段，充分依靠基层党组织的战斗堡垒作用和居民委员会的动员凝聚作用，社区对密切接触者及相关人员做好追踪、管理与居家隔离工作，对聚集性活动进行有效监管，在传播性较强的新冠肺炎疫情防控中作用非常突出。

对于中国在新冠肺炎疫情防控方面开始的上述工作及效果，世卫组织总干事谭德塞 2 月 15 日评价说，“中国为世界防控疫情赢得了时间”。《中国 - 世界卫生组织新型冠状病毒肺炎（COVID-19）联合考察报告》认为，“中国采取的政府主导的全社会防控措施成功避免或至少预防了全国范围内数十万病例的发生，构建起防止疾病国际传播强有力的第一道防线。”国际著名医学期刊《柳叶刀》3 月 8 日发表的社论也指出，中国防控措施已成功挽救了成千上万人的生命。

四　中国公共卫生应急管理体系存在的问题和改革建议

2003 年 SARS 后中国构建并逐步完善以“一案三制”为核心框架的公共卫生应急管理体系。该体系在应对近年来多轮传染病的流行中发挥了功能，有效阻断了疾病流行，保护了人民健康和社会经济的平稳发展。但随着健康挑战的多样化，在面对新冠肺炎这种未知传染病时，该体系还是暴露了一些缺陷，主要包括在应急指挥部门设置和应急核心机构建设上的短板，在监测预警、信息报告责任和沟通、应急决策和协调、现场处置、应急资源配置等机制上的运行不畅，而这些体制建构和机制运行上的问题离不开法律法规漏洞的修补以及应急预案编制的完善。

（一）决策主体有待进一步明确，决策过程设置需完善，以提高决策和及时进入应急处置状态的效率

《传染病防治法》和《突发公共卫生事件应急条例》均规定，发现传染病疫情或可能造成重大影响的突发性公共卫生事件时，各级政府及卫生行政主管部门有逐级上报、及时采取行动以及领导本级应急处置的权利。《中华人民共和国突发事件应对法》将“公共卫生事件”列入突发事件，规定发布预警的主体是县级以上地方各级人民政府，它在发布相应级别警告的同时需要向

上一级人民政府报告；同时规定预警级别的划分标准由国务院或者国务院确定的部门制定。

但针对一种未知传染病或疑似传染病，各级政府都缺乏具有可操作性的标准，在何时、何种情况下由哪一级政府决定启动突发公共事件响应机制、成立突发事件应急处理指挥部，均需要更清晰的界定。法律法规现行规定的报告、决策和行动程序存在延误防控时机的风险。原因包括：①突发性公共卫生应急的常设机构大多设置在各级卫生行政部门内，遇到突发事件需要上报同级政府再进行决策；②具有领导和协调行动能力的应急处理指挥部需要在做出突发事件响应决策后才会成立，从疫情监测机构、卫生行政部门到政府逐层报告，政府做出响应决策并启动应急预案、成立指挥部这些步骤降低了响应行动的效率；③法律法规赋予了各级政府领导应急行动的权利，但地方政府往往习惯报告和等待上级政府的响应决策，同时，对公共卫生事件保持敏感非常依赖于地方官员的能力和对公共卫生的重视程度；④政府内部各部门之间相互独立和条块分割，其中包括由中央直属部委自上而下的指挥体制和以地方行政当局统管的某一层级分块的行政体系，在突发公共卫生事件监测报告中涉及向同级地方政府、上级卫生行政主管部门等条块交叉汇报，决策反馈也涉及条块交叉，过程中难免出现责任推诿和决策延迟；⑤应急指挥机构的设立和运转存在法律瑕疵，《突发事件应对法》授权各级政府根据实际需要设立突发事件应急指挥机构，但法律同时要求突发事件应急管理工作的组织指挥体系要在启动应急预案后由预案具体规定。因此，在没有启动应急预案的前提下，决策和领导主体有待进一步明晰。

为解决好这一问题，要加强公共卫生领域立法修法。明确政府及各部门的法律责任和职责分工，完善和明晰公共卫生突发事件的应急准备、响应和恢复的流程，规范和促进信息上报和信息交流。中央和地方建立公共卫生应急管理和指挥中心，分别由国务院和地方主要领导直接负责，负责公共卫生应急准备、响应和恢复的政策设计、指挥实施以及统筹协调；由卫生健康委员会负责协助和监督有关公共卫生应急政策（如传染病控制政策、灾难紧急医疗政策等）的制定和实施；由疾病预防控制中心作为公共卫生应急的主要

业务机构，负责风险评估、疾病监测、信息收集、风险沟通、现场调查等工作；其他部门及国家机构根据政府对应急管理的整体方针，在各自职责范围内为公共卫生应急准备和响应提供帮助。在新发和未知的公共卫生风险中，实施疫情发布、先期应急相应行动与调查核实同步进行，对可能造成大范围疾病蔓延和影响社会稳定的情况，探索建立容错机制，允许先期处置和边调查边控制。

（二）预测预警机制在风险评估、科学预见方面的作用有待加强

已建立的法定报告传染病程序和传染病直报系统，在传染病上报过程中依然需要层层审核和确认，存在延误紧急事件的风险；对新发和未知的传染病更是缺乏判断标准和处置规范。突发性公共卫生事件判断和决策需要更多数据和监测信息渠道，但应急决策所需要的多源数据平台还处于探索阶段，未能实现卫生行政部门、医疗救治机构与疾病预防控制机构之间的信息共享，未实现病例和症状监测信息及时汇集。医疗系统之外，口岸、机场、火车站、长途客车站、学校等场所监测哨点建设有待完善，不同系统之间监测系统需要进一步打通。获取监测哨点数据后的风险评估也缺乏前瞻性，智能化自动处理和预警功能不足，遇到新问题很大程度上还得依靠主观判断。

要利用大数据和人工智能技术，开展所有公共卫生安全相关场所、人员、行为、物流等场景的疫情追踪，及时监测预警高危地区、高危区域和高危人群，提升公共卫生风险评估和预警的前瞻性、精准性、高效性。建立智慧化的公共卫生安全预警多点触发机制，完善信息报告奖惩机制，健全可疑病例讨论报告制度。

（三）应急救治战略要素储备管理不完善、资源储备不足，应急状态下资源协调和调配存在不协调问题

在新冠肺炎疫情防控的应急救治过程中出现快速检测试剂短缺、医用设备与防护物资紧缺的问题，也由此引发抢购、囤积、截流等问题，成为制约预防行动、应急救治工作的障碍。物资储备问题源于以下几个方面。①各级

在非突发公共卫生事件时，对应急物资没有科学、稳定的工作经费投入机制。②虽然法律法规和应急预案对物资储备的责任主体和管理办法有明确规定，但各级部门和医疗机构的执行情况欠佳，应急物资储备工作评估的达标率较低，并且不同部门和机构的储备目录、数量、标准不统一。③应急医疗物资保障和储备缺乏科学和动态决策支撑体系，对应急物资储备的种类、数量、结构等缺乏系统、全面、定期的精准预测，疾控部门和医疗机构的储备物资缺乏更新，也没有根据新形势下物流运输和调配能力来调整物资储备的数量和储备更新的频率。④应急医疗物资的本地储备生产能力有限，生产和市场供应缺乏规划和动态调整；供应不足的同时，在突发疫情时，对捐赠物资的接收、管理和调配能力也有待提高。⑤检测诊断试剂、针对性药品、疫苗等的应急研发与临床研究和转化能力相关；也与启动应急程序、设置检测权限等机制相关，对符合资质并能确保检测质量的公立和民营医疗机构，不赋予检测资质会造成大量疑似病人积压，给临床工作带来巨大压力。

今后应当加大物资储备的投入力度，完善物资储备目录管理制度。建立物资储备信息共享机制，统筹各级各部门物资保障资源。依托现有仓储和物流设施，建立应急物资保障基地，形成区域分布合理的多层级应急物资保障网络。依托互联网、物流网构建应急物流服务平台，保障应急状态下的物资转运和使用。

（四）预案编制模式化，对新发公共卫生事件的指引作用有限

预案是指根据国家、地方法律法规和各项规章制度，综合本部门、本单位的历史实践积累以及当时当地特殊的地域、政治、民族、民俗等实际情况，针对各种突发事件类型而事先制订的一套能切实迅速、有效、有序解决问题的行动计划或方案，其主要作用是“防患于未然”，转应急管理为常规管理。但是，目前中国各地、各级、各部门的预案编制存在模式化和形式主义，其内容与法规或政府文件区分性不大，造成预案针对性不强、操作性不强、技术性不强。预案的核心功能是基于当地实际和经验给出可行动的方案，但许多预案并没有根据近期应急事件进行调整，甚至很多预案的内容与现行体制

机制明显不符。同时，在长期未发生突发公共卫生事件的情况下，预案完成只是第一步，还缺乏预案评估制度和评估标准，缺乏根据预案的实战演练；这导致真正的突发公共卫生事件发生后，地区及单位可能对应急预案的流程并不熟悉，更不了解如何利用预案开展各部门的配合协作和应对工作。

国家应出台预案编制指南，指导各级政府和各类部门编制预案，预案需要具体化为实施细则和规范的作业流程。定期组织开展不同风险情景的公共卫生应急演练，并根据演练评估修正和补充预案。

（五）参与突发公共卫生事件处置的核心机构能力有待加强

CDC 和医疗机构是参与突发公共卫生事件处置的核心机构，在应对突发公共卫生事件尤其是新冠肺炎疫情过程中，凸显出一些应对能力及其背后运行机制的问题。

CDC 系统存在的问题主要有两个。①法律法规赋予了 CDC 在突发公共卫生事件中核心的技术职能，包括指导建立国家公共卫生监测系统、参与和指导地方处理重大疫情和突发公共卫生事件、建立国家重大疾病暴发应急反应系统、审核和逐级上报传染病直报系统的病例等。但作为第一时间接触突发卫生事件个例和做出技术判断的机构，只有数据收集、分析、提供决策依据和上报的权利，却没有法律赋予其突发公共卫生事件信息发布、采取必要的隔离等措施，以及调动人财物处理突发公共卫生事件的权利。②在数据和病例信息收集、分析和判断上的能力也有待加强，尤其是面对越来越频发和未知的疾病挑战，很多市、区级 CDC 标准化建设还未达标，检测设备和实验室配置低；区级疾控中心在流行病学调查、应急处置等本职工作方面的能力也比较欠缺。

医疗机构存在的问题主要有三个。①作为公共卫生事件防控的一线机构，是最先发现病例或相关风险的地方，但医疗机构普遍存在创收和自我发展压力，公共卫生职能的政府投入有限，因此对于传染科等公共卫生科室重视不足，对不明原因传染病上报等公共卫生工作的积极性不高。②医疗机构针对突发传染病等公共卫生事件的基本布局未达到规范化标准，许多医院的急诊科、呼吸科等没有配备必要的防护设备和缓冲区，没有准备相对独立的隔离病房或病区。③医疗机构的设施设备和实验室条件有限，面对传染性较强、病人数量激增的突发疫情，无法实现疑似病人的快速确诊和及时隔离治疗。

要通过立法确立疾控机构在突发公共卫生事件应急防控中的技术独立、决策主导地位并赋予相应权利。建立稳定的公共卫生事业投入机制，改善疾病预防控制基础条件，完善公共卫生服务项目。加强公共卫生机构相关数据和病例信息收集、分析和判断能力，尤其是推进疾病预防控制中心的标准化建设，配备必要的检测设备和实验室，进一步提高疾控机构流行病学调查、应急处置等能力。

明确医疗机构公共卫生应急职责，将医疗机构各科室履行公共卫生职责纳入绩效考核。加强医疗机构疫情防控相关科室的规范化建设，提高医疗机构应急救治水平。在医院的急诊科、呼吸科等重点科室配备必要的防护设备和缓冲区。在进行建筑设计和布局时充分考虑疫情防控的需要，合理布局院区以及科室，保证一旦有疫情发生，病人可以马上得到集中隔离，避免传染病扩散。加强医疗机构疫情防控设施设备的配置、实验室建设等工作，提高医院的疾病检测能力和检测水平。

（六）疾控中心、医院与基层卫生机构的衔接不畅、协同不足

1. 疾控中心与医院的关系

两类机构在公共卫生工作上的职责人为分隔，但交叉工作内容上分工界定模糊。中国卫生体系建设自开始便处于医疗救治体系与专业公共卫生体系各自独立发展状态[①]，政策人为区分和界定了两类机构的工作职责：医疗卫生机构偏向于服务个体病人、治疗已有的疾病，不强调向患者提供预防服务或知识，而专业公共卫生机构偏向于服务人群、预防未发的疾病，不能从事后续的治疗，政策目前也未赋予公共卫生医师处方权。在突发公共卫生事件管理中，也存在分工界定模糊的问题，回顾现有政策，发现应急预案、工作规

① 夏挺、孙晖：《医院在突发公共卫生事件应急处置中的作用与面临的困难及对策》，《现代医药卫生》2006 年第 16 期。

范、指南等政策表述笼统、不够明确、缺乏现实操作性[①]。如《国家突发公共卫生事件应急预案》中，关于突发公共卫生事件监测的规定为“各级医疗、疾病预防控制、卫生监督和出入境检验机构负责开展突发公共卫生事件的日常监测工作”。然而，各类机构的监测范围、监测频率和具体检测重点均未提及。

疾病预防控制机构与医院平行开展业务，在公共卫生工作上协作沟通有限。公立医院按政策规定承担开展部分公共卫生工作的职责，是公共卫生体系不可或缺的部分。但针对这类业务，如院内感染控制、传染病疫情报告和突发公共卫生事件监测和报告等，公立医院重视程度低。医疗卫生机构对院内感染预防控制、医疗废弃物处理等公共卫生工作还没有足够的重视，并且医生相关专业知识欠缺，与疾控机构合作少，导致医院感染病例漏报率高，控制措施不力，消毒灭菌的设施建设和能力存在许多不足。部分医院的传染病疫情管理制度与突发公共卫生事件的监测和报告制度还流于形式，公共卫生信息监测系统反应灵敏度不高，传染病门诊设置不规范，临床医生法治和主动报告意识淡薄，还存在传染病疫情漏报、误报现象。同时，疾病预防控制中心有监督和指导医院传染病识别和院感管理工作的职责，但由于没有立法明确对医院开展公共卫生服务的监督考核权，同时疾病预防控制中心也缺乏相应的激励制度和工作能力，使得疾病预防控制机构的技术指导和方向监督流于形式。特别是在突发公共卫生事件应对中，疾病预防控制机构的公共卫生技术人员在深入医疗机构掌握第一手材料方面存在不足，无法准确判断疫情、指导医疗机构采取防范措施，制约了整体应对能力的发挥。另外，两类机构工作的平行和缺乏协同还表现在相互独立、条块分割的信息管理系统上。除国家统一的传染病监测系统外，各医院均各自建立信息系统，信息分散，形成大量信息孤岛，疾控机构难以综合利用区域内的信息[②]，在发生危机时，难以迅速汇总、统一调集信息。医院和疾控两类机构信息系统建设不能

① 孙梅、吴丹、施建华等:《我国突发公共卫生事件应急处置政策变迁：2003—2013 年》,《中国卫生政策研究》2014 年第 6 期。

② 张业武、苏雪梅、马家奇:《中国重大突发公共卫生事件应急信息管理现状及挑战》,《中国数字医学》2012 年第 7 期。

服务于整个公共卫生服务体系，包括突发公共卫生事件处置的顶层设计，缺乏业务信息标准和规范，导致公共卫生相关的数据资源不能有效共享。

以上问题源于疾病预防控制中心与公立医院在管理部门、筹资机制、人才培养和专业意识上缺乏协作和融合，两类机构职责人为割裂、交叉工作分工模糊。首先，管理和问责部门设置上，医疗卫生机构和疾控机构都由各级卫生行政部门进行统一管理，但目前政府卫生行政部门内设负责医院事务的医政医管司、负责基层卫生的基层卫生司、负责疾病预防控制的疾病控制局（全国爱国卫生运动委员会办公室）、负责监督管理的卫生执法监督司（卫生监督局）及其他相关司局。其次，筹资来源上，两类机构主要支持来源不同，疾病预防控制中心经费主要来源于各级政府的拨款，医院经费主要来源于医保资金（政府、社会和个人多方来源）。同时，两类资金的管理者也不同，疾病预防控制中心的大部分经费由卫生行政部门管理，医保经费则主要由医保局管理。资金来源的性质和分离状态导致：医院缺乏开展公共卫生服务的补偿激励，疾控中心缺乏拓展业务和提高服务质量的动力，两类机构在公共卫生工作上的业务交叉缺乏经济激励作为支撑。另外，公共卫生和医疗救治知识体系仍然存在隔阂。由于院校教育的专业化以及继续教育的缺乏，临床医生专于治，预防和流行病学知识与意识缺乏；公共卫生医生专于人群预防，疾病治疗知识掌握有限。专业知识和意识存在隔阂影响两类机构或人员的协作及其工作的整合。特别是在公共卫生事件应对中，医疗体系中临床医务人员公共卫生法律意识比较淡薄，知识比较缺乏，不能有效地发挥预警和哨点检测作用。

2. 疾控中心与基层的关系

基层卫生服务机构能力有限，在公共卫生服务上的网底功能欠缺，应对突发公共卫生事件时无法与疾控机构衔接紧密，难以有效履行其职能。基层是公共卫生体系中的重要层级，是公共卫生服务的网底，是处理突发公共卫生事件的“哨岗”和“守门人”[①]。基层建立应急预案对健全中国突发公共卫生

① 李超凡:《公共卫生突发事件的社区卫生服务保障体系研究》，西北农林科技大学硕士学位论文，2013。

事件应急体系至关重要。然而，由于卫生资源配置的不平衡，基层卫生机构服务能力一直未获得实质性提高，特别是基层公共卫生人才“假饱和”现象严重①，人员学历偏低、公共卫生专业能力有限。突发公共卫生事件防控能力弱，软硬件储备均不足，缺少复合型、高素质的卫生应急专业队伍，突出表现为缺乏处理重大传染病疫情和突发中毒事件的专业队伍和流调人员。信息管理系统建设对突发事件预警尤其重要，但某些基层机构所处地区基础设施建设及经济水平相对落后②，预警能力滞后，信息报送的及时性、准确性和敏感性较低，信息分类和事件趋势判断工作相对薄弱，无法及时与疾控体系实现有效的信息传递。基层卫生机构网底功能的欠缺，导致在很多工作中需要依附疾控机构，加重了疾控机构的负担。另外，中国基层卫生机构诊疗能力有限，居民对基层卫生服务能力信心不足，是疫情暴发期患者集中涌向医院、造成无序和恐慌的根本原因之一。

疾病预防控制中心对基层卫生机构的监督指导功能缺乏行政地位和资金供应上的支持。疾控中心对基层医疗卫生机构的公共卫生项目有设计工作规范、技术指导和考核监督的职责。但是，这种关系只存在于技术层面；基层卫生机构行政上隶属于县级政府；经费支持主要来源于财政预算和医保补偿，即使疾控中心通过考核基本情况和重大公共卫生项目的执行情况影响经费分配和支付，但经费并不是由疾控中心直接支付的，它对基层卫生机构的经费使用无约束力。加之，疾病预防控制中心自身无法从监督指导工作中获得经费支持，以上问题导致其对基层的技术指导存在不尽责、不专业或流于形式的现象。

要解决好上述问题，首先需要更新和加强疾病预防控制中心的职能和核心能力，强化医疗机构公共卫生职责、明确其公共卫生责任清单；在此基础上，直接促进工作衔接的方式是两类机构的人员加强跨学科培训，通过工作中的实际流动带动业务工作的整合。疾控中心人员要定期接受临床培训和知

---

① 谢海嵘:《突发公共卫生事件管理问题与应对策略分析》,《中国卫生产业》2015 年第 32 期。

② 陈林:《乡镇突发公共卫生事件应对现状及策略分析》,《中国社区医师》(医学专业)2013 年第 9 期。

识更新；医疗人员要定期接受公共卫生应急处置、相关法律法规和操作规范、疾病控制的培训，传染科、呼吸科等特殊重点科室要每年定期培训。县级疾控中心和医院、基层卫生机构之间尝试人员派驻、实现工作地点的流动，疾病预防控制机构技术人员可以协助医院感染科快速识别和处理传染疾病，医疗机构医务人员可利用其临床背景和权威影响力参与群体健康教育活动、参与指导基层慢性病管理服务。人员可保持原单位编制和身份，但可以根据工作内容和绩效表现获得绩效奖励。绩效奖励之外，将流动工作经历和跨学科能力建设作为职称晋升的条件，建议二、三级医疗机构内科类专业医师在晋升副高职称前，须完成一定时间的公共卫生能力训练；疾病预防控制中心和急救中心卫生专业技术人员在晋升副高职称前，须到二、三级医疗机构完成一定时间的工作经历和能力训练。

（七）基层医疗与社区管理部门的协同亟待加强

街道（乡镇）和社区（村）是突发公共卫生事件联防联控的第一道防线。在突发公共卫生事件后，街道（乡镇）开展公共卫生工作需要基层卫生机构的专业技术支持，基层卫生机构的排查和健康管理工作需要街道（乡镇）、公安派出所等管理网络的支持。但目前社区卫生服务中心与街道（乡镇）还没有形成协同联动的工作模式和激励机制，社区公共卫生治理体系有待构建和完善。另外，在完整的社区公共卫生治理体系中，业委会、物业公司、社区党员、志愿者、居民骨干等共同参与的防控架构也有待建立和完善。

要明确基层党政组织公共卫生应急职责，依托基层党政组织机构，形成基层应急管理领导班子，强化应急管理工作的组织领导，落实工作职责。建立基层党政机构与卫生服务机构之间的协同联动机制，在突发公共卫生事件后，基层卫生机构为基层党政机构开展公共卫生应急工作提供专业技术支持，基层党政机构为基层卫生机构的日常排查和健康管理工作提供协助。整合街镇、公安、环保、城管执法、防汛防台、市场监管、综合治理等信息资源，建立基层公共卫生应急管理联动联勤机制。

（八）夯实“一案三制”核心架构，加强常态化运作，建立和持续完善公共卫生事件应急治理体系

良好的突发公共卫生事件治理体系需要多个部门及人员的参与和有效协作，包括多部门运作机制的系统设计，参与部门及人员的职责清晰和具备胜任力，参与主体对防控结果的问责，以及对所有参与主体有效的激励和规制。

上述“一案三制”核心架构的完善，有助于逐步建立和持续完善突发公共卫生事件应急治理体系。首先，通过体制建设逐步纳入所有参与突发公共卫生事件的处置部门，加强应急处置部门相应的能力。其次，机制建设包括各类机构和部门运行机制、机构合作机制，致力于实现各类部门在应急处置中的共同愿景目标，确保所有部门自身的良好运行和职责清晰，通过有效的激励和强有力的规制确保相关部门有动力、有权利行使职责，设计合理的问责机制确保各类部门对应急处置工作的绩效负责，完善合作机制以促进不同类型处置工作的衔接和互补。再次，法制建设将体制建设和机制运行合法化，需要特别关注为常态化防疫抗疫工作提供法律支撑，目前法律条文重点强调“突发”和“应急”的各种处置情况，如何“平疫结合”、疫情处于常态化防控时如何用法律规范各种行为是亟待解决的问题。最后，通过“一案”——预案的编制和演习，提高预案的专业化、操作化和系统化水平，促进“平疫转化”更及时、流畅和高效。

参考文献

明萌、于国防、盖英群:《山东省卫生应急工作机制和体系建设的现状与思考》,《社区医学杂志》2011 年第 7 期。

胡颖廉:《中国应急管理组织体系比较研究——以突发公共卫生事件为例》,《北京科技大学学报》(社会科学版) 2012 年第 2 期。

谭琳琳、郝向阳:《医院突发公共卫生事件应急管理现状及策略分析》,《智慧健

康》2018 年第 4 期。

邱五七、Cordia CHU:《我国公共卫生应急管理风险沟通探讨》,《中华卫生应急电子杂志》2017 年第 6 期。

汤奋扬:《公共卫生突发事件应急管理研究》，河海大学硕士学位论文，2006。

刘琦:《我国突发公共卫生事件危机预警管理研究》，沈阳师范大学硕士学位论文，2016。

曹青:《我国突发公共卫生事件应急管理问题研究》，新疆大学硕士学位论文，2016。

夏挺、孙晖:《医院在突发公共卫生事件应急处置中的作用与面临的困难及对策》,《现代医药卫生》2006 年第 16 期。

孙梅、吴丹、施建华等:《我国突发公共卫生事件应急处置政策变迁：2003—2013 年》,《中国卫生政策研究》2014 年第 6 期。

张业武、苏雪梅、马家奇:《中国重大突发公共卫生事件应急信息管理现状及挑战》,《中国数字医学》2012 年第 7 期。

李超凡:《公共卫生突发事件的社区卫生服务保障体系研究》，西北农林科技大学硕士学位论文，2013。

谢海嵘:《突发公共卫生事件管理问题与应对策略分析》,《中国卫生产业》2015 年第 32 期。

陈林:《乡镇突发公共卫生事件应对现状及策略分析》,《中国社区医师》(医学专业)2013 年第 9 期。

调 查 篇

Reports on Social Survey

B.8

中国社会主义核心价值观公众认可度调研报告*

李 炜 高海燕**

摘 要：本文根据“中国社会状况综合调查”2013 年和 2019 年的数据资料，对社会公众社会主义核心价值观认可度的变化做了分析。

* 本文为中国社会科学院创新工程重大项目“全面建成小康社会和‘后小康社会’重大问题研究”资助（项目号：2019ZDGH004）的阶段性成果，使用数据来自中国社会科学院重大社会调查项目“2019 年中国社会状况综合调查及全国社会质量状况研究”（CSS2019）。该调查由中国社会科学院社会学研究所执行，项目主持人为李培林、陈光金。作者感谢上述机构及其人员提供数据协助，本论文内容由作者自行负责。

** 李炜，中国社会科学院社会学研究所研究员，中国社会科学院国情调研与大数据中心副主任；高海燕，中国社会科学院社会学研究所博士后。

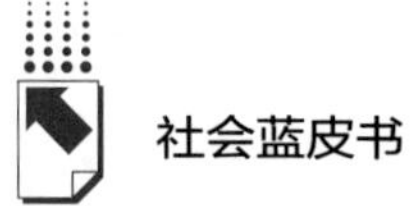

研究结果表明，八年来社会主义核心价值观的推广践行卓有成效，体现国家认同和社会秩序、社会团结的价值理念逐步得到公众较高的认可。不同社会群体的价值理念共识更为明确，精英公众和底层公众之间的价值分歧明显缩小，预示着实现国家治理体系与治理能力现代化的全面目标具有了良好的公众社会心理基础。

关键词：社会主义核心价值观　价值认同　社会评价　社会治理

2012 年党的十八大报告明确提出了“倡导富强、民主、文明、和谐，倡导自由、平等、公正、法治，倡导爱国、敬业、诚信、友善”的社会主义核心价值观。2020 年《中国共产党第十九届中央委员会第五次全体会议公报》中又进一步将“社会文明程度得到新提高，社会主义核心价值观深入人心，人民思想道德素质、科学文化素质和身心健康素质明显提高，公共文化服务体系和文化产业体系更加健全，人民精神文化生活日益丰富，中华文化影响力进一步提升，中华民族凝聚力进一步增强”确定为未来中国文化建设的战略目标，可见社会主义核心价值观对于国家治理体系和治理能力现代化的重要作用。本报告尝试用中国社会科学院大型社会调查项目“中国社会状况综合调查”（Chinese Social Survey，CSS）① 数据，分析八年来社会公众对社会主义核心价值观的认同状况。

CSS 2013 年的调查曾对公众心目中的“好社会”应具有核心价值标准的社会认同进行了研究，其中列举了包括社会主义核心价值观在内的 19 项价值理念。当年的研究发现：公众对社会主义核心价值观存在社会共识的

① “中国社会状况综合调查”（CSS）是中国社会科学院社会学研究所于 2005 年发起的一项全国范围内的大型连续性抽样调查项目，该调查是双年度的纵贯调查，采用概率抽样的入户访问方式，调查区域覆盖了全国 31 个省 / 自治区 / 直辖市，包括了 151 个区市县，604 个村 / 居委会，每次调查访问 7000 个到 10000 余个家庭。其研究结果可推论全国年满 18~69 周岁的住户人口。

基础，也存在政府与民间之间、社会群体之间的差异和分歧；核心价值理念可划分为共识型、精英型和底层型三类，标志着不同群体的价值偏好；核心价值观的倡导对国家及社会治理的现代化既可能产生社会合力，也会产生政治压力。CSS 2019 年的调查再度询问公众心目中的“好社会”所应具有的价值标准，12 项社会主义核心价值观依然是其中主要内容。相距 6 年的两次调查数据，为评估社会主义核心价值观的八年践行成效提供了依据。

一 “和谐”“爱国”等体现社会凝聚的价值理念得到更高认同，“法治”“诚信”等体现社会秩序的价值理念的认可度显著提升

2019 年调查数据表明（见图 1），公众对 12 项社会主义核心价值观认可度居前 4 位的分别为文明（40.9%）、和谐（40.3%）、平等（37.5%）和爱国（36.5%）；居中 4 位的分别为民主（34.6%）、富强（33.2%）、法治（30.7%）和诚信（29.3%）；认可度较低的 4 位分别是公正（22.4%）、自由（20.3%）、友善（13.5%）和敬业（11.1%）。

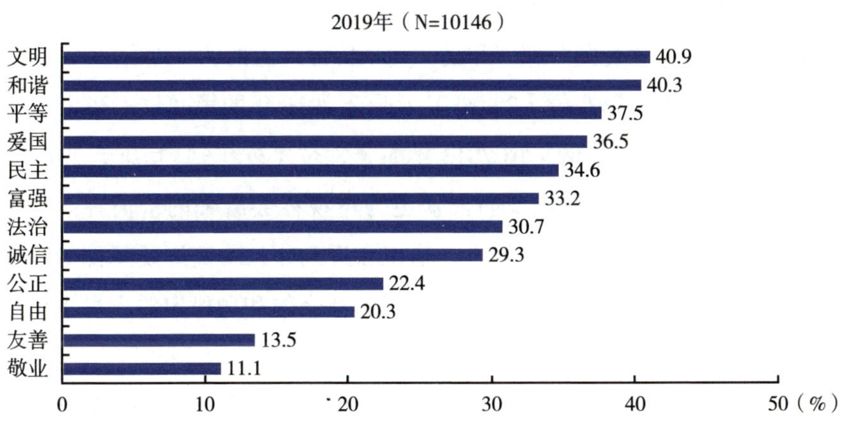

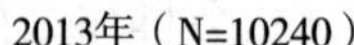

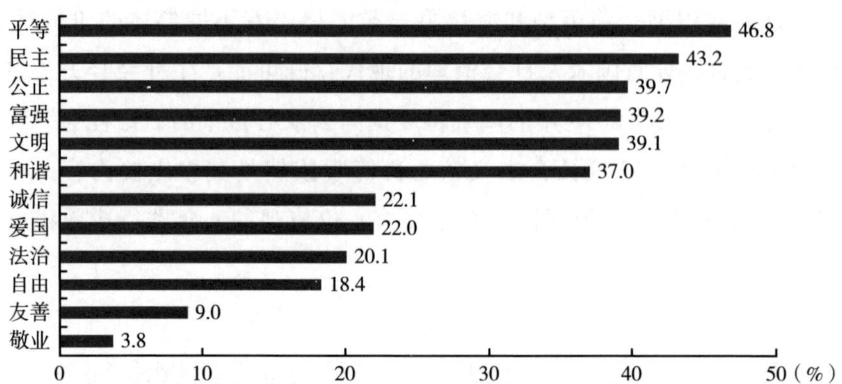

图1　社会主义核心价值观在 2013 年和 2019 年调查中的公众认可度

与 2013 年全国调查相比可以发现，2019 年公众对社会主义核心价值观的认可度有如下几个变化。

其一，价值观认可度的差异范围缩小了。在 2013 年的调查中认可度最高的价值理念为“平等”（46.8%），最低的是“敬业”（3.8%），两者相差 43 个百分点。在 2019 年的调查中，认可度最高的价值理念为“文明”（40.9%），最低的仍然是“敬业”（11.1%），两者相差 29.8 个百分点。两个年度相比，两端的差值缩减了 13.2 个百分点。

其二，公众对“爱国”和“和谐”两项价值理念的认可度有了大幅提升。“爱国”由 2013 年的第八位（22.0%）上升至 2019 年的第四位（36.5%），提升了 14.5 个百分点；“和谐”由 2013 年的第六位（37.0%）上升至 2019 年的第二位（40.3%）。这种变化说明公众更为重视社会凝聚的价值理念，体现了 8 年来爱国主义教育的良好效果。这也和近两年来中美经贸摩擦等国际国内局势变化有一定的关系，公众更加认识到社会的和谐稳定对人民生活的重要性。

其三，另一个显著的变化是公众对“法治”“诚信”价值理念的认可度有显著的提升。其中，“法治”的认同比例由 2013 年的 20.1% 提升至 2019 年的

30.7%，“诚信”的认同比例由22.1%提升至29.3%。这从一个侧面说明，越来越多的公众重视法治意识和信用意识，对保障社会公正所必需的依法行事、依法治国和遵守信用的价值理念有更为清晰的认识。

二　社会主义核心价值理念的认可度在不同社会群体中的共识扩大

2013年调查的数据表明，公众认为“好社会”应具有的核心价值标准从价值认同的角度可划分为三种类型。第一种是社会各群体拥有广泛共识的核心价值理念，表现在按城乡属性、政治身份、受教育程度、出生世代、职业地位划分的5类社会群体中，对它们的认可度存在群体差异的未超过3类，此类价值观被称为“共识型价值”。第二种是底层公众更为认可的核心价值理念，它们是农村居民、较年长的“50后”与“60后”世代、初中及以下受教育程度者、蓝领或务农职业的社会群体更为认可的，可以称之为“底层型价值”。第三种是精英公众更为认可的核心价值理念，是城镇居民、较年轻的“70后”“80后”“90后”世代、文化程度较高者、白领及以上的职业群体更为认可的，可以称之为“精英型价值”。

依照2013年调查的核心价值观分类方式，2019年调查结果显示，各社会群体对社会主义核心价值观的认可度的差异明显减少，共识面扩大。社会主义核心价值观的社会群体间共识由3项扩展至8项。在2013年的调查中，“共识型价值”仅有平等、和谐与敬业3项；而在2019年的调查中，社会各群体一致认可的价值理念明显增多，对富强、文明、自由、平等、公正、爱国、敬业、友善等8项价值理念的认可度在不同社会群体间几乎不存在差异（见表1）。这说明，随着社会主义核心价值观的推广践行，更多的价值观被不同社会阶层的人群认可和接受。

表1　不同社会群体对12项社会主义核心价值观认可度的对比

价值观	年份	城乡	政治面貌	教育	世代	职业	价值观类型
富强	2019	无差别	无差别	无差别	无差别	无差别	共识
	2013	农村+	群众+	初中+	80后和90后-	农民和蓝领+	底层
民主	2019	城镇+	党员+	大学+	80后和90后+	白领+	精英
	2013	城镇+	党员+	高中及以上+	无差别	白领+	精英
文明	2019	无差别	无差别	无差别	80后和90后+	无差别	共识
	2013	城镇+	团员+	高中及以上+	70后和80后+	白领+	精英
和谐	2019	无差别	无差别	大学-	90后-	白领-	底层
	2013	无差别	无差别	大学-	80后+	无差别	共识
自由	2019	无差别	党员-	无差别	无差别	无差别	共识
	2013	无差别	团员+	大专及以上+	80后+，50后-	无差别	精英
平等	2019	无差别	无差别	无差别	80后和90后+	无差别	共识
	2013	无差别	团员+	无差别	80后+	无差别	共识
公正	2019	无差别	无差别	无差别	无差别	无差别	共识
	2013	农村+	群众+	初中+	70后+	蓝领+	底层
法治	2019	城镇+	党员+	大学+	80后和90后+	白领+	精英
	2013	城镇+	党员+	大专及以上+	无差别	白领+	精英
爱国	2019	无差别	党员+	无差别	80和90后-	无差别	共识
	2013	农村	团员-	初中及以下+	50后和60后+	无差别	底层
敬业	2019	无差别	无差别	无差别	无差别	无差别	共识
	2013	无差别	无差别	无差别	无差别	无差别	共识
诚信	2019	城镇+	党员+	大学+	70后至90后+	白领+	精英
	2013	城镇+	党员+	大专及以上	70后和80后+	白领+	精英
友善	2019	无差别	党员-	无差别	无差别	无差别	共识
	2013	农村+	无差别	初中及以下+	无差别	蓝领和农民+	底层

注：表格中的“+”号，表示这一群体对此项核心价值理念的认同度高于平均水平，即更加认同这一理念；“-”号表示这一群体对此项核心价值理念的认同度低于平均水平，即更加不认同这一理念。

三　“爱国”“富强”“公正”由底层群体更为认可的价值理念转变为各群体共识价值理念

在2013年的调查中底层公众更为认可的核心价值理念，包括爱国、富强、公正和友善等4项，这几项在2019年调查中也在精英公众中得到了很高的认可，它们都转化为各社会群体一致认可的共识型价值理念。

"爱国"价值观的认同度在城镇居民和受高等教育群体中上升明显，精英群体和底层公众差距缩小。在2013年调查中，"爱国"在城镇居民中的认可度为20.6%，低于农村居民3.3个百分点；在大专及以上受教育程度群体中的认可度为17.1%，低于初中及以下受教育程度者近7个百分点。而在2019年调查中城镇居民的认同度上升至36.2%，农村居民的认同度为37.7%，相差仅1.5个百分点；受高等教育群体的认同度上升至35.4%，初中及以下群体的认同度为37.4%，也仅相差2个百分点，以上数据表明，"爱国"价值理念的社会共识程度加深（见图2）。

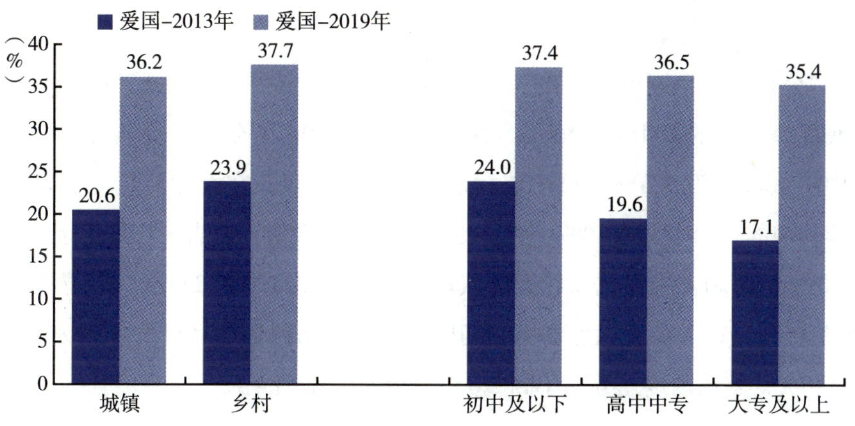

图2 "爱国"价值观认可度在2013年、2019年调查中的变化比较

"富强"价值观在保持较高认同度的同时，精英群体和底层公众差距也进一步缩小。在2013年调查中，"富强"在城镇居民中的认可度为36.2%，低于农村居民7.1个百分点；在大专及以上受教育程度群体中的认可度为33.4%，低于初中及以下受教育程度者9.2个百分点。而在2019年的调查中，城乡居民的认可度分别为33.2%和33.7%，城乡居民间的认同度差异缩小到0.5个百分点；大专及以上受教育程度群体的认同度为35.1%，初中及以下受教育程度群体为31.8%，认同度差距减少到3.3个百分点。这说明"富强"价值观在保持较高认可度的同时，社会群体间的差距进一步缩小（见图3）。

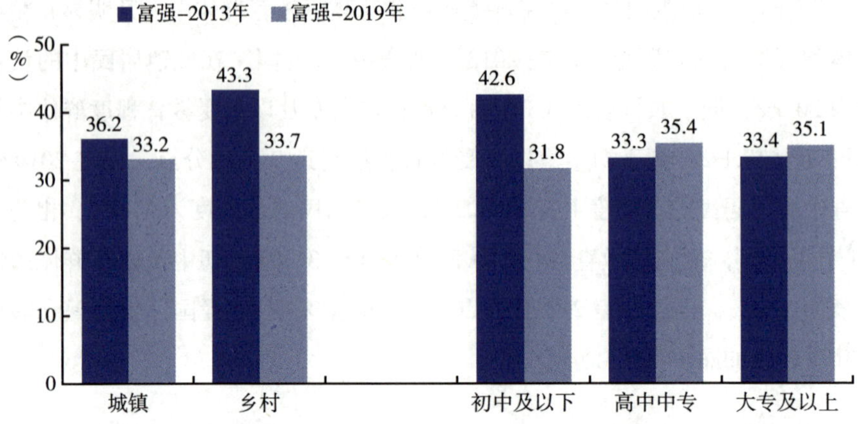

图 3 “富强”价值观认可度在 2013 年、2019 年调查中的变化比较

“公正”价值观的认可度与 2013 年相比有一定程度的降低，但精英群体和底层公众间的差距有所缩小。在 2013 年调查中，“公正”价值观在城镇居民中的认可度为 38.0%，低于农村居民 4 个百分点；在大专及以上受教育程度群体中的认可度为 34.0%，低于初中及以下受教育程度者 8.1 个百分点。而在 2019 年的调查中，城乡居民的认可度分别为 22.1% 和 23.6%，差异缩小到 1.5 个百分点；大专及以上学历和初中及以下学历群体的认可度分别为 21.1% 和 23.7%，其认同度差异缩小到 2.6 个百分点（见图 4）。

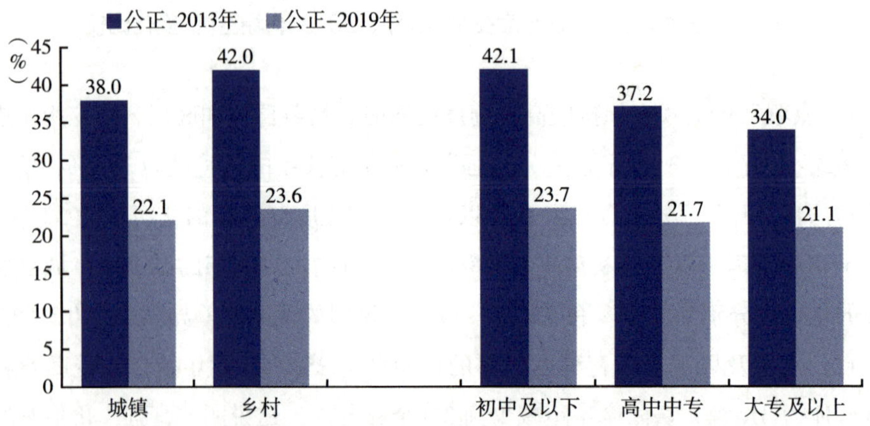

图 4 “公正”价值观认可度在 2013 年、2019 年调查中的变化比较

四 “民主”“法治”“诚信”的认可度在精英和底层公众之间依然存在差距

2013年调查数据分析表明，精英公众更为认可的价值观为民主、文明、法治、自由和诚信等5项。在2019年的调查中，文明和自由两项演变为共识型价值理念，但民主、法治、诚信3项价值理念依然在精英公众中拥有更高的认可度。

“民主”在各群体中的认可度总体呈现下降趋势，但精英群体和底层公众之间的差距依然较大。其中，在2013年的调查中，城镇居民对“民主”的认可度为47.6%，农村居民的认可度为37.3%，相差10.3个百分点；大专及以上受教育水平的人群中认可度为59.9%，高于初中及以下受教育水平的人群23.7个百分点；在国家机关党群组织企业事业单位负责人、专业技术人员、办事人员等白领职业群体中的认同度为57.1%，高于商业服务业工作人员、产业工人等蓝领职业群体16.1个百分点，高于农民21.1个百分点。而在2019年的调查中，“民主”在城乡居民间的认可度分别为36.6%和31.2%，差距有所缩小，但依然相差5.4个百分点；大专及以上和初中及以下受教育水平的群体中的认可度分别为43.8%和28.1%，依然有15.7个百分点的差距；在白领、蓝领及农民职业群体中的认可度分别为43.5%、34.2%和27.9%，两端依然有15.6个百分点的差异（见图5）。由此可见，“民主”依然还是精英型价值理念，精英群体和底层群体的认同度差距依然很大。

与2013年调查结果相比，2019年调查中“法治”价值理念在公众中的认可度显著提升，与此同时，精英群体与底层群体对此的认同差异也进一步扩大。在2013年调查中，“法治”在城乡居民中的认可度分别为22.0%和17.5%，相差4.5个百分点；大专及以上受教育水平的人群中认可度为28.4%，高于初中及以下受教育水平的人群10.8个百分点；在白领职业群体中认可度为27.1%，高于蓝领和农民群体8~10个百分点。而在2019年的调查中，“法治”的认可度在城乡居民间的差距扩大到6.7个百分点；在大专及以上和初中及以下受教育水平的群体中的认可度分别为42.8%和25.5%，其差异增加至 17.3 个百分点；在白领、蓝领及农民职业群体中的认可度分别为 40.8%、30.7% 和 25.4%，两端差异也增加到 15.4 个百分点（见图 6）。可以看出“法治”理念在精英群体心目中更加深刻，和底层群体形成明显的差距。

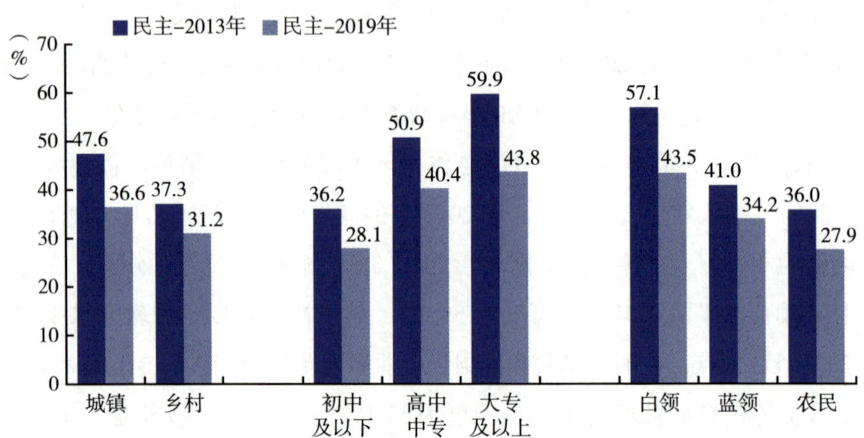

图 5 “民主”价值观认可度在 2013 年、2019 年调查中的变化比较

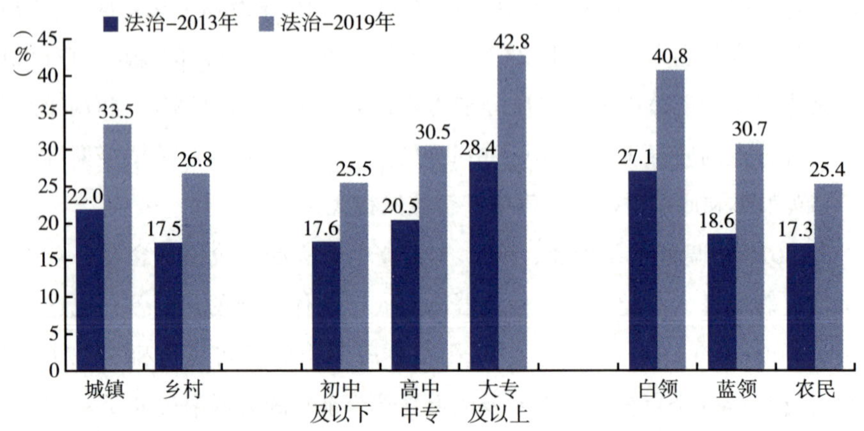

图 6 “法治”价值观认可度在 2013 年、2019 年调查中的变化比较

“诚信”价值理念的认可度在精英群体与底层群体之间的差异依然保持。在 2013 年的调查中，大专及以上受教育水平的人群中认可度为 28.6%，高

于初中及以下受教育水平的人群 8.5 个百分点；在白领职业群体中认可度为 25.5%，比蓝领和农民群体分别高 2.6 个和 6.8 个百分点。在 2019 年的调查中，“诚信”在大专及以上和初中及以下受教育水平的群体中的认可度分别为 34.6% 和 26.3%，相差 8.3 个百分点；在白领职业群体中认可度为 35.7%，比蓝领和农民职业群体分别高 4.4 个和 12.5 个百分点（见图 7）。

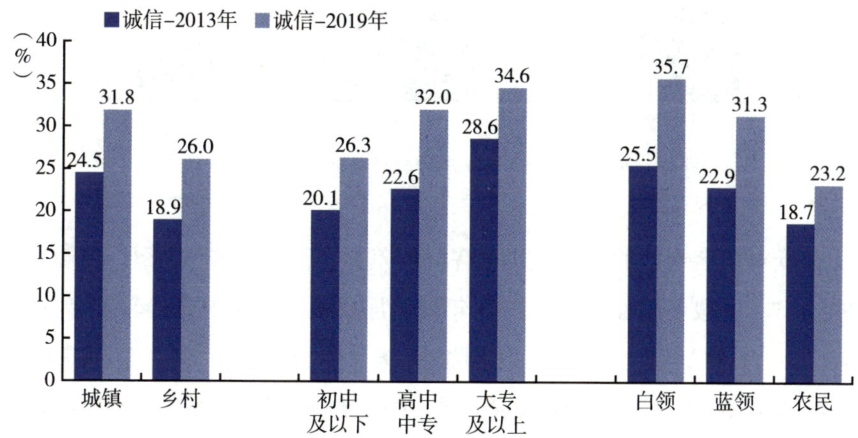

图 7 “诚信”价值观认可度在 2013 年、2019 年调查中的变化比较

五　对社会现状评价较高者比例大幅提升，与评价偏低者在核心价值观认同上的差异明显缩小

在 2013 年和 2019 年的调查中还分别向公众询问了“对当前社会的总体情况的评价”，按照得分高低将公众分为对社会现状的评价较高、评价中等和评价偏低三类。按十分制评价，在 2013 年的调查中刚过一半（52.9%）的人对社会现状评价较高（评分在 7 分及以上），31.6% 的人对社会状况的评价中等（评分在 4~6 分），还有 15.5% 的人对社会现状评价偏低（评分在 3 分及以下）。而在 2019 年的调查中，评价较高的公众比例上升至 68%，评价中等的公众比例降为 28%，评价偏低的公众比例大幅下降至 4%。可见八年来公众对社会现状的评价更加积极正向（见图 8）。

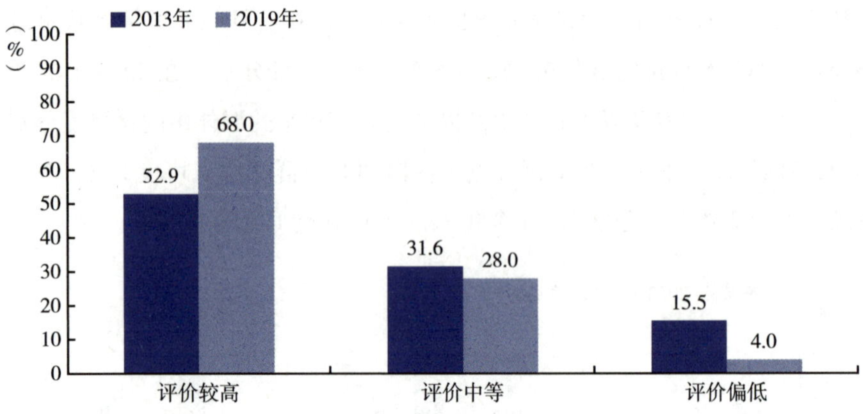

图 8　2013 年和 2019 年社会总体状况评价变化比较

公众对社会现状的评价虽仍存在群体差异，但与 2013 年相比，群体差异大幅缩小。从城乡属性上看，2013 年城镇居民对社会状况评价较高者的比例为 45.2%，农村居民为 61.2%，比例相差 16 个百分点，而 2019 年则差异甚微（47.6% VS. 48.7%）；从政治面貌上看，中共党员中的评价较高者比例要高于非党员群众的相应比例，但其比例差距则从 2013 年的 11.4 个百分点（52.4% VS. 41.0%）缩小到 2019 年的 8.8 个百分点（56.3% VS. 47.5%）；从受教育程度看，评价较高者比例是随受教育程度的增高而递减的。在 2013 年受教育程度最低的初中及以下群体中，评价较高者比例要比受教育程度最高的大专及以上群体高出 22 个百分点（59.2% VS. 37.2%），而在 2019 年这一差距缩小到 4.1 个百分点；从出生世代看，越晚近的世代中评价较高者比例越低，2013 年“50 后”世代中的评价较高者占比要比“90 后”世代中的相应比例高出 26.9 个百分点（67.8% VS. 40.9%），而在 2019 年这一比例差距缩小到 23 个百分点（64% VS. 41%）；从职业群体来看，2019 年农民中的评价较高者比例最高（66.6%），比白领中的相应比例高出 26 个百分点，而 2019 年农民中的评价较高者比例为 55.1%，高于白领中的相应比例 4.2 个百分点，高于蓝领群体中的相应比例 11.8 个百分点（见表 2）。这些数据都表明，八年来公众的正向社会评价明显升高，且群体间共识增加、分歧减少。

表 2　2013 年和 2019 年不同社会群体中社会状况评价较高者占比的比较

单位：%，百分点

类目	指标	2013 年	2019 年
城乡	城镇	45.2	47.6
	农村	61.2	48.7
	比例变化幅度	16.0	1.1
政治面貌	中共党员	52.4	56.3
	非党员	41.0	47.5
	比例变化幅度	11.4	8.8
受教育程度	初中及以下	59.2	50.0
	高中中专	46.2	46.6
	大专及以上	37.2	45.9
	比例变化幅度	22.0	4.1
出生世代	“50 后”	67.8	64.0
	“60 后”	61.6	53.2
	“70 后”	52.6	47.0
	“80 后”	41.9	43.5
	“90 后”	40.9	41.0
	比例变化幅度	26.9	23.0
职业	白领	40.6	50.9
	蓝领	47.3	43.3
	农民	66.6	55.1
	比例变化幅度	26.0	11.8

2013 年调查发现，社会现状评价较高者与评价偏低者各自认可的社会核心价值观分歧明显：前者更多地认可“富强”“爱国”“和谐”等体现社会凝聚的价值理念，后者更多认可“民主”“法治”“自由”“平等”“公正”“诚信”等体现社会正义的价值理念。12 项核心价值观中，仅有“文明”“敬业”“友善”等 3 项不存在社会现状评价较高者与评价偏低者之间的认可度差异（见表 3 中 2013 年的数据）。进而言之，社会状况评价较高者与评价偏低

者秉持的不同价值理念，反映了底层公众和精英群体在社会理想追求方面的差异。

而在 2019 年的调查中，社会状况评价较高者与评价偏低者在核心价值观方面的这种分歧状况有了变化。表现为原来评价偏低者认可度高于评价较高者认可度的 6 项价值理念，只剩下了 2 项，即“平等”和“公正”。其余 4 项或转为评价较高者的高度认可（如“民主”），或转为评价中等者认可度更高（如“法治”和“诚信”），或转为不同社会评价群体间都无差异（如“自由”，见表 3 中 2019 年的数据）。这种转变说明，政治压力型价值理念在减少，八年来社会现状的变化更加符合民众预期。

表 3　2013 年和 2019 年不同社会评价者对社会主义核心价值理念的认可度比较

单位：%，人

价值理念	2013 年社会状况评价			2019 年社会状况评价		
	评价较高	评价中等	评价偏低	评价较高	评价中等	评价偏低
富强	<u>41.7</u>	37.1	34.3	<u>35.3</u>	32.0	25.9
民主	41.0	44.8	<u>47.3</u>	<u>35.6</u>	34.2	23.8
文明	40.3	39.4	38.1	42.0	40.2	39.0
和谐	<u>39.6</u>	35.5	34.8	<u>42.3</u>	39.4	38.4
自由	17.3	19.9	<u>20.6</u>	19.8	20.7	20.8
平等	45.7	48.3	<u>49.3</u>	35.3	39.9	<u>41.4</u>
公正	39.3	39.5	<u>44.3</u>	21.0	23.6	<u>32.9</u>
法治	18.4	19.7	<u>24.3</u>	29.7	<u>32.2</u>	28.2
爱国	<u>25.6</u>	18.1	16.9	<u>40.7</u>	33.9	24.1
敬业	3.5	4.3	3.6	11.5	10.7	12.3
诚信	19.9	24.6	<u>26.1</u>	26.7	<u>32.5</u>	27.8
友善	9.1	9.0	9.0	12.8	14.2	14.8
样本人数	5283	3179	1545	4694	4673	353

注：表格中有下划线的数据，表示这一百分比高于其他群体，且通过显著性检验。

六 结论与建议

综上所述，2013 年和 2019 年全国调查数据的比较表明，自党的十八大以来社会主义核心价值观的推广践行卓有成效，“爱国”“和谐”等体现国家认同和社会秩序、社会团结的价值理念逐步得到公众较高程度的认可。不同社会群体的价值理念共识更为明确，精英公众和底层公众之间的价值分歧明显缩小，精英公众的社会批判取向逐步转化为对社会现状的认可。这种状况与当今欧美等发达国家出现的两极化、碎片化的社会现象形成了鲜明的对比。这显示了中国特色社会主义制度的优越性，意味着全国人民在现代化建设中思想观念更加统一，预示着实现国家治理体系与治理能力现代化的全面目标具有了良好的公众社会心理基础。

然而，通过对社会主义核心价值观以及社会评价的比较分析也发现了一些值得关注的问题。

（一）底层民众和精英群体在“法治”“诚信”等价值理念方面的差距仍有缩小空间

由于底层群体和精英群体所处经济社会地位、受教育水平的不同，他们在“法治”“诚信”等价值理念方面出现一定的认同差异，也符合客观现实。然而我们也注意到，践行社会主义核心价值观的八年间，公众在“法治”“诚信”方面认可度的提升，呈现了受教育程度和职业地位上的“增幅差异”，即受教育程度越高、职业地位越高，认可度提升幅度越高。如前后两次调查相比，大专及以上受教育程度者对“法治”价值理念的认可度增长了 14.4 个百分点，高中中专受教育程度者增长了 10 个百分点，而初中及以下受教育程度者增幅最低，为 7.9 个百分点；从职业群体来看，“法治”价值理念认可度的增长幅度方面，白领最高（13.7 个百分点），蓝领次之（12.1 个百分点），农民最低（8.1 个百分点）。“诚信”价值理念的认可度增幅方面，从职业群体来看，也是白领最高（10.2 个百分点），蓝领次之（8.4 个百分点），农民最低

（4.5 个百分点）。正是这种“增幅差异”，使得精英群体和底层公众价值认同的差距扩大。这也从另一角度提示，“法治”“诚信”价值理念的宣导在受教育水平和职业地位较低的群体中还需要有针对性地加强。

（二）社会状况评价偏低者注重“平等”“公正”价值观，说明社会治理压力依然存在

公众对“好社会”应有的价值理念的认可，反映了人们对理想社会的期盼。当公众的理想期盼与现实社会相符时，通常会对现实社会状况做积极的评价。反之，当理想社会与现实社会反差较大时，人们则会对现实社会状况的评价偏低。通过考察对社会状况评价较高者与评价偏低者的价值观认可度的差异，可以了解社会主义核心价值观中的不同理念与公众期盼的符合程度。社会现状评价偏低者更多地认可“平等”和“公正”价值理念，社会治理压力仍然存在。在 2019 年调查中，有 41.4% 的社会状况评价偏低者选择了“平等”作为好社会应具备的价值标准，比社会状况评价较高者中的相应比例高出 6.1 个百分点；有 32.9% 的社会状况评价较低者选择了“公正”，比社会状况评价较高者中的相应比例高出 11.9 个百分点。可见，社会状况评价偏低者对“平等”“公正”价值观的期望更高，这在一方面反映了社会现实中“平等”“公正”价值观的落实与该群体的期望存在一定的差距，另一方面也反映了社会治理中进一步缩小贫富差距、缩小不同社会阶层的社会待遇差距、提升社会公平公正的重要性。

（三）青年一代的爱国主义和社会评价在各世代中依然最低，青少年理想教育仍是重点

代际比较分析表明，对“爱国”这项价值理念，“80 后”“90 后”的认可度是最低的，这一趋势在 2013 年和 2019 年两次调查中是一致的。“80 后”“90 后”群体出生成长的时期以及他们所经历的社会环境部分地决定了他们与过往世代存在一定的差异。此外，在越是晚近的世代中，社会状况评价较高者的比例越低：2019 年，“90 后”一代的社会状况评价较高者比例比“50 后”

中的相应比例低了23个百分点，其中原因可能在于，一方面年轻人比年长者更为理想化，另一方面年轻一代对社会的期望更高。因此如何结合年轻一代的兴趣点关注点，加强爱国主义教育，获得他们对社会状况的认可，依然是未来社会主义核心价值观践行中的一项重任。

（四）以农民工为主的蓝领职业群体社会评价在各职业群体中最低，值得关注

在2013年的社会评价中，以商业服务业工作者、产业工人为主的蓝领职业群体中，社会状况评价较高者比例为47.3%，高于以各类单位负责人、专业技术人员和办事人员为主的白领群体中的相应比例近7个百分点。而在2019年的社会评价中，白领群体中的社会状况评价较高者比例显著提升至50.9%，蓝领群体中的这一比例降为43.3%。如何进一步保障这部分人的权益以及提升他们的获得感幸福感，也是未来值得关注的重点。

针对以上问题，我们提出以下三项建议。

其一，增强公众居安思危的风险意识和危机意识。公众对“富强”“和谐”价值观的高度认可，体现了人们对经济发展和社会稳定的预期增强，也预示着一旦预期不能实现后出现集体性挫折的社会心理和社会行为的概率可能会加大。因此在全面建设中国特色社会主义现代化国家的新发展阶段，一方面要继续保持经济增长、促进就业、提升社会保障水平；另一方面，当前中国经济社会发展所处的国际环境日益复杂，来自国际国内的各种挑战和风险增加，要在社会宣传中增强社会公众居安思危的风险意识、危机意识，通过社会预期管理将风险意识和危机意识转化为坚持中国特色社会主义道路的决心和信念。

其二，更加注重促进多领域的社会公平。社会状况评价偏低者更多地强调公正、平等价值观，意味着目前社会中公平正义的现实状态与他们的期盼还有差距。在发展经济、解决温饱、全面建成小康社会的历史时期，以依能力、看绩效为标准的分配公平得到了较多的关注。在全面建设中国特色社会主义现代化国家的新发展阶段，要更加注重以“平权利、等身份”为准则的

政治公平，以保底线、扶弱势为内涵的保障公平，从法律、制度、政策上努力营造公平正义的社会环境，让改革发展成果更多更公平地惠及全体人民。

其三，采取切实有效的措施提升对底层公众、青年群体的社会宣传效果。从社会主义核心价值观八年来的推广实践看，宣传教育方面的工作成效是显著的，尤其是显著提升了社会凝聚类、社会秩序类价值理念在精英群体中的认可度。与此同时，针对农民群体、低受教育程度人群在民主、法治、诚信等价值理念方面的宣传贯彻落实还不够，针对青年一代的爱国主义教育也需要加强。如何有针对性地采取保障性措施，消除底层公众、青年一代在住房、就业、养育、养老、医疗等方面的困扰，如何使用针对不同群体的话语形式、活动方式来进行社会主义核心价值观的宣传教育，推动理想信念教育常态化、制度化，实施公民道德建设工程，推进新时代文明实践中心建设，这将是新发展阶段进一步创新社会治理的一项重要任务。

参考文献

胡宝荣、李强:《论社会主义核心价值观在社会治理中的作用》,《中国特色社会主义研究》2014 年第 4 期。

胡锦涛:《坚定不移沿着中国特色社会主义道路前进为全面建成小康社会而奋斗——在中国共产党第十八次全国代表大会上的报告》，人民出版社，2012。

教育部中国特色社会主义理论体系研究中心:《深刻理解社会主义核心价值观的内涵和意义》,《人民日报》2013 年 5 月 22 日。

李炜:《社会公众的“好社会”价值标准调查》，载李培林等主编《2015 年中国社会形势分析与预测》，社会科学文献出版社，2014。

李炜:《社会共识与分歧：社会主义核心价值观的经验研究》,《黑龙江社会科学》2014 年第 5 期。

中国共产党第十九届中央委员会:《中国共产党第十九届中央委员会第五次全体会议公报》，人民出版社，2020。

B.9

“万企帮万村”精准扶贫行动评估报告*

中国社会科学院社会学研究所“民营企业与精准扶贫”课题组**

摘　要：本报告利用全国工商联“万企帮万村”精准扶贫行动的台账等相关数据，采用多项评价指标对“万企帮万村”精准扶贫行动成效进行评估。总体上看，“万企帮万村”精准扶贫行动取得了显著成果。民营企业帮扶机制清晰、帮扶地区精准，聚焦攻克深度贫困堡垒，东西部扶贫协作成果丰硕。民营企业党建引领、商会协会带动、企业经济实力和企业家的个人素质与社会责任感是企业扶贫成效的重要保障。在对“万企帮万村”行动进行全面的经验和理论总结的基础上，报告对精准扶贫与乡村振兴战略间的有机衔接进行展望和思考。

关键词：万企帮万村　精准扶贫　脱贫攻坚　乡村振兴

为贯彻落实党中央、国务院关于打赢脱贫攻坚战的决策部署，2015 年 9 月 21 日，全国工商联、国务院扶贫办、中国光彩会决定共同组织民营企业开

* 本研究受到全国工商联智库重点课题“民营企业在精准扶贫中的作用与效果研究”的资助。感谢全国工商联扶贫与社会服务部的大力支持。本报告属第三方独立评估的结果，并不必然代表全国工商联、相关企事业单位的立场。

** 课题组成员及撰稿人：吕鹏，中国社会科学院社会学研究所研究员，中国社会科学院私营企业主群体研究中心秘书长；付伟，中国社会科学院社会学研究所助理研究员；刘学，中国社会科学院社会发展战略研究院助理研究员；焦长权，北京师范大学中国社会管理研究院讲师；黄送钦，清华大学社会科学学院县域治理研究中心博士后；傅凡，中国社会科学院－上海市人民政府上海研究院硕士研究生；朱萌，对外经济贸易大学国际关系学院本科生。

展“万企帮万村”精准扶贫行动，并印发了《“万企帮万村”精准扶贫行动方案》，当年10月17日国家扶贫日，“万企帮万村”精准扶贫行动正式启动。“万企帮万村”精准扶贫行动的主旨，是以民营企业为帮扶方，以建档立卡贫困村贫困户为帮扶对象，以产业、就业、公益、智力扶贫为主要帮扶形式，力争用三到五年时间，动员全国一万家以上民营企业参与，帮助一万个以上贫困村加快脱贫进程，为促进非公有制经济健康发展和非公有制经济人士健康成长、打赢扶贫攻坚战、全面建成小康社会贡献力量。

“万企帮万村”精准扶贫行动实施以来，受到了习近平总书记的高度关注。习近平总书记先后八次对“万企帮万村”精准扶贫行动做出指示，予以充分的肯定。2018年10月20日，习近平总书记亲自给行动中受表彰的民营企业家回信，对民营企业家踊跃投身脱贫攻坚感到非常欣慰，勉励民营企业家为实现中华民族伟大复兴的中国梦做出新的更大贡献。汪洋、俞正声、孙春兰、胡春华、尤权等中央领导同志也多次对行动给予鼓励肯定和批示指导。

五年来，“万企帮万村”精准扶贫行动已成为脱贫攻坚十大行动的排头兵，是民营企业扶贫的大平台、国家脱贫攻坚的大品牌。2020年是“万企帮万村”精准扶贫行动的收官之年，也是进一步巩固脱贫成果，由脱贫攻坚向乡村振兴的转折之年。总结“万企帮万村”精准扶贫行动的经验与成果、反思其短板与不足具有十分重要的意义。本报告结合“万企帮万村”精准扶贫行动的总体目标、重点任务，以全国工商联“万企帮万村”精准扶贫行动的台账数据为基础，[①] 对“万企帮万村”精准扶贫行动从投入机制、动员机制、实施绩效等方面进行综合评价，全方位呈现民营企业积极参与扶贫的精神风貌。

① 全国工商联“万企帮万村”精准扶贫行动的台账数据涵盖了从2015年10月17日至2020年6月30日期间的所有“万企帮万村”企业帮扶行为。在此数据主体的基础上，课题组进一步将台账数据与百度企业信用网站数据、国泰安民营上市公司数据库、中国私营企业调查2016年和2018年数据进行了匹配，以获得对参与扶贫的民营企业的综合认识和整体评价。

一 总体评估

（一）"万企帮万村"精准扶贫行动的总体成效显著

1. 参与力度大，参与企业数量多，地区来源和行业来源广泛

从企业参与情况上看，自 2015 年 10 月 17 日至 2020 年 6 月底，共有 10.95 万家企业[①]参与到"万企帮万村"精准扶贫行动中，参与主体遍布全国除台湾省以外的各个省级行政区，其中东部地区占 22.58%、中部地区占 34.57%、西部地区占 38.85%、东北地区占 4.00%[②]。几乎所有行业都有相当数量的企业参与到项目中，[③]其中数量最多的是制造业企业，占总企业数量的 30.30%。其次是农林牧渔业企业，占 21.12%。再次是批发和零售业企业，占 15.28%（见图 1）。

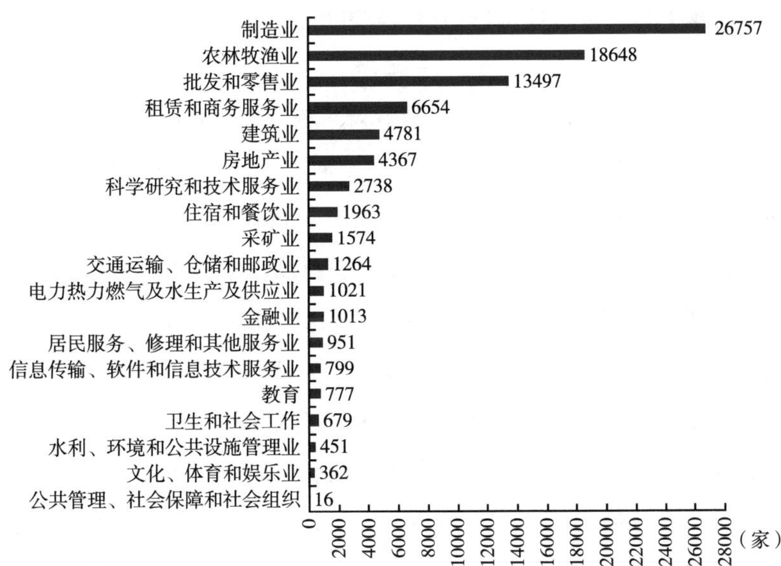

图 1 不同行业的企业参与数量

① 其中 4.12% 为社会与群团组织（包括商会、企业基金会等）。商会虽然是组织主体，但商会的会员依然是企业；企业基金会虽然在法律上是与企业独立的实体，但在我国实践中，依然与冠名的企业有着千丝万缕的关系；为了行文方便，下文统称为企业。

② 本报告中的地区划分基于国家统计局"东西中部和东北地区划分方法"，其中东部包括北京、天津、河北、上海、江苏、浙江、福建、山东、广东和海南；中部包括山西、安徽、江西、河南、湖北和湖南；西部包括内蒙古、广西、重庆、四川、贵州、云南、西藏、陕西、甘肃、青海、宁夏和新疆；东北包括辽宁、吉林和黑龙江。

③ 本报告中的行业划分基于中华人民共和国国家标准"2017 年国民经济行业分类"，共计 20 个大类，其中 19 个行业的企业参与到"万企帮万村"精准扶贫行动中，仅缺少国际组织的参与。

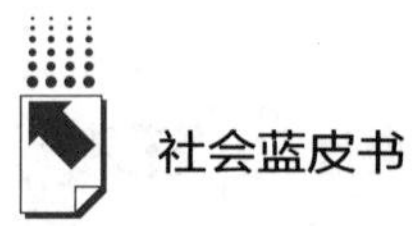

参与帮扶的企业规模相对较大，半数企业的注册资本在300万元以上。具体来看，注册资本少于50万元的小企业占8.4%，在50万元至500万元之间的中等企业占23.4%，在500万元到5000万元之间的大企业占31.9%，5000万元及以上的巨型企业占1.6%。①

2. 帮扶力度大，帮扶范围广，帮扶精准度高

从被帮扶村情况看，共有12.71万个村通过“万企帮万村”精准扶贫行动得到帮扶（其中建档立卡贫困村6.89万个），假如算上多个企业帮扶同一村庄的情况，则全国村庄累计得到248585次帮扶。在受帮扶村庄中，东部、中部、西部、东北地区村庄分别占21.0%、35.6%、40.2%和3.2%。从地域分布上可以发现，相对贫困程度较高的西部和中部村庄得到了较高程度的帮扶，说明“万企帮万村”精准扶贫行动帮扶精准度高。

3. 扶贫效果明显，帮扶方式多样

截至2020年6月30日，“万企帮万村”累计帮扶贫困家庭1500余万户，企业累计投入帮扶资金超1000亿元。企业主要通过四种途径帮扶贫困村庄。①产业帮扶。帮扶企业在贫困村中建立起产业基础，输入充足资金，帮助村民实现可持续发展。五年累计产业帮扶资金总额达915.92亿元，平均每位贫困人口得到超过5000元的产业帮扶支持。②就业帮扶。企业通过面向帮扶对象招收员工、提供劳动和社会保障等方式，为贫困户提供就业支持，目前累计安置就业79.9万人。③技能帮扶。针对部分贫困户缺少谋生技能的问题，许多企业通过建立劳务培训基地、提供岗前和岗中培训等方式，为贫困户提供技能支持，累计技能培训116.33万人，确保贫困户能够有一技之长。④公益帮扶。针对重病患者、留守儿童、残障人士等特殊情况，企业通过直接捐赠、设立扶贫公益基金等形式，为贫困户提供急需的医疗救助、生活救助等，累计公益帮扶金额达152.16亿元。

① 另有34.7%的企业未提供注册资本信息。

（二）“万企帮万村”精准扶贫行动的特色明显

1. 不同省份的企业在帮扶规模上具有其独特的优势与贡献

其一，部分省份的参与企业数量众多，可谓“参与大省”。参与企业数量最多的三个省份是河北、广西和安徽，分别有13627、10386、10069家企业参与到“万企帮万村”精准扶贫行动中。

其二，部分省份的企业帮扶村庄数众多，可谓“帮扶大省”。帮扶村庄数最多的企业来自河北、河南和广西，帮扶村庄数分别为36186、28861和23559个。

其三，部分省份的单个企业帮扶村庄数量很大，可谓“效率大省”。单个企业帮扶村庄数最多的是江苏省、北京市和广东省的企业，分别为11.45、11.38、5.14个（见图2）。

2. “万企帮万村”助力全国范围内的脱贫攻坚战，体现出“精准扶贫”的特点

其一，全国各个省份的贫困村都受到了较大程度的帮扶，各省份平均每村受帮扶金额均高于9万元（除天津市、上海市外）。其二，部分贫困问题较为突出的省份受到了更多的帮扶，例如宁夏回族自治区平均每村受帮扶金额达到199.8万元，贵州省为85.1万元，新疆维吾尔自治区为62.9万元，显著高于其他省份。

3. 产业帮扶和公益帮扶表现突出，西部地区受帮扶程度高

在金额方面，企业投入资金最多的是产业帮扶，各地区企业的平均单村产业帮扶金额都在10万元以上，其中西部地区企业甚至达到了25.5万元。投入第二多的是就业帮扶，各地区企业的平均单村就业帮扶金额都在1.9万元及以上，其中西部地区企业达到了5.4万元。投入第三多的是公益帮扶，各地区企业的平均单村公益帮扶金额都在2万元及以上，其中西部地区企业达到了2.8万元（见图3）。

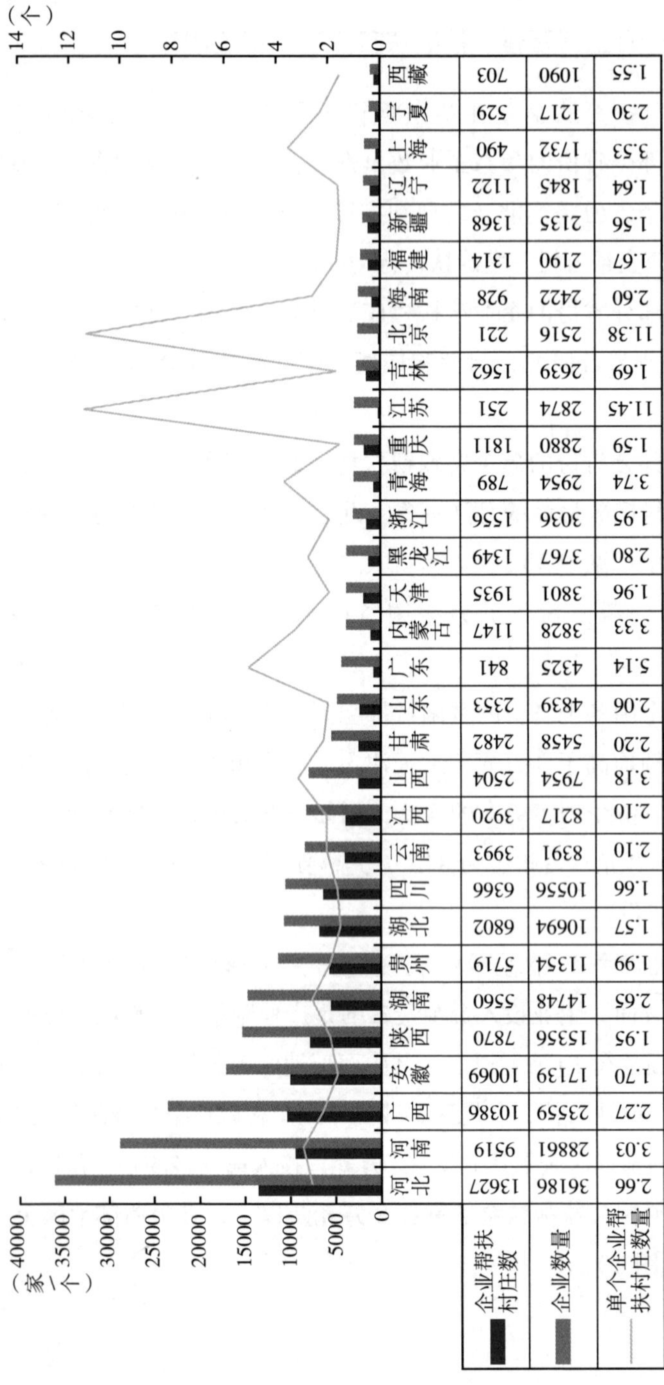

	河北	河南	广西	安徽	陕西	湖南	贵州	湖北	四川	云南	江西	山西	甘肃	山东	广东	内蒙古	天津	黑龙江	浙江	青海	重庆	江苏	吉林	北京	海南	福建	新疆	辽宁	上海	宁夏	西藏
企业帮扶村庄数	13627	9519	10386	10069	7870	5560	5719	6802	6366	3993	3920	2504	2482	2353	841	1147	1935	1349	1556	789	1811	251	1562	221	928	1314	1368	1122	490	529	703
企业数量	36186	28861	23559	17139	15356	14748	11354	10694	10556	8391	8217	7954	5458	4839	4325	3828	3801	3767	3036	2954	2880	2874	2639	2516	2422	2190	2135	1845	1732	1217	1090
单个企业帮扶村庄数量	2.66	3.03	2.27	1.70	1.95	2.65	1.99	1.57	1.66	2.10	2.10	3.18	2.20	2.06	5.14	3.33	1.96	2.80	1.95	3.74	1.59	11.45	1.69	11.38	2.60	1.67	1.56	1.64	3.53	2.30	1.55

图2　各省份帮扶村庄的情况

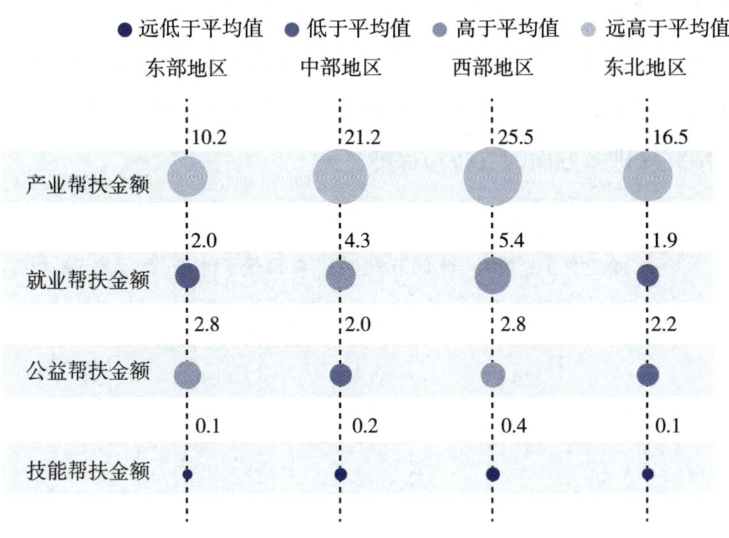

图3　不同地区企业平均单村帮扶金额（单位：万元）

在帮扶人数方面，公益帮扶领域所惠及的贫困人口最多，各地区企业的平均单村帮扶人数都在 23 人以上，东部地区企业的平均单村公益帮扶人数高达 62.6 人。其次是产业帮扶领域，各地区企业的平均单村帮扶人数都在 19 人以上，西部地区企业的平均单村产业帮扶人数最多，达到了 40.3 人（见图 4）。

4. 发挥在地企业优势，实现在地化帮扶

在“万企帮万村”精准扶贫行动中，大部分企业所帮扶的村庄为同地区村庄（不同企业帮扶同一村庄记多次，下同），即东部地区企业帮扶东部地区村庄，西部地区企业帮扶西部地区村庄等。对于东部地区企业而言，其帮扶村庄的 75.7% 为本地区村庄；对于中部地区企业而言，其帮扶村庄的 99.5% 为本地区村庄；对于西部地区企业而言，其帮扶村庄的 99.8% 为本地区村庄；对于东北地区企业而言，其帮扶村庄的 99.6% 为本地区村庄。此外，共计 94.4% 的企业仅进行了在地化帮扶。

这一现象体现出企业“在地化帮扶”的特点。所谓在地化帮扶，即企业依靠多年在当地建立的基础，结合企业自身特色和村庄基本情况，进行有针对性的帮扶。在地化帮扶的一大优势在于企业对本地情况较了解，因而能够最大限度地因地制宜，制订适合本地区村庄的帮扶方案，提高帮扶效率。在地化帮扶的另一优势在于能够落实扶贫的长期性与可持续性。同地区的企业能够长期为村庄输送资源，针对村庄的变化及时做出调整，甚至能够在村庄脱贫之后持续提供多方面的支持与保障。

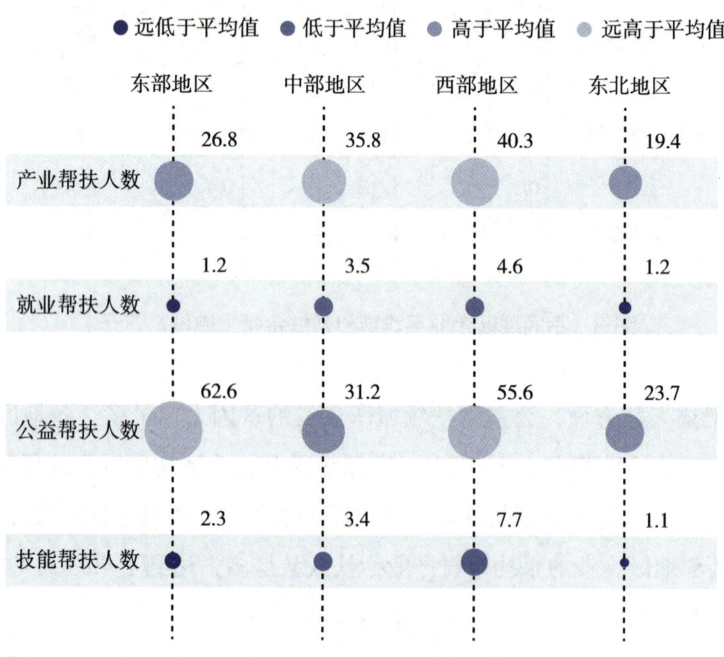

图4　不同地区企业平均单村帮扶人数（单位：人）

5. 东西部扶贫协作取得丰硕成果

《“十三五”脱贫攻坚规划》明确提到，“东部省份要根据财力增长情况，逐步增加对口帮扶财政投入，并列入年度预算。东部各级党政机关、人民团体、企事业单位、社会组织、各界人士等要积极参与扶贫协作工作。”数据显示，这一政策在企业帮扶环节基本得到了落实。

在“东西部扶贫协作”战略下，涌现了很多积极帮扶西部村庄的东部企业，成为“万企帮万村”行动的一个亮点。其中，参与“东西部扶贫协作”的东部企业占所有参与“万企帮万村”行动的企业的4.3%。西部地区被帮扶

村庄占所有异地被帮扶村庄的 77%。[①] 参与“东西部扶贫协作”战略的一个典型是恒大集团有限公司，该企业所帮扶的 293 个村庄均为西部地区村庄。

将东部帮扶西部与本地帮扶进行比较之后可以发现，“东西部扶贫协作”的帮扶力度显著大于本地帮扶。在帮扶金额层面，本地帮扶的平均单村帮扶金额为 33.2 万元，而“东西部扶贫协作”的平均单村帮扶金额为 33.8 万元。在帮扶人数层面，本地帮扶的平均单村帮扶人口数为 77.80 人，而东部帮扶西部的平均单村帮扶人数则达到了 201.75 人。可见，“东西部扶贫协作”投入力度之大。

“万企帮万村”中东部帮扶西部的行为分布十分广泛。东部地区有 8 个省份的企业参与到“东西部扶贫协作”中，西部地区有 13 个省份（含河北）受到了企业的帮扶。在企业方面，来自浙江省的企业最多，共有 1522 家企业参与到“东西部扶贫协作”中，占比 31.7%，其次是来自天津市的企业，共有 1396 家企业参与到“东西部扶贫协作”中。在村庄方面，甘肃省受到的帮扶最为突出，共有 3647 个村庄受到帮扶，占比 27.19%，其次是四川省，共有 2308 个村庄受到帮扶（见表 1 ）。

表 1 “东西部扶贫协作”基本情况

企业所在省	企业数（家）	占比（%）	村庄所在省	村庄数（个）	占比（%）
上海	451	9.40	云南	2067	15.41
北京	31	0.65	内蒙古	79	0.59
天津	1396	29.11	四川	2308	17.20
山东	240	5.00	宁夏	22	0.16
广东	795	16.58	广西	690	5.14
江苏	193	4.02	新疆	522	3.89
浙江	1522	31.73	甘肃	3647	27.19
福建	168	3.50	西藏	756	5.64
合计	4796	100	贵州	1736	12.94
			重庆	107	0.80

① 另外 23% 的异地帮扶企业为东部企业帮扶中部村庄、东北村庄，中部企业帮扶东部村庄、西部村庄、东北村庄，西部企业帮扶东部村庄、中部村庄、东北村庄，东北村庄帮扶东部村庄、中部村庄、西部村庄。此类异地帮扶企业非本报告的研究重点，故下文未做进一步介绍。

续表

企业所在省	企业数（家）	占比（%）	村庄所在省	村庄数（个）	占比（%）
			陕西	472	3.52
			青海	257	1.92
			河北	752	5.61
			合计	13415	100

注：在表1中，按照东西部扶贫协作结对关系，河北省被列为被帮扶地区，海南省因为没有帮扶任务而未列入表格。

在“东西部扶贫协作”过程中，企业的帮扶效益十分突出。东部企业累计帮扶金额达到 13 亿元，累计帮扶贫困人口达 260.9 万人。其中产业帮扶金额共计 4.82 亿元，就业帮扶金额共计 8166 万元，公益帮扶金额共计 7.27 亿元，技能帮扶金额共计 1761 万元。

6. 高度关注深度贫困地区

“三区三州”等深度贫困地区，大多地理条件落后、自然灾害频发、基础设施缺乏，是脱贫攻坚战的“坚中之坚”。在“万企帮万村”精准扶贫行动中，企业帮扶村庄涵盖所有“三区三州”地区，且帮扶村庄数量大，共计有 9812 个“三区三州”村庄受到帮扶，其中四川藏区共有 1759 个村庄受到帮扶，青海藏区有 1632 个村庄受到帮扶，西藏自治区有 1561 个村庄受到帮扶（见表 2）。

表 2 “三区三州”深度贫困地区被帮扶情况

单位：个

地区		被帮扶村庄
西藏自治区		1561
四省藏区	青海藏区	1632
	四川藏区	1759
	云南藏区	164
	甘肃藏区	658

续表

地区		被帮扶村庄（个）
新疆维吾尔自治区	和田地区	486
	阿克苏地区	405
	喀什地区	566
	克孜勒苏柯尔克孜自治州	58
四川凉山州		1351
云南怒江州		427
甘肃临夏州		745
合计		9812

注：其中凉山彝族自治州木里藏族自治县的被帮扶村庄数已计入四川藏区栏，故该栏为减去该县的其余村庄数（1415−64=1351）。

“万企帮万村”精准扶贫行动在“三区三州”地区累计帮扶金额 326036.8 万元，帮扶贫困人口 108.9 万人。其中产业帮扶共计 181356 万元，就业帮扶 42639 万元，公益帮扶 44781 万元，技能帮扶 5702.741 万元。

二　绩效评估

本报告以全国工商联“万企帮万村”精准扶贫行动的台账数据与百度企业信用网站数据、民营企业 500 强榜单、国泰安民营上市公司数据库匹配数据为基础，以企业帮带效应、人均资源帮扶力度、万企带贫率、区域共富效应为评价指标，对“万企帮万村”精准扶贫行动的绩效加以评估。

（一）企业帮带效应

企业帮带效应指标是某企业帮扶人口数与该企业雇用员工数的比例。[①]

① 该项中所采用的数据是“万企帮万村”的一个子样本，该子样本由雇用人数为非缺失值的企业构成，共计 5754 家企业。

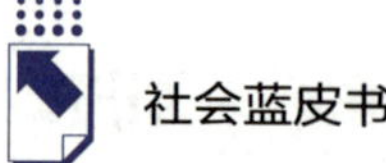

若企业能在拥有较少员工的情况下帮扶到大量贫困人口，则体现出其帮带效应较高。我们将企业帮带效应划分为四个层次：帮带效应低于 1% 的 2771 家，占子样本企业总数的 48.2%；处于 1%~10% 的企业有 1180 家，占比 20.5%；帮带效应为 10%~100% 的企业有 1106 家，占比 19.2%；而帮带效应大于 100% 的企业有 697 家，占比 12.1%。由上述数据可以看出，“万企帮万村”精准扶贫行动中大部分企业具有较高的帮带效应，能够充分发挥企业的力量，尽可能多地帮扶贫困人口。

（二）人均资源帮扶力度

人均资源帮扶力度指标指每村总受帮扶金额除以该村贫困人口数。数据表明，大部分村庄的人均资源帮扶力度大于 100 元，其中 34.13% 的村庄的人均资源帮扶力度为 100~1000 元，36.93% 的村庄人均资源帮扶力度为 1000~10000 元，还有 18.35% 的村庄人均资源帮扶力度达到了 10000 元以上（见图 5）。可见“万企帮万村”精准扶贫行动能够实实在在地帮助贫困户提高收入，加速脱贫。

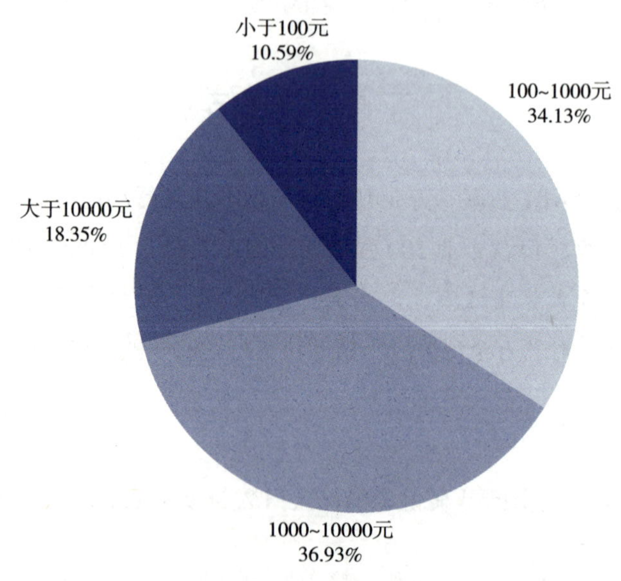

图 5　人均资源帮扶力度

从地理分布上看，大部分地区的人均资源帮扶力度处于较高水平，全国有 14 个省份的人均资源帮扶力度超过 1 万元。新疆维吾尔自治区的人均资源帮扶力度最大，达到了 96689 元。四川省和贵州省的人均资源帮扶力度分别达到 27970 元和 17582 元（见图 6）。

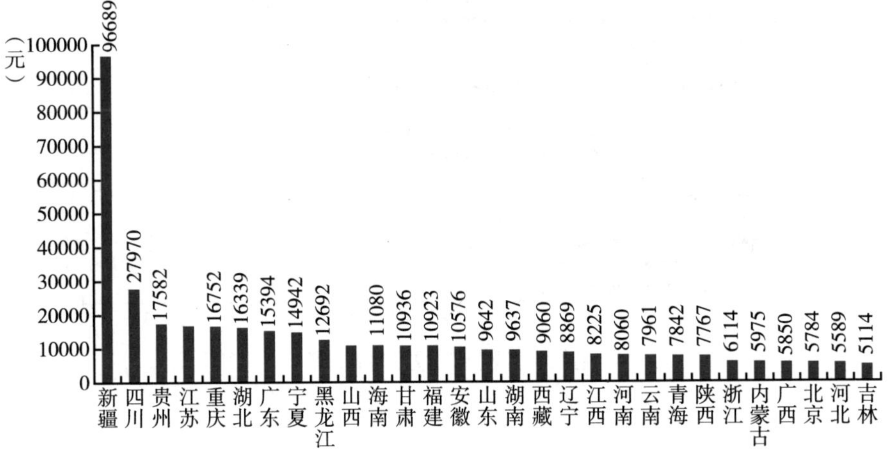

图 6　大部分省份人均资源帮扶力度

（三）万企带贫率

万企带贫率指标是各村受到“万企帮万村”精准扶贫行动帮扶的人口数在该村总贫困人口数中的占比。数据分析发现，全国平均万企带贫率为 33.41%，大部分省份的万企带贫率超过了 20%，总体带贫效果良好。万企带贫率最高的三个省份是福建省、四川省和山西省，万企带贫率分别达到了 47.8%、46.5%、40.7%（见图 7）。由此可见，“万企帮万村”项目能够对村庄进行整体层面的帮扶，进而帮助贫困村实现可持续发展，最终实现“整村脱贫”。

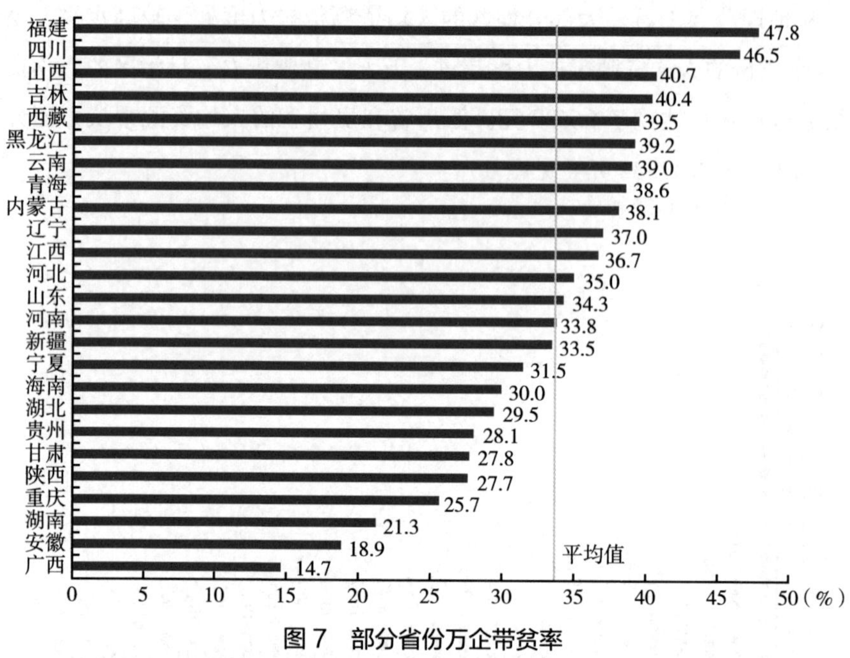

图 7　部分省份万企带贫率

（四）区域共富效应

区域共富效应指标是各省份人均资源帮扶力度除以该省份农村人均可支配收入。[①] 数据显示，全国平均区域共富效应为 24.24%，即通过“万企帮万村”精准扶贫行动，被帮扶村的每一个贫困人口所得到的效益近似于当年农村人均可支配收入的 1/4。具体到不同省份，宁夏回族自治区的区域共富效应最高，达到了 72.6%，其次是黑龙江省的 63.5% 和山东省的 59.6%（见图 8）。这说明，“万企帮万村”精准扶贫行动的实施能够有效缩小贫困人口与同地区非贫困人口之间的经济差距。

① 各省份平均收入数据来源于中国统计年鉴 2018 年农村人均可支配收入。

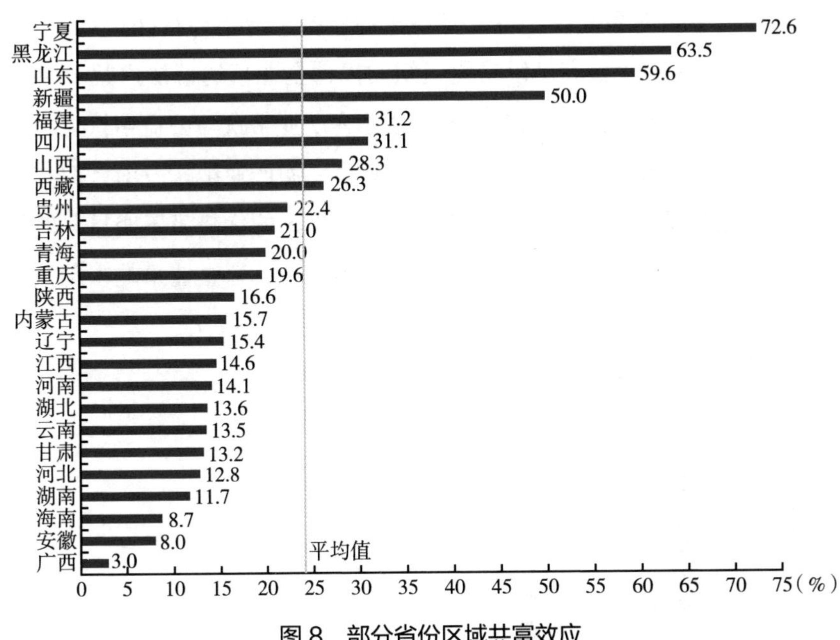

图 8　部分省份区域共富效应

三　成效机制分析

"万企帮万村"精准扶贫行动已经实行五年，在工商联、民营企业、地方政府等多种力量的支持下，成效明显。目前，项目形成了优势明显、机制清晰的四大动员机制。一是充分发挥工商联组织动员作用；二是充分依靠党委政府的力量；三是充分发挥商会组织作用；四是落实两个健康的行动目标，充分发挥非公有制经济与非公有制经济人士的作用。

（一）企业党建是企业扶贫工作的政治引领

民营企业开展扶贫工作离不开政治引领，"万企帮万村"精准扶贫行动始终在各级党委和政府统一领导下，把行动纳入当地脱贫攻坚整体规划中。近年来，非公企业党建成效在精准扶贫行动中得到突出体现。数据分析表明，有超过七成（72%）的民营企业建立了党组织。设立党组织的民营企业扶贫的表现更好、受益对象更多。设立党组织的民营企业平均帮扶户数30.2户、帮扶人数110.7人，明显高于没有党组织的民营企业平均帮扶户数16.9户和帮扶人数87.8人。设立了党组织的民营企业在产业帮扶与公益帮扶上也具有显著优势，特别是在帮扶人数上带动效应明显。如产业帮扶方面，拥有党组织的民营企业与没有党组织的企业相比，资金投入的优势虽不明显，但是帮扶人数更多，有党组织的民营企业比没有党组织的民营企业平均多帮扶33.8人（见图9）。

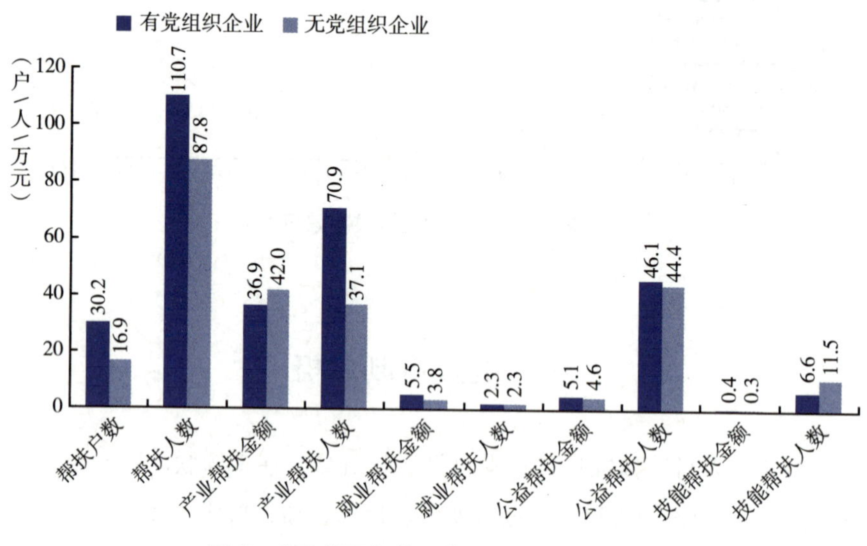

图9 有无党组织的民营企业扶贫表现分析

（二）政府商协会和慈善公益组织的带动作用明显

“万企帮万村”精准扶贫行动切实发挥商会非公有制经济人士集中、与企业联系最直接最广泛最紧密的优势，充分调动行业商会、异地商会、乡镇商会等各类商会组织以及慈善公益组织的主动性、积极性、创造性。

政府协会带头效应凸显。有接近七成（68%）的民营企业主加入了具有政府背景的商协会。在此次扶贫活动中，加入政府背景商协会的民营企业平

均帮扶户数 26.09 户、帮扶人数 88.96 人，高于非政府背景商协会的 13.00 户、67.15 人。在产业帮扶、就业帮扶、公益帮扶人数方面，具有官方商协会背景的民营企业的扶贫投入水平更高。加入政府背景商协会的民营企业的产业帮扶金额平均为 16.85 万元、产业帮扶人数为 45.17 人，就业帮扶金额为 3.68 万元，就业帮扶人数为 1.69 人，都高于加入非政府背景商协会民营企业的扶贫投入水平（见图 10）。

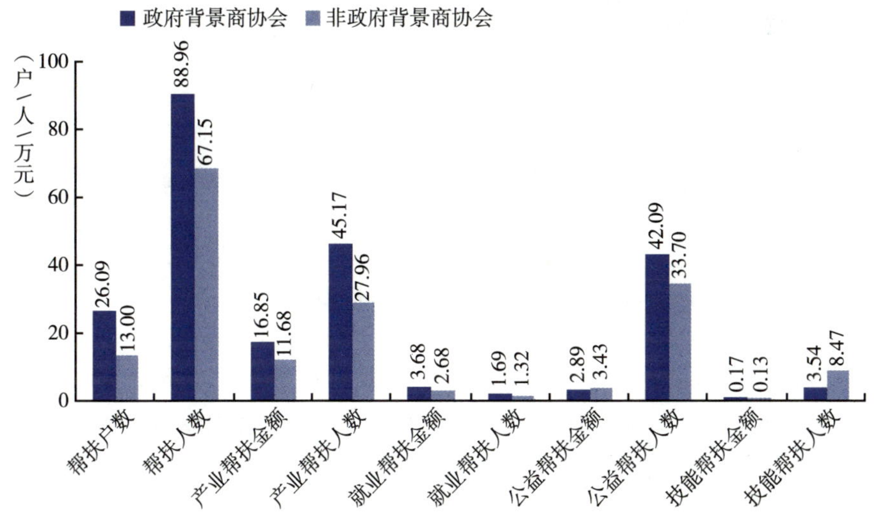

图 10　是否加入政府背景商协会的民营企业扶贫表现分析

慈善公益组织发挥社会力量，善心成为扶贫动能。在“中国私营企业调查”匹配的分样本数据中，有近 1/4 的民营企业主加入了公益慈善组织。加入慈善公益组织的民营企业平均帮扶户数、帮扶人数分别为 34.9 户、102.5 人，比未加入慈善公益组织的民营企业分别高 17.2 户、27.5 人。在产业帮扶方面，加入慈善公益组织的民营企业的产业帮扶人数为 59.5 人，远超未加入慈善公益组织的民营企业的 33.3 人。而两类企业在公益帮扶、就业帮扶、技能帮扶方面差异不明显（见图 11）。

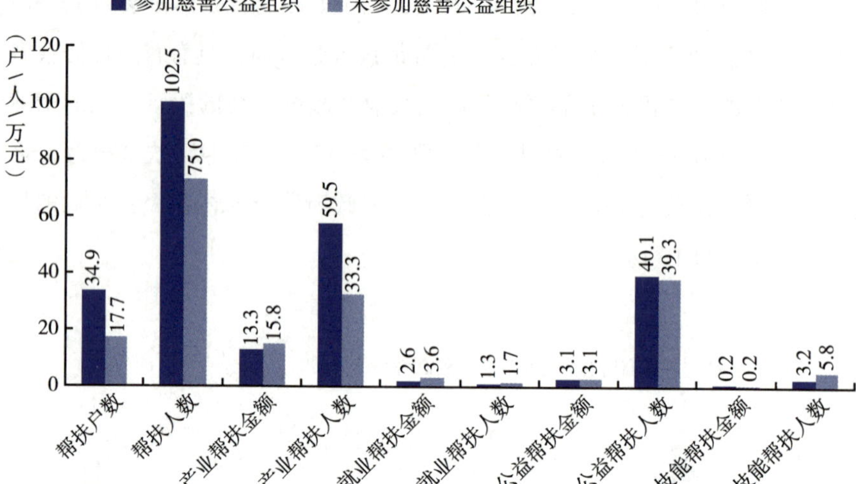

图 11　有无参加慈善公益组织的民营企业扶贫表现分析

（四）企业经济实力是扶贫能力的重要保障

数据分析显示，经济实力强的企业在精准扶贫方面功效更为明显。盈利能力强的企业，其参与扶贫工作的力度更大。在高盈利能力的企业中，平均每家民营企业帮扶户数为 30.2 户、帮扶人数为 102.3 人，高于低盈利能力企业的 14.9 户、63.8 人。在产业帮扶方面，高盈利能力企业帮扶金额达到 16.1 万元、帮扶人数为 60.7 人，也高于低盈利帮扶企业的 12.9 万元、20.5 人（见图 12）。

营业收入更高的企业参与扶贫工作的力度更大，在帮扶人数上更有优势。这种现象在帮扶户（人）数、产业帮扶、就业帮扶、公益帮扶方面尤为明显：在高营收企业中，平均每家民营企业帮扶户数为 29.53 户、帮扶人数为 95.60 人，高于低营收企业的 15.20 户、68.95 人；在产业帮扶方面，高营收企业帮扶人数 51.71 人，高于低营收企业的 28.82 人；在公益帮扶方面，高营收企业帮扶人数 43.77 人，高于低营收企业的 34.72 人（见图 13）。可见，企业的经济实力是影响企业扶贫投入的重要因素。

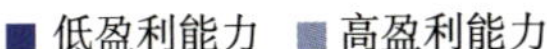

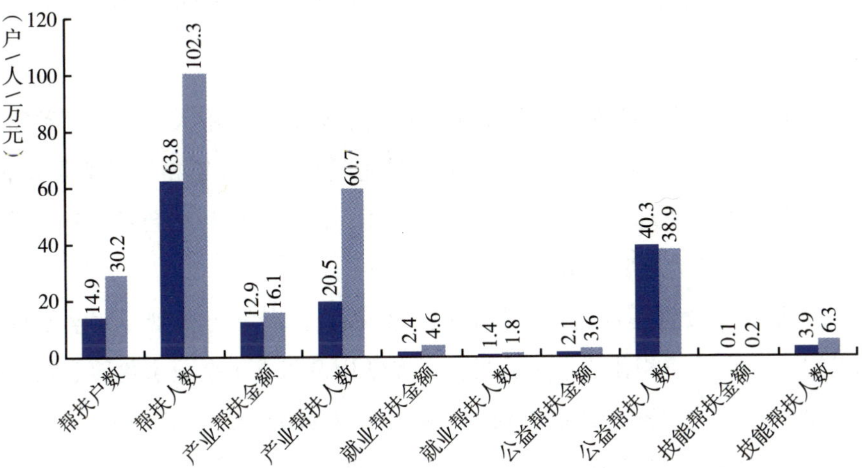

图 12　不同盈利能力的民营企业扶贫表现分析

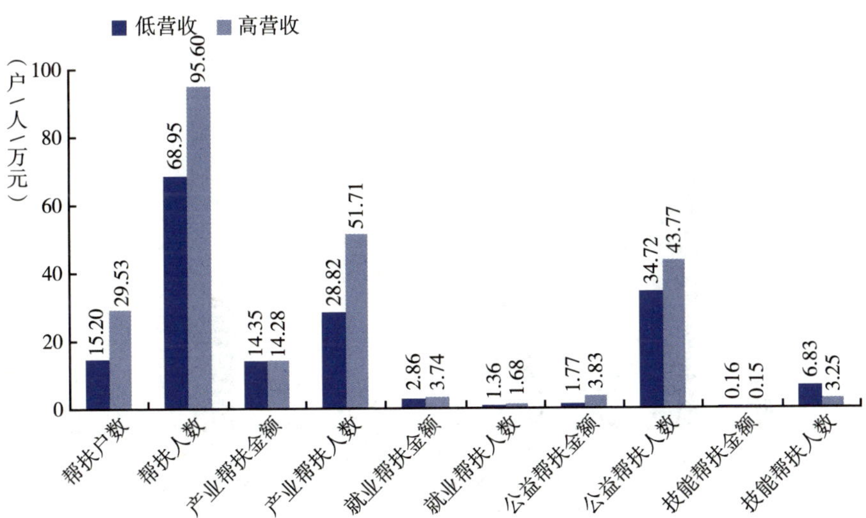

图 13　不同收入规模的民营企业扶贫表现分析

（五）企业家的个人素质、地位认同和社会责任感对企业扶贫效果有显著影响

“万企帮万村”精准扶贫行动引导广大非公有制经济人士弘扬“致富思源、富而思进，义利兼顾、以义为先，扶危济困、共同富裕”的光彩精神，激发企业家的内生动力。企业家的个人素质、地位认同和社会责任感，是企业扶贫成效显著的重要因素。

企业家受教育程度越高，扶贫响应越积极。高学历背景（大学本科学历及以上）企业家相比低学历背景（大专学历及以下）企业家更愿意投身扶贫事业，其帮扶户数、帮扶人数、产业帮扶人数分别为27.76户、91.42人、49.13人，均高于低学历企业家相应的15.39户、71.81人、29.39人（见图14）。这表明企业家的受教育程度影响企业践行社会责任的力度和积极性。

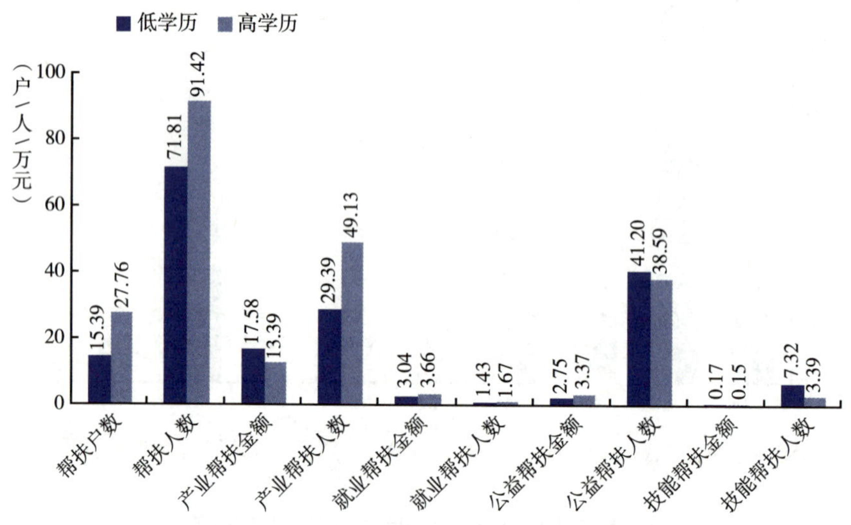

图14　不同受教育程度的民营企业家所在企业的扶贫表现分析

企业家对政治和社会地位的主观感知越高，扶贫投入力度和效果越明显。企业家自身政治地位感知较高的企业帮扶户数、帮扶人数、产业帮扶金额、

产业帮扶人数、公益帮扶人数分别为 27.43 户、96.60 人、19.43 万元、52.27 人、40.52 人，均显著高于政治地位感知较低的企业家，其中在前 4 个指标上比政治地位感知较低的企业高大约一倍（见图 15）。企业家的社会地位认同也有同样的趋势。这表明，企业家的政治地位和社会地位越高，对扶贫等公益事业的责任感越强，也就有更高的积极性。

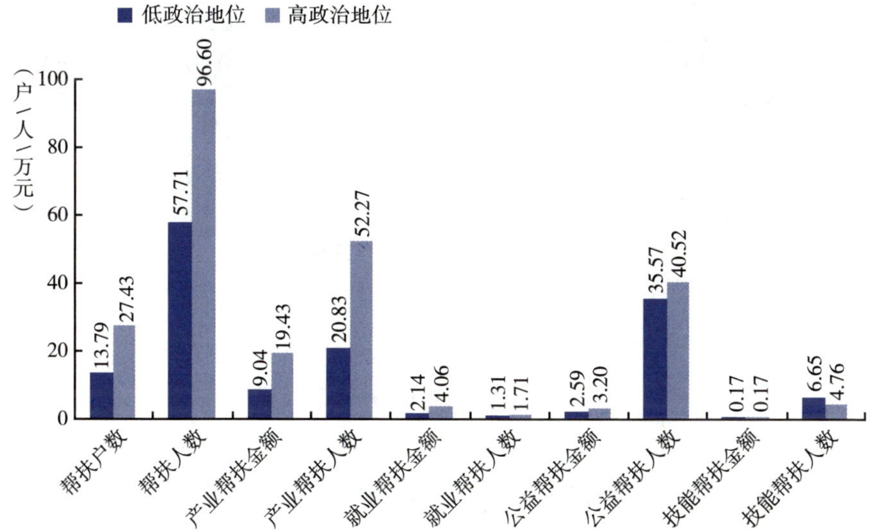

图 15　不同政治地位感知的民营企业家所在企业的扶贫表现分析

企业家的社会责任感是衡量企业社会贡献度的重要指标，如今，企业的 ESG 责任已经成为企业市场能力的一个重要方面。我们将环境投入作为企业社会责任程度的代理指标，比较环境友好型企业与非环境友好型企业在扶贫中的表现。数据分析表明，环境友好型企业帮扶户数、帮扶人数、产业帮扶人数、就业帮扶金额分别为 29.34 户、92.10 人、54.14 人、4.18 万元，都明显高于非环境友好型企业（见图 16）。

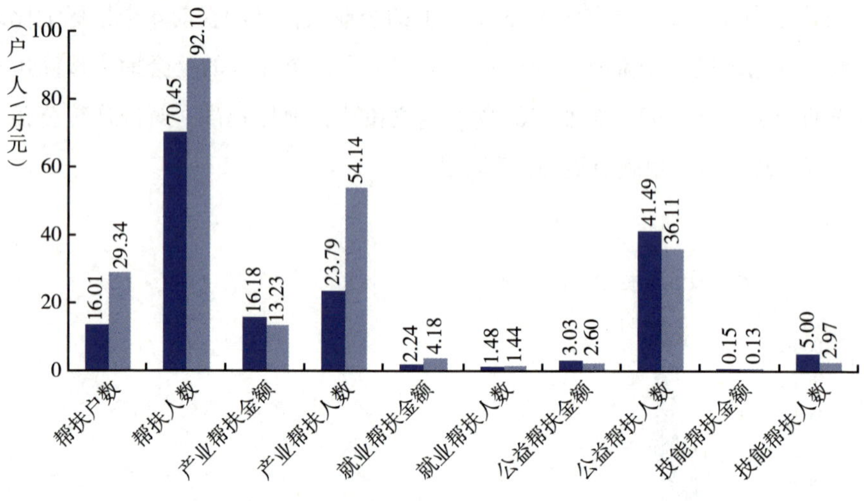

图 16　不同类型企业扶贫表现分析

四　政策建议和未来展望

2015 年以来，由全国工商联组织实施的民营企业“万企帮万村”精准扶贫行动，对新时代打赢脱贫攻坚战起到了巨大的推动作用，取得了诸方面的实效，受到了习近平总书记、党中央和国务院的高度肯定。2020 年是新时代脱贫攻坚战的决胜之年，也是全国全面建成小康社会的收官之年。为此，我们一方面应该对“万企帮万村”行动进行全面的经验和理论总结，另一方面也应站在新的历史起点上，对精准扶贫与乡村振兴战略间的有机衔接进行展望和思考。

（一）推动精准扶贫与乡村振兴战略的有机衔接

在党中央的坚强领导下，我们即将彻底打赢脱贫攻坚战和全面建成小康社会。但是，我们也应清醒地认识到，当前我国社会主要矛盾已经转化为人民日益增长的美好生活需要和不平衡不充分的发展之间的矛盾，这一主要矛

盾的重要方面之一就是城乡发展的不平衡和农村发展的不充分。

2000年以来，中国城市化进程明显加速，城乡关系格局剧烈调整，常住人口城镇化率从30%上升到2019年的60%。在这个过程中，城市对农村的人力、资源等形成了全方位的单向吸纳关系，形成了强大的“虹吸效应”，由此造成了村庄“空心化”、大规模“留守人口”等一系列社会问题。最近五年来，上述情况正在发生新的变化，农民工外出务工（尤其是跨省流动）的增速明显下降，农民工返乡的趋势日益明显，本地务工农民增长很快。同时，中央持续十多年对乡村的优惠政策，也使农村的吸引力日益增强。在这种背景下，城乡关系迎来了一个新的历史节点，即从城市对农村的单向吸纳阶段转向城乡双向融合阶段，城乡人口、资源的双向流动将成为未来城乡关系格局的主要趋势，乡村振兴和乡土重建，真正到了可以全面操作化的历史节点。

在这一历史背景下，结合“万企帮万村”精准扶贫行动在脱贫攻坚战中的巨大作用，民营企业参与乡村产业发展和社会治理已经积累了丰富经验。我们建议：在全面总结“万企帮万村”精准扶贫行动的成效和经验的同时，应适时做好脱贫攻坚和乡村振兴战略之间的有机衔接，打造“万企帮万村”行动的升级版，继续把全国民营企业力量凝聚起来，以助推农业全面升级、农村全面进步和农民全面发展。就此，我们提出以下几点原则性的建议：

一是全面吸收“万企帮万村”精准扶贫行动的实践经验。“万企帮万村”行动开启了民营企业参与乡村发展的新模式，经过五年的实践，积累了丰富的历史经验，应予以充分总结并利用于下一阶段的行动计划之中。

二是充分发挥工商联的组织协调作用。工商联在联系和组织全国工商业界和民营企业方面具有无可比拟的优势，是动员民营企业参与乡村振兴行动计划的组织主体，应该进一步发挥各级工商联、行业协会、各地商会等组织功能。

三是积极提高民营企业家的战略意识。推动民营企业参与乡村振兴，既能为乡村振兴提供重要的人才和资本支撑，也能为新时期民营经济发展提供更大的战略回旋空间，助推民营企业的市场和业务向国内市场和广大农村地区扩展。

四是有效理顺民营企业参与乡村振兴的体制机制。民营企业参与乡村振兴，和脱贫攻坚既有一定的联系，也有重大区别，应按照“产业兴旺、生态宜居、乡风文明、治理有效、生活富裕”的总要求，在总结“万企帮万村”行动的经验基础上，进一步理顺民营企业参与乡村振兴战略的体制机制。

（二）全力推动“万企帮万村”精准扶贫行动胜利收官，为下一阶段行动奠定坚实基础

在2020年剩余的时间中，我们应该继续实施好“万企帮万村”精准扶贫行动，确保打赢脱贫攻坚战，为“万企兴万村”乡村振兴行动奠定坚实基础。

1. 着力解决突出问题，攻克深度贫困堡垒，巩固脱贫成果，确保打赢脱贫攻坚战

第一，聚焦解决“两不愁、三保障”突出问题，帮助未脱贫村庄脱贫摘帽。截至2019年底，中国仍然有贫困人口551万人。2020年是脱贫攻坚战的收官之年。剩余的脱贫攻坚任务虽然同过去相比总量不大，但都是贫中之贫、困中之困和坚中之坚。“万企帮万村”精准扶贫行动应该更加聚焦于未脱贫村庄的“两不愁、三保障”等突出问题，对标对表，确保所有帮扶村庄年底全面脱贫摘帽。

第二，主动加大对深度贫困地区和深度贫困村庄的帮扶力度，彻底攻克深度贫困堡垒。“三区三州”等深度贫困地区和部分深度贫困村庄是脱贫攻坚的最后堡垒，其脱贫难度最大，返贫风险较高。习近平总书记在深度贫困地区脱贫攻坚座谈会上也要求，“民营企业‘万企帮万村’行动要向深度贫困地区倾斜”。因此，目前正帮扶深度贫困地区和深度贫困村庄的企业，应进一步加大帮扶力度，切实帮助解决脱贫村庄的实际困难。全国工商联也可组织部分其他民营企业对深度贫困地区和深度贫困村庄开展专项扶贫行动，以精准加大帮扶力度。

第三，切实做到脱贫不脱帮扶、摘帽不摘责任，帮助脱贫村庄扎实巩固

脱贫成果。目前新冠肺炎疫情给贫困村庄和贫困群众带来了很大影响，返贫致贫风险明显加大。对于已脱贫村庄，帮扶企业必须严格做到脱贫不脱帮扶、摘帽不摘责任，主动查漏补缺，高度重视脱贫群众可能面临的返贫风险，做好巩固提升工作。

2. 积极主动回应疫情给贫困村庄和贫困群众带来的巨大冲击，研究实施“万企帮万村”行动的新机制、新措施和新途径

第一，研究实施“消费扶贫”的常态化机制。新冠肺炎疫情对贫困地区的农产品销售形成了较大冲击，民营企业、行业协会、各地商会等在畅通销售渠道、对接市场信息等方面具有天然优势。应继续多举措推动民营企业对帮扶村庄的“消费扶贫”行动，引导电商企业、互联网企业、零售企业等深入完善贫困地区农产品供应链和服务体系。同时，应研究实施“消费扶贫”的常态化机制，推动贫困地区农产品销售共享信息平台建设，对帮扶企业展开“消费扶贫”行动予以各种政策性支持，推动将“万企帮万村”企业生产的扶贫产品纳入预算单位采购目录。

第二，研究实施“就业扶贫”的新举措。就业是民生之本，贫困地区群众就业的主体又多是外出务工，受疫情的冲击最为强烈。根据全国工商联针对定点扶贫县贵州省织金县的情况分析，务工收入占建档立卡贫困户家庭收入的 71.56%，仅考虑务工收入一个增收因素，一半外出务工人员延迟半年外出，就有可能造成织金县贫困发生率跌破国家 3% 的脱贫线，使这个已脱贫县整体返贫。因此，帮扶企业应研究实施“就业扶贫”的新举措。一方面应积极协调推动本地“扶贫车间”、农副企业等吸纳贫困群众就业，另一方面应主动提高劳动力输出的组织化程度，增加劳动力就业机会。

第三，研究实施“产业扶贫”的新路径。疫情对全球经济产业链造成了很大影响，贫困地区过去几年刚刚被培育的扶贫产业也面临着很大冲击。为此，帮扶企业应主动加强和地方政府的沟通协调，将国家相关援企稳岗政策尽快落到实处，力保已有扶贫产业度过严冬。地方政府也应针对扶贫产业出台更多保护性政策，树立“保产业即保脱贫”的理念。同时，应积极引导和帮助有劳动能力、无法外出务工的贫困群众，因地制宜发展家庭农场（种植）、

家庭牧场（养殖）、家庭工厂（作坊）、家庭市场（电商）等“短平快”产业项目。

第四，研究实施“智慧扶贫”的新模式。疫情之后，各地方政府运用线上宣传等手段，取得不俗成绩。贫困地区由于交通、信息等方面更为闭塞，与外界大城市、大市场的联通明显更加不便。民营企业在信息宣传、市场链接等方面具有独特优势，应充分利用互联网、新媒体等新兴技术手段，一方面主动组织对帮扶地区和村庄的自然风光、农特产品、民俗文化等优势资源进行全方位宣传；另一方面也可积极发挥帮扶企业的新技术运用能力优势，对帮扶村庄的广大群众进行广泛的互联网、新媒体等新兴技术应用推广培训，让他们更加主动地融入数字社会。

第五，研究实施对帮扶企业的政策支持和社会服务的新办法。国家和地方政府针对参与帮扶行动的民营企业先后出台了不少支持政策，在疫情的冲击下，应进一步加大对帮扶企业的金融支持服务力度。中国农业发展银行应继续加大对“万企帮万村”精准扶贫行动的支持力度，进一步组织开展“万企帮万村”产业扶贫项目金融供需对接活动，引导金融扶贫资源聚焦民营企业精准扶贫项目，推动形成政府部门、金融机构和民营企业扶贫合力。继续推动地方政府利用财政涉农资金和扶贫专项资金，撬动企业帮扶资金实施产业扶贫项目；加强银政企三方合作，用好用足扶贫再贷款等优惠扶持政策。

（三）全面总结“万企帮万村”行动的实践经验，建立民营企业和帮扶村庄的长效合作机制

“万企帮万村”行动经过五年多的实践取得了巨大成效，积累了丰富经验，应该进行全面梳理总结，为将来民营企业更加有效地参与乡村振兴战略提供参考。要对帮扶工作做得好的先进典型企业进行表彰表扬，讲好企业扶贫故事，树立企业良好形象。建议筹划开展“万企帮万村”行动先进民营企业评选表彰活动，做好“万企帮万村”精准扶贫行动成果发布，组织中央主要媒体集中宣传“万企帮万村”行动先进典型。要加强理论研究和总结，深入分析典型帮扶

案例，充分提炼“万企帮万村”行动的政治、经济、文化和社会价值，编写出版“万企帮万村”行动系列丛书。通过“万企帮万村”行动的总结，进一步做好促进非公有制经济健康发展和非公有制经济人士健康成长的主题引导，增强民营企业对中国特色社会主义的信念、对党和政府的信任、对企业发展的信心和对社会的信誉，实现做贡献、促发展、受教育的有机统一。

B.10
中国特大城市社会阶层结构调研报告*

张海东　姚烨琳**

摘　要：本报告基于2019年在京津冀、长三角、珠三角、长江中游、成渝五大城市群中的10个城市开展的大规模调查数据，参照“十大阶层”分类方法对北京、天津、上海、杭州、广州、深圳、武汉、长沙、重庆、成都10个特大城市的社会阶层进行了划分。在分析十大阶层的构成和结构性特征的基础上，揭示了特大城市社会阶层结构形态。研究发现，以国家与社会管理者阶层、私营企业主阶层、经理人员阶层、专业技术人员阶层、办事人员阶层、个体工商户阶层和商业服务业从业人员阶层为代表的白领构成了特大城市社会阶层结构的主体，总体而言，中国特大城市的“橄榄形”社会阶层结构已具雏形。

关键词：社会结构　社会阶层　橄榄形社会

1978年改革开放以来，伴随着计划经济向市场经济的转型，原来“两个阶级、一个阶层”（工人阶级、农民阶级和知识分子阶层）的社会结构逐

---

* 本报告为中国社会科学院—上海市人民政府上海研究院立项资助的“新时代特大城市社会结构变动趋势及其治理”课题的阶段性成果，在此对中国社会科学院—上海市人民政府上海研究院表示感谢。课题负责人为上海研究院第一副院长、城市社会治理研究中心主任李友梅教授，本报告为课题组集体研究成果的一部分。

** 张海东，上海大学社会学院教授，上海大学上海社会科学调查中心常务副主任；姚烨琳，上海工程技术大学管理学院讲师，博士。

步分化为多元的、复杂的、社会经济差异更为突出的现代工业化社会分层形态，[①] 适应中国特色社会主义制度和现代化要求的社会阶层结构正在形成。[②] 与一个社会的经济、政治、文化等系统一样，社会结构特征是社会最基本的特征，社会结构变迁是社会变迁最重要的领域。[③] 本报告在将社会阶层划分为十大阶层的基础上，分析中国特大城市社会阶层的结构性特征，并揭示特大城市社会阶层结构的形态。

本报告使用的调查数据源于 2019 年在京津冀、长三角、珠三角、长江中游、成渝五大城市群中的 10 个城市开展的大规模调查，这五大城市群是中国经济总量最高、人口最为密集、市场化程度最高、社会发展状况最好的地区。因此，其社会结构的现状以及变化的趋势具有预测未来中国社会结构变化趋势的代表性。具体抽样方法：首先，在京津冀、长三角、珠三角、长江中游、成渝五大城市群中各抽取两个代表性城市，分别为北京、天津、上海、杭州、广州、深圳、武汉、长沙、重庆、成都。其次，在城市内采用分层多阶段整群 PPS 抽样方法，将城市内部分为新城区和老城区两个抽样层，以区县 - 街道 - 居委会为三级抽样单元，最终从每个城市抽取 40 个居委会。最后，在每个居委会抽取 25 个家庭户，运用 KISH 表抽样在每个家庭户中随机抽取一名 18~65 周岁的受访者。根据问卷实际回收情况，有效的调查样本总量为 10026 人，各城市样本量分别为 1000~1016 人。

一　社会阶层结构划分的标准

社会分层本质上讲的是社会资源在各群体中是如何分布的，因此，资源的类型和占有水平也就常常成为划分阶层的标准。当前可以用来分层的资源包括生产资料资源、财产或收入资源、市场资源、职业或就业资源、政治权

① 李春玲:《中国阶级阶层研究 70 年：反思、突破与创新》,《江苏社会科学》2019 年第 6 期。

② 李培林等:《当代中国阶级阶层变动 1978~2018》，社会科学文献出版社，2018。

③ 李路路:《改革开放 40 年中国社会阶层结构的变迁》,《武汉大学学报》(哲学社会科学版) 2019 年第 1 期。

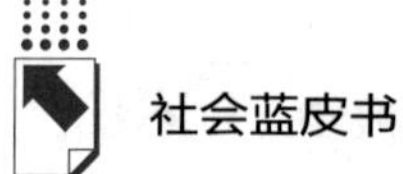

力资源、文化资源、社会关系资源、主观声望资源、公民权利资源以及人力资源等。[①]2002年，中国社会科学院社会学研究所“中国社会结构变迁研究”课题组以“组织（权力）资源、经济资源和文化资源占有状况”为标准来划分社会阶层，并据此将当代中国社会划分为十个阶层。[②]这一划分方法是当前中国社会阶层分析中较有代表性的，也是影响最为广泛的阶层分析模式。这十大阶层包括：国家与社会管理者阶层、经理人员阶层、私营企业主阶层、专业技术人员阶层、办事人员阶层、个体工商户阶层、商业服务业从业人员阶层、产业工人阶层、农业劳动者阶层及无业失业半失业人员阶层。[③]

这十大阶层划分的标准，依据的是当代中国社会阶层分化最主要的四种机制：劳动分工、权威等级、生产关系和制度分割。这四种分化机制促成了当前中国社会的几种最主要的社会关系，人们在这些社会关系结构中所处的位置，决定了他们的基本社会经济地位，即是否拥有或拥有多少组织资源、经济资源和文化资源。[④]据此，陆学艺团队明确了十大阶层在四个分类指标中的位置（见表1）。

本研究参照上述四个分类指标，对十个特大城市（以下简称“十城市”）的社会阶层进行划分。我们通过一系列操作变量来确定受访者在劳动分工、权威等级、生产关系和制度分割四个分类指标上的情况，并据此划分出十大社会阶层。具体的分类步骤为：第一步，根据劳动分工分类，操作变量包括就业状态（在业或不在业）、职业分类（根据GB/T 6565-2015职业分类与代码对受访者的职业进行编码，有500多个职业分类）、部门分割（第一产业、第二产业、第三产业）；第二步，根据权威等级分类，操作变量包括管理职

① ［美］戴维·格伦斯基编《社会分层（第2版）》，王俊等译，华夏出版社，2005；李春玲：《社会分层研究与理论的新趋势》，载李培林主编《社会学理论与经验》，社会科学文献出版社，2005。

② 陆学艺主编《当代中国社会阶层研究报告》，社会科学文献出版社，2002。

③ 在2002年《当代中国社会阶层结构研究报告》的十大阶层位序中，经理人员阶层排在第二位，私营企业主阶层排在第三位。2018年再版的《当代中国社会结构》中对此进行了调整，依据新世纪以来社会结构变迁的特征，将二者的位序做了调换，并进行了具体说明。详见陆学艺主编《当代中国社会结构》，社会科学文献出版社，2018，第425~429页。

④ 陆学艺主编《当代中国社会流动》，社会科学文献出版社，2018。

表 1　十大阶层在四个分类指标上的情况

阶层	劳动分工	权威等级	生产关系	制度分割	主要资源
国家与社会管理者	中高级专业技术水平	中高层管理	代理（不占有生产资料但可以控制生产资料）	体制内核心部门	组织资源
私营企业主	不确定	高层管理	雇用他人（占有生产资料）	体制外	经济资源
经理人员	中高级专业技术水平	中高层管理	受雇（不占有生产资料但可以控制或支配生产资料）	体制内、体制内边缘部门或体制外	文化资源或组织资源
专业技术人员	中高级专业技术水平	自主从业或被管理（有一定自主性）	受雇或自雇（不占有生产资料）	体制内或体制外	文化资源
办事人员	中低级专业技术水平	被管理或中低层管理	受雇（不占有生产资料）	体制内或体制外	一定的文化资源和少量组织资源
个体工商户	高低不等	管理或自主从业	自雇或雇佣（占有生产资料）	体制外	一定的经济资源
商业服务业从业人员	技术型、半技术型或非技术型体力劳动	被管理或低层管理	自雇或受雇（不占有生产资料）	体制内或体制外	少量文化资源或组织资源
产业工人	技术型、半技术型或非技术型体力劳动	被管理或低层管理	自雇或受雇（不占有生产资料）	体制内或体制外	少量文化资源或组织资源
农业劳动者	技术型、半技术型或非技术型体力劳动	自主从业	自雇或受雇（占有少量或不占有生产资料）	介于体制内与体制外之间	少量经济资源或文化资源
无业失业半失业人员	—	—	—	—	基本没有以上三种资源

注：体制内核心部门是指国家机关和部分事业单位及社会团体，这类单位的资源配置主要受国家计划控制并且主要来自政府财政；体制内边缘部门是指公有制企业及部分企业化事业单位和社会团体，这类单位的资源配置受政府计划控制程度较低。

能（管理者与被管理者）[①]、职务级别（厅局级及以上、县处级、乡科级、无行政级别）和管理人数；第三步，根据生产关系分类，操作变量包括就业身份（雇主、自雇、受雇于他人）和雇用人数；第四步，根据制度分割分类，包括所有制类型（公有制、非公有制）和单位类型（党政机关人民团体、各类企事业单位、社会团体或社会组织、民办非企业单位、村 / 居委会等自治组织、个体工商户和无单位）。在业人员的阶层归类根据上述相关指标进行划分，不在业人员的阶层归类方式则参照陆学艺（2018）的做法，①将从未就业的在校学生和 22 岁以下从未就业的未婚青年按其父亲的阶层归类，如父亲去世，按其母亲阶层归类；②将离退休人员按其离退休前最后一份职业进行归类；③将曾经就业的在校学生按其最后一份职业进行归类。其他从未就业的受访者均被归类为无业失业半失业人员阶层。[②]

二　特大城市社会阶层的构成

依据上述分类变量和分类过程，我们对十城市调查数据的样本进行阶层划分，把每个受访者归类到一个确定的阶层位置。2019 年特大城市十大社会阶层的比例分别为：国家与社会管理者阶层占 1.45%，私营企业主阶层占 2.27%，经理人员阶层占 0.67%，专业技术人员阶层占 22.88%，办事人员阶层占 8.89%，个体工商户阶层占 7.89%，商业服务业从业人员阶层占 33.20%，产业工人阶层占 15.77%，农业劳动者阶层占 4.69%，无业失业半失业人员阶层占 2.30%（见表 2）。

进一步比较五个城市群十大社会阶层的构成可以看到，以北京和天津为代表的京津冀城市群中国家与社会管理者阶层、经理人员阶层、专业技术人员阶层和产业工人阶层的比例最高；以上海和杭州为代表的长三角城市群中

---

① 陆学艺将管理等级细分为最高层管理者、中层管理者、基层管理者。受数据所限，本研究仅区分管理者与被管理者。

② 陆学艺将从未就业的家庭主妇（已婚妇女）按其丈夫的阶层位置来归类，由于“新时代特大城市居民生活状况”问卷中缺乏配偶职业的具体内容，无法对家庭主妇群体按其丈夫的阶层位置来归类，因此仍然将这一群体分类为无业失业半失业人员阶层。

办事人员阶层的比例最高；以广州和深圳为代表的珠三角城市群中私营企业主阶层和商业服务业从业人员阶层的比例最高；以成都和重庆为代表的成渝城市群中农业劳动者阶层和无业失业半失业人员阶层的比例最高；而以武汉和长沙为代表的长江中游城市群中个体工商户阶层的比例最高。

表2　2019年特大城市社会阶层比例分布

单位：%

社会阶层	十城市平均	京津冀城市群	长三角城市群	珠三角城市群	成渝城市群	长江中游城市群
国家与社会管理者	1.45	2.01	1.63	0.95	0.66	1.97
私营企业主	2.27	1.08	3.01	3.02	1.67	2.58
经理人员	0.67	0.88	0.82	0.79	0.10	0.76
专业技术人员	22.88	27.98	25.13	26.05	15.21	20.26
办事人员	8.89	10.56	11.34	5.13	8.32	8.99
个体工商户	7.89	4.38	7.15	6.83	8.77	12.18
商业服务业从业人员	33.20	28.03	30.95	38.86	36.51	31.78
产业工人	15.77	20.92	15.83	9.16	17.80	14.96
农业劳动者	4.69	2.58	3.12	6.35	7.20	4.24
无业失业半失业人员	2.30	1.60	1.02	2.86	3.75	2.27
合计	100.0	100.0	100.0	100.0	100.0	100.0

（一）国家与社会管理者阶层

国家与社会管理者阶层指党的机关、国家机关、事业单位、群众团体和社会组织中的负责人。具体包括：中国共产党机关负责人，国家机关负责人，事业单位负责人，民主党派和工商联负责人，人民团体、群众团体和社会组织及其他成员组织负责人。由于国家组织系统掌握着整个社会最重要的和最大量的资源，因而国家与社会管理者阶层掌握着当前中国社会最关键的资源——组织资源，因而在资源配置中处于明显的优势地位。[①] 虽然国家与社会

① 陆学艺主编《当代中国社会流动》，社会科学文献出版社，2018。

管理者阶层并不是生产资料的所有者，但是他们可以控制或支配一部分生产资料，因此，他们实际上也分享部分经济资源。此外，这一群体同时也享有文化资源。目前，国家与社会管理者阶层在十城市社会阶层结构中所占比例为 1.45%。就整个人口数量来说，国家与社会管理者阶层人数不多，其阶层内部也存在一些差异。从职务级别来看，国家与社会管理者阶层中县处级及以上干部占 36.23%，乡科级及以下干部占 63.77%。

（二）私营企业主阶层

私营企业主阶层是指拥有一定数量的私人资本或固定资产并进行投资以获取利润同时雇用他人的人。[①] 按照现行政策规定，私营企业主阶层主要是指雇工在 8 人以上的私营企业的业主。这一阶层最重要的特点就是占有生产资料，即拥有经济资源。改革开放以来，私营企业从无到有，规模逐年递增，已经成为中国社会主义市场经济的重要组成部分。根据国家统计局的最新数据，2018 年全国私营企业数为 3143.26 万户，比 2017 年底（2726.28 万户）增长了 15.29%，比 1998 年（120.1 万户）增长了约 25 倍，是 1988 年（4.06 万户）的约 774 倍。调查数据显示，私营企业主阶层在十城市社会阶层结构中所占比例为 2.27%。从地区差异来看，珠三角城市群和长三角城市群私营企业主阶层的比例明显高于长江中游城市群、成渝城市群和京津冀城市群。其中，京津冀城市群私营企业主阶层的比例最低，仅为 1.08%。

（三）经理人员阶层

经理人员阶层是指企业中非业主身份的管理人员。[②] 从具体的分类指标

① 陆学艺主编《当代中国社会阶层》，社会科学文献出版社，2018。

② 陆学艺（2018）将经理人员阶层界定为企业中非业主身份的中高层管理人员及部分作为部门负责人的基层管理人员。其中，高级管理人员指最高等级领导，在工作单位（企业或机构）中，他上面再没有更高等级的管理人员，并且下面还有较低等级的管理者；中级管理人员指他上面还有更高等级的管理者，同时下面也有较低等级的管理者；基层管理人员指直接管理普通员工的管理者，下面没有更低级别的管理者。受数据限制，本报告无法甄别受访者属于高级管理人员、中级管理人员还是基层管理人员。

来看，是指职业分类为企事业单位负责人，从职务级别看具有管理职能，就业身份为受雇于他人，单位类型为各类企业的人员。经理人员阶层的特征是虽然不占有生产资料，但实际上控制和管理着生产资料，因此拥有经济资源的调配权。同时，他们中的大多数人有较高的学历和专业知识水平，因此也享有丰富的文化资源。[①] 根据上述标准，经理人员阶层在十城市社会阶层结构中所占比例为 0.67%。

与 21 世纪初相比，当前经理人员阶层的内部构成已经发生显著变化。陆学艺基于对 2001 年全国抽样调查数据的分析发现，全国公有制企业的经理人员是经理人员阶层的主要组成部分，全民所有制企业和集体所有制企业的经理人员分别占 37.5% 和 31.3%，其他所有制的企业经理人员占 31.2%。而随着经济体制改革的深化和非公有制经济的发展，私营企业的经理人员已经成为这一阶层的主要部分。本次调查数据显示，特大城市经理人员阶层中，私营企业的经理人员占 42.11%，国有企业的经理人员仅占 40.35%，集体企业的经理人员和三资企业（如中外合资企业、外企）的经理人员占 17.54%。可以说，私营企业的经理人员已经成为特大城市经理人员阶层的重要组成部分。

（四）专业技术人员阶层

专业技术人员阶层是指在各种经济成分的机构（包括国家机关、党群组织、全民企事业单位、集体企事业单位和各类非公有制企业）中专门从事各种专业性工作和科学技术工作的人员。[②] 他们大多受中高等专业知识及专门职业技术培训，并拥有适应现代社会化大生产专业分工要求的专业知识及专门技术。我们的阶层划分指标给专业技术人员阶层的定位是：具有专业技术资格、不占有生产资料但具有一定自主性的体制内或体制外非体力劳动者。根据 2015 年版《中华人民共和国职业分类大典》，专业技术人员包括科学研究人员、工程技术人员、农业技术人员等 11 个职业的从业人员。根据这一标准，

---

① 陆学艺主编《当代中国社会阶层》，社会科学文献出版社，2018。

② 陆学艺主编《当代中国社会阶层》，社会科学文献出版社，2018。

专业技术人员阶层占特大城市全体劳动者的22.88%。

我们依据不同专业领域将11种专业技术人员归并为经济业务人员，教学人员，工程、农林技术人员，医疗卫生技术人员，文艺、体育及新闻从业人员，法律工作人员，科研人员和其他专业技术人员8类。由图1可以看到，经济业务人员的占比最高，达到30.70%；教学人员的占比接近1/4，工程、农林技术人员的占比也接近1/5；而医疗卫生技术人员，文艺、体育及新闻从业人员，法律工作人员，科研人员和其他专业技术人员占比相对较低。

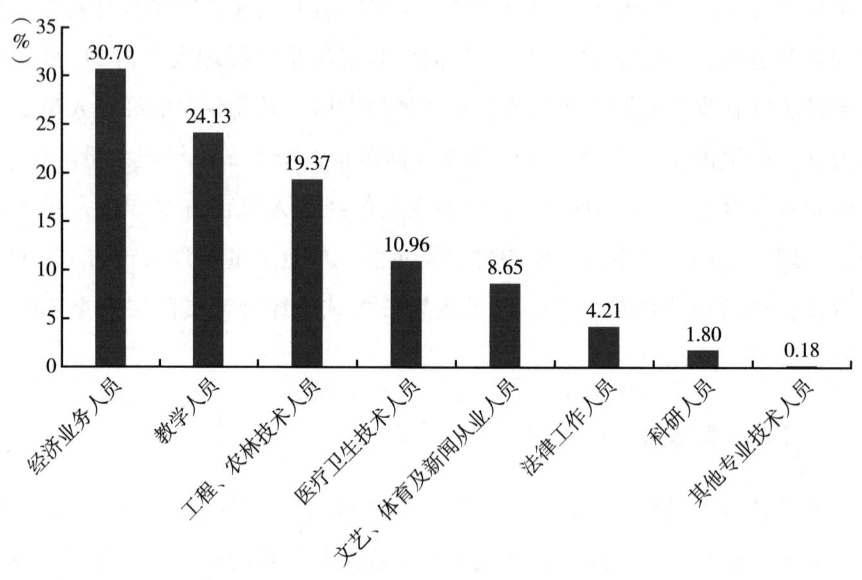

图1　特大城市专业技术人员从事职业的类型

专业技术人员所从事的职业一般都对专业技能有较高的要求，职业“门槛”较高。本次调查中询问了受访者从事工作对专业技能的要求，在全部专业技术人员中，回答所从事的工作需要“很高/高级”和“较高/中级”专业技能的比例达到80.71%，明显高于其他社会阶层。

特大城市专业技术人员阶层学历较高。专业技术人员所从事职业的“门槛”比较高，对从业人员的受教育水平也有较高要求。调查数据显示，特

大城市中 43.97% 的专业技术人员学历为大学本科，学历在硕士及以上的比例高达 12.87%；而同时期全国专业技术人员的学历为大学本科的比例仅为 35.00%，学历为硕士及以上的为 5.60%（见图 2）。可见，特大城市专业技术人员的学历高于全国平均水平。

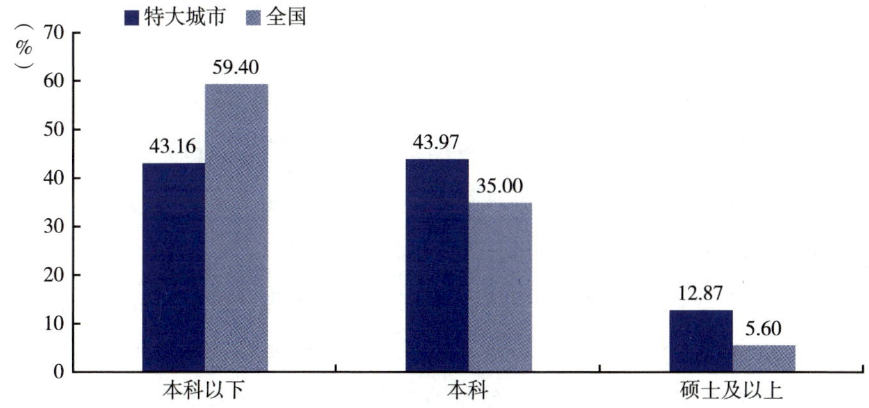

图 2　2019 年专业技术人员学历结构

数据来源：特大城市的数据来自“新时代特大城市居民生活状况”调查，全国层面的数据来自《中国人口和就业统计年鉴 2019》中劳动力抽样调查关于专业技术人员学历结构的统计结果。

体制内人员是专业技术人员阶层的主体。调查数据显示，57.84% 的专业技术人员来自体制内，42.16% 的专业技术人员来自体制外。体制因素导致专业技术人员内部的某些差异，但随着市场经济的发展、专业技术人员跨体制流动的增多和全民所有制单位对学历文凭的日益重视，体制因素导致的差异逐渐缩小。①

（五）办事人员阶层

办事人员阶层指协助单位和部门负责人处理日常行政事务的专职办公人员。他们是体制内或体制外不占有生产资料的较低层非体力劳动者。职业

① 陆学艺主编《当代中国社会阶层》，社会科学文献出版社，2018。

分类主要包括《中华人民共和国职业分类大典》中的所有办事人员和有关人员以及基层群众自治组织负责人。办事人员阶层是现代社会中间阶层的重要组成部分。根据上述标准，这一阶层在特大城市社会阶层结构中所占比例为 8.89%。从地区差异来看，京津冀城市群和长三角城市群中办事人员阶层的比例较高，均超过了 10%；成渝城市群和长江中游城市群中办事人员阶层的比例在 8%~9%；珠三角城市群中办事人员阶层的比例最低，仅为 5.13%。

根据工作内容的差异，办事人员又可以分为一般办事人员、安全和消防人员、其他办事人员和有关人员。数据结果显示，特大城市办事人员阶层中一般办事人员（包括行政业务办理人员、行政事务处理人员、行政执法和仲裁人员）是办事人员的主体，占比达到 81.24%。

根据单位类型的不同，办事人员阶层主要可分为三大类群体：①党政机关事业单位办事人员，主要就职于国家机关、人民团体、事业单位，他们在这一阶层中所占比例为 37.82%；②企业办事人员，包括各类企业中的行政辅助人员和普通白领业务人员，他们所占比例为 45.46%；③其他办事人员，包括各类社会组织、民办非企业单位等的办事人员，他们所占比例为 16.72%。从所有制类型看，60.48% 的办事人员就职于体制内单位，39.52% 的办事人员就职于体制外，可以说，办事人员阶层的主体是体制内人员。

（六）个体工商户阶层

个体工商户阶层是指拥有少量私人资本（包括不动产）并投入生产、流通、服务业等经营活动，如小业主或小雇主（有足够资本雇用少数劳动者但自己也直接参与劳动和生产经营的人）和自我雇用者（有足够资本可以自己开业经营但不雇用其他劳动者）。[①] 阶层分类指标确定的个体工商户阶层的社会位置是专业技术水平高低不等的体制外管理者或自主从业者。他们是体制

① 陆学艺（2018）界定的个体工商户阶层还包括拥有一定量的私人资本（包括不动产）并投入金融债券市场而且以此为生的人，主要包括小股民、小股东、出租少量房屋者，受数据所限，本报告的个体工商户阶层并未包括这部分人群。

外的低层白领、蓝领雇主或自雇者。根据《中国人口和就业统计年鉴2019》，2018年个体工商户为7328.58万户，是1980年47.3万户的154.94倍。与此同时，个体就业人数从1990年的2105.0万人增长到2018年的17691.0万人，增长了7.4倍，可以说个体经济已经成为中国解决就业问题的重要经济部门。

目前，个体工商户阶层在整个特大城市社会阶层结构中所占比例为7.89%，其中，雇用他人劳动（雇用1~7人）的工商小雇主占36.36%，不雇用他人劳动的自雇个体工商户占63.64%。

（七）商业服务业从业人员阶层

商业服务业从业人员阶层是指在商业和服务行业中从事非专业性的、非体力的和体力劳动的工作人员。本研究所界定的商业服务业从业人员主要是指在体制内或体制外第三产业中的受雇者或自雇者。从职业分类来说，主要是指《中华人民共和国职业分类大典》中的社会生产服务和生活服务人员，包括批发与零售服务人员，交通运输、仓储和邮政业服务人员，住宿和餐饮服务人员，信息传输、软件和信息技术服务人员等15种类型。根据这一标准，商业服务业从业人员阶层在整个特大城市社会阶层结构中所占比例为33.20%，在十大阶层中占比最高。

特大城市商业服务业从业人员的主体是体制外人员。调查数据显示，66.99%的商业服务业从业人员就职于体制外，而就职于体制内的商业服务业从业人员则占33.01%。从具体的单位类型来看，47.06%的商业服务业从业人员就职于私营企业，明显高于其他单位类型，可以说商业服务业从业人员阶层的成员主要集中于私营经济领域。

（八）产业工人阶层

产业工人阶层是指在第二产业中从事体力、半体力劳动的生产工人、建筑业工人及相关人员。阶层分类指标确定此阶层的社会位置是体制内或体制外第二产业中的受雇者或自雇者。从职业分类来说，产业工人阶层主要是指生产制造及有关人员。[①] 根据这一标准，产业工人阶层在特大城市社会阶层结构中占 15.77%。

产业工人阶层的人员构成发生了根本性的改变，20 世纪八九十年代，城镇国有企业工人是产业工人阶层的最主要构成部分。而到了 21 世纪初，来自农村的“农民工”替换了城镇国有企业工人，具有农民身份的工人成为产业工人阶层的主要组成部分。[②] 特大城市调查数据的统计分析表明，本市非农户口工人是产业工人阶层的主体。具体来说，在产业工人中，本地非农户口的就业人员接近七成，本地农业户口占比为 10.43%，外地农业户口占 11.72%，外地非农户口仅占 8.87%。

虽然近年来产业工人大规模地由体制内（公有制企业）流向体制外（非公有制企业），但是特大城市中体制内人员仍然是产业工人阶层的主体。调查数据显示，57.18% 的产业工人来自体制内单位，42.82% 来自体制外单位。从具体的单位类型看，38.19% 的产业工人就职于国有企业及国有控股企业，30.39% 的产业工人就职于私有 / 民营或私有 / 民营控股企业，就职于国有 / 集体事业单位和集体所有或集体控股企业的产业工人分别占 10.91% 和 7.67%，就职于其他单位类型的产业工人占 12.84%。

对工作中专业技能情况的分析发现，特大城市对产业工人专业技能要求不高。44.23% 的产业工人表示当前工作需要“很高 / 高级”和“较高 / 中级”专业技能，41.31% 的产业工人表示当前工作仅需要“一些 / 初级”专业技能，而有 14.46% 的产业工人表示当前工作不需要专业技能。

---

① 在本次问卷调查中主要是指《中华人民共和国职业分类大典》中的生产制造及有关人员，包括农副产品加工人员，食品、饮料生产加工人员，烟草及其制品加工人员，纺织、针织、印染人员，纺织品、服装和皮革、毛皮制品加工制作人员，木材加工、家具与木制品制作人员，纸与纸制品生产加工人员，印刷和记录媒介复制人员，文教、工美、体育和娱乐用品制作人员，石油加工、炼焦、煤化工生产人员，化学原料和化学制品制造人员，医药制造人员，化学纤维制造人员，橡胶和塑料制品制造人员，非金属矿物制品制造人员，采矿人员，金属冶炼和压延加工人员，机械制造基础加工人员，金属制品制造人员，通用设备制造人员，专用设备制造人员，汽车制造人员，铁路、船舶、航空设备制造人员，电气机械和器材制造人员，计算机、通信和其他电子设备制造人员，仪表仪器制造人员，废弃资源综合利用人员，电力、热力、气体、水生产和输配人员，建筑施工人员，运输设备和通用工程机械操作人员及有关人员，生产辅助人员，其他生产制造及有关人员。

② 陆学艺主编《当代中国社会阶层》，社会科学文献出版社，2018。

（九）农业劳动者阶层

农业劳动者阶层是指承包集体所有的耕地进行家庭经营，以农、林、牧、渔业为唯一或主要职业，并以农、林、牧、渔业为唯一或主要收入来源的农民。在社会结构中他们是介于体制内与体制外的第一产业中占有少量生产资料或不占有生产资料的自雇者或受雇者。从职业分类来看，主要是指《中华人民共和国职业分类大典》中的农、林、牧、渔业生产及辅助人员，包括农业生产人员、林业生产人员、畜牧业生产人员、渔业生产人员、农林牧渔生产辅助人员。农业劳动者阶层在特大城市社会阶层结构中占4.69%，和《中国人口和就业统计年鉴2019》数据显示的2018年全国第一产业就业人员占全部劳动力人口的26.1%相差甚远，因此，特大城市中农业劳动者阶层的比例远低于全国平均水平。

农业劳动者阶层内部的同质性较高，社会经济状况的差异较小，阶层内部并无明显的群体之分。陆学艺认为，有三个因素导致其成员在收入水平和生活质量方面存在差异，即地区差异、农户家庭经营项目或种植养殖种类的多元化程度（包括非农兼职）及农户经营或种植养殖的规模。[①]受数据限制，本研究无法考察农户家庭经营项目或种植养殖种类的多元化程度及农户经营或种植养殖的规模，因而仅对地区差异进行考察。数据显示，五大城市群农业劳动者阶层的年收入存在较大差异，长三角城市群中农业劳动者阶层的平均年收入最高，超过20000元；珠三角城市群、成渝城市群和长江中游城市群中，农业劳动者阶层的平均年收入均超过15000元；京津冀城市群中农业劳动者阶层的平均年收入最低，仅为12206元（见图3）。

（十）无业失业半失业人员阶层

无业失业半失业人员阶层是指除在校学生以外从未工作过的劳动年龄人群。陆学艺认为这一阶层产生的主要原因包括：就业机会不足使许多新进入

① 陆学艺主编《当代中国社会流动》，社会科学文献出版社，2018。

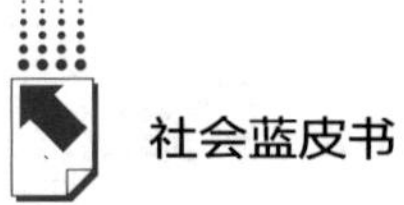

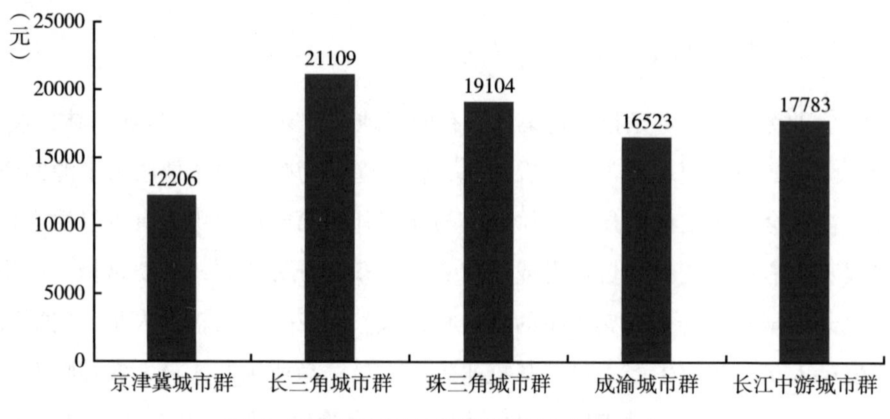

图 3 五大城市群农业劳动者阶层的年收入

劳动力市场的青年劳动力长期待业；城市大批征用农用地使一些农民无地可种，而这些农民在城镇一时还找不到合适的职业，不少城乡居民受残障或长期卧床的困扰而不能就业，多数陷入贫困境地。[①]调查数据显示，目前，无业失业半失业人员阶层在整个特大城市社会阶层结构中所占比例为 2.30%。

从无业失业半失业人员的成因来看，17.12% 的人是由于毕业后没找到合适的工作，29.71% 的人表示不想或不需要工作，家庭主妇占 22.97%，因为残障或长期卧床而不能就业的占 11.71%，其他原因的占 18.47%。值得注意的是，在这个阶层中，相当一部分人的失业、半失业状态持续数年之久，给他们的生存带来了极大的威胁。

无业失业半失业人员收入水平较低。调查数据显示，这一群体 2018 年的平均年收入为 12420 元。在社会保障方面，仅有 56.70% 的无业失业半失业人员拥有养老保险，比社会平均水平（80.73%）低了 24.03 个百分点；当前拥有医疗保险的无业失业半失业人员占 77.68% ，比社会平均水平（90.19%）低了 12.51 个百分点。此外，5.38% 的无业失业半失业人员拥有城乡最低生活保障，高于社会平均水平（见表 3）。

① 陆学艺主编《当代中国社会流动》，社会科学文献出版社，2018。

表 3 特大城市无业失业半失业人员阶层的社会保障情况

单位：%

选项	养老保险		医疗保险		城乡最低生活保障	
	无业失业半失业人员	社会平均	无业失业半失业人员	社会平均	无业失业半失业人员	社会平均
有	56.70	80.73	77.68	90.19	5.38	4.24
没有	42.41	18.64	21.88	9.38	93.72	94.41
不清楚	0.89	0.63	0.45	0.43	0.90	1.35
合计	100	100	100	100	100	100

三 特大城市社会阶层的结构性特征

本部分将从性别、年龄、学历、政治面貌等几个方面对特大城市十大阶层的结构性特征进行分析。

在性别方面，拥有较多权力和财富资源的阶层（如国家与社会管理者阶层、私营企业主阶层、经理人员阶层）中女性占比较低，而在主要依靠体力谋生的产业工人阶层中女性占比也较低，其他社会阶层中女性的比例均高于男性（见图 4）。除无业失业半失业人员外，专业技术人员阶层中女性占比最高，达到 62.03%，这主要是由于专业技术人员大多从事脑力劳动，对体力没有过高要求。随着女性受教育程度不断提高，越来越多的女性具备了从事专业技术工作的职业资质。①

在年龄方面，特大城市十大阶层的平均年龄为 41 岁。农业劳动者阶层的平均年龄最高，为 55.12 岁；国家与社会管理者阶层的平均年龄也超过了 50 岁；经理人员阶层和产业工人阶层的平均年龄分别为 47.78 岁和 49.18 岁；私营企业主阶层、专业技术人员阶层、办事人员阶层、个体工商户阶层、商业服务业从业人员阶层和无业失业半失业人员阶层的平均年龄在 40 岁至 45 岁之间（见图 5）。

① 赵延东、李睿婕、何光喜：《当代中国专业技术人员的规模和心态》，载李培林等著《当代中国阶级阶层变动 1978-2018》，社会科学文献出版社，2018。

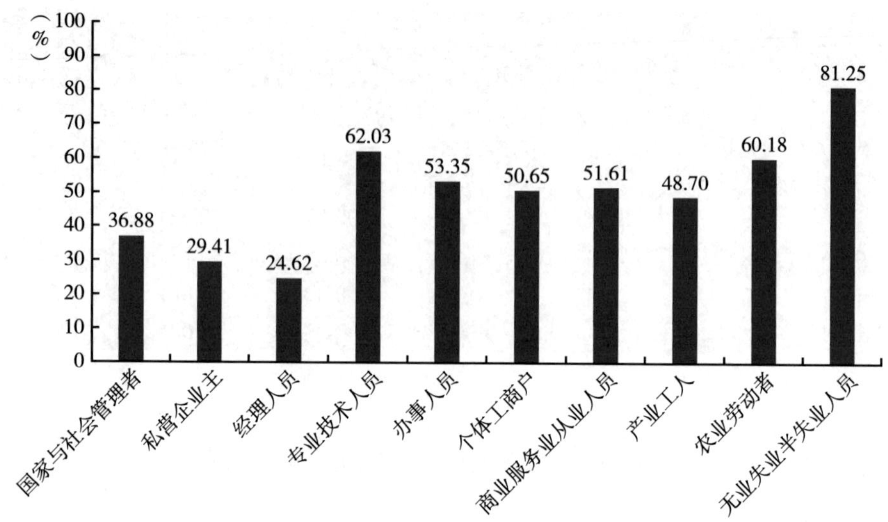

图4　特大城市各社会阶层中女性的占比

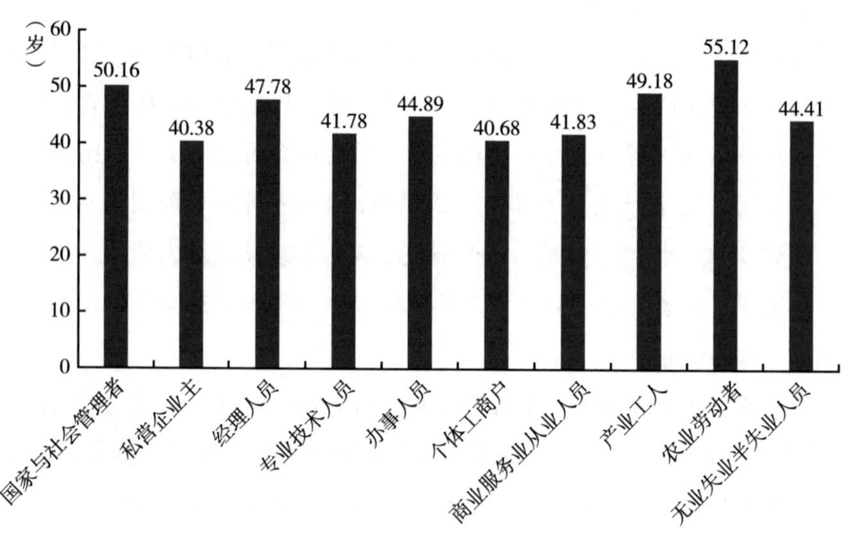

图5　特大城市各社会阶层平均年龄

从具体的年龄段来看，商业服务业从业人员阶层和专业技术人员阶层呈"年轻化"特征，30 岁及以下青年人的比重均超过 25%。而农业劳动者阶层中 50 岁以上人员的比例高达 79.21%，产业工人阶层中也有 54.30% 的人超过 50 岁

（见表 4）。值得注意的是，农业劳动者阶层呈现明显的老龄化特征，60 岁以上的农业劳动者占比达 43.23%，而 40 岁及以下的农业劳动者比例仅 10.07%，如果不改变农村的耕作方式和农民收入过低的状况，农业劳动者将无以为继。

表 4　特大城市各社会阶层的年龄构成

单位：%

社会阶层	30 岁及以下	31~40 岁	41~50 岁	50 岁以上	合计
国家与社会管理者	12.06	13.48	18.44	56.03	100
私营企业主	19.46	30.77	31.67	18.10	100
经理人员	12.31	21.54	18.46	47.69	100
专业技术人员	25.72	26.89	19.75	27.65	100
办事人员	16.28	24.25	22.29	37.18	100
个体工商户	23.57	25.91	28.52	22.01	100
商业服务业从业人员	25.21	24.22	20.88	29.69	100
产业工人	13.48	14.32	17.90	54.30	100
农业劳动者	7.88	2.19	10.72	79.21	100
无业失业半失业人员	20.98	15.63	22.77	40.63	100

在学历方面，专业技术人员阶层和国家与社会管理者阶层中均有超过一半的人拥有本科及以上的学历（见图 6）。此外，私营企业主阶层、经理人员阶层、办事人员阶层中具有本科及以上学历的人员比例也都超过社会平均水平（28.75%）。值得注意的是，私营企业主阶层中学历在本科及以上的人员比例达到 40.00%，明显高于商业服务业从业人员阶层和个体工商户阶层，这与已有的研究结论一致。吕鹏等根据"中国私营企业调查"的数据发现，私营企业主阶层中本科及以上文凭持有者的比例不断提高：在 20 世纪 80 年代早期创业的私营企业主中，这一比例还仅为个位数；到了 20 世纪 90 年代末 21 世纪初，为 20% 左右，最近 5 年都在 30% 以上。①

① 吕鹏、范晓光、孙明：《当代中国私营企业主与个体工商户：结构、态度与行动》，载李培林等著《当代中国阶级阶层变动 1978~2018》，社会科学文献出版社，2018。

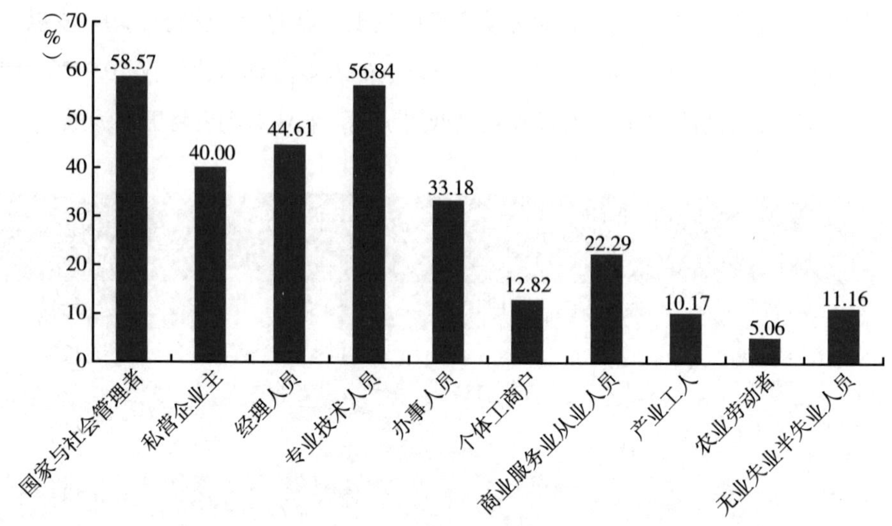

图 6　特大城市各社会阶层具有本科及以上学历者所占比例

在政治面貌方面，国家与社会管理者阶层中党员的比例最高，达到 68.79%，明显高于其他社会阶层（见图 7）。经理人员阶层、专业技术人员阶层和办事人员阶层中党员的比例也比较高，均超过社会平均值（16.78%）。相对而言，私营企业主阶层、个体工商户阶层等体制外人员中党员的比例较低。

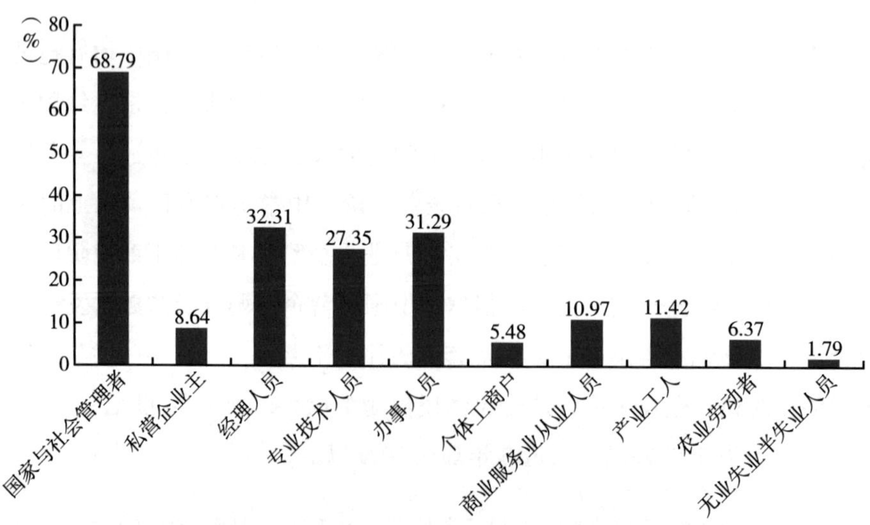

图 7　特大城市各社会阶层中党员的比例

四　特大城市社会阶层结构形态

关于中国的社会阶层结构，国内学者曾提出过多种理论，除了陆学艺的十大阶层以外，还有“断裂论”“碎片论”等。[①] 学术界普遍认为，一个健康的社会阶层结构应该是“橄榄形”或“纺锤形”。21 世纪初，李强利用中国第五次人口普查数据进行分析，发现中国总体社会结构呈“倒‘丁’字形”。[②] 李强、王昊进一步利用“六普”数据研究发现，中国社会分层结构分裂为“城市－农村”“中小城市－超大城市”四个世界，不同世界的社会分层结构迥异，并且差异有加大的趋势。[③] 仇立平在对改革开放 30 多年后的上海社会阶层进行研究后认为，上海社会阶层结构已经从“土字形”的非标准金字塔形转变为标准的“金字塔形”。[④] 姚烨琳、张海东利用 2015 年“特大城市居民生活状况调查”的数据发现，北京、上海、广州三个特大城市的社会结构已先后转变为中间大、两头小的“橄榄形”。[⑤]“橄榄形”社会结构主要指的是一种中间群体占多数、贫富差距较小的社会分层形态，这种社会分层形态也被学界普遍认为是最理想的社会结构。[⑥] 国内众多学者认为，随着社会经济发展水平的提高、工业化和城镇化的推进，当今中国社会结构形态也将从“金字塔形”向“橄榄形”转变，并提出构建“橄榄形”社会结构的政策建议。[⑦]

为了更好地分析当前特大城市社会阶层的形态，笔者将本次研究数据与陆学艺团队的相关研究数据进行比较（见表 5）。与 1952 年、1978 年、2001

---

① 孙立平：《断裂：20 世纪 90 年代以来的中国社会》，社会科学文献出版社，2003；孙立平、李强、沈原：《中国社会结构转型的中近期趋势与隐患》，《战略与管理》1998 年第 2 期。

② 李强：《“丁字型”社会结构与“结构紧张”》，《社会学研究》2005 年第 2 期。

③ 李强、王昊：《中国社会分层结构的四个世界》，《社会科学战线》2014 年第 9 期。

④ 仇立平：《上海社会阶层结构转型及其对城市社会治理的启示》，《国家行政学院学报》2014 年第 4 期。

⑤ 姚烨琳、张海东：《中等收入群体的扩大与橄榄型社会的形成——以北上广特大城市为例》，《河北学刊》2017 年第 5 期。

⑥ 李春玲：《中国阶级阶层研究 70 年：反思、突破与创新》，《江苏社会科学》2019 年第 6 期。

⑦ 李培林主编《中国新时期阶级阶层报告》，辽宁人民出版社，1995；李强：《关于中产阶级和中间阶层》，《中国人民大学学报》2001 年第 2 期；陆学艺主编《当代中国社会阶层研究报告》，社会科学文献出版社，2002。

年、2006 年全国社会阶层结构相比，2019 年特大城市的社会结构主要表现出如下几个特点。首先，专业技术人员阶层的比例远远高于以往年度全国社会阶层结构中专业技术人员的比例，已经成为特大城市中产阶层的主力。其次，商业服务业从业人员阶层的比例在十大阶层中是最高的，商业服务业人员中有相当一部分服务业工人，他们是随着以通信、金融、物流、电子商务、房地产为主体的现代服务业的快速发展而成长起来的。最后，农业劳动者的数量大幅减少，特大城市农业劳动者阶层的比例不到 5%，远远低于以往年度中全国社会阶层结构中农业劳动者阶层的比例。

表 5　1952~2019 年中国社会阶层结构变迁

单位：%

社会阶层	1952 年	1978 年	2001 年	2006 年	2019 年
国家与社会管理者	0.5	1.0	2.1	2.3	1.5
私营企业主	0.2	—	1.0	1.3	2.3
经理人员	0.1	0.2	1.6	2.6	0.7
专业技术人员	0.9	3.5	4.6	6.3	22.9
办事人员	0.5	1.3	7.2	7.0	8.9
个体工商户	4.1	—	7.1	9.5	7.9
商业服务业从业人员	3.1	2.2	11.2	10.1	33.2
产业工人	6.4	19.8	17.5	14.7	15.8
农业劳动者	84.2	67.4	42.9	40.3	4.7
无业失业半失业人员	—	4.6	4.8	5.9	2.3
合计	100.0	100.0	100.0	100.0	100.0

数据来源：1952 年、1978 年、2001 年、2006 年的数据均来自陆学艺研究团队，为全国层面的数据，其中 1952 年和 1978 年的数据来自《中国统计年鉴》《中国人口统计年鉴》及其他统计和研究资料，具体参见《当代中国社会阶层研究报告》。2001 年的数据来自“当代中国社会阶层结构”课题组一项全国抽样调查数据；2006 年的数据根据 2005 年国家统计局 1% 人口抽样调查资料与 2006 年中国社会科学院社会学研究所“中国社会状况综合调查”（CSS）数据推算，具体参见《当代中国社会阶层》；2019 年的数据来自笔者在京津冀、长三角、珠三角、长江中游、成渝五大城市群中的 10 个城市开展的大规模调查数据。

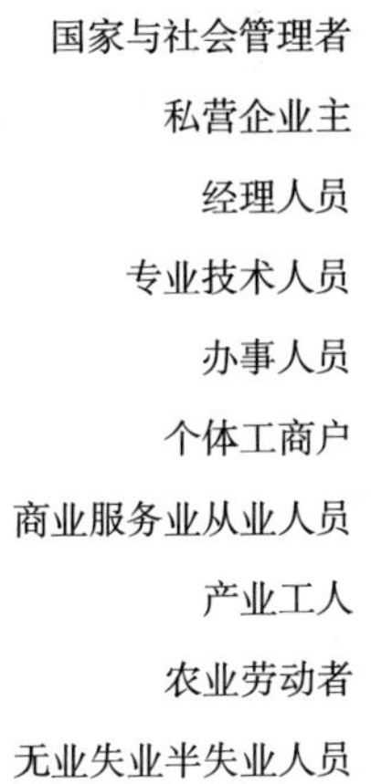

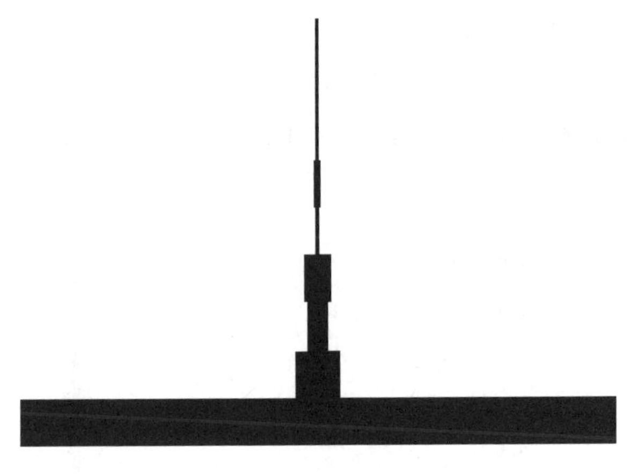

图 8　1952 年全国社会阶层结构形态

为了更直观地考察特大城市社会阶层结构的特征，我们绘制了 1952 年、1978 年、2001 年、2006 年全国社会阶层结构形态图和 2019 年特大城市社会阶层结构形态图。可以看到，1952 年，中国的社会阶层结构形态为典型的“金字塔形”，在社会阶层结构的底部是规模庞大的农业劳动者阶层（见图 8）。1978 年，中国的社会阶层结构是社会主义计划经济体制下的“两阶级一阶层”结构，由于缺乏私营企业主阶层和个体工商户阶层，十大阶层结构尚未形成（见图 9）。从 2001 年到 2006 年，在经济社会双重转型之下，原有的“两阶级一阶层”的社会结构逐步分化为十个社会阶层组成的社会阶层结构，其中农业劳动者阶层的规模不断缩小，流向其他社会阶层，而国家与社会管理者阶层、私营企业主阶层、经理人员阶层、专业技术人员阶层、办事人员阶层、个体工商户阶层和商业服务业从业人员阶层的比例都有不同程度的增加，可以说经济发展以及产业结构和职业结构的趋高级化，使得社会中间层得到壮大，但是全国的社会阶层结构形态仍然呈“金字塔形”（见图 10 和图 11）。从图 12 可以看到，2019 年特大城市社会阶层结构形态较 2006 年全国社会阶层结构形态有了较大改变，社会阶层结构形态趋近于“橄榄形”。张海东认为中国特大城市的“橄榄形”社会结构已具雏形，这主要是因为特大城市作

为改革开放前沿地区，市场化程度较高；同时，各种产业聚集，吸引了大量具有较高素质和技能或者说具有较高市场能力的人员，这些因素使得特大城市在中间阶层的培育方面具有明显优势。①

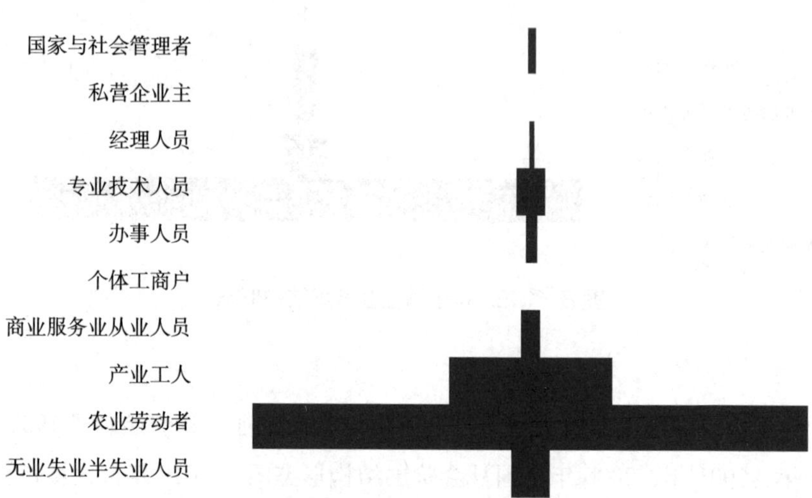

图9 1978年全国社会阶层结构形态

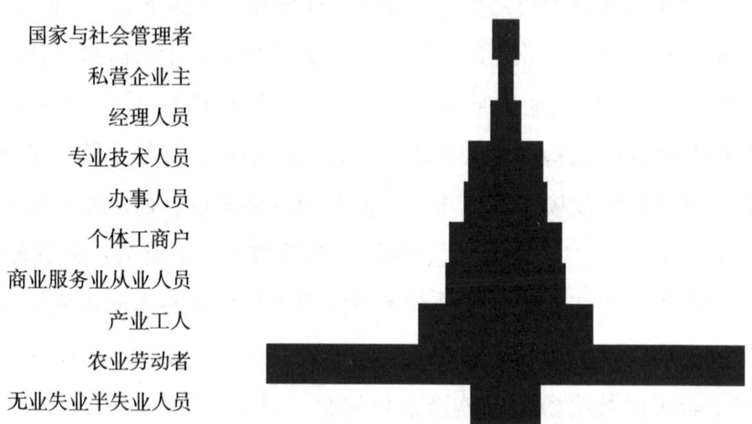

图10 2001年全国社会阶层结构形态

① 张海东:《特大城市“橄榄型”社会结构初具雏形》,《北京日报》2017年3月13日。

国家与社会管理者
私营企业主
经理人员
专业技术人员
办事人员
个体工商户
商业服务业从业人员
产业工人
农业劳动者
无业失业半失业人员

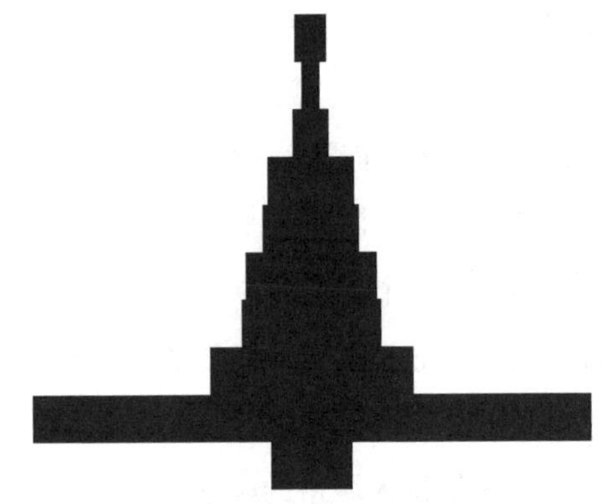

图 11　2006 年全国社会阶层结构形态

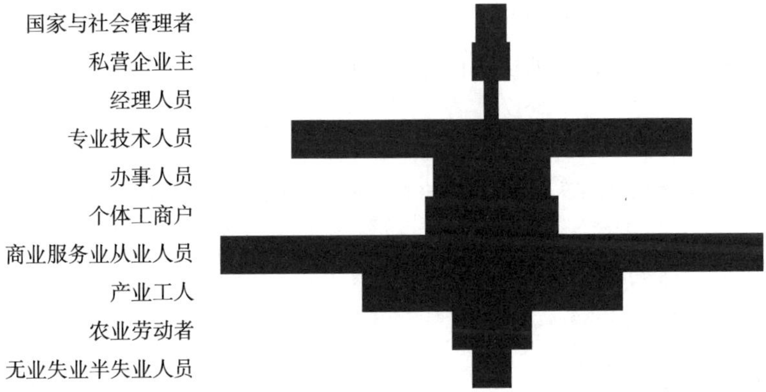

国家与社会管理者
私营企业主
经理人员
专业技术人员
办事人员
个体工商户
商业服务业从业人员
产业工人
农业劳动者
无业失业半失业人员

图 12　2019 年特大城市社会阶层结构形态

李培林和崔岩利用“中国社会状况综合调查”（CSS）2008~2019 年的数据，对中国社会职业阶层结构的变化进行了分析，该项研究首先将中国的职业阶层结构划分为工业工人、服务业工人、农民、专业技术人员、中小民营企业主、干部、企事业单位办事职员和自由职业者，然后把农民和工业工人（蓝领）之外的从业人员全部划归为服务业从业人员（白领），进而将八个职业阶层进一步简化为白领、蓝领、农民三大群体。[①] 其阶层结构如图 13 所示，2008 年到

① 李培林、崔岩：《我国 2008~2019 年间社会阶层结构的变化及其经济社会影响》，《江苏社会科学》2020 年第 4 期。

2019年的11年间，全国范围内农民的比例减少了14.3个百分点，而白领的比例则增加了17.3个百分点。截至2019年，可以大体得到一个56∶44的简化结构，即白领占55.7%，而蓝领和农民占44.3%。类似地，我们也对特大城市十大阶层做了简化处理，将国家与社会管理者、私营企业主、经理人员、专业技术人员、办事人员、个体工商户和商业服务业从业人员全部划为白领，将产业工人划为蓝领（工业工人），将农业劳动者划为农民，进而将特大城市职业结构简化为农民、白领、蓝领（工业工人）和无业失业半失业人员。本研究的数据则显示，2019年特大城市的职业结构大体为77∶23，白领占77.24%，蓝领、农民和无业失业半失业人员占22.76%。根据美国劳工组织的数据，目前经济发达国家白领的比重很大，比如，美国白领占比为77.57%，英国为69.24%，德国为65.85%，日本为63.79%，瑞典为72.11%，澳大利亚为71.13%。[①] 可以说，当前中国特大城市中白领的比例已经达到发达国家水平。

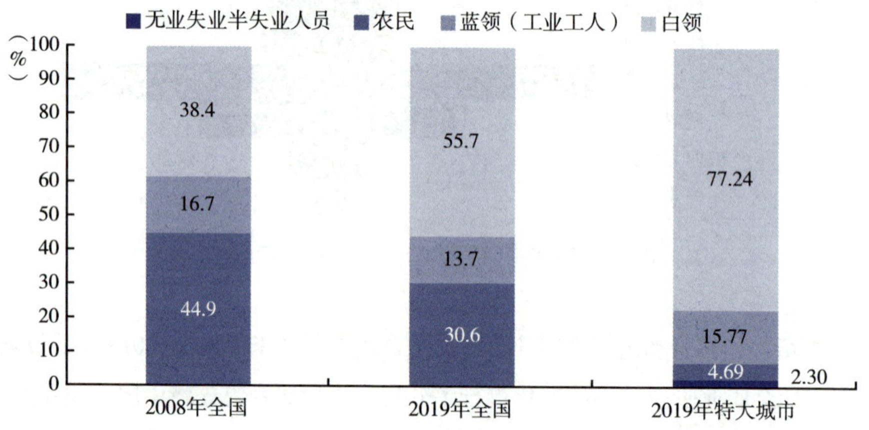

图13　2008年和2019年全国和特大城市职业结构分布

数据来源：2008年和2019年全国层面的数据来自"中国社会状况综合调查"（CSS）。

① 李强:《中国离橄榄型社会还有多远——对于中产阶层发展的社会学分析》,《探索与争鸣》2016年第8期。

五　结语

本报告参照“十大阶层”分类方法对北京、天津、上海、杭州、广州、深圳、武汉、长沙、重庆、成都这十个特大城市的社会阶层进行划分。在分析十大阶层的构成和特征的基础上，揭示了特大城市社会阶层结构形态。研究发现，以国家与社会管理者阶层、私营企业主阶层、经理人员阶层、专业技术人员阶层、办事人员阶层、个体工商户阶层和商业服务业从业人员阶层为代表的白领（服务业从业人员）构成了特大城市社会阶层结构的主体，总体而言，中国特大城市的“橄榄形”社会阶层结构已具雏形。

值得注意的是，虽然中国特大城市的社会阶层结构中白领（服务业从业人员）的比例已经达到了77.24%，但是从白领（服务业从业人员）内部各社会阶层的分布来说，仍然与发达国家的社会阶层结构存在一定的差距。以美国为例，20世纪70年代中产阶层在美国社会阶层结构中的比例已经达到70%左右，到了20世纪90年代，美国就已经形成“倒金字塔形”社会阶层结构，仅管理人员和专业技术人员的比例就接近60%。① 反观国内，特大城市社会阶层结构中白领（服务业从业人员）的主体仍然是商业服务业人员，这一阶层在特大城市社会阶层结构中的比例高达33.2%，而国家与社会管理者阶层、私营企业主阶层、经理人员阶层和专业技术人员阶层等社会阶层的比例则不到30%。进一步扩大各类管理人员、专业技术人员和办事人员等中产阶层在社会阶层结构中的比重是当前中国社会阶层结构转型的关键所在。

---

① 仇立平:《上海社会阶层结构转型及其对城市社会治理的启示》,《国家行政学院学报》2014年第4期。

参考文献

国家统计局人口和就业统计司:《中国人口和就业统计年鉴 2019》，中国统计出版社，2019。

国家职业分类大典修订工作委员会:《中华人民共和国职业分类大典》，中国劳动社会保障出版社，2015。

李春玲:《社会分层研究与理论的新趋势》，载李培林主编《社会学理论与经验》，社会科学文献出版社，2005。

李春玲:《中国阶级阶层研究 70 年：反思、突破与创新》,《江苏社会科学》2019 年第 6 期。

李路路:《改革开放 40 年中国社会阶层结构的变迁》,《武汉大学学报》(哲学社会科学版）2019 年第 1 期。

李培林主编《中国新时期阶级阶层报告》，辽宁人民出版社，1995。

李培林等:《当代中国阶级阶层变动 1978~2018》，社会科学文献出版社，2018。

李培林、崔岩:《中国 2008~2019 年间社会阶层结构的变化及其经济社会影响》,《江苏社会科学》2020 年第 4 期。

李强:《“丁字型”社会结构与“结构紧张”》,《社会学研究》2005 年第 2 期。

李强:《关于中产阶级和中间阶层》,《中国人民大学学报》2001 年第 2 期。

李强:《中国离橄榄型社会还有多远——对于中产阶层发展的社会学分析》,《探索与争鸣》2016 年第 8 期。

李强、王昊:《中国社会分层结构的四个世界》,《社会科学战线》2014 年第 9 期。

陆学艺主编《当代中国社会阶层研究报告》，社会科学文献出版社，2002。

陆学艺主编《当代中国社会阶层》，社会科学文献出版社，2018。

陆学艺主编《当代中国社会结构》，社会科学文献出版社，2018。

陆学艺主编《当代中国社会流动》，社会科学文献出版社，2018。

吕鹏、范晓光、孙明:《当代中国私营企业主与个体工商户：结构、态度与行动》，载李培林等著《当代中国阶级阶层变动 1978~2018》，社会科学文献出版社，2018。

仇立平:《上海社会阶层结构转型及其对城市社会治理的启示》,《国家行政学院学报》2014 年第 4 期。

孙立平:《断裂：20 世纪 90 年代以来的中国社会》，社会科学文献出版社，2003。

孙立平、李强、沈原:《中国社会结构转型的中近期趋势与隐患》,《战略与管理》1998 年第 2 期。

姚烨琳、张海东:《中等收入群体的扩大与橄榄型社会的形成——以北上广特大城市为例》,《河北学刊》2017 年第 5 期。

张海东:《特大城市“橄榄型”社会结构初具雏形》,《北京日报》2017 年 3 月 13 日。

赵延东、李睿婕、何光喜:《当代中国专业技术人员的规模和心态》，载李培林等著《当代中国阶级阶层变动 1978~2018》，社会科学文献出版社，2018。

［美］戴维·格伦斯基编《社会分层（第 2 版）》，王俊等译，华夏出版社，2005。

B.11
新时代中国居民文化服务与旅游消费调研报告

支钰明　黄　勇*

摘　要：近年来，中国经济实现了快速发展和持续增长，国民消费水平和生活质量也逐步提升，生活方式越来越丰富多彩，以文化和旅游为代表的发展型消费成为国民经济的重要组成部分。公众在文化旅游发展型消费领域的理念、需求和行为都在发生变化。在文化生活领域，随着《公共文化服务保障法》的出台，现代公共文化服务体系建设不断完善，中国居民的文化获得感明显增强，在居民文化生活习惯向高端化、艺术化方向快速升级的同时，文化服务的供需矛盾逐渐也从硬件设施需求向个性化、数字化需求转变。在旅游消费领域，2012 年以来，中国旅游业实现了快速且持续的增长，旅游进入大众化时代，但 2020 年的疫情，给整个旅游行业以及国民的出游计划都带来了前所未有的冲击，复苏尚需时日。

关键词：公共文化　文化生活　旅游消费　公共服务满意度

党的十九大报告指出，中国特色社会主义进入新时代，中国社会的主要矛盾已经转化为人民日益增长的美好生活需要和不平衡不充分的发展之间的矛盾。发展型消费作为国民消费的组成部分之一，已成为提升公众生活水平

* 支钰明，零点有数城市创新事业部研究总监；黄勇，零点有数公共事务系统上海区总经理、国际关系与社会发展事业部副总经理。

和精神素养的重要环节。本文将重点从文化和旅游两个维度，呈现发展型消费领域的变迁。

一 中国公共文化服务和居民文化消费的社会变迁

2015 年，中共中央办公厅、国务院办公厅印发《关于加快构建现代公共文化服务体系的意见》，对推进基本公共文化服务标准化均等化、保障人民群众基本文化权益做出全面部署。与《意见》一同印发的《国家基本公共文化服务指导标准（2015-2020 年）》，对各级政府应向人民群众提供的基本公共文化服务项目和硬件设施条件、人员配备等做出了明确规定。2017 年开始实施的《公共文化服务保障法》从法律层面明确了政府的主体责任。当前，中国文化建设的重心已经从硬件设施建设等基础投入转向服务效能发挥和体制机制深层次改革等方面。

从 2013 年开始，零点有数集团启动了“全国居民文化生活调查”项目，通过抽样调查问卷对全国公共文化服务和居民文化生活进行了连续跟踪调查。该项目每年在全国东中西部 30 余个大中城市发放、回收不少于 3000 份调查问卷，覆盖不同年龄段、收入、学历和职业人群。本文使用 2013 年至 2019 年该项目调查数据分析中国公共文化服务的社会变迁。

（一）公共文化投入不断加大，居民获得感持续增强

近年来，中国新时代文化事业持续繁荣发展。随着《公共文化服务保障法》《公共图书馆法》的出台，各级政府对公共文化服务的重视程度不断提高，公共文化基础设施投入持续增加，各类文化活动日益丰富，服务效能不断优化，居民的文化需求得到了极大满足，文化获得感明显增强。调查数据也印证了这一点（见图 1），2019 年，中国居民对当前文化生活质量的自我评价为 73.5 分，比 2013 年提高了 5.1 分，6 年间增长了 7.5%。

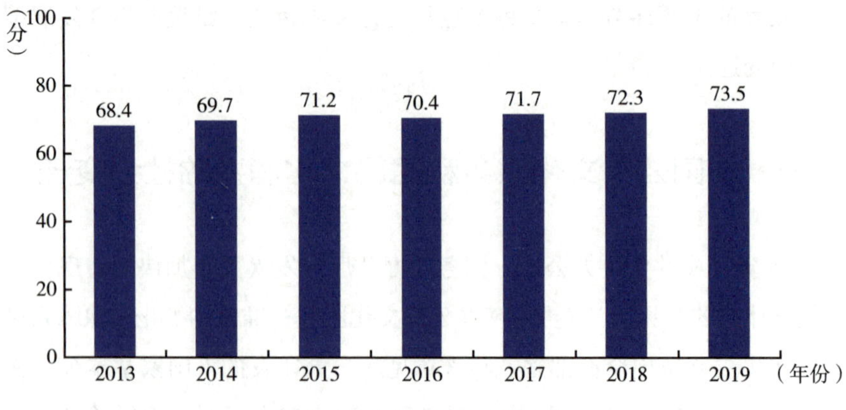

图1　文化生活质量自我评价

数据来源：零点有数“全国居民文化生活调查”。

居民文化获得感增强的另一个表现是各类文化设施的知晓度、使用率和满意度不断提升。近年来，中国文化设施建设不断向乡镇农村基层推进，目前中国已有近50万个行政村（社区）建成了综合性文化服务中心。[①] 与此同时，文化设施的管理运行水平也在不断提升，设施的知晓度和使用率明显提高。调查数据显示（见表1、表2），中国基层文化设施的知晓度从2013年的50.4%上升到2019年的64.9%，增长了14.5个百分点。[②] 与此同时，各类文化设施的使用率也从2013年的65.5%上升到2019年的75.8%，增长了10.3个百分点。[③] 设施使用频率也大幅上升，每年设施使用超过5次的比例从2013年的35.7%上升到2019年的49.0%，增长了13.3个百分点。

表1　中国基层文化设施知晓度和各类文化设施使用率

单位：%

指标＼年份	2013	2014	2015	2016	2017	2018	2019
文化设施知晓度	50.4	51.9	54.3	58.6	60.2	63.1	64.9
文化设施使用率	65.5	66.3	70.8	71.2	73.3	73.9	75.8

数据来源：零点有数“全国居民文化生活调查”。

① 数据来源于《中国文化和旅游统计年鉴2019》。
② 基层文化设施包括乡镇（街道）的综合文化站、村（社区）的综合性文化服务中心。
③ 各类文化设施具体包括图书馆、文化馆、博物馆、美术馆和基层文化设施。

表 2 中国各类文化设施使用频率

单位：%

次数＼年份	2013	2014	2015	2016	2017	2018	2019
不到 5 次	64.3	63.9	58.5	56.5	55.6	52.3	51.0
不到 10 次	7.1	7.7	7.2	8.5	10.4	11.9	13.5
超过 10 次	28.6	28.4	34.3	35.0	34.0	35.8	35.5

数据来源：零点有数“全国居民文化生活调查”。

文化设施的使用者呈现明显的年轻化趋势。调查数据显示（见表 3），2015 年之前文化设施的使用者以中老年人为主，2015 年之后 18~35 岁的年轻使用者明显增加。越来越多的图书馆成为地标建筑和“网红打卡点”，文化场馆中智能化的设备和优美的环境吸引了大量年轻人前来使用。

表 3 不同年龄段文化设施的使用率

单位：%

年龄段＼年份	2013	2015	2017	2019
18~35 岁	58.5	68.4	72.3	78.4
36~45 岁	51.8	50.7	50.2	51.3
46~60 岁	71.1	72.8	72.6	74.1
60 岁以上	80.4	81.8	82.3	82.7

数据来源：零点有数“全国居民文化生活调查”。

从调查结果看，以往中国居民较少使用文化设施的原因主要是：“太忙，没时间”，“不知道在哪儿”，“太远，交通不方便”，“身边没有人去，没有习惯”，“不知道收不收费”，等等。而现在的居民较少使用文化设施的原因更多的是“场地较少”，“资源设备太少”，“约不上课、报不上名”，“开放时间短、不合理”。可见，老百姓对文化设施的需求已经从“有没有”“知不知道”向“好不好”“用不用得上”等软性方面转变。

使用率上升的同时，对文化设施的满意度也在不断提高。调查数据显示（见图 2），2019 年文化设施平均满意度为 81.8 分，比 2013 年提高了 5.7 分，增长了 7.5%。

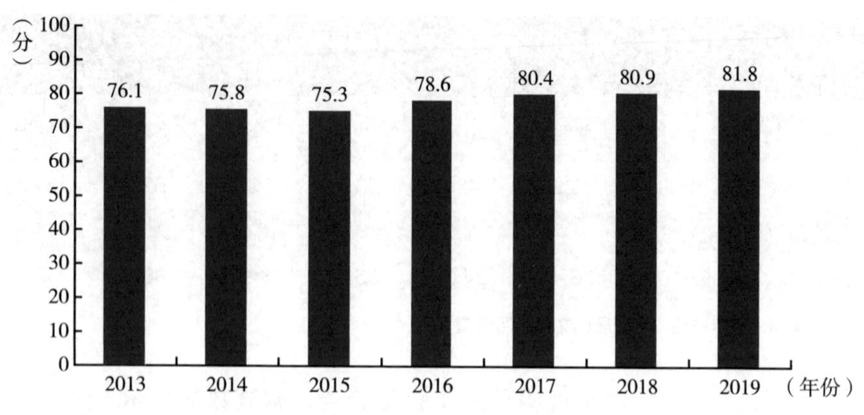

图 2　居民文化设施的平均满意度

数据来源：零点有数“全国居民文化生活调查”。

分年龄群体看，中老年人群对文化设施的满意度要明显高于年轻人。在文化服务均等化的要求下，针对老年人和少年儿童的服务区域越来越多元、设施设备和服务项目越来越丰富，各类特殊群体对文化设施的需求得到较好的满足。同时我们也注意到，最近几年，随着公共数字文化服务的发展、智能设备的广泛使用以及文化云平台的建设，年轻人群的需求在一定程度上得到了快速满足。

文化获得感增强的另一重要表现是各类文化活动的参与度和满意度也在不断提高。近年来，中国不断引导群众文化服务向均等化、标准化和社会化方向发展，文化活动的数量和质量均得到明显提升，文化活动的知晓度和参与率也不断上升。2019 年全国群众文化机构共组织开展各类文化活动 245.1 万场次，① 平均知晓度达到 68.8%，比 2013 年（53.9%）增加了 14.9 个百分点。② 中国居民文化活动的参与率也呈现明显的上升趋势。调查数据显示（见表 4），全年各类文化活动的参与率从 2013 年的 36.7% 上升到 2019 年的 41.7%，增长了 5.0 个百分点。

① 数据来源于《中国文化和旅游统计年鉴 2019》。

② 根据《国家基本公共文化服务指导标准（2015-2020 年）》，文化活动包括阅读活动、电影放映、戏曲演出、艺术培训、参观鉴赏、节庆活动等。

表 4　各类文化活动知晓度和参与率

单位：%

指标＼年份	2013	2014	2015	2016	2017	2018	2019
文化活动知晓度	53.9	58.2	60.9	64.3	64.8	67.4	68.8
文化活动参与率	36.7	39.1	38.4	38.9	40.8	42.2	41.7

数据来源：零点有数“全国居民文化生活调查”。

分职业群体看，政府事业单位工作人员和离退休人员对文化活动的知晓度较高，企业工作人员和个体从业者知晓度较低。文化活动的参与率也表现出人群集中化的现象，即体制内人员尤其是体制内离退休人员、家属参与率明显高于其他人群。近年来，随着惠民文化消费季的举办、文化云平台的推出，信息流动性不断增强，这一现象有所缓解。

由于文化活动受时间、地点、场次和座位等限制，影响文化活动参与率的偶然性因素较多，不确定性较大。此外，经过文艺体制机制的大力改革和多年对文化艺术的扶持，文化活动在质量和水平上得到了广大群众的认可。调查数据显示（见图 3），2019 年各类文化活动的满意度为 80.7 分，比 2013 年提高了 7.3 分。

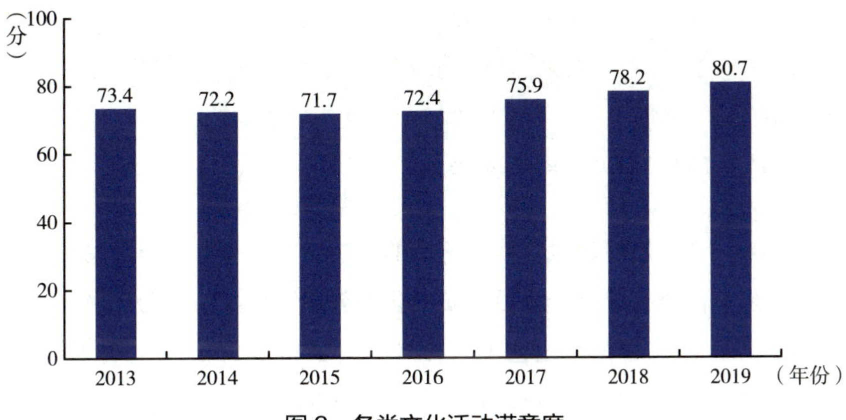

图 3　各类文化活动满意度

数据来源：零点有数“全国居民文化生活调查”。

（二）居民文化生活逐渐向高端化、艺术化方向发展

当前，中国居民的业余文化生活在不断丰富的同时，开始向高端化、艺术化方向发展。从数据上看（见表5），虽然当前中国居民文化休闲生活仍以看电影（41.1%）、看电视听广播（34.6%）和看书读报（28.5%）为主，但是包括唱歌、跳舞在内的传统文化生活方式均有所减少。与之相对，观看演出、参观展览等艺术欣赏门槛较高的文化生活方式呈现明显的上升趋势。文化艺术生活习惯主要与价格水平、经济收入和文化品位有关。文化生活方式的转变，一方面反映了居民收入的增长；另一方面也反映了居民文化艺术素养在不断提高。这两个因素都与青年高收入群体的扩大有关。

表5　中国居民文化生活的主要方式

单位：%

方式＼年份	2013	2014	2015	2016	2017	2018	2019
看书读报	32.6	33.1	32.5	30.4	29.8	31.3	28.5
电视广播	42.5	43.4	42.8	41.7	39.1	35.1	34.6
电影	44.1	43.8	42.9	43.6	43.2	42.8	41.1
唱歌	18.3	17.6	18.4	18.9	18.1	16.9	17.3
跳舞	18.4	17.5	17.6	14.4	15.6	12.4	12.5
演出	4.8	5.5	7.1	7.3	8.9	11.6	12.2
展览	4.1	3.7	3.2	4.7	5.2	7.3	7.7

数据来源：零点有数“全国居民文化生活调查”。

近年来，各级政府加大对演出艺术的扶持力度，举办各类惠民文化消费活动，为艺术普及和群众接触参与演出艺术创造了良好的社会环境。调查数据显示（见图4），中国演出艺术的参与率从2016年的5.6%上升至2019年的9.3%，增加了3.7个百分点。人均参与频率也从2016年的1.3次/年上升至2019年的2.1次/年，提高了0.8次/年。

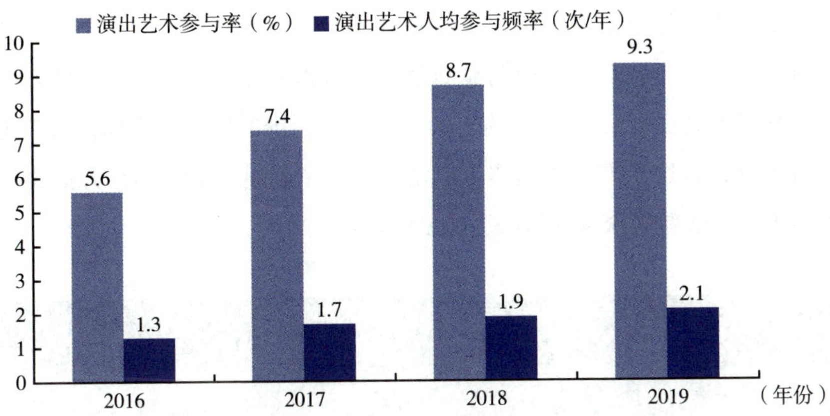

图 4　演出艺术参与率和演出艺术人均参与频率

数据来源：零点有数“全国居民文化生活调查”。

居民文化生活方式的转变还体现在演出艺术消费的增长上。近年来，政府加大培育和促进文化消费力度，各地纷纷推出了文化惠民消费卡、消费券，中国居民在演出艺术上的消费不断增长。调查数据显示（见图 5），2019 年国内一、二线城市人均每次观看演出花费 360.5 元，比 2016 年增长了 8.8%。

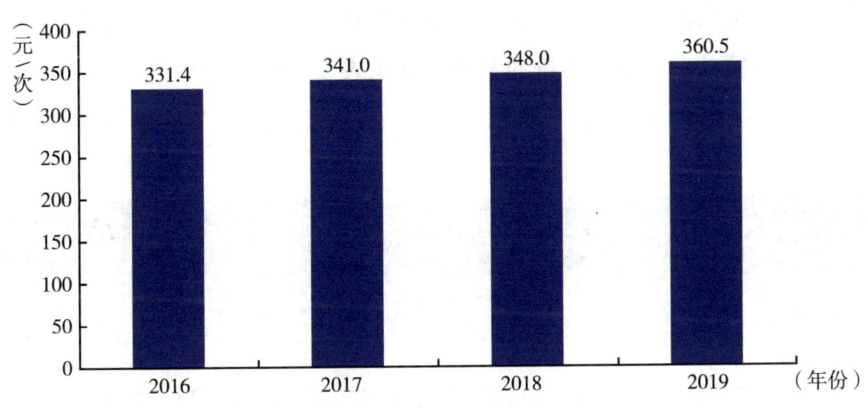

图 5　一、二线城市观看演出的人均消费

数据来源：零点有数“全国居民文化生活调查”。

当前，观众欣赏演出艺术仍主要看重演出的内容性和艺术性，但观众的欣赏偏好发生了一些变化，最明显的是对演出的国际化、经典性和地方性偏好有所减弱（见表6）。观众不再一味追捧国外引进的原版剧目或较为少见的地方特色剧目。这一方面表明本土原创艺术有了长足进步，另一方面也反映了中国年轻一代新观众逐渐形成了自己的审美。

表6 居民对演出艺术的偏好

单位：%

偏好＼年份	2016	2017	2018	2019
内容性	25.8	27.2	29.2	31.3
艺术性	16.3	17.7	19.1	20.3
国际化	14.4	14.6	11.2	10.8
经典性	19.4	17.1	17.8	15.5
地方性	6.3	5.1	3.9	3.2
创新性	9.4	8.8	8.2	9.2

数据来源：零点有数“全国居民文化生活调查”。

同时我们也看到，观众对演出艺术门类具有明显的偏好。调查数据显示（见表7），话剧（40.7%）已经超过戏曲（38.1%）成为最受欢迎的演出艺术门类，尤其是昆曲吸引了一批高学历青年观众。此外，随着商业化的发展和粉丝经济的推动，人们对传统曲艺的喜好也表现出明显的增长趋势。与之相比，欣赏门槛更高的音乐会、舞蹈等艺术门类的受欢迎度出现了一定的下滑。

表7 居民对主要演出艺术门类的偏好

单位：%

艺术门类＼年份	2016	2017	2018	2019
戏曲	39.3	38.4	38.8	38.1
话剧	33.5	34.2	37.4	40.7
音乐会	14.8	13.5	11.6	10.2
舞蹈	22.6	21.4	19.8	16.7
曲艺	32.4	33.2	35.4	36.9

数据来源：零点有数“全国居民文化生活调查”。

（三）供需矛盾逐渐向个性化、数字化文化服务转变

当前，中国居民对美好生活的期望不断增长，在文化方面表现得尤为明显。调查数据显示（见表8），对于一般文化服务，群众需求最强烈的仍是节庆活动（44.1%）和文化场馆（40.8%），这反映出现阶段中国文化供需的基本矛盾仍比较突出。

表8　居民的文化服务需求

单位：%

种类 \ 年份	2013	2014	2015	2016	2017	2018	2019
文化场馆	48.4	47.1	46.3	44.8	42.4	41.5	40.8
节庆活动	34.2	35.8	36.7	38.2	41.3	41.7	44.1
个性化服务	11.9	12.4	13.6	18.7	21.3	21.8	22.7
数字服务	9.7	10.1	9.2	11.5	13.7	13.6	15.1

数据来源：零点有数“全国居民文化生活调查”。

但是，在文化基础设施投入持续增加的背景下，群众对场馆设施的需求呈现下降趋势，而对节庆活动的需求呈现明显的上升趋势。“软性”活动和服务需求上升还体现在个性化服务需求和数字服务需求两个方面。从表8可以看到，个性化服务需求从2013年的11.9%增长至2019年的22.7%，上升了10.8个百分点，数字服务需求从2013年的9.7%增长至2019年的15.1%，上升了5.4个百分点。

相对而言，东部地区对个性化服务和数字服务的需求要明显高于中部和西部地区；而中西部地区对节庆类和技能培训类活动的需求则高于东部地区。该组数据表明，中国文化事业要加快从重视前期投入向重视效能发挥转变，文化服务供给侧结构性改革要加快向精细化、智慧化方向发展。

二　中国居民旅游消费的社会变迁

为考察2012年以来中国居民在旅游方面的态度与行为变化趋势，本研究拟将出游行为客观数据与满意度评价主观数据相结合、“国内游”数据与“出境游”数据相结合，主要从近年来全国人均出游次数、旅游公共服务满意度、出境游客文明形象、出游意愿等几个方面进行分析阐释。分析所依据的数据包括零点有数集团历年来完成的全国旅游服务评价监测、中国游客出境游研究、出游意愿调查，以及国家权威部门发布的统计年鉴与统计公报。

（一）大众旅游时代到来，“出游”逐渐成为日常生活方式

文化和旅游部发布的年度统计数据显示，2012 年，全年的国内旅游人次为 29.57 亿人次，出境游不到 1 亿，为 0.83 亿人次；到 2019 年，全年的国内旅游人次已达 60.06 亿人次，7 年实现翻番，出境游人次相比于国内游虽然差距仍很大，但纵向比较之下增长较快，达 1.55 亿人次，接近实现翻番。

结合全国人口数的变化，计算历年的人均出游次数（见图 6），整体呈逐年平稳上行趋势。总的人均出游次数（含国内游和出境游）从 2012 年的 2.25 次上升到 2019 年的 4.40 次，增长接近一倍；这期间，国内游的人均出游次数从 2.18 次增长到 4.29 次，出境游的人均出游次数从 0.07 次增长到 0.11 次，都分别接近翻番。

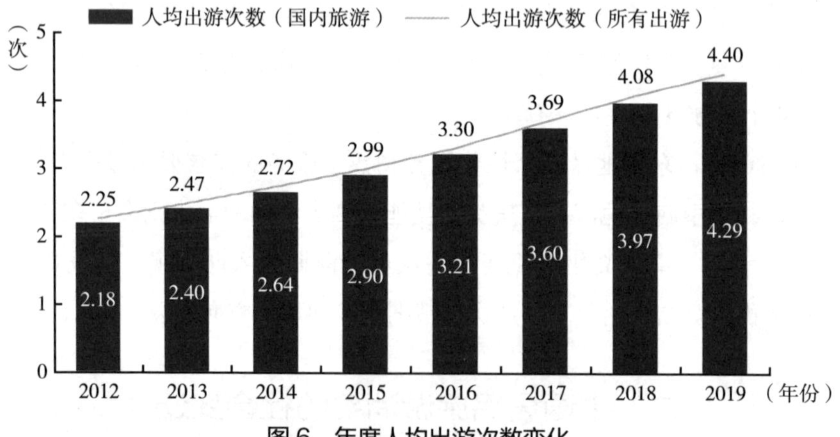

图 6　年度人均出游次数变化

数据来源：基于文化和旅游部、国家统计局公布数据测算。

这清楚地表明，旅游已经进入大众化时代，尤其是国内游已成为许多人的日常生活方式之一，而且部分国人选择在一年中的不同时间、不同季节多次出游。对于大部分国人来说，限于成本、便捷性、国际旅行能力等方面因素，出境游还远不如国内游那般说走就走，但其增速仍然很快。而且由于中国的人口基数庞大，即使看起来人均出境游次数不高、与发达国家的差距明显，但实际出境旅游的绝对人数早就蔚然可观，中国已连续多年蝉联世界第一大出境旅游客源国。

（二）“全域旅游”推动旅游服务变革，游客体验改善显著

2016 年，原国家旅游局首次提出，中国的旅游业要从“景点旅游”向“全域旅游”转变。要将一个区域整体，而不仅仅是一个景点、景区，作为旅游目的地来建设和运作，实现区域资源有机整合、产业融合发展、社会共建共享，以旅游业带动和促进经济社会协调发展。

2018 年 3 月，国务院办公厅印发《关于促进全域旅游发展的指导意见》，就加快推动旅游业转型升级、提质增效、全面优化旅游发展环境、走全域旅游发展的新路子做出部署。全域旅游正式上升为国家战略。2019 年 9 月，文化和旅游部发布了首批 71 个国家全域旅游示范区名单。

全域旅游战略的推动与落实，对各个旅游目的地软硬件服务水平的整体提升，起到了极大的推动作用。零点有数集团连续多年的游客评价监测也显示（见图 7），各地的旅游公共服务水平整体上呈上升趋势。2015 年，国内游客对旅游公共服务的满意度为 76.55 分；2016 年与 2015 年几乎持平；2017 年、2018 年相比于 2016 年上升明显，评分上升至 79.68 分，接近 80 分的水平。这表明，随着各地针对全域旅游在人、财、物等方面的大力投入，以及管理、服务水平的提升，国内游客对旅游公共服务的满意度明显上升。

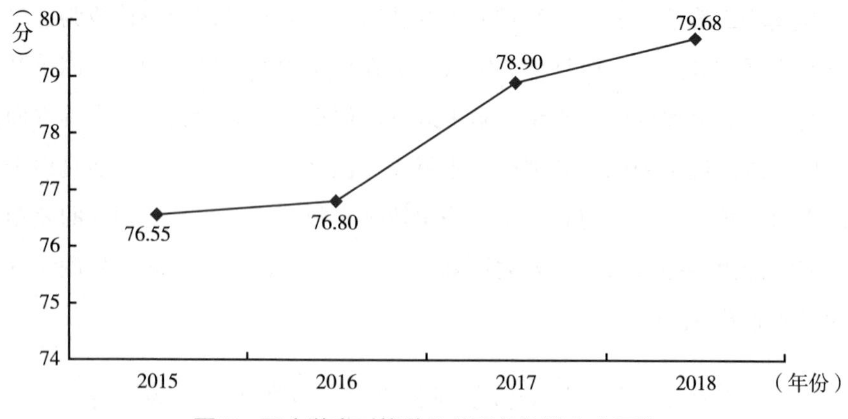

图 7　国内游客对旅游公共服务的满意度评价

数据来源：零点有数全国旅游服务评价监测。

（三）中国游客境外形象有提升，但与当地居民期待仍有差距

随着中国游客越来越多地走出国门、走向全世界，由文化、生活方式、个人素质等差异造成的不文明现象多次见诸舆论。这些现象，轻则造成目的地居民的不快、人际摩擦，重则带来群体冲突，甚至发展成跨国的舆情事件，影响到国家与国民的整体形象。为遏止类似不良现象、引导出境游客文明言行，中央文明办、文旅部、外交部等相关主管部门采取了多重举措，如颁布《中国公民出境旅游文明行为指南》、制作各种形式的文明出境游宣传品、精准推送短信提醒等。

从近几年的情况来看，一方面，恶性的不文明事件越来越少出现；另一方面，零点有数近年来的相关监测发现，境外目的地居民对于中国游客的文明形象评价呈上升趋势。2016 年的监测结果显示（见图 8），该项评价的得分仅为 52.0 分；2018 年、2019 年同一评价结果分别上升到 60.2 分、63.5 分，达到了及格水平。但平心而论，这个评价仍不算高，说明仍需加强引导中国游客文明出游。这可能有赖于个人经济实力的增强、文明程度的提升、跨文化沟通能力的提高等，也需要国民整体文明程度的提升。

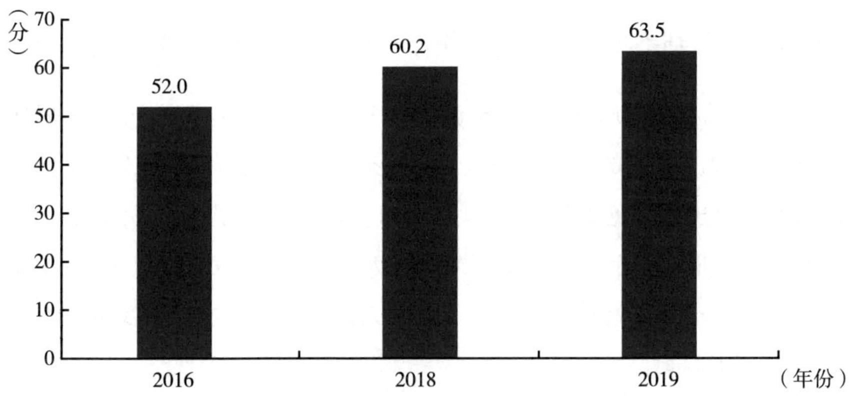

图 8　中国游客境外文明形象评价

数据来源：零点有数中国游客出境游研究。

为了吸引庞大的有强大购买力的中国游客群体，越来越多的国家和地区推出专门方便中国游客的服务措施，比如提供中文的标识、信息和服务。从零点有数连续几年的监测看（见图 9），出境游的中国游客对目的地的中文服务评价并不高，2013~2017 年的 5 年中，该项评分都在 80 分以内。2013 年为 76.2 分，2017 年为 77.0 分，2014 年该项评价最低，仅 73.9 分。

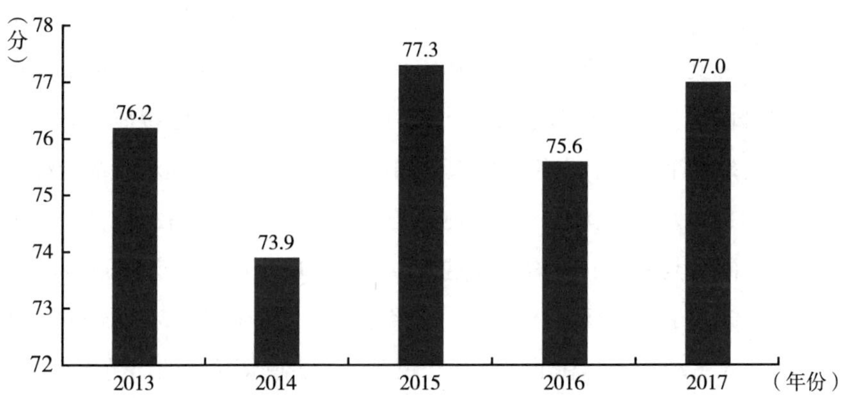

图 9　中国游客对境外目的地中文标识、信息和服务的评价

数据来源：零点有数中国游客出境游研究。

（四）新冠肺炎疫情严重冲击出游意愿，行业完全复苏尚需时日

2020年的新冠肺炎疫情让旅游行业持续多年的良好增长势头戛然而止，转头下行。国民的出游意愿也大受影响。从零点有数在长三角地区完成的城市居民出游意愿调研结果中发现如下几个有典型意义的结论。

第一，上半年旅游市场受疫情冲击极大。本次调研发现约50%的受访者表示上半年没有出去旅游过，有35.8%的人出游过1~2次。市民的旅游意愿受到长时间的压抑。

第二，在2020年的复杂环境之下，“安全”成为游客选择目的地的决定性因素。对于下半年的旅游目的地，选择本地市内游的人最多，达53.8%；选择出省游（境内）的过半数，达51.0%；而选择出境游的明显偏低，仅7.5%。

第三，从本地市内游的具体选择区域来看，城市的郊区比市区更受市民青睐。其原因可能在于，受疫情影响，大部分人更倾向于前往人流不密集、空间开阔、偏自然风光的景区景点。这类目的地更有利于降低疫情传染风险，有利于身心健康。从中也可以看出，尽管大环境有待恢复，但下半年郊区旅游、乡村旅游面临复苏、增长的契机。

第四，从住宿与出行方式看，民宿、自由行较受游客青睐。在疫情的影响下，相比于星级酒店，民宿规模小、人流相对不密集的特点反而更受游客青睐。上文说到，对于市内游，受访市民更倾向于选择郊区，可见市民在做出选择的时候，其背后心理逻辑是一致的。这样的需求偏好特征，对于郊区民宿的发展是一个契机。文旅部发布的2020年第二季度全国星级饭店经营情况平均指标也显示（见图10），整体趋势上，酒店星级越高，其平均出租率反而越低，同时其同比的下滑程度越大。出市游的出游方式选择则显示，3/4左右的人都倾向于自由行（75.6%），选择跟团的仅占6.4%。在防疫的大背景下，大部分人主动选择有利于保持社交距离、减少密切接触的出游方式。

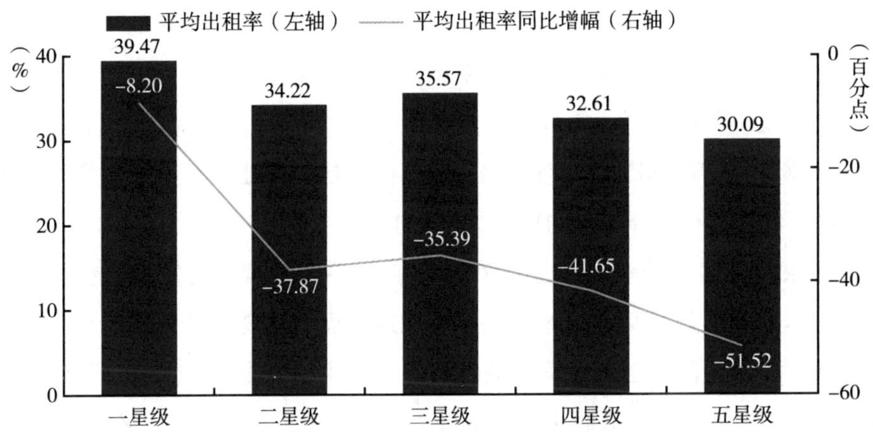

图10　2020年第二季度全国星级饭店经营情况平均指标

数据来源：文化和旅游部。

2020年从第三季度开始，旅游业有更明显的复苏。但是鉴于疫情波动的不确定性、疫情防控的常态化，以及国际局势的复杂性，2020年内旅游业期望全面复苏的难度较大，游客的出游信心也还需客观环境提供更强保证。

三　结语

在文化发展型消费领域，随着经济收入和生活水平的提高，老百姓的精神文化生活需求愈加凸显。本项研究通过调查数据发现，中国前期在文化建设领域的大量投入获得了较大的社会效益，文化设施的使用率和满意度明显提高。与此同时，在各级政府的大力推动下，公共文化服务机构法人治理结构改革、总分馆制建设和社会化发展等方面取得了明显突破。文化与旅游、文化与科技、文化事业与文化产业进一步融合，文化服务模式不断创新，民众的文化参与度和获得感明显提升，并向高端化和艺术化方向发展。

与此同时，可以看到中国文化服务供给侧结构性改革的基本矛盾还比较突出，一些大城市的中心城区普遍面临人均文化设施面积偏小的问题；中西部地区对高水平演出艺术、传统文化活动和技能性培训的需求比较强烈；不同人群的个性化和消费性服务需求还没有得到充分满足；尤其是年轻人对于数字化、智能化文化服务的需求越来越突出。未来，中国文化事业在巩固现有文化建设成就的同时，需要进一步推进文化体制机制和公共文化服务机构深层次改革，加快标准化、均等化、数字化和社会化建设，不断创新供给模式以满足人民群众日益增长的精神文化需求。

在旅游发展型消费领域，自2012年起，中国旅游业的发展趋势与国民经济整体的发展趋势基本一致，旅游业快速发展。这既为整个国民经济的增长贡献了力量，同时也表明国民的消费水平、生活质量逐步提升，生活方式越来越丰富多彩。中国人越来越多地外出旅游，无论是国内游，还是境外游，均是全面实现小康生活的重要表征。从旅游的行为数据来看，2012年以来中国人的人均出游次数逐年平稳上升，2019年已达4.40次，比2012年接近翻番，其中，国内游和出境游都有大幅度的增长。从游客对于旅游服务的评价来看，随着全域旅游战略的推进，全国各个旅游目的地在旅游硬件、软件等各方面持续改进，游客对国内旅游公共服务的满意度评价也呈上升趋势。在出境游方面，尽管境外目的地居民对中国游客的整体评价逐年提升，但中国游客在文明旅游方面仍有可改善空间。最后，2020年突如其来的新冠肺炎疫情，严重冲击国民的出游心理和出游行为，全国旅游业多年来的增长曲线，与全球旅游行业的整体态势一样几乎断崖式下行，复苏尚需时日。

参考文献

国家旅游数据中心:《2017年全年旅游市场及综合贡献数据报告》，2018。

国家旅游数据中心:《2016年中国旅游业统计公报》，2017。

柯平等:《中国基本公共文化服务标准化与均等化研究》，国家图书馆出版社，2020。

李国新:《现代公共文化服务体系建设与公共图书馆发展——〈关于加快构建现代公共文化服务体系的意见〉解析》,《中国图书馆学报》2015年第3期。

李国新:《对我国现代公共文化服务体系建设的思考》,《克拉玛依学刊》2016年第4期。

李国新:《公共文化服务保障法的制度构建与实现路径》,《图书情报工作》2017年第16期。

李国新:《完善农村公共文化服务政府购买政策与机制》,《行政管理改革》2019年第5期。

国家统计局:《中华人民共和国2019年国民经济和社会发展统计公报》,2020。

文化和旅游部:《中华人民共和国文化和旅游部2019年文化和旅游发展统计公报》,2020。

文化和旅游部:《中国文化和旅游统计年鉴2019》,国家图书馆出版社,2020。

文化和旅游部:《2020年第二季度全国星级饭店统计报告》,2020。

文化和旅游部:《2020年第一季度全国旅行社统计调查报告》,2020。

文化和旅游部:《2020年第一季度全国星级饭店统计报告》,2020。

文化和旅游部:《2019年度全国旅行社统计调查报告》,2020。

文化和旅游部:《2019年度全国星级饭店统计报告》,2020。

文化和旅游部:《2018年旅游市场基本情况》,2019。

国务院办公厅:《关于促进全域旅游发展的指导意见》,2018。

王兴斌:《人均出游次数不能反映实际出游状况》,中国经济网,2015年1月23日。

B.12

中国大学生健康状况与健康行为调查报告

——基于“中国大学生追踪调查”（PSCUS）数据的分析

刘保中　郭亚平*

摘　要：青年健康是青年发展的关键，也是国家实现“健康中国”战略的重要内容。本报告利用“中国大学生追踪调查”（PSCUS）2018 年、2019 年以及 2020 年 3 月疫情期间的调查数据，对大学生的基本健康状况、健康行为和疫情对大学生健康的影响进行分析，全面呈现当下大学生的健康状况。研究发现，大学生自评健康状况良好，但量表的测量显示大学生身体症状和器官功能健康状况一般，近三成大学生患心理疾患的风险较高；此外，大学生注重体育锻炼，但不吃早餐、吸烟、喝酒、熬夜等行为也危害大学生的身体健康。疫情对大学生身体和心理健康的影响亟待关注，数据显示大学生健康状况整体较好，但仍有部分大学生的睡眠和心理健康受到疫情影响。大学生健康是保障大学生学习和生活的重要基础，高校应充分发挥引导和教育的功能，在大学生中倡导健康生活方式并培养大学生终身锻炼的习惯。

关键词：大学生　身体健康　心理健康　社会交往健康　健康行为

* 刘保中，中国社会科学院社会学研究所助理研究员；郭亚平，中华女子学院社会工作学院讲师。

2016 年 10 月，中共中央、国务院印发了《“健康中国 2030”规划纲要》，文件强调了“健康”在国家发展中的战略地位，要求将健康教育纳入国民教育体系。习近平总书记在十九大报告中也进一步指出，把全民健康作为全面小康的重要基础，从经济社会发展全局统筹谋划加快推进“健康中国”建设。青年是国家的未来、民族的希望，促进青年健康成为实施健康中国战略的重要内容。

大学生是中国青年人才资源的重要组成部分，其身心健康问题受到社会各界的广泛关注。近年来，大学生体质呈下降趋势，而且受到生理、心理以及社会适应等诸方面的影响，大学生健康尤其是心理健康问题引发的校园恶性事件不时出现。总体把握当前大学生的基本健康状况与健康行为，不仅有助于分析大学生健康问题的成因，也是推进学校健康教育、加强学生健康管理以及建设健康中国的基础环节。

本报告使用的数据来自“中国大学生追踪调查”（PSCUS）（原名“中国大学生及毕业生就业、生活和价值观追踪调查”）。“中国大学生追踪调查”（PSCUS）由中国社会科学院社会学研究所和中国教育发展智库组织开展，是一项针对当代中国大学生的追踪性调查研究，主要通过跟踪调查系统、深入了解当代中国在校大学生及毕业生的境遇、态度与行为。“中国大学生追踪调查”自 2013 年开始正式实施，每年进行一轮。本报告选取了该调查 2018 年、2019 年和 2020 年 3 月新冠肺炎疫情期间与大学生健康问题相关的调查数据，对中国大学生日常及疫情期间的基本健康状况和健康行为进行了分析。本次分析的对象包括高职生和本科生两种类型，研究生不在本次分析范围之内。经过样本和变量无效值筛选之后，本报告使用的中国大学生追踪调查数据的基本情况为：2018 年调查数据，有效样本量为 13122 个，其中男生占 48%，女生占 52%；2019 年 B 卷调查数据，有效样本量为 7379 个，其中男生占 47.2%，女生占 52.8%；疫情期间调查数据，有效样本量为 9429 个，其中男生占 48%，女生占 52%。考虑到本报告并不打算进行严格意义上的统计推论，因此我们未对数据进行加权处理。

一　大学生健康状况

（一）大学生自我感觉健康状况良好，普遍认为自己的身体、心理和社会交往都比较健康

世界卫生组织提出健康不仅指没有疾病和虚弱感，而且指个人生理、心理和社会层面的完好状态，个体的健康包括生理、心理和社会交往等多个维度。2019 年“中国大学生追踪调查”数据显示（见图 1），大学生自我感觉整体健康状况良好，超九成的大学生对自己的身体健康、心理健康和社会交往健康比较有信心。14.8% 的大学生认为自己身体健康状况“很好”，42.5% 的大学生认为自己身体健康状况“比较好”，32.9% 的大学生认为身体健康状况一般，仅有 1% 的大学生认为身体健康状况“很不好”。在心理健康上，11.6% 的大学生认为自身心理健康状况“很好”，41% 的大学生认为自身心理健康状况“比较好”，认为自身心理健康状况“很不好”和“不太好”的比例分别只有 1.4% 和 7.4%。相比于身体和心理健康，大学生的自评社会交往健康状况更好，24% 的大学生认为自身社会交往健康状况“很好”，远高于选择身体和心理健康状况“很好”的比例。从上述自评健康状况来看，大学生普遍认为自己的身体、社会交往以及心理都比较健康。

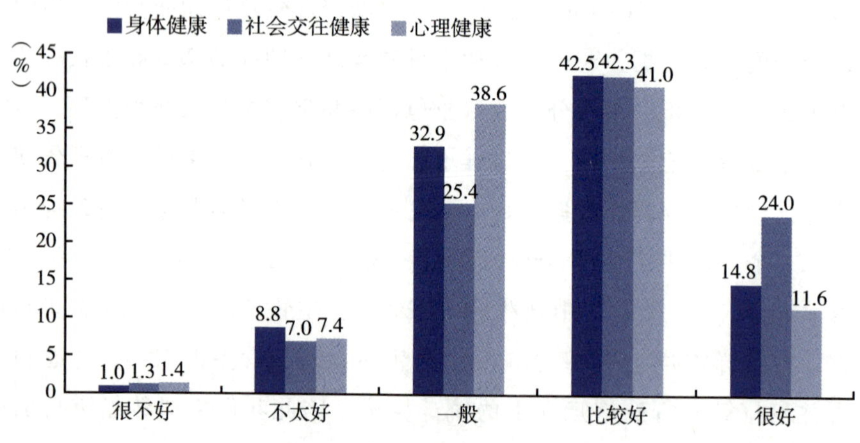

图 1　大学生自评健康状况

（二）大学生出现不同程度的身体症状和器官功能健康问题，胃肠、疲劳、睡眠质量和身体疼痛等问题较为明显

总体自评健康呈现了大学生对自身健康状况的总体性认知，但可能掩盖了大学生存在的具体健康问题，为此，“中国大学生追踪调查”采用现阶段较为成熟的健康量表进一步评估大学生的健康状况。2018 年“中国大学生追踪调查”采用自测健康评定量表（SRHMS）中生理健康子量表评估“身体症状和器官功能”维度的题目，对大学生的器官功能健康进行测量。自测健康评定量表（SRHMS）可用于 14 岁以上各类人群，是健康测量的一个有效手段。对身体症状和器官功能健康的评估，主要询问大学生的视力、听力、食欲、胃肠、疲劳、睡眠和身体疼痛等 7 个方面的健康状况，这 7 项内容具有统计意义上的相关性，能够充分反映大学生的身体症状和器官功能健康状况。每项内容最高分 10 分，最低分 0 分，得分越高表示大学生健康状况越好。

数据显示，大学生的视力健康状况一般，大学生自评视力健康平均得分仅有 5.3 分。“眼镜化”是当今青少年群体的特征之一，而且学生近视逐渐呈现低龄化趋势，长期的学业压力造成学生的用眼负担过重，导致学生在高等教育阶段的视力健康状况较差。在听力健康上，大学生听力状况相对良好，听力健康平均得分为 7.7 分。大学生食欲比较好，自评食欲状况得分达到 7.7 分，接近四成（39.4%）的大学生认为自己的食欲非常好，评分高于 9 分。

虽然数据表明大学生食欲比较好，但调查同时显示大学生肠胃健康状况较为一般。在大学生胃肠健康方面，调查询问了大学生是否经常感到肠胃不适，像腹胀、拉肚子、便秘等。结果显示，大学生肠胃健康平均得分仅为 5.9 分，而且有近三成（29.1%）大学生肠胃经常感到不舒适，评分在 5 分以下。大学生疲劳状况平均分为 5.3 分，而且近 1/3（32.6%）的大学生评分在 5 分以下，仅有一成（10.2%）大学生不会容易感到疲劳。此外，大学生睡眠质量一般，自评睡眠质量得分为 6.6 分，仅有约 1/4（24.6%）

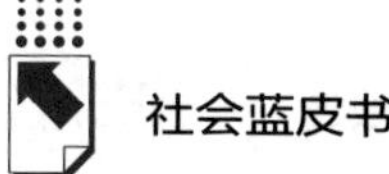

的大学生认为睡眠质量非常好，评分在9分以上，接近两成（19.3%）大学生的睡眠质量得分在5分以下。在大学生身体疼痛状况上，评分为6.7分，说明大学生身体存在一定程度的疼痛，而且18.9%的大学生评分在5分以下，认为自己的身体疼痛较严重。

总的来看，大学生身体症状和器官功能健康状况一般，总体评分大多在7分以下，大学生的视力、胃肠健康以及疲劳状况平均得分甚至在6分以下。由此可见，大学生自我感觉身体健康状况良好，但也出现了不同程度的身体症状和器官功能健康问题，反映出大学生对这些生理健康问题缺乏足够的重视。因此，高校应积极引导大学生重视生理健康，组织大学生广泛参与健身运动、加强锻炼，提升大学生的身体素质。

（三）大学生心理健康问题突出，处于心理亚健康状态的人数比例较高；相比于大一新生，老生患心理疾患的危险性明显较高；女大学生患心理疾患的危险性程度略高于男大学生

心理健康问题严重影响大学生在校期间的学习、生活和交往，校园恶性危机事件也往往与大学生的心理问题存在较大的关联。2019年"中国大学生追踪调查"采用凯斯勒心理疾患量表（K10）测量大学生心理疾患的危险性，K10将个体心理健康状况分为四个等级：0~5分为1级，表示患心理疾患的危险性低；6~11分为2级，表示患心理疾患的危险性较低；12~19分为3级，表示患心理疾患的危险性较高；20~40分为4级，表示患心理疾患的危险性高。

K10测评结果显示，大学生患心理疾患的危险性等级的比例分布分别为1级（35.1%）、2级（33.7%）、3级（20.0%）和4级（11.2%），超三成的大学生患心理疾患的危险性为3级及以上。大学生心理疾病患病率虽然不是很高，但是处于心理亚健康状态的人数比例较高，心理亚健康会对大学生的学习与生活造成不同程度的负面影响，如果不及时采取有效的心理干预措施，这些亚健康问题很容易发展为严重的心理疾病。

K10测评结果还表明，患心理疾患的危险性与年级存在显著关联。"中国

大学生追踪调查”的调查时点为每年的 10~11 月，2019 年的调查结果显示相比于大一新生，老生患心理疾患的危险性明显较高。如图 2 所示，患心理疾患危险性低（1 级）的比例在一年级为 40.6%，二年级显著下降到 33.0%，跟此后的三年级（32.7%）和四年级（31.2%）差距不大；患心理疾患危险性较高（3 级）的比例在一年级为 17.6%，二年级、三年级和四年级分别增加到 19.8%、21.0% 和 23.9%；患心理疾患危险性高（4 级）的比例在一年级为 8.8%，二年级、三年级和四年级分别增加到 12.2%、12.8% 和 10.9%。由此可见，大学新生入校后在适应新环境的成长过程中，逐渐产生了较为明显的心理焦虑、心理困惑等问题，显著增加了其后患心理疾患的危险性。

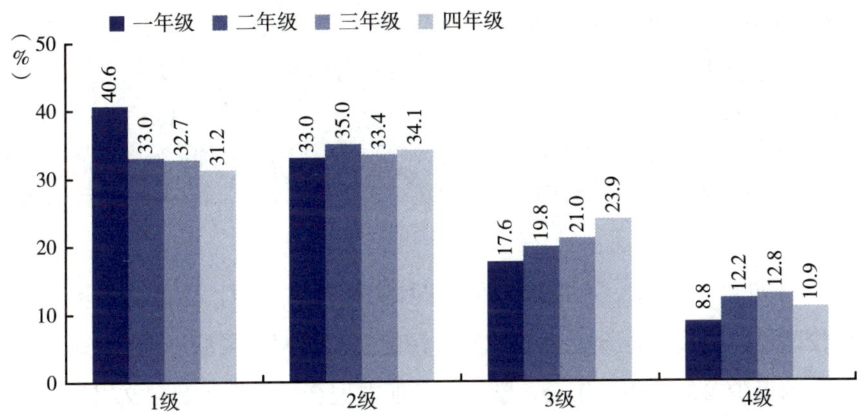

图 2　不同年级大学生凯斯勒心理疾患量表（K10）测评结果

从性别差异看，女大学生患心理疾患的危险性程度略高于男大学生，女大学生患心理疾患危险性达到 3 级和 4 级的比例合计为 32.5%，男大学生患心理疾患危险性达到 3 级和 4 级的比例合计为 29.7%。

（四）大学生社会交往健康状况整体较好，大多数人与家人关系和睦，并拥有关系密切、可以分享喜怒哀乐的同学或朋友，但存在社交孤独问题

社会交往健康反映了大学生的人际关系和社会融入状况。2018 年“中国

大学生追踪调查”全面考察了大学生与家人、朋友的交往状况以及社会参与情况。调查发现，大学生社会交往状况整体较好。在与家人的关系上，大学生认为自己与家人关系和睦的评分平均达 8.6 分（10 分为满分），其中一半以上（50.6%）大学生自评分数为 10 分，认为与家人关系非常和睦。在与同辈群体交往上，认为自己有“较多”和“非常多”关系密切的同学或伙伴的大学生比例合计达到 62.3%，超过一半（51.8%）的大学生有“较多”和“非常多”可以分享喜怒哀乐的朋友，而且 60.4% 的大学生经常与亲朋好友保持联系（见表 1）。

表 1　大学生社会交往健康状况

单位：%

社会交往	较少	一般	较多	非常多
与您关系密切的同学、邻居、亲戚或伙伴	7.5	30.2	43.2	19.1
可以与您分享快乐和忧伤的朋友	14.4	33.8	36.1	15.7
与亲朋好友经常保持联系	8.9	30.7	35.1	25.3
经常参加一些社会集体活动（如党团、工会、学生会、朋友聚会、体育比赛、文娱等）	16.4	38.6	31.4	13.6

尽管如此，一些大学生仍旧面临“社交孤独”问题，这些学生不太喜欢参加校园集体活动，也缺乏可以说知心话的朋友。调查数据显示，16.4% 的大学生表示很少参加党团、工会、学生会、朋友聚会、体育比赛、文娱等各种类型的学校集体活动，14.4% 的大学生表示可以分享喜怒哀乐的朋友“较少”。

二　大学生健康行为

（一）大学生饮食习惯不良，不重视早餐、点外卖现象普遍；存在膳食结构不合理问题，偏爱油炸、烧烤、可乐类食品

饮食健康是保障大学生身体健康的重要基础，大学生三餐规律并保证充足的营养摄入才能为日常的生活和学习提供能量。2018 年调查数据显示，当

前大学生饮食习惯严重不合理，仅有 54.1% 的大学生表示几乎每天都吃早餐，8% 的大学生表示几乎每天都不吃早餐。在午餐和晚餐上，学生点外卖的频率也较高。数据表明，41.1% 的大学生每周都会点外卖，其中几乎每天都点外卖的学生占 7.2%，15% 的大学生每周会点 3~5 次外卖。在调研中进一步了解到学生点外卖的原因，除了食堂就餐环境、菜品等因素外，学生反映点外卖可以满足对时间自由安排的需求，可以不受限于食堂营业时间，同时在就餐时还可以看书看视频甚至打游戏，可见大学生的饮食比较不规律。

大学生饮食结构也不合理。从整体来看，虽然学生每天的营养摄入比较健康，超过一半的大学生几乎每天都吃肉类和蔬菜，接近三成（29.2%）的大学生每天食用蛋类，每天都食用豆制品、奶制品和水果的学生比例也均在 1/4 左右。但是，油炸食品、烧烤、方便类食品、可乐和冷冻甜品在大学生饮食中也比较常见。84.5% 的大学生每月都吃油炸食品，甚至有 16.9% 的大学生每周吃 3~5 次和几乎每天都吃。每月都吃烧烤的学生占 68.4%，每月都吃方便类食品的学生占 81.9%，每月都吃鱼丸、香肠等加工肉类的学生占 83.9%，每月都喝可乐或勾兑饮料的学生占 76.7%，72.4% 的大学生每月都会吃几次冷冻甜品（见表 2）。

表 2　大学生的饮食状况

单位：%

种类	几乎每天	每周 3~5 次	每周 1~2 次	每月几次	很少或从来不吃
肉类	55.6	21.5	12.9	6.7	3.3
鱼虾等水产品	5.8	13.5	25.8	32.7	22.3
蛋类	29.2	29.0	25.2	12.0	4.6
豆制品	25.2	30.1	27.4	12.5	4.8
奶制品	27.7	28.5	25.6	13.3	5.0
水果	24.6	30.4	28.2	13.4	3.4
蔬菜	58.0	25.2	11.8	4.0	1.0
油炸食品（薯条 / 油条等）	4.5	12.4	32.9	34.7	15.5
腌制食品（腊肉 / 咸菜等）	3.3	8.1	23.6	37.4	27.6

续表

种类	几乎每天	每周 3~5 次	每周 1~2 次	每月几次	很少或从来不吃
烧烤	2.3	4.9	13.8	47.4	31.6
方便类食品（方便面、饼干等）	3.6	11.9	27.2	39.2	18.2
加工肉类（香肠 / 鱼丸等）	3.5	12.3	29.7	38.4	16.1
罐头类食品	2.2	4.4	10.7	27.2	55.6
可乐或勾兑类饮料	5.5	15.8	24.9	30.5	23.3
冷冻甜品（冰激凌等）	2.9	8.6	21.2	39.7	27.6

（二）大学生作息不规律、“刷夜”现象普遍，睡眠不足问题突出，重点大学和高年级学生熬夜现象更加严重

对个人身体健康来说，睡眠如空气、水和营养一样重要，睡眠一旦存在问题，就会引发其他健康问题。然而调查发现，“熬夜”在大学生群体中非常普遍。2019 年调查数据显示，只有 8.9% 的大学生在 10 点之前入睡。83.6% 的大学生都是在晚上 11 点之后才上床睡觉，近一半（49.3%）的大学生在晚上 11 点至 12 点之间睡觉，34.3% 的大学生都是在晚上 12 点以后才上床入睡。“熬夜”似乎成了当代大学生重要的生活方式之一，有大学生因学习或工作任务而不得不晚睡——“被迫式熬夜”，也有大学生因形成晚睡习惯无法较早入睡——“习惯性熬夜”，更有虽然没什么重要的事情，而且知道熬夜的危害但依然坚持晚睡的“报复性熬夜”。部分大学生表示，“白天是工作，晚上才是生活”，白天的时间是为了学习、工作，晚上才是属于自己的时间，在夜晚能够得到心理补偿，因此会选择晚睡。熬夜严重影响了大学生的睡眠时间，调查数据显示，43.4% 的大学生每天的睡眠时间在 7 小时以下。长期熬夜会导致生理机制的紊乱，使身体付出巨大的代价，这也成为影响大学生身体健康的重要因素。

大学生的熬夜情况在不同类型学校和年级间存在明显差别，“985”高校和高年级学生熬夜问题相对严重。图 3 显示了不同类型高校大学生的睡眠时

间，可以看到，相对于普通本科大学和高职院校，“985”高校学生在晚上 12 点至 1 点和凌晨 1 点以后入睡的学生比例相对更高，超过四成（40.9%）学生在晚上 12 点至 1 点期间上床睡觉，11.9% 的学生在凌晨 1 点以后上床睡觉。也就是说，在“985”高校，超过一半（52.8%）的大学生在晚上 12 点以后才入睡，而在普通本科大学和高职院校，12 点以后入睡的学生比例分别占 38.5% 和 21.1%。此外，在“985”高校学生中，仅有 5.2% 的学生在晚上 11 点之前上床睡觉。另外，年级越高，大学生上床睡觉的时间越晚。47.8% 的大学四年级学生在晚上 12 点以后上床睡觉，其中凌晨 1 点以后上床睡觉的学生达到 11.9%。

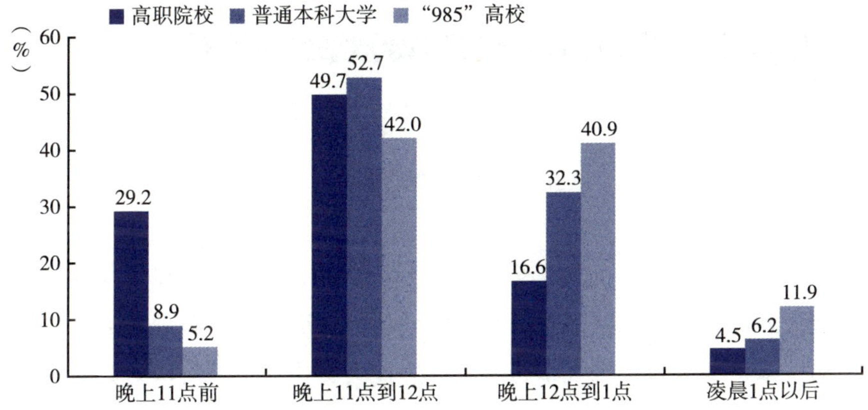

图 3　不同类型高校大学生晚上上床睡觉的时间

（三）部分大学生存在吸烟、喝酒等危害健康的行为，一成大学生吸烟且其中42.5%的学生每天吸烟的数量在5支及以上，近两成的大学生每月都有喝酒行为

中国控制吸烟协会最新发布的《青少年烟草使用趋势的变化》报告表明，青少年“尝试吸烟”的行为呈现低龄化趋势。2019 年“中国大学生追踪调查”数据显示（见图 4），10.3% 的大学生半年内有吸烟行为，以男大学生为主，有近两成（18.4%）的男大学生吸烟，3.1% 的女大学生也有吸烟行为。在吸

烟数量上，大约1/3（32.4%）的大学生每天吸烟的数量控制在一支以内，每天吸两支烟的学生占11.6%，每天吸烟数量在五支及以上的学生达到42.5%，部分大学生还存在严重的“烟瘾”。

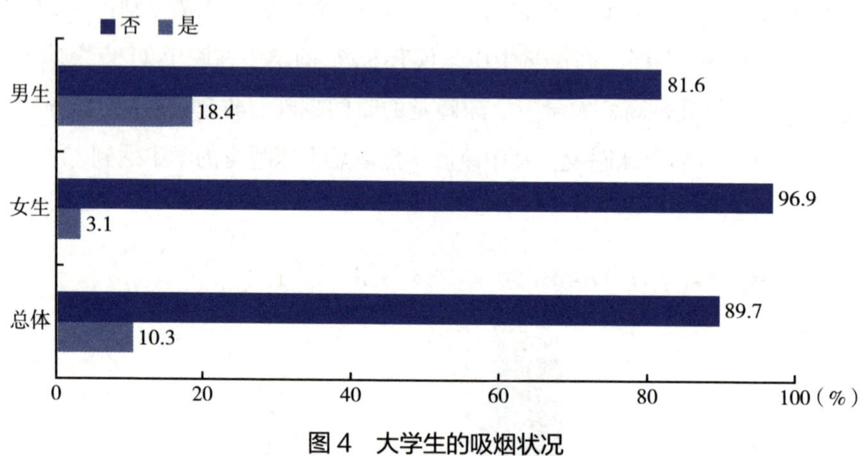

图4　大学生的吸烟状况

另外，在大学生群体中，接近两成（18.8%）的大学生最近半年内每月都有喝酒行为。酒文化是我国饮食文化的一部分，这也难免影响大学生对饮酒行为的认知，部分大学生表示将喝酒作为社会交往的手段，认为会喝酒能够结识更多的朋友，也是对未来参加工作的历练。大学生正处在向社会过渡的阶段，容易受到社会不良风气的影响，高校应开展多样化宣传活动，充分发挥班级、社团组织的作用，培养大学生正确的饮酒态度，增强大学生对饮酒的自控能力，引导建立健康的校园文化氛围。

（四）大学生注重体育锻炼，主动就医意识较强，但超1/4的大学生会选择自己买药或网上查治等方式自我治疗

大学生饮食不规律，存在熬夜、吸烟喝酒等危害健康的行为，但是2019年“中国大学生追踪调查”数据也表明，大学生同样注重体育锻炼。接近九成的大学生最近一周都有进行体育锻炼，进行散步、跑步类田径运动、球类

运动、健身器材锻炼、武术类运动等多种体育锻炼，12.4% 的大学生每天都会锻炼，最近一周锻炼的次数在 7 次以上。大学生群体中每周锻炼 1~2 次的学生偏多，占 33.3%，25.4% 的大学生最近一周锻炼 3~4 次。大学生每次锻炼大概 1.5 小时。体育锻炼作为一种运动休闲的健身手段，不仅能够增强学生体质、培养其良好的运动兴趣和习惯，而且也被大学生视为一种“时尚”，在健身上的消费也成为一种“时尚消费”。数据显示，27.8% 的大学生在健身方面有支出，约一成（10.7%）的大学生每月在健身上花费 300 元以上。

保持健康的身体不仅需要进行必要的体育锻炼，当身体感到不舒适时，正确的就医行为同样是保障身体健康的关键。在就医行为上，一半左右的大学生选择主动就医，但是部分大学生会选择自我治疗。过去半年，仅有 17.8% 的大学生从未感到身体不适，82.2% 的大学生都感到过身体不适。大学生就医问诊的行为还是比较积极的，46.8% 的大学生会主动去医疗机构就医问诊。随着现在互联网医疗服务日益完善，通过网络问诊也成为就医的新形式，一些医疗机构在医院官方网站上提供医疗服务，方便患者在网上就医。数据显示（见图 5），2.2% 的大学生会在网络上就医问诊。值得注意的是，28.4% 的大学生会采取自我治疗的方式，在感到身体不适时选择去药店买药，或者在网上查找治疗方法。自我治疗方便快捷，但是也存在较大的安全隐患，可能

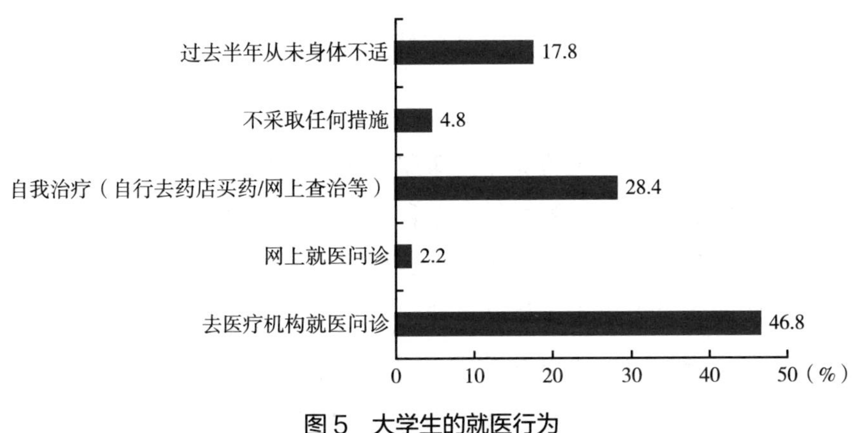

图 5　大学生的就医行为

存在药不对症的风险，若延误病情会造成更大的身体伤害，而且通过网络查找治疗方法往往也会带来疾病焦虑，反而不利于身体健康的恢复。

三　新冠肺炎疫情下的大学生健康状况

2020 年初暴发的新冠肺炎疫情，对我国社会经济以及人民生活产生极大冲击。高校因为人数众多、集聚性强成为疫情防控的重点，学校延迟开学时间并采取网络授课的形式开展教学工作，致使大学生居家时间延长。突如其来的疫情以及生活和学习方式的转变对大学生身心健康的影响，引起高校和政府部门的重视。2020 年 4 月，习近平总书记在中共中央政治局常委会会议上强调:“要有序推进学校复学复课，确保师生身心健康。”疫情暴发之后，大学生健康状况是否有所变化？“中国大学生追踪调查”项目组在 2020 年 3 月下旬进行了一轮追踪调查，及时了解疫情对大学生的影响，大学生健康是重点调查的内容之一。本报告对疫情下大学生身体健康、社会交往健康、心理健康进行研究，并进一步分析大学生患心理疾患的危险性以及睡眠情况。此外，本研究将疫情后的大学生健康状况与 2019 年（疫情前）大学生健康状况进行比较，以便更加准确地发现疫情之后大学生健康状况以及健康行为发生的变化。

（一）大学生社会交往健康受疫情影响较大，但心理健康状况并未受到冲击，反而有所改善

在疫情期间，大学生的身体健康整体呈现比较好的状态。与 2019 年大学生调查数据相比，大学生身体健康状况“不太好”和“一般”的学生比例均明显下降，而身体健康状况“比较好”的大学生比例也明显下降，这表明疫情确实对大学生身体健康状况有影响（见图 6）。尽管如此，身体健康状况“很好”的大学生比例相比疫情前明显上升，有 34.8% 的大学生认为自己身体健康状况“很好”，大学生身体健康状况“比较好”和“很好”的比例加起来接近七成，仅有 5.2% 的大学生认为自己的身体健康

状况“不太好”和“很不好”。由此可见，疫情虽然对大学生的身体健康状况产生了一定影响，但是大学生的身体普遍比较健康。

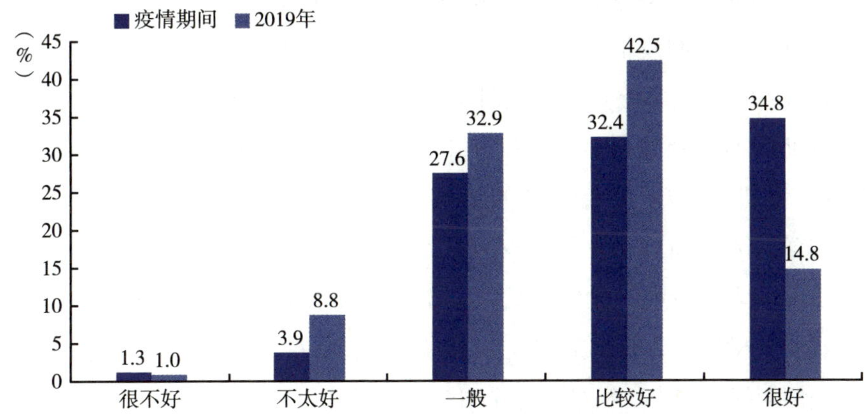

图6　疫情期间大学生身体健康状况

疫情发生后，我国各地迅速采取了“禁足”在家的隔离措施，对人们日常生活交往产生了多方面影响。疫情之下，大学生社会交往受到限制，社会交往健康受到较大影响（见图7）。

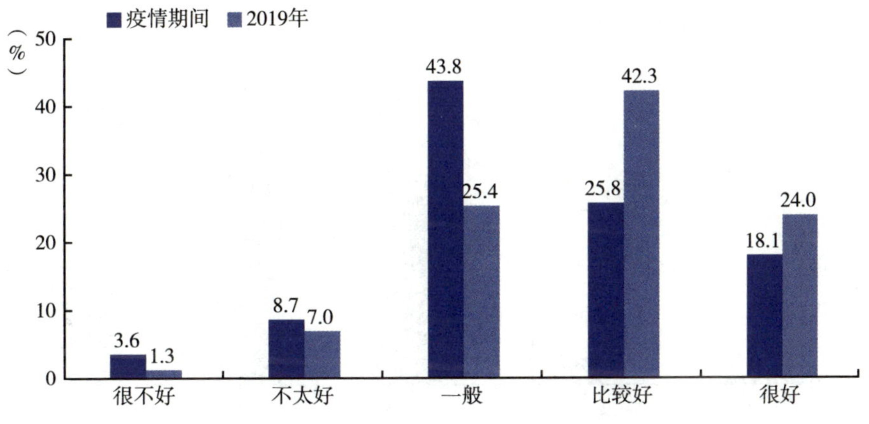

图7　疫情期间大学生的社会交往健康状况

疫情期间，12.3% 的大学生认为社会交往健康状况“很不好”和“不太好”，而且超四成大学生认为自己的社会交往健康状况“一般”。与疫情前相比，疫情期间大学生认为社会交往健康状况“很不好”、“不太好”和“一般”的比例均有所上升，社会交往健康状况“比较好”的比例则有显著下降，这表明疫情期间，大学生的社会交往健康受到较大影响。疫情之前，66.3% 的大学生认为自己社会交往健康状况“很好”和“比较好”，而疫情期间的调查数据显示，仅有 43.9% 的大学生认为社会交往健康状况“很好”和“比较好”。受疫情的影响，大学生不能走亲访友，只能通过网络与同学好友保持联系，线上交友或线上联系对大学生的社会交往健康还是产生了较大的影响，大学生的社会交往健康水平有所下降。

在心理健康上，疫情期间大学生的心理状况并未受到冲击，反而有所改善。疫情期间的调查数据显示（见图 8），大学生心理健康状况“很不好”和“不太好”的比例较低，加起来不足 5%。相比于疫情前，大学生心理健康状况“很不好”或“不太好”的比例明显下降，心理健康状况“一般”的比例也有所下降，心理健康状况“很好”的学生比例明显增加，39% 的大学生认为自己的心理健康状况“很好”，心理健康状况“比较好”和“很好”的大学生加起来超过七成。由此来看，疫情期间大学生心理健康状况普遍较好。

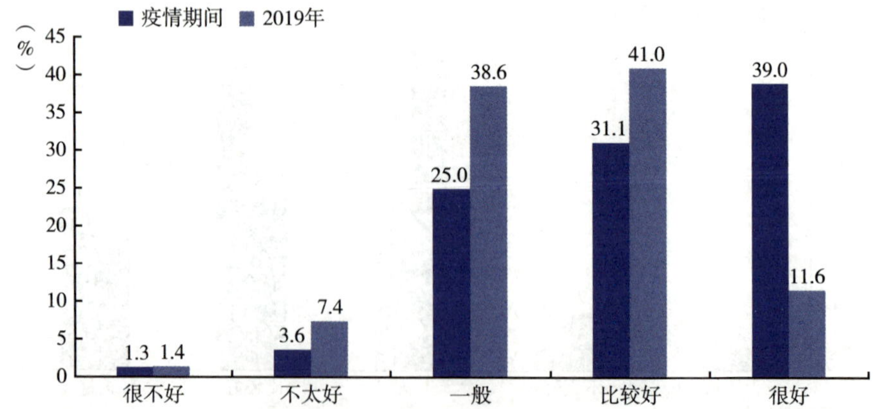

图 8　疫情期间大学生心理健康状况

在疫情期间，大学生患心理疾患的危险性较低（见图 9）。与 2019 年调查数据相比，疫情期间大学生患心理疾患的危险性较高（3 级）和危险性高（4 级）的学生比例均明显下降，10.3% 的大学生患心理疾患的危险性较高，具有患心理疾患高风险的学生占 6.4%。同时，疫情期间的调查数据显示，大学生患心理疾患危险性较低的学生比例占 22.8%，而且 60.5% 的大学生患心理疾患的危险性为 1 级，在患心理疾患方面处于低危险性（1 级和 2 级）的大学生加起来超过八成（83.3%）。总的来看，在疫情冲击之下，大学生心理疾患危险性较低，与大学生自评心理健康的结果一致，这说明在疫情期间大学生出现心理问题的风险较低。

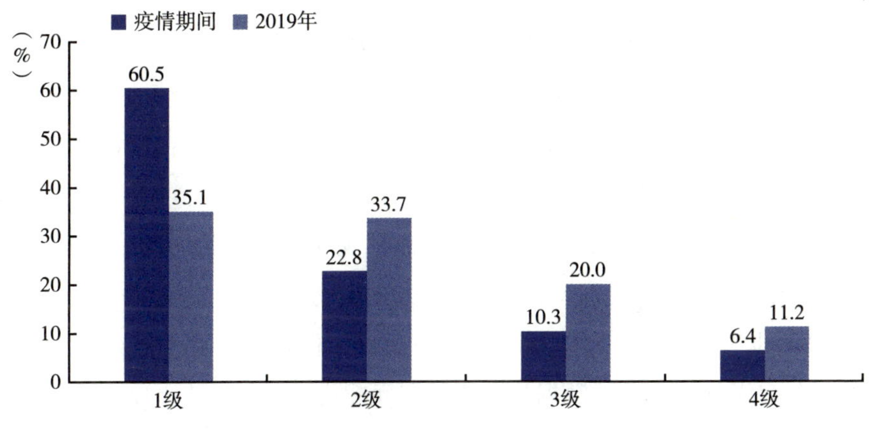

图 9　疫情期间大学生患心理疾患的情况

（二）疫情期间大学生的睡眠质量整体较好，早睡比例增加，但有少部分学生熬夜问题更加严重

调查数据显示（见图 10），疫情期间近 1/4 的大学生睡眠质量“很好”，30.6% 的大学生认为自己睡眠质量“比较好”，睡眠质量“一般”的大学生也占 34%，仅有大约一成（11.4%）学生的睡眠质量“很不好”和“不太好”。这说明在疫情期间大学生整体的睡眠质量较好，并没有受疫情影响出现明显的睡眠质量问题。

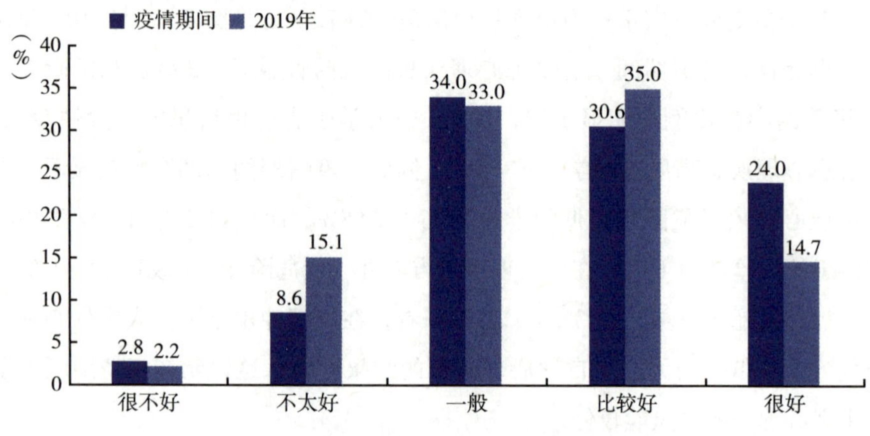

图10 疫情期间大学生的睡眠质量

疫情期间学校延迟开学，学生在家需要通过互联网在线上上课，由于缺乏老师和学校的监督，学生的时间安排相对更加自由。在疫情前，学生熬夜的现象比较严重，而在疫情期间早睡的学生比例有所上升。在疫情前，晚上11点前上床睡觉的学生比例仅有16.4%，而疫情期间调查数据显示，有1/4的大学生可以做到在晚上11之前上床睡觉。另外，在疫情期间，晚上12点以后上床睡觉的学生比例（包括“晚上12点到1点”和“凌晨1点以后”上床睡觉的学生比例）也明显下降，为29%。但是，也有少部分学生因为疫情而作息更加不规律，数据显示疫情期间凌晨1点以后才上床睡觉的学生比例略有上升。总体上看，疫情在一定程度上引起了大学生对睡眠的重视，疫情发生后更多大学生选择了早睡，但仍有部分学生因缺少约束，熬夜时间延长。

四 结论与建议

“青年兴则国家兴，青年强则国家强”，青年健康是国家未来发展的重要基石。大学阶段是青年成长的关键时期，角色的转换、新环境的适应以及学习与就业的压力等都使大学生的生理和心理健康面临挑战，校园爆

发的悲剧性事件不断警示学校、家庭以及社会应高度重视大学生的健康问题。全面分析和了解当今中国大学生的健康状况，能够及时发现大学生中存在的健康问题，并采取合理有效的措施提高大学生健康水平。本报告采用“中国大学生追踪调查”（PSCUS）数据，对大学生的基本健康状况、健康行为以及疫情期间大学生健康状况进行了分析，获得了如下发现。

第一，大学生自我感觉健康状况良好，但实际健康状况堪忧，心理健康问题突出。超九成的大学生对自己的身体健康、心理健康和社会交往健康比较乐观。但是通过量表的测量发现，大学生身上出现不同程度的身体症状和器官功能健康问题，胃肠、疲劳、睡眠质量和身体疼痛等问题较为明显。大学生心理健康问题突出，处于心理亚健康状态的人数比例较高，并且老生患心理疾患的危险性明显更高。大学生社会交往健康状况整体较好，但社交孤独问题仍旧存在。

第二，大学生健康行为存在诸多问题，很大程度上影响着大学生的身体健康状况。尽管大学生普遍能够开展体育锻炼，健身消费在大学生群体中也比较普遍，而且面对身体不适会主动到医疗机构就医问诊，但是，大学生群体同样存在大量危害健康的行为问题。例如饮食习惯不良，饮食不规律，不重视早餐、点外卖现象普遍；膳食结构不合理；晚上熬夜导致睡眠不足，部分大学生烟瘾大、喝酒频率高，这些都严重危害大学生的身心健康。

第三，新冠肺炎疫情之下大学生健康状况总体呈现较好的状态。虽然大学生的社会交往受到明显限制，但疫情并未对大学生的健康状况造成冲击，心理健康状况和作息规律总体有所改善。只有少部分学生自律性不够，熬夜问题更加严重。

大学生健康问题受到诸多因素的影响，有效改善大学生的健康状况，需要切实引导大学生强化健康意识，加强学校健康教育管理，培养大学生养成体育锻炼的习惯、改善饮食消费行为，加强心理健康教育。

第一，学校健康教育管理应全面监测大学生的健康状况，及时发现大学生中存在的健康问题。高校应定期对学生的健康状况进行检查，并对健

康信息进行档案化管理，从而建立全面、科学、精准的健康预警体系，做到“早发现，早治疗”，避免大学生健康问题进一步扩大化。

第二，充分发挥学校体育教育的作用，培养大学生体育运动爱好。学校在完善体育教育课程标准及发挥体育考核评价体系的导向作用的同时，从大学生的兴趣入手开设大学生喜欢的体育课程，将大学生吸引到体育课堂中来，带动大学生培养体育兴趣和爱好。

第三，加强身体素质重要性的宣传，营造校园健康生态和文化氛围。学校要加强生理卫生、健康知识等的普及，帮助大学生树立运动观念。同时，高校也应加大对基础体育设施的投入，包括运动场地、环境等的建设，实现大学生从体育锻炼理念到实践的良性循环。

第四，高度重视大学生的心理健康教育，开展系统有效的心理健康教育。切实把学生辅导员队伍作为开展大学生心理健康教育工作的重要力量；为出现心理困扰、心理障碍的学生及时提供专业化的心理咨询、干预与治疗；抓住大一学生入校后的关键时点，做好大学新生的校园学习与生活适应工作，这对于减少大学生的心理问题、提高整体心理健康水平至关重要。

B.13

中国青少年数字文化实践调研报告

——以短视频为例

高文珺　朱　迪　田　丰　郭　冉　王　璐　吴子洋*

摘　要：当代青少年成长于互联网社会，数字文化生活是其生活的重要组成部分。本研究从多主体的视角，以短视频使用为切入点，通过对全国中小学生的抽样调查和对多地家长的调查与焦点组访谈，从青少年和家长视角勾勒出当代青少年使用数字文化产品（短视频）的一些特点，涵盖使用频率和能动性等；同时探讨了影响其数字文化实践的因素，包括发展阶段、父母榜样作用、亲子关系和社交状况等。最后从家庭、企业和政府的角度，提出积极引导青少年数字文化实践的建议。

关键词：青少年　数字文化　短视频　多主体

一　青少年数字文化实践的多主体参与

随着互联网技术的成熟和发展，青少年的社会化和成长越来越离不开网络与各种数字应用，丰富多彩的数字内容也成为当代青少年文化的一个重要特

* 高文珺，中国社会科学院社会学研究所副研究员，中国社会科学院国情调查与大数据研究中心特邀研究员；朱迪，中国社会科学院社会学研究所研究员，中国社会科学院国情调查与大数据研究中心特邀研究员；田丰，中国社会科学院社会发展战略研究院研究员；郭冉，中国社会科学院社会发展战略研究院助理研究员；王璐，中国社会科学院社会发展战略研究院研究助理；吴子洋，中国社会科学院社会学系硕士研究生。

征。在看待青少年的互联网生活的时候，无论是二次元文化、弹幕文化、粉丝文化，还是网络游戏、网络社交、短视频、直播，我们都可以将其理解为青少年的一种数字文化实践。互联网既是媒介，又是青少年展开文化实践的场域。在数字文化实践过程中，行动者是青少年，他们会运用各种媒介资源、文化资源和技术资源来体验和创造自己的文化。在新媒介时代，互联网让青少年有机会接触到丰富而海量的资源，通过对这些资源的利用，青少年可以体验数字文化、可以创造自己的文化，从中还可以彰显自己的价值、获得成就感或群体认同感，满足其心理需要。但是，一方面，互联网提供的资源虽然丰富多彩，但也参差不齐；另一方面，青少年的认知和心理发展都还处于变化阶段，尚未成熟，无论是辨别信息、选取资源还是价值判断，都可能需要一定的辅助和引导。这就让青少年的数字文化实践不只包括青少年自身的行动，还会牵涉到更多的行动者，比如家长、学校、企业和政府，这些主体对青少年数字文化实践的看法和他们所采取的行动，会影响到青少年数字文化实践的发展甚至走向。

基于此，本报告将从多主体的视角分析当代青少年数字文化实践的特点，既要了解青少年数字文化生活的概况，也要分析家长对孩子们数字文化生活的理解，还会探讨从政府和企业的视角，如何更有效地为青少年积极的数字文化实践提供保障。由于青少年接触的数字文化产品多种多样、各具特点，而家长对于不同数字产品的熟悉程度又有差异，因此，本报告选取了青少年和家长都比较熟悉的短视频作为切入点，围绕上述问题进行具体的调查分析。

本研究由中国青少年发展基金会和中国社会科学院社会学研究所联合开展，通过问卷调查法和焦点组访谈法分别对青少年和家长进行了调查。

青少年调查数据采用中国互联网络信息中心（CNNIC）2019 年全国未成年人互联网使用调查所采用的抽样框，在全国 31 个省、自治区和直辖市对小学、初中、高中 / 职高 / 中专的在校学生进行抽样调查，共收回有效学生问卷 11328 份。其中男生 5697 人，占 50.3%。小学低年级（1~3 年级）2552 人，占 22.5%；小学高年级（4~6 年级）4089 人，占 36.1%；初高中学生 4687 人，占 41.4%。年龄范围是 5~20 岁，平均年龄为 12 岁。居住在农村的青少年 3502 人，占 30.9%；居住在城市的青少年 7826 人，占 69.1%（见表 1）。

表 1　青少年调查对象基本情况（N=11328）			
			单位：人，%
属性	类别	人数	百分比
性别	男	5697	50.3
	女	5631	49.7
受教育程度	小学	6641	58.6
	初中	2450	21.6
	高中 / 职高 / 中专	2237	19.8
年级	小学 1~3 年级	2552	22.5
	小学 4~6 年级	4089	36.1
	初中 1 年级	930	8.2
	初中 2 年级	1117	9.9
	初中 3~4 年级	403	3.6
	高中 1 年级	1223	10.8
	高中 2 年级	729	6.4
	高中 3~4 年级	171	1.5
	职高 / 中专 1~4 年级	114	1.0
居住地	农村	3502	30.9
	城市	7826	69.1

针对家长的调查包括两个方面，一是问卷调查，二是焦点组访谈。

家长调查数据来源于对常州、佛山、贵阳、长春、武汉、石家庄六个城市的线下调研，主要是了解小学和初中的家长对学生使用网络产品情况和数字文化生活的态度。调查准备了 51 个短视频，既包括内容上可能引发道德争议的短视频，也包括无争议短视频，将这些短视频逐一播放给家长看，每观看完一个短视频，家长都会针对这一视频回答一些问题，包括对该条短视频的观看态度、评价及道德判断。最后测量了家长自身的互联网产品使用情况、对子女的监管及规训等行为。这一调研共访问了来自六个城市的中小学生家长 657 人，其中，长春 130 人，常州 115 人，佛山 99 人，贵阳 101 人，石家庄 110 人，武汉 102 人。

问卷调查之外，为进一步深入了解家长对于子女使用短视频等数字产品的态度，还对北京、广州、长春、武汉、石家庄、贵阳和常州七个城市的中小学生家长进行了焦点组访谈。一共做了16组焦点组访谈，共计97人。

二　青少年短视频应用的特点

（一）青少年网络行为的概况

1. 青少年上网时间分布

图1所示表明，青少年的上网时间主要集中在周末。对于工作日的网络使用情况，有47.6%的青少年表示自己不上网，而上网的青少年大部分也都控制在1小时以内，只有7.0%的青少年上网会超过2小时。对于周末的网络使用情况，则只有16.7%的青少年表示不上网，26.6%的青少年上网时长在2小时以上。

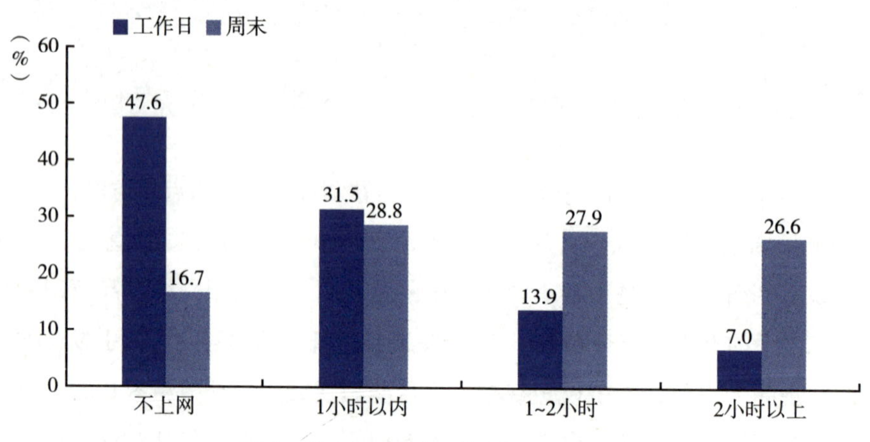

图1　青少年上网的时长（N=11328）

2. 青少年上网从事的主要活动

调查中询问了青少年上网从事一些活动的频率，将青少年从不或很少从事的活动标记为其不常参与的活动，将青少年有时、经常或总是从事的活动归为会参与的活动。分析结果显示（见图 2），青少年上网从事较多的活动是获取信息、学习、休闲娱乐和社交。其中，上网去听音乐和搜索信息的青少年最多，接近七成。超过半数的青少年利用网络学习，如上课、做作业或是收发资料。看视频和短视频的人数紧随其后，这是青少年网上休闲娱乐的重要项目。聊天、玩游戏和看动画 / 漫画也是不少青少年上网时会从事的活动。

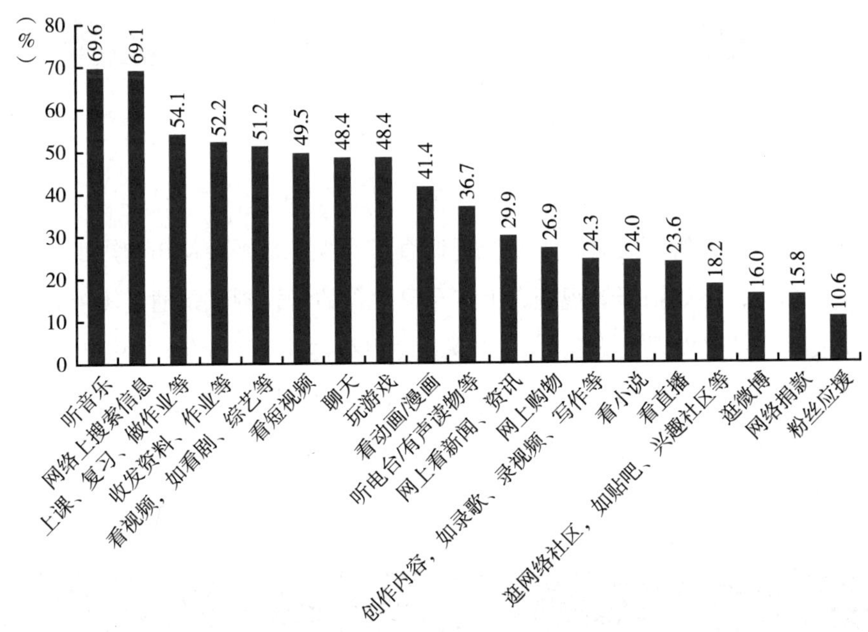

图 2　青少年上网从事的活动（N=11328）

（二）青少年使用短视频的特征分析

1. 青少年短视频使用时间分布

从青少年使用短视频的时间分布看（见图 3），青少年对短视频的使用还比较有节制，无论是工作日还是周末，绝大部分人不看或是将时间控制在每日 1 个小时以内，每日时长超过 2 个小时的人数比例很少。

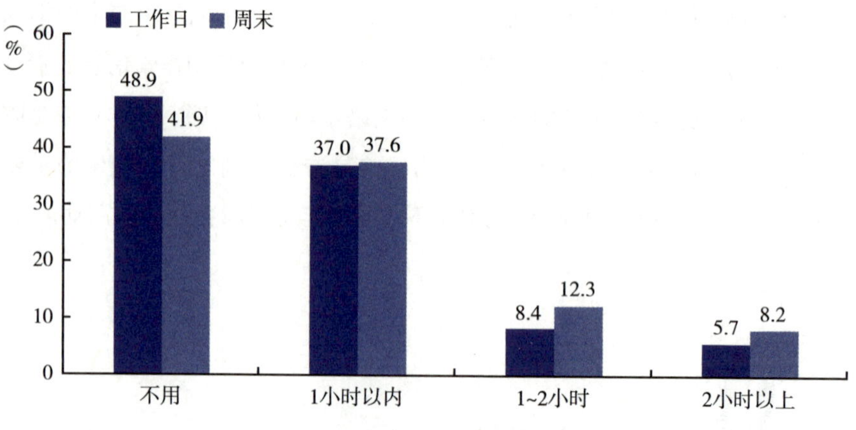

图3　青少年使用短视频的时长（N=11328）

2. 青少年短视频功能应用概况

除了观看短视频之外，本研究还调查了青少年是否会使用和短视频相关的一些功能，比如拍摄短视频、上传自己拍摄的短视频或是通过短视频进行社交互动。结果发现（见表2），在观看短视频之外，青少年对短视频的其他功能应用并不多，有34.2%的青少年会自己去拍摄短视频，其中有71.7%的人会上传自己拍的短视频。不到三成（27.9%）的青少年会通过短视频进行社交互动。

表2　青少年短视频功能使用概况

单位：人，%

功能使用	对应样本量	会	不会
通过短视频社交	11328	27.9	72.1
自己拍短视频	11328	34.2	65.8
上传自己拍的短视频	3876*	71.7	28.3

注：*此处样本量3876人为所调查的青少年中表示会自己去拍短视频的人数，即11328名青少年中的34.2%。

3. 青少年使用短视频的人口学差异①

下面，分别分析比较不同性别、不同学习阶段、不同地区、不同家庭情

① 若无特别说明，本研究的所有差异分析均通过了统计显著性检验。

况的青少年在短视频使用上的特点，包括使用时长上的差异和短视频功能应用上的差异。

（1）青少年短视频使用时长上的人口学差异

从表 3 到表 6 所列的分析结果看，人口学特征不同的青少年，在短视频使用时长上存在差异。性别方面，女生用短视频比男生多，但使用 2 小时以上的占比要比男生小。无论工作日还是周末，女生用短视频的人数比例都要高于男生（52.7% & 60.3% VS. 49.4% & 55.8%①），使用 1 个小时以内或 1~2 个小时的人数比例也比男生高；男生，尤其在周末，使用 2 个小时以上的人数比例则比女生高些。

分学习阶段看，小学低年级，也就是一年级到三年级，使用短视频的人数比例最小，在工作日和周末分别有 45.1% 和 48.7% 的人使用短视频，使用超过 2 个小时的人数比例分别仅有 2.5% 和 3.6%。从小学高年级到初中，使用短视频的人数比例开始增多，在周末的时候使用的人数比例增加得更多，在初中阶段，工作日和周末分别有 56.0% 和 64.2% 的人会用短视频，使用超过 2 个小时的人数比例也升至 11.2% 和 11.9%。高中阶段工作日使用短视频的人数比例有所减少，可能与学业负担较重有关，不过周末时使用短视频的人数比例与初中阶段相差不多，超过 2 个小时的人数比例还有所增加（14.1%）。在职高、技校或中专就读的学生，使用短视频的人数比例最高，工作日和周末分别达到了 80.7% 和 81.6%，可能与其学业压力相对较小、学校和家长对其手机使用管理相对宽松有关。

分城乡看，农村地区学生使用短视频的人数比例高于城市学生，前者工作日有 56.5% 的人使用短视频，周末有 63.4% 的学生使用短视频，后者相对应的比例分别为 48.6% 和 55.7%，使用时长也是农村地区学生更长。可能的解释是：对于农村地区青少年来说，文化娱乐资源要比城市青少年少，数字文化生活可能在其文化生活中占据更大的比重，因此会更多使用短视频之类的数字文化产品来丰富自己的课余生活。

---

① 该数值为总体（100%）减去没用过的人数比例所得，下同。

青少年是否与父母居住，有三种情形：一种是与父母双方或父母一方居住，第二种是因住寄宿学校而未与父母居住，第三种是因为其他因素而未与父母一同居住。结果发现，对于没有上寄宿学校但也未和父母居住的青少年来说，和与父母居住的青少年相比，他们中有更高比例的人在工作日和周末用短视频的时间较长，超过2个小时的人数比例分别为7.6%（VS. 5.3%）和8.6%（VS. 7.9%）。而因住寄宿学校而未与父母居住的学生，使用短视频的比例是最高的，工作日为56.3%，周末为69.8%，使用时长超过2个小时的人数比例也较高，工作日为12.9%，周末为17.5%。可能的原因是住校青少年缺乏家人监管、生活单调。

表3　不同性别青少年短视频使用时长上的差异（N=11328）

单位：%

性别	工作日				周末			
	不用	1小时内	1~2小时	2小时以上	不用	1小时内	1~2小时	2小时以上
男	50.6	35.7	8.0	5.8	44.2	35.8	11.5	8.5
女	47.3	38.3	8.8	5.6	39.7	39.3	13.2	7.8

表4　不同学习阶段青少年短视频使用时长上的差异（N=11328）

单位：%

年级	工作日				周末			
	不用	1小时内	1~2小时	2小时以上	不用	1小时内	1~2小时	2小时以上
小学低年级	54.9	36.9	5.6	2.5	51.3	36.7	8.4	3.6
小学高年级	48.9	40.3	6.9	4.0	43.5	41.1	10.0	5.5
初中	44.0	36.1	11.2	8.7	35.8	36.5	15.8	11.9
高中	49.2	31.6	10.6	8.6	36.0	32.8	17.0	14.1
职高/技校/中专	19.3	41.2	20.2	19.3	18.4	38.6	25.4	17.5

表5　城乡青少年短视频使用时长上的差异（N=11328）

单位：%

城乡	工作日				周末			
	不用	1小时内	1~2小时	2小时以上	不用	1小时内	1~2小时	2小时以上
农村	43.5	39.8	9.5	7.2	36.6	40.3	13.3	9.8
城市	51.4	35.7	7.9	5.0	44.3	36.3	11.9	7.5

表 6　与父母居住与否的青少年在短视频使用时长上的差异（N=11328）

单位：%

居住情况	工作日				周末			
	不用	1 小时内	1~2 小时	2 小时以上	不用	1 小时内	1~2 小时	2 小时以上
寄宿学校	43.7	32.3	11.1	12.9	30.2	38.8	13.5	17.5
没和父母居住	49.2	35.4	7.7	7.6	46.2	34.2	10.9	8.6
和父母居住	49.1	37.3	8.3	5.3	42.0	37.8	12.4	7.9

（2）青少年短视频使用功能上的人口学差异

表 7 到表 10 所列的分析结果显示，人口学特征不同的青少年，在短视频的功能使用上也存在差异。性别方面，相比男生有更高比例的女生使用自己拍短视频功能，但相比女生有更高比例的男生使用短视频进行社交互动。

分学习阶段看，随着年级增长，青少年自己去拍短视频的比例越来越少，从小学低年级的 39.6% 降至高中的 22.2%，这既可能与年龄增长有关，也可能与学业压力加大、兴趣转移等有关。但是职高 / 技校 / 中专学生可能因时间相对宽松，自己拍短视频的人数比例达到了 38.6%。初中学生使用短视频进行社交的人数比例相对最多。

城乡方面，农村学生自己拍短视频的人数比例比城市学生高，其使用短视频进行社交互动的比例也高于城市学生。

青少年与父母居住与否对其短视频功能使用也有一定影响。自己拍短视频方面，寄宿学校的青少年拍摄的比例高于与同父母居住以及未同父母居住的青少年，但相差不大。但寄宿学校的青少年使用短视频进行社交的比例则远高于其他人，没和父母居住的青少年使用短视频社交的比例也略高于那些和父母居住的青少年。这可以理解为，对于缺少家庭氛围、在学校寄宿的青少年来说，缺乏家人陪伴、现实人际交往区域又有限，因此可能更多通过网络空间拓展社交范围，也就会更多使用短视频进行社交。

表 7　不同性别青少年在短视频拍摄和社交功能使用上的差异（N=11328）

单位：%

性别	自己拍短视频	使用短视频社交
男	32.2	30.1
女	36.3	25.7

表 8　不同学习阶段青少年在短视频拍摄和社交功能使用上的差异（N=11328）

单位：%

年级	自己拍短视频	使用短视频社交
小学低年级	39.6	22.4
小学高年级	38.0	27.2
初中	32.5	34.4
高中	22.2	28.4
职高 / 技校 / 中专	38.6	31.6

表 9　城乡青少年在短视频拍摄和社交功能使用上的差异（N=11328）

单位：%

城乡	自己拍短视频	使用短视频社交
农村	36.5	31.8
城市	33.2	26.2

表 10　与父母居住与否的青少年在短视频拍摄和社交功能使用上的差异（N=11328）

单位：%

居住情况	自己拍短视频	使用短视频社交
寄宿学校	36.3	39.8
没和父母居住	32.3	29.6
和父母居住	34.3	27.4

4. 青少年短视频使用与父母行为的关系

青少年在使用短视频的时候，是否会受家人使用短视频情况的影响，家人对青少年使用短视频的监督情况如何，也是本研究的关注点之一，下文对此逐一开展分析。

（1）青少年家人使用短视频的情况

在调查中，询问青少年家庭成员短视频的使用频率，结果发现（见表11），青少年普遍表示父母会比自己更多应用短视频。青少年自己从不使用和很少使用短视频的比例合计为50.5%，父母这一比例为36.9%；青少年有时和经常使用短视频的比例为42.0%，而父母则达到了55.7%；青少年和父母总是使用短视频的比例相近。祖父母往往较少用短视频，从不使用和很少使用的人数比例达到了79.4%。

表11 青少年家庭成员短视频使用频率（N=11328）

单位：%

成员	从不使用	很少	有时	经常	总是
青少年自己	17.2	33.3	27.2	14.8	7.4
父母	11.9	25.0	34.7	21.0	7.3
祖父母	40.0	39.4	12.8	5.5	2.4

进一步分析父母短视频使用频率和青少年短视频使用频率之间的交互作用，结果发现（见表12、图4和图5），青少年使用短视频的频率和父母使用短视频的情况关系紧密，随着父母使用短视频频率的增加，青少年使用短视频的比例和较长时间（超过2个小时）使用短视频的比例都会增加。比如，父母从不使用短视频的时候，其子女工作日和周末不使用短视频的比例分别为71.7%和67.8%，而其他情形下，子女在工作日和周末使用短视频的频率，随着父母使用频率增加而增加，工作日不用的比例在35.7%~56.3%，周末不用的比例在27.6%~50.1%。父母总是使用短视频的时候，其子女在工作日和周末每日使用短视频时长超过2个小时的比例分别为15.9%和21.3%，远高于父母从不使用、很少使用、有时使用、经常使用等情况的青少年。

表 12　父母短视频使用频率和青少年短视频使用频率之间的交互作用（N=11328）

单位：%

父母 \ 青少年	工作日				周末			
	不用	1 小时内	1~2 小时	2 小时以上	不用	1 小时内	1~2 小时	2 小时以上
从不使用	71.7	20.0	4.5	3.8	67.8	20.4	6.2	5.6
很少	56.3	34.5	5.3	3.9	50.1	36.2	8.4	5.2
有时	44.3	41.8	8.9	5.0	36.4	42.9	13.3	7.4
经常	39.7	42.1	11.6	6.6	31.7	42.1	16.3	9.9
总是	35.7	35.4	13.0	15.9	27.6	31.8	19.4	21.3

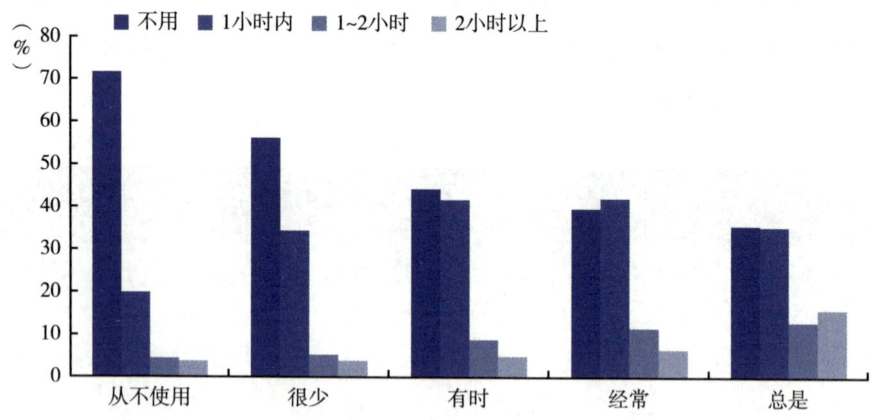

图 4　父母短视频使用和青少年工作日短视频使用（N=11328）

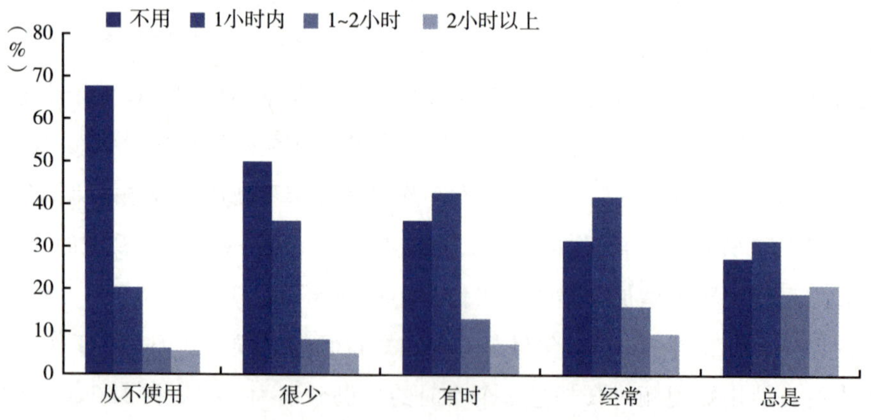

图 5　父母短视频使用和青少年周末短视频使用（N=11328）

（2）父母对青少年短视频使用情况的监督

分析发现（见图 6），超过七成（74.8%）的父母都或多或少会监督孩子使用短视频的情况，合计有 38.6% 的父母经常和总是会监督孩子。而青少年隐瞒父母、私下看短视频的情况不多，合计 48.2% 曾有过隐瞒行为，但多是很少（24.0%）或有时如此（15.4%），只有合计不到一成（8.7%）的青少年表示自己会经常和总是如此。

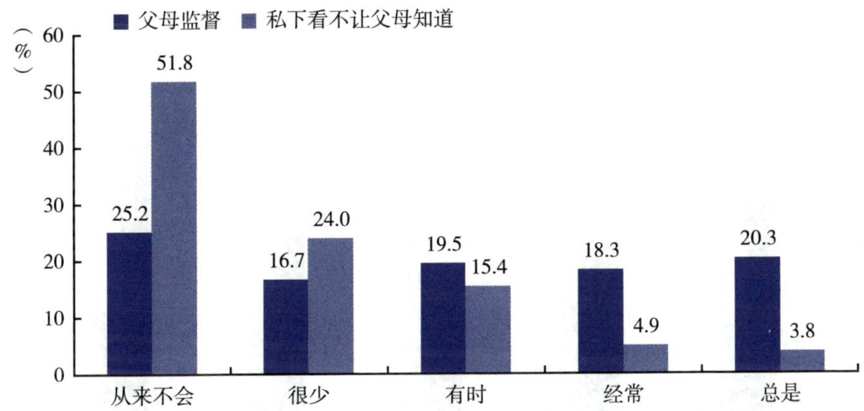

图 6　父母监督和青少年私下看短视频的情况（N=11328）

进一步比较分析发现（见表 13、图 7 和图 8），无论是工作日还是周末，能让青少年“不用”短视频的比例达到最高的是“父母总是监督”。即，在父母总是监督的情况下，青少年不使用短视频的人数比例是最高的，分别为 63.9% 和 58.7%。在父母从来不、很少、有时、经常监督的情况下，青少年使用短视频的频率规律性不明显。也就是说，当父母对子女使用短视频进行经常性监督能有效减少子女使用短视频的频率；但当父母监督管理的行为没有常态化，子女使用短视频的时间不一定会明显低于父母从不监督管理的青少年。

表 13　父母监督和青少年短视频使用之间的交互分析（N=11328）

单位：%

监督＼每日时长	工作日				周末			
	不用	1 小时内	1~2 小时	2 小时以上	不用	1 小时内	1~2 小时	2 小时以上
从来不	54.2	27.8	8.8	9.2	48.3	28.1	11.2	12.4
很少	39.8	41.7	11.2	7.3	30.8	42.4	15.7	11.0
有时	36.8	46.5	11.2	5.6	28.7	45.5	17.8	8.0
经常	46.5	43.5	6.7	3.3	38.7	43.8	11.5	5.9
总是	63.9	29.5	4.3	2.3	58.7	32.0	6.6	2.8

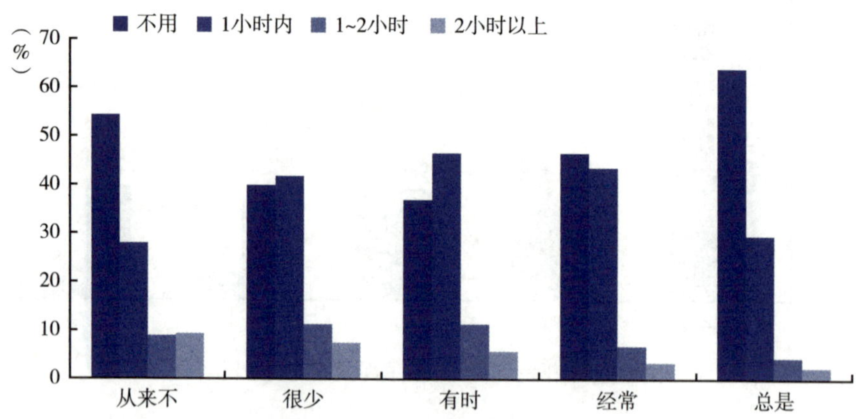

图 7　父母监督和青少年工作日短视频使用（N=11328）

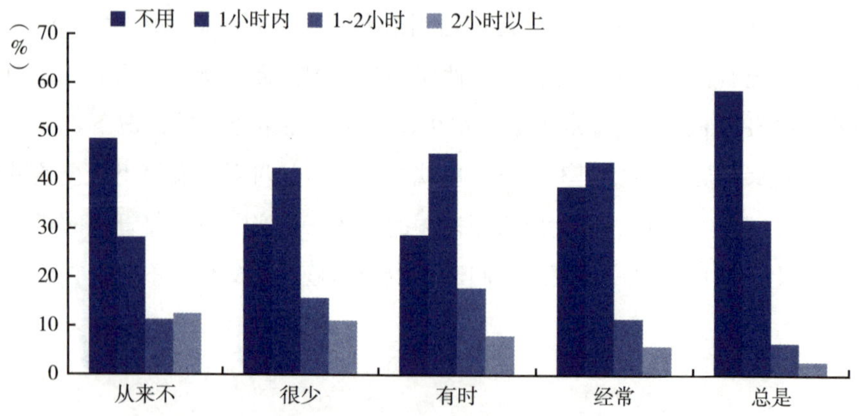

图 8　父母监督和青少年周末短视频使用（N=11328）

5. 人际关系与青少年短视频使用

亲子关系、社交关系状况可能会影响青少年对数字文化产品的使用，为此，本研究分析了亲子关系、现实社会交往状况与青少年短视频使用之间的关系。

（1）亲子关系与青少年短视频使用

本研究测量了青少年与父母的亲子关系状况，根据得分高低将亲子关系划分为三个程度，分别是亲子关系疏远、亲子关系一般和亲子关系亲近。对于不同的亲子关系状况与青少年短视频使用频率之间的交互分析发现（见表14），亲子关系越亲近，青少年每日较长时间使用短视频的比例越低，亲子关系疏远的情形下，每日使用短视频超过2个小时的人数比例在工作日和周末分别为11.0%和13.7%，而在亲子关系亲近的情形下，对应比例分别只有4.6%和7.0%。

表14　亲子关系和青少年短视频使用频率之间的交互分析（N=11328）

单位：%

关系＼每日时长	工作日				周末			
	不用	1小时内	1~2小时	2小时以上	不用	1小时内	1~2小时	2小时以上
亲子关系疏远	47.1	31.3	10.6	11.0	42.9	31.1	12.3	13.7
亲子关系一般	48.1	37.5	8.7	5.6	41.4	37.1	13.3	8.2
亲子关系亲近	50.3	37.6	7.5	4.6	42.3	39.4	11.3	7.0

（2）亲子关系与青少年和父母的短视频分享

亲子关系还会影响到青少年是否愿意向家长分享自己的网络见闻，本研究询问了青少年看到喜欢的短视频是否会给父母看，分析亲子关系与其交互作用。结果发现（见图9），与家长关系亲近的青少年中，只有8.6%的人从不与父母分享自己喜欢的短视频，经常（27.2%）或总是（23.7%）把自己喜欢的短视频跟家长分享的人居多；而亲子关系疏远的青少年中，有56.9%的人从来不和父母分享，只有5.2%的人经常与家长分享，4.0%的人总是与家长分享。

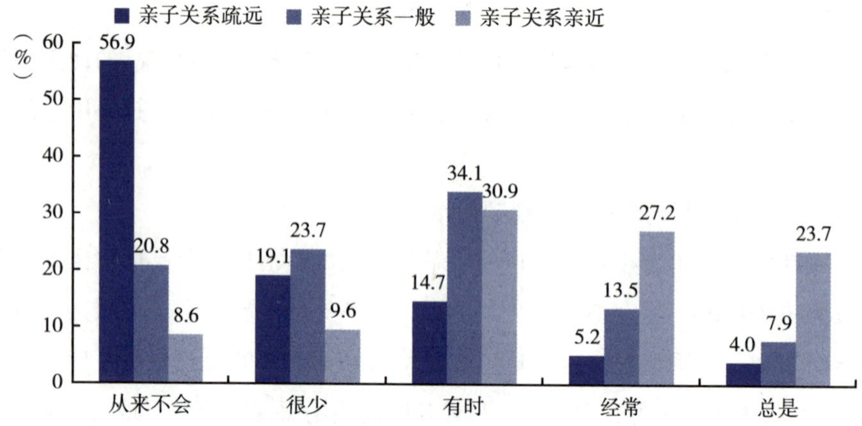

图 9　亲子关系与青少年是否会和父母分享短视频体验（N=11328）

（3）现实社交状况与青少年短视频使用

对青少年现实生活中好朋友数量与其短视频使用频率之间的交互作用分析显示（见表 15），当青少年在现实生活中没有好朋友或好朋友很少的时候，会更容易出现两种极端情况，一种是完全不看短视频，如现实中没有朋友的青少年，周末不使用短视频的人数比例（48.4%）高于其他人，工作日不用短视频的比例也相对较高，为 49.7%。第二种情况则是他们也更可能在短视频上花费更多的时间。比如，现实生活中没有好朋友的青少年，工作日每天用短视频超过 2 个小时的人数比例为 13.2%，周末为 15.7%，要远高于现实生活中有好朋友的青少年。

表 15　现实人际关系和青少年短视频使用频率之间的交互分析（N=11328）

单位：%

每日时长 / 现实朋友	工作日				周末			
	不用	1 小时内	1~2 小时	2 小时以上	不用	1 小时内	1~2 小时	2 小时以上
没有	49.7	29.6	7.5	13.2	48.4	26.4	9.4	15.7
非常少	48.7	35.4	7.6	8.2	46.0	33.1	10.7	10.2
比较少	51.1	35.8	7.9	5.2	45.0	37.0	11.4	6.6
比较多	48.2	38.7	8.2	4.8	39.9	39.7	13.0	7.4
非常多	48.8	35.6	9.0	6.5	42.2	36.0	12.3	9.5

（三）青少年对短视频的自主判断

为了分析青少年观看短视频时，什么因素决定了他们的喜好，他们又有怎样的好坏评判标准，本研究询问了青少年在观看短视频时，视频内容中的哪些因素会影响其对短视频的喜好，并对此进行了分析，结果如图 10 所示。从对短视频的评价会受到某因素影响的人数百分比看，青少年对一个短视频的喜好最主要还是从道德和价值观层面去评判。对于一个短视频的评价，首先最关注视频内容的道德和价值导向，包括是否遵守社会规范、是否价值观正确；其次才是视频内容质量的元素，比如趣味性；紧随其后还是和道德与价值相关的几个因素，包括是否违背爱国精神、是否违反社会公平、是否涉及歧视和行为是否符合人物身份。再之后是与视频内容质量相关的审美、新奇性、构思等因素。其他道德相关因素，如短视频内容是否炫富拜金、是否存在伤害、是否言语粗俗、是否肤浅庸俗等因素，也都有四成以上青少年对短视频的喜好会受其影响。

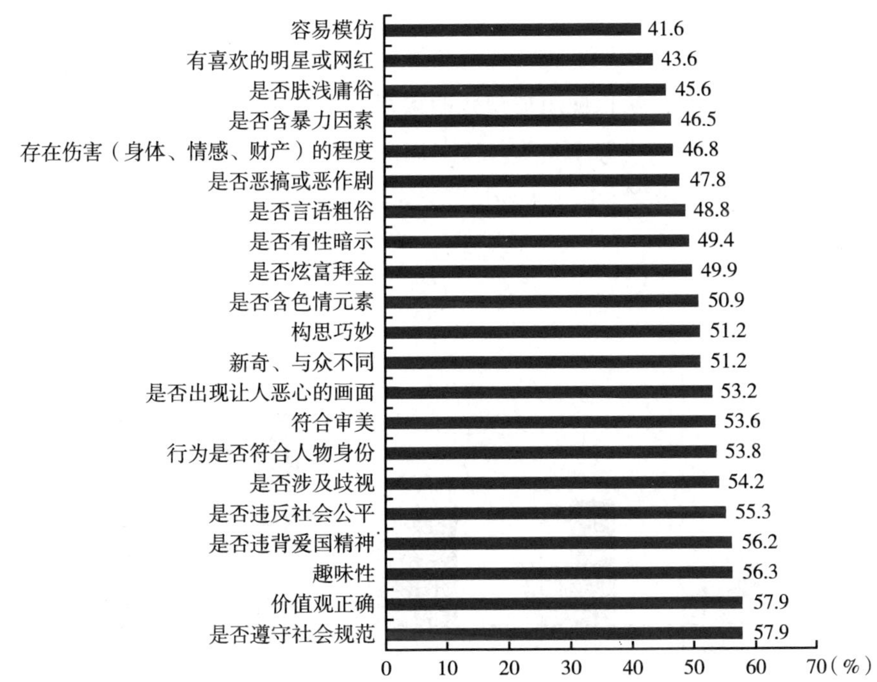

图 10　青少年评判短视频内容的标准（N=11328）

这一结果也表明，青少年的数字文化实践具有主观能动性，对于短视频内容不是全盘被动接受，而是会就内容优劣做出自己的判断。并且，青少年对短视频内容的判断首要关注的还不是趣味性、美观、构思、新奇、有无明星等，而是更为关注内容中的道德和价值观念传递是否适宜，由此来形成自己对短视频的判断。

三 家长眼中的青少年短视频使用

（一）家长眼中青少年的短视频使用频率

前文分析了青少年自述的短视频使用特点，在家长调查中，我们让家长评估了子女使用短视频的频率、监管等信息，由此来分析家长眼中青少年的短视频使用特征。此外，前述分析显示，青少年眼中家长使用短视频的频率比较高，为此，在对家长的调查中，还询问了家长自己使用短视频的频率，以此来与青少年的调查结果相对比。

从图 11 的结果看，对家长的调查与对青少年的调查（参见前文表 12）得出了一致的结论，家长使用短视频的频率远高于青少年，合计有 41.9% 的家长的使用频率高于或等于每天一次，而家长眼中子女只有 24.4% 的人使用短视频的频率高于或等于每天一次。

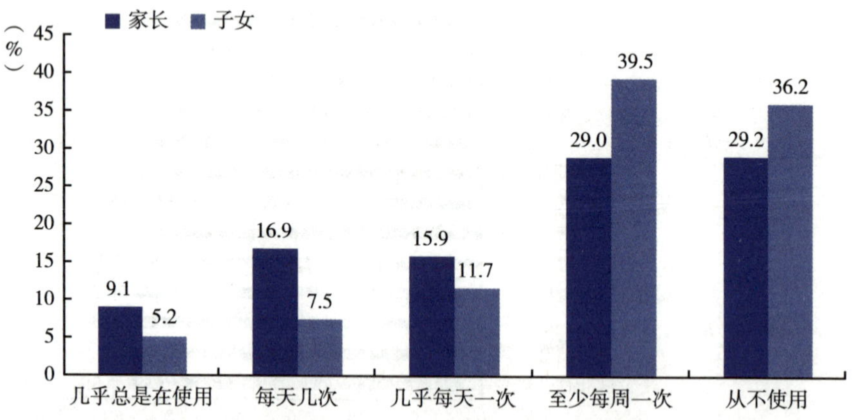

图 11 家长使用短视频的频率及其评估子女使用短视频的频率（N=657）

（二）家长对子女使用短视频的监管和效果

对家长的调查中，78.6% 的家长都表示会监督子女使用短视频（见图12），与对青少年的调查结果基本一致，74.8% 的青少年表示家长会监督自己使用短视频。此外，家长分析结果还显示，86.3% 的家长表示子女平时会听从自己的管教。

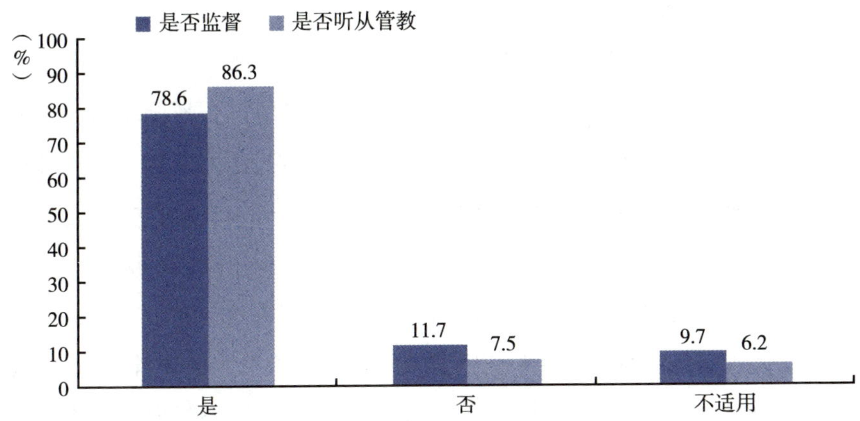

图 12　家长监督短视频使用及子女听从管教情况（N=657）

四　家长对于短视频的内容适宜性判断

前述研究已表明，青少年对于短视频的喜好与视频内容的道德观和价值取向相关，在对家长的调查中，进一步研究家长对可能引发道德争议的短视频的观点和态度。让家长逐一观看了 51 个短视频，包括可能引发道德争议和没有争议的短视频，请家长逐一对每个短视频进行评价并表明是否同意孩子观看。根据社会道德的研究，我们认为这些视频所引发的争议可纳入三个常见的道德领域，社会性规范（行为是否与身份不相符或是损害群体利益）、自主性规范（是否违背个人权利、自由，或是有对象受到了伤害）和纯洁性规范（是否与人们对纯洁美好的追求背道而驰，让人感觉受到精神污染），分别看家长对于这三类短视频的评价和接受度。由于短视频内容有时以未成年人为主体，有时以成年人为主体，对于不同主体，家长的评判标准可能会不同，因此将不同主体的短视频分开分析。

（一）家长对于道德争议性短视频的评价

家长对短视频的评价采用 10 分制计分方式，1 分是非常差，10 分是非常好。为便于理解，我们认为 1~2 分表示很差，3~4 分为比较差，5~6 分为中等，7~8 分为比较好，9~10 分为很好。

家长对于这些短视频的评价结果如图 13 和图 14 所示。对于以未成年人为主体的争议短视频，家长对于无道德争议短视频的评分都比较高。从道德领域看，整体上，家长对于短视频是否违背社会规范最为重视，对于可能有违背社会规范情形的短视频评价普遍偏差，特别是当儿童或青少年做出与自身身份不符的行动时，比如短视频中出现儿童或青少年模仿社会青年、言语成人化、动作帮派化的时候，家长的评分最低，都在 3.5 分左右。对于可能违背自主性规范的短视频，家长更不喜欢有伤害他人行为的短视频，如体罚、打闹，得分都在 4 分以下；对于无保护的危险动作因担心青少年模仿而评价不高，处于中等偏下水平（4.22 分）。但对于专业性质较强的危险动作视频，如专业儿童搏击视频等，家长评价处于中间水平（5.71 分）。对于可能违背纯洁性规范的短视频，无论是亲子互动还是低龄儿童间的亲密动作，家长的评价都处于中等偏下或中等水平，但家长普遍不能接受青少年之间的亲密动作，这也是所有短视频里得分最低的，只有 2.47 分。

对于以成年人为主的争议短视频，家长对于可能违背道德规范的短视频评价普遍很低。网络游戏教程或片段的短视频中如果出现违背社会性规范的内容，如抢车，家长的评价很低，为 2.62 分。而在可能违背纯洁性规范的短视频中，对于视频中出现成人婚恋内容或亲密动作的短视频，相对于未成年人之间的亲密动作，家长的评价会相对高些，处于中等偏下水平；对于着装有一定裸露或是裸露装扮符合场景时，比如海边穿泳装、时装走秀等，家长评价也处于中等偏下水平；但是对于短视频中出现成年人做出

性感撩人动作或穿着与场景无关的过分暴露的服装时，家长的评分最低，只有 2.59 分。

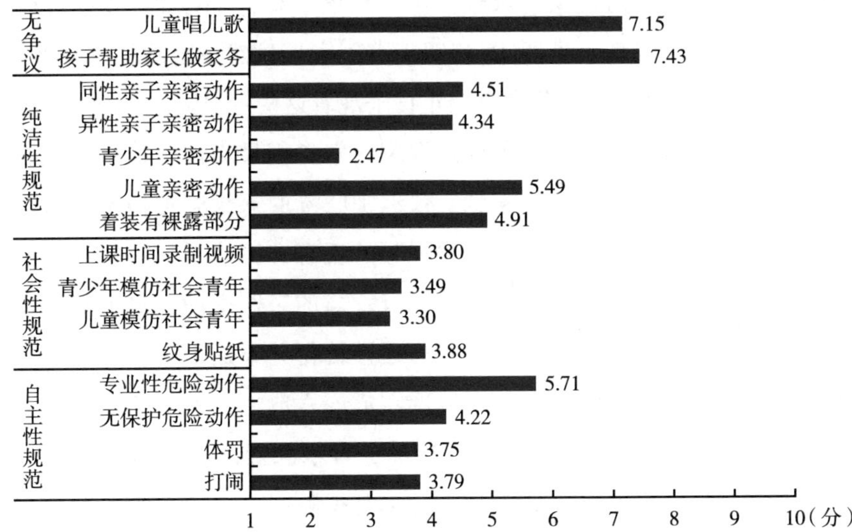

图 13　家长对以未成年人为主体的道德争议性短视频的总体评价（N=657）

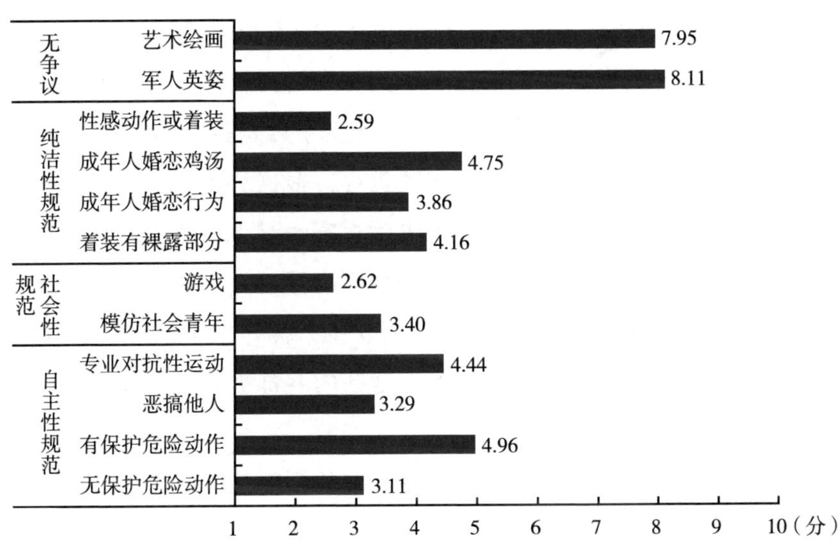

图 14　家长对以成年人为主体的道德争议性短视频的总体评价（N=657）

（二）家长对于子女观看道德争议性短视频的态度

家长对于存在道德争议的短视频普遍评价不高，这是否意味着对于这些他们认为比较差的短视频，家长会不同意孩子观看？对此，本研究做了进一步分析。结果发现（见图 15 和图 16），家长虽然不喜欢这些短视频，却具有一定的包容度，并不是完全禁止孩子观看这些短视频。

对于以未成年人为主体的争议短视频，家长们最不接受让孩子观看的就是含有青少年亲密动作的短视频，仅有 10.8% 的家长同意孩子观看，在后续的家长访谈中发现，家长对这类视频的反感和不接受，主要缘于担心孩子会模仿其中的行为、早恋、与他人有不当的亲密举动。对于其他可能引发违背纯洁性规范的短视频，即使前述评价得分不是很高，大部分家长还是同意孩子观看的，同意人数均接近六成或六成以上。儿童模仿社会青年、过于社会化的短视频也较少（32.1%）有家长同意孩子观看。对于其他可能违背社会性规范的短视频，主要是对视频中儿童或青少年行为与其身份不相符的，大部分家长不太同意孩子观看。对于可能违背自主性规范的短视频，超过或接近半数的家长都是同意孩子观看的，对于有专业保护的危险动作视频，如攀岩、武术，有超过八成的家长同意孩子观看，对此，访谈中家长表示这类视频可以让孩子学到努力拼搏精神。而之所以同意孩子观看评价较低的一些视频，如体罚，则是基于教育孩子的目的。总体上，家长对于有道德争议的短视频，还比较包容，根据访谈结果，家长的包容可能基于不排斥孩子通过短视频了解生活百态，对于一些不适宜行为或是有一些危险的行为，家长恰好可以给予相应引导，告知对错。但是家长普遍不能容忍短视频中出现不符合青少年身份的行为，如早恋、上课不听讲、模仿一些帮派化或庸俗化的成人行为，这些内容都被家长认为容易引发孩子去模仿、做出不适宜的举动。

对于以成年人为主体的争议短视频，家长们的接受度普遍不高，最不想让孩子观看的就是有性感动作或着装的短视频以及游戏相关的短视频，分别只有 15.9% 和 19.3% 的家长同意孩子观看。而在这些可能引发争议的短视频中，家长们对专业对抗性运动或有专业保护的危险动作的短视频比较接受，都有超过六成的家长同意孩子观看，访谈时家长表示这是因为这些视频对孩子有一定的教育意义，可以从中看到拼搏精神或欣赏运动之美。但除此之外，家长对其他几类视频接受程度都不高，如无保护的危险动作（26.2%）可能会让孩子模仿而发生意外，恶搞他人短视频（28.3%）传递伤害他人的价值观念等。相对而言，与成年人身份相符、与环境相适宜的有些裸露的着装或是一些关于婚恋的鸡汤文案，家长的接受度略高些，都有超过四成家长同意观看。访谈中家长表示，这些行为或内容符合日常生活的场景规范，孩子在生活中或是影视剧里也都会看到，因此家长的排斥相对少些。

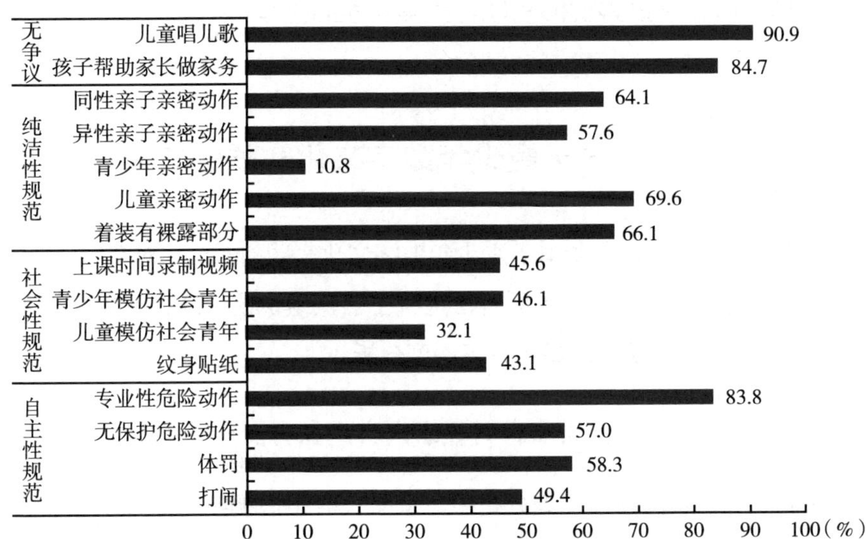

图15　家长同意孩子观看以未成年人为主要参与者的短视频的情况（N=657）

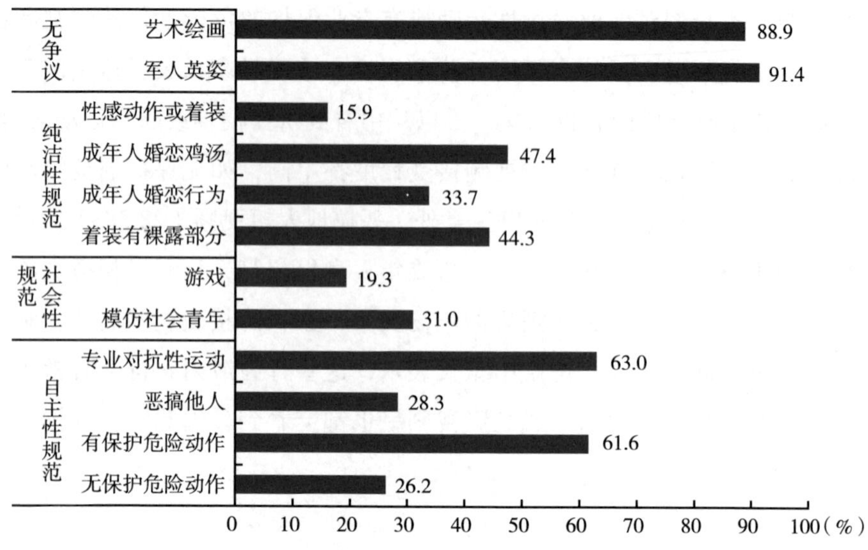

图 16　家长同意孩子观看以成年人为主要参与者的短视频的情况（N=657）

五　家长对于青少年数字文化实践的态度

为进一步深入了解家长对于青少年数字文化实践的看法，对 97 名家长针对短视频和其他数字文化产品的看法进行了焦点组访谈，结合前述青少年和家长调查的结果，对访谈结果进行了深度分析。

（一）以短视频为例看家长对数字内容产品青少年适宜性的评判

在前文对家长的问卷调查分析中，从家长对于短视频产品的内容优劣和适宜青少年观看与否的判断中，可以看出家长的判断与短视频内容的道德违背程度有关联。在访谈中，对于家长的评判标准做了进一步深入询问，得到了家长关于短视频，乃至整个数字文化产品内容的评判，包括两个标准。

一是道德规范标准，一些引发争议的短视频，往往会在社会性规范、自主性规范和纯洁性规范这几个道德维度上引发家长的忧虑。虽然家长个人的道德标准不尽相同，但普遍都希望短视频能给子女传递更为符合道德标准的内容，尤其是行为要与视频中主人公的身份相符；反对存在伤害行为、低俗画面的短视频。

二是安全性标准，包括两个方面：首先是短视频内容所呈现的行为是否具有客观危险性；其次是短视频内容所呈现的行为是否容易被模仿。危险而又较容易让青少年模仿的短视频，被家长认为不安全，不适合观看。家长尤其排斥那些贴近日常生活场景的危险短视频，因其更容易模糊青少年的判断，引发其模仿。

（二）家长对于青少年使用短视频的一般性态度

访谈分析发现，家长们对于短视频，包括其他数字内容产品，基本呈现三种态度：积极支持，抵触和有条件接纳。

第一，积极支持。持有这样态度的家长认为短视频能提高人们的创造力；使用短视频是一种趋势，能缓解压力；短视频能让人接触到生活百态；可以将短视频作为工具，教会孩子善恶美丑，让家长更好地引导孩子。因此，孩子们可以接触。

第二，抵触的家长认为短视频时间短，内容压缩，没有内涵；没有意义，比较无聊；看了会上瘾，浪费时间。因此，不适合孩子们看。

第三，认同有条件接纳的家长比例最高，他们认为在满足一定条件的情况下，愿意让孩子接触短视频；反之，则不希望孩子接触短视频。家长大体提出两个条件：一是认为有家长陪同看的情况下，短视频是让孩子接触不同事物的工具，可以让孩子看；遇到一些有争议的内容还可以借此对孩子加以教育。二是认为如果有内容区分，比如有内容分类提示，能帮助家长和孩子选择的话，可以让孩子去观看。

（三）家长对青少年数字文化生活的整体理解

1. 青少年数字文化生活是一种发展趋势

在访谈中发现，无论家长对于青少年所接触的短视频之类的数字文化产品持有怎样的态度，基本都一致认为互联网是社会发展的趋势，青少年不可避免会接触各种数字文化产品。超过九成的家长都认为不可能让孩子与网络隔离，大部分家长表示未来是互联网时代，孩子需要去接触、去了解一下。家长们也都表示孩子们学习之余，放松娱乐一下也很正常，因此，超过90%的家长会允许孩子在周末“玩玩手机”；有的家长会和孩子一起看短视频，或是互相分享有趣的短视频。

根据家长们的描述，可以总结出青少年很难回避互联网、手机和数字文化产品的原因主要有两个方面：第一，互联网和数字生活是社会发展趋势，不可回避。第二，同伴影响无法回避。就算家长在家控制孩子使用网络或接触数字文化产品，同学之间的影响也远在家长掌控之外。一方面，同学对于某数字文化产品的讨论会激发孩子的好奇心；另一方面，为了融入同伴群体，孩子也会去接触相关产品。

2. 青少年数字文化实践具有主观能动性

虽然大多数家长未明确提出主观能动性的概念，但很多家长已经开始意识到孩子具有自己的思想，他们的互联网行为可能就是一种数字文化实践。这些家长相信孩子数字文化实践的主观能动性，认为孩子已经成长，可以约束自己的网络使用行为，能够对接触到的数字文化产品内容的优劣形成自己的判断，能够安排好上网的时间。

还有一些家长则认为孩子的辨别能力和自控能力有限，不能自觉合理安排数字文化生活，甚至可能正因为有自主性，所以更容易受不良内容影响。这些家长的担心也有一定道理。因为孩子存在年龄和个体差异，比如低龄儿童社会心理发展尚不成熟，认知能力、注意力、情绪调节、行为控制等能力都处在发展阶段，而且个体差异明显。因此每个孩子互联网使用的主观能动性确实有差异，要因人而异地加以引导。

六　研究发现和引导青少年数字生活的建议

（一）主要研究发现

本研究通过对青少年和家长两方面的研究，分析了青少年对于短视频这

种数字产品的使用特征。结果发现：①青少年短视频的使用时间基本都控制在一定限度内，长时间使用的人数比例比较小，而且使用时间主要集中在周末。②青少年的短视频使用存在人口学差异。随着青少年进入更高年级，短视频使用人数比例增多，但到高中阶段有所下降。农村地区青少年短视频使用时长和利用短视频进行社交互动的比例要高于城市青少年。③青少年短视频使用与父母的相关行为有一定关联，如果父母使用短视频比较频繁，子女可能更多使用短视频，并且长时间使用的可能性也会更高；父母监管较多，子女使用短视频的可能性更小，使用时间也较短。④青少年的人际关系，特别是亲子关系对其短视频使用有较大影响。亲子关系越亲密，青少年使用短视频时长越短，越愿意和父母分享自己喜欢的短视频。现实生活中朋友少的青少年，长时间使用短视频的人数比例会高于朋友多的青少年。⑤青少年依据自己的判断标准对短视频形成喜好，其评判首要关注的是短视频内容的道德和价值导向，然后才是视频内容的质量。⑥家长调查显示其短视频使用频率高于子女，大部分家长都会对子女进行监管。⑦家长对于有道德争议的短视频评价很低，但具有一定的包容度，不反对孩子观看。但是，当短视频内容中出现儿童或青少年做出与其身份不相符的行为，或是有成人性感动作、某些游戏画面出现，绝大多数家长都不同意子女观看。⑧家长对短视频等数字文化产品的内容适宜性有自己的评判标准，主要依据道德规范和安全性进行评估。⑨家长对于青少年使用短视频持有三种态度，积极支持、抵触和有条件接纳。有条件接纳的家长最多，认为在有家长陪伴或有清晰内容分类可供选择的时候，可以支持孩子使用短视频。⑩家长大多意识到青少年使用数字文化产品是一种发展趋势，青少年有主观能动性，要给予理解、尊重和引导。

（二）积极引导和保护青少年数字文化实践的建议

青少年的数字文化实践是一个多方参与的过程，本研究的调查已经显示出青少年的行为与其社会背景和家庭因素紧密相关，同时，青少年具有主观能动性。家长对于青少年的数字文化实践和数字文化产品的优劣也有自己的理解和判断。基于这些发现，我们从家庭、政府和企业多个方面提出如何积极引导和保护青少年数字文化实践的建议。

1. 构建精细化的内容分类体系

像短视频这样的数字文化产品，内容包罗万象，涵盖生活百态，对于价值观和判断力都尚未成熟的青少年来说，有些内容可能并不适宜接触。但与此同时，本研究调研过的家长大多认为，对青少年的数字文化生活应当是恰当引导，而不是隔绝和堵截。让青少年适当接触各类内容，家长给予引导和讲解，而不是刻意回避，更有助于青少年提升对善恶美丑的判断能力，充分发挥其主观能动性，对互联网或生活中的不良行为形成一定的免疫力，不易受到负面影响。因此，对青少年接触的内容，根据青少年社会心理发展阶段进行分类处理，会比“一刀切”的方式更为合适，也更符合社会的现实情况。

未来的可行策略之一，是由政府和监管部门牵头，充分调研，广泛征求科研机构、学校、家长和相关企业的意见，出台相关政策，建立明晰的分类条款，相关平台从技术层面对相关产品进行内容分类处理；并建立完善的监督和评估体系，引入第三方机构对相关内容分类的合理性、实施状况和成效等进行科学、系统的评估，保证分类制度的顺利运行。这样，既防止青少年受到不良内容的侵袭，又能让青少年尽可能多地通过数字媒介接触到多元化的文化内容、多元化的社会生活现象，这也是互联网对于青少年身心发展的积极意义之一。

2. 政府引领“家·校·企”三方协作模式

政府监管互联网发展和网络环境，互联网企业提供网络内容，家庭和学校是青少年了解、接触和使用互联网的主要场所，多方力量共同影响青少年在互联网社会中的成长，各司其职、共同协作无疑能将效能最大化发挥。因此，我们提出，未来促进未成年人的网络成长、有效实施未成年人网络保护的途径之一，是形成政府引领的“家·校·企”三方协作模式。

这一模式的运作可由政府引领，对相关职能部门、各级学校和互联网企业进行统筹部署，并将一部分治理权限释放出来交给具备相应能力的机构或企业来具体运作，将家庭、学校、企业三方协调起来，在推动网络素养提升、实施网络环境监督、引导未成年人网络行为、制定内容分类体系等一系列未成年人网络引导和保护举措方面，系统化协同合作。比如，构建"家·校·企"三方联动的网络素养教育体系，提高青少年主观能动性。通过宣传和教育，推动家校合作，指导家长在家对孩子网络行为进行引导和监督。形成联动的"家·校·企"三方信息共享和反馈机制，使得家长和学校之间可以及时相互反馈学生的互联网行为，家长和学校可以及时向互联网企业反映产品问题，企业及时向家长和学校介绍相关产品的特点、指导其引导未成年人充分利用产品以及分享企业的未成年人网络保护措施等。

3. 软硬件共同发挥作用的未成年人模式

对于未成年人网络方面的保护和引领，未来一个重要的发展方向可能是软件硬件相结合创造出互联网使用上的未成年人模式。现行的一些未成年人网络保护措施，侧重于对未成年人接触的网络内容、网络行为或消费行为的限定，可以归结为在软件方面的努力。但互联网所带来的数字文化生活的丰富性，互联网技术和产业的发展与更新换代的速度，往往超出人们的想象，相应的制度法规就存在局限性和滞后性，单从法规这一软件来说，一个能有效应对时势的未成年人网络保护模式可能更需要的是相关部门和企业建立信息共享和互通机制，多部门联合出台一套行之有效的方案。而法律和政策的监督只是一个方面，更重要的软件升级是在网络内容和形式上，充分考虑未成年人社会心理需要、主观能动性和社会发展趋势，在现有相关产品中挖掘利于青少年网络学习、娱乐和创新的功能，研发出更容易为青少年所接受的、符合其群体文化特点的、有益身心健康发展的产品，将这些都整合纳入未成年人模式的推荐资源之中，便于青少年和家长选择。在软件更新换代与资源整合的同时，硬件的研发也可以考虑推出适用于青少年上网的设备或辅助设备，比如能保护视力的上网通信设备。软硬件共同升级，共同建立一套未成年人网络保护模式。

4. 发挥技术发展优势，实现积极引导

多数人对于青少年沉迷于网络的担心，一方面是对其耗费时间的担心，一方面是对其受到不良内容影响的担心。而当今社会，随着互联网技术的发展，参与式文化兴起，人们不再是技术的被动接受者，而是以技术为平台成为网络文化的创造者，这点在青少年网络文化中体现得尤为明显，也是青少年能动性和创新性的体现。参与式文化是一种基于 Web2.0 等新媒介平台发展起来的新型媒介文化，受众可以参与媒介内容的创作并且发表和分享自己的作品，如青少年利用短视频等形式，分享自己创造的内容，评论他人的内容产品，接触多元的文化和价值观，也表达和传递自己的价值观，形成自己的潮流文化。而这种参与式文化对于青少年的吸引，可以被用来积极引导青少年的数字生活。未来未成年人的保护和引导工作，可以充分利用技术发展的优势，满足青少年心理需要，顺应时代发展潮流，开发更多包含互动、分享和展示的工具来辅助青少年的网络使用，培养青少年的创造能力，还可研发更便捷的技术，有效实现对未成年人网络使用时长的管理，实现对网络内容的有效分类处理，借技术之势，对青少年的互联网行为进行社会管理，将其引向健康上网、促进成长的方向。

B.14

中国城市快递员调查报告

朱 迪 田 丰 范 雷 高文珺*

摘 要：近年来，物流快递行业发展迅速，不仅业务量和从业人员大规模增长，业态创新也层出不穷，但是从业人员的职业发展和权益保障出现一些问题，引发社会各界的关注。本报告基于“2019年青年快递从业人员工作、生活状况及权益保护调查”，发现在不同从业模式下，快递员的收入和保障呈现不同特点，直营模式快递员呈现中收入、高保障的特点，加盟模式快递员呈现低收入、中保障的特点，平台模式快递员则呈现高收入、低保障的特点，但是快递员的高收入来自高强度加班，而经验和学历在快递行业对收入提升作用有限；社会态度方面，快递员工作满意度中等偏上，有较高的失业风险感知，工作认同感较低、城市融入程度低，稳定广泛的社会关系网有助于其形成积极的生活态度。

关键词：快递员 从业模式 社会融入

快递从业人员指的是使用快递专用工具、设备和应用软件系统，从事国内、国际及港澳台地区的快件揽收、分拣、封发、转运、投送、疑难快件处理等工作的人员。快递从业人员的出现与改革开放后中国物流行业的发展紧

* 朱迪，中国社会科学院社会学研究所研究员，中国社会科学院国情调查与大数据研究中心特邀研究员；田丰，中国社会科学院社会发展战略研究院研究员；范雷，中国社会科学院社会学研究所副研究员；高文珺，中国社会科学院社会学研究所副研究员，中国社会科学院国情调查与大数据研究中心特邀研究员。

密相关，1979 年中国成立了第一家快递企业，发展至今已经超过 2 万家。随着中国互联网经济如电子商务、网络外卖的迅猛发展以及国内物流配送市场环境的更新优化，其为物流行业发展提供了强大的动力。近几年中国快递业务量逐年上升，2017 年突破 400 亿件，2018 年突破 500 亿件，2019 年突破 600 亿件[①],2020 年 1~10 月，快递业务量预计超过 641 亿件[②]。根据《中国快递业社会贡献报告 2019》，2019 年，中国快递业务收入超 7000 亿元，占 GDP 比重达 0.76%，行业收入增速是全国 GDP 增速的 4 倍，中国快递业规模连续六年居世界首位[③]。

本报告调查涉及的是承担快递业务投送的快递从业人员，一般简称为快递员。快递行业从业人员规模不断扩大，2019 年快递从业人员超过 320 万人[④]。据此，有分析指出，快递业将成为中国最大的行业。但与此同时，我们也可以看到，连续高速增长后快递业的发展势头能否持续成为舆论关心的问题，年节之后返岗迟缓、招工难等也制约着快递业的发展，从业人员的高流动性正严重影响着快递员队伍的稳定和整体素质的提高，而随着人工智能技术的普及，未来出现的无人机、无人车等自动化投送也将对快递员职业发展产生深远影响。因此，深入分析快递员队伍现状，有助于了解这一职业的基本特点，为有效引导快递从业人员队伍良性发展提供决策依据。

本报告的数据来源是“2019 年青年快递从业人员工作、生活状况及权益保护调查”。该调查由中国社会科学院社会学研究所主持实施，采取线上调查方式，共回收有效问卷 5279 份。调查主要覆盖不同类型快递业务投送人员，本报告简称为“快递员”。快递员中，既有较传统的直营模式（如中国邮政、顺丰、京东等）快递员（占 32.5%）和加盟模式（如圆通、中通、韵

---

① 中国快递协会:《中国快递业社会贡献报告 2019》，http://www.cea.org.cn/content/details_15_20630.html，2020 年 9 月 9 日。

② 中华人民共和国国家邮政局:《2020 年 10 月中国快递发展指数报告》，http://www.spb.gov.cn/xw/dtxx_15079/202011/t20201106_3411201.html，2020 年 11 月 6 日。

③ 中国快递协会:《中国快递业社会贡献报告 2019》，http://www.cea.org.cn/content/details_15_20630.html，2020 年 9 月 9 日。

④ 中国快递协会:《中国快递业社会贡献报告 2019》，http://www.cea.org.cn/content/details_15_20630.html，2020 年 9 月 9 日。

达等）快递员（占35.2%），也有属于新业态的平台模式（如美团、饿了么等）快递员（俗称“骑手”，占32.3%）。样本中，男性占88.9%，女性占11.1%；以青年为主，20岁以下的占2.5%，20~29岁占49.3%，30~39岁占40.8%，40岁及以上占7.4%；大专及以上学历人员占21%，高中学历人员占27%，初中学历人员占29.2%，中专或职高/技校学历人员占20%，小学及以下学历人员占2.8%。此外，从户籍结构看，农业户籍人员占77.9%，非农户籍人员占19.3%①；从地区分布看，来自东部地区的人员占64.6%，来自中部地区的人员占25.6%，来自西部地区的人员占9.8%；从城市分布看，来自一线城市的人员占29.9%，来自新一线城市的人员占14.4%，来自其他城市的占55.6%。②表1呈现的是调查样本在三种从业模式中的分布情况。分性别来看，女性从业人员更多集中在加盟模式中；分年龄来看，年轻人更多集中在加盟模式和平台模式中，年龄较大的从业人员相对集中在直营模式中；分学历来看，学历较高的从业人员多集中在直营模式中。

表1　调查样本的从业模式分布

单位：%

模式	性别		年龄				学历		总体
	男性	女性	20岁以下	20~29岁	30~39岁	40岁及以上	高中及以下	大专及以上	
直营模式	32.1	35.4	25.2	28.7	35.6	43.4	26.8	53.6	32.5
加盟模式	32.3	58.8	36.6	34.2	37.7	28.1	37.7	25.9	35.2
平台模式	35.6	5.8	38.2	37.1	26.8	28.6	35.4	20.5	32.3
合计	100.0	100.0	100.0	100.0	100.0	100.0	100.0	100.0	100.0

① 另有其他或不清楚占2.7%。

② 本报告的城市级别采用第一财经新一线城市研究所的分类，一线城市包括北京、上海、广州、深圳，新一线城市包括成都、杭州、重庆、武汉、苏州、西安、天津、南京、郑州、长沙、沈阳、青岛、宁波、东莞和无锡。参见 https://baijiahao.baidu.com/s?id=1611226948219386806&wfr=spider&for=pc。

一　快递员的工作状况及劳动权益保护

（一）平台模式快递员收入水平较高，保障水平较低

在样本中，直营模式快递员占32.5%，加盟模式快递员占35.2%，平台模式快递员占32.3%。不同平台在收入和社会保障方面有所不同。直营模式呈现中收入、高保障特点，其快递员月工资平均为4773元，无任何社会保障者比例仅为9.3%；加盟模式呈现低收入、中保障特点，其快递员月工资平均为4445元，无任何社会保障者比例为35.2%；平台模式则呈现高收入、低保障特点，其快递员月工资平均为5395元，无任何社会保障者比例为48.4%。

从性别看，女性工作于高收入、低保障的平台模式的比例极低，仅为5.8%；从年龄看，年龄越大工作于中收入、高保障的直营模式的比例越高；从学历看，大专及以上学历者工作于中收入、高保障的直营模式的比例更高。

（二）人力资本因素未能显示应有作用，较高学历者从事快递投送可能是无奈之举

从工资收入看，快递员收入相对较高。2019年全国城镇私营单位就业人员月均薪资4313.25元，① 而调查显示快递员平均月收入为4859元，高出12.7%。从收入分组看，3000元及以下的快递员占23.3%，3001~4000元的占20.2%，4001~5000元的占25.7%，5001~6000元的占13.2%，6001元及以上的占17.6%。从性别看，男性快递员平均工资为5019元，女性快递员平均工资为3560元，前者比后者高出41%。除性别的收入差异外，地区类型也对收入有所影响，东部地区快递员的月平均工资为5110元，中部地区为4464元，西部地区为4247元，表现出地区经济发展程度的显著影响。

但值得注意的是，以经验和学历为代表的人力资本因素对于快递员工资没有显著影响。以从业年限所代表的经验来看，从业不足一年的快递员月平

① 国家统计局：2018年城镇私营单位就业人员年平均工资49575元（stats.gov.cn）。

均工资为4875元，1~2年的为4975元，3~4年的为5141元，5~6年的为4332元，7年及以上的为4474元。分学历看，未上过学的快递员月平均工资为3171元，小学学历的为4815元，初中学历的为5121元，高中学历的为4960元，大专学历的为4420元，本科学历的为4506元，研究生学历的为3579元。初中学历快递人员的平均月收入最高，往前看学历越高收入越低，往后看学历越高收入越低。可见，人力资本在快递员职业生涯的发展中难以发挥作用，也是导致从业人员普遍采取短期从业的主要原因，一定程度上也制约着快递行业的发展。

从计酬方式看，计件工资占较大比例，为55.8%；其次是以月薪制、底薪制、年薪制等为主的固定薪酬。从目前看，不同快递业务类型和从业模式均采用多种计酬方式并存的形式。相对而言，从快递业务类型看，物流快递业务更多采用固定薪酬加绩效方式，而外卖快递和众包快递更多采用计件方式；从从业模式看，直营模式更多采用固定薪酬加绩效方式，而加盟模式和平台模式则更多采用计件方式。

目前快递员绝大多数都是全职。在我们的调查样本中，98%的快递员是全职从事快递行业，但全职比例高并不意味着快递员队伍稳定。根据从业时间，近期入行、短期从业的特征较为明显。调查数据显示，从业不足一年的比例高达39%。在直营模式下，从业不足一年的新员工比例相对较低，而7年及以上的老员工比例相对较高；而在平台模式下，则有60%以上的快递员都是从业不足一年的新员工，当然这也与平台模式的业态较新有很大关系。

表2　不同从业模式下的快递员从业时间分布

单位：%

从业时间分组	直营模式	加盟模式	平台模式
不足一年	21.8	32.5	63.3
1~2年	27.4	34.4	31.4
3~4年	16.8	14.6	4.6
5~6年	9.0	8.1	0.2
7年及以上	25.0	10.3	0.5
合计	100.0	100.0	100.0

快递员是一个流动性相对较大的职业，在近年来的飞速发展中，除新增劳动力加入快递员队伍外，社会其他职业的就业人员也较多地转入其中。从总体情况看，目前快递员职业主要有两大来源，一是蓝领转移，二是白领下沉。就蓝领转移看，制造业普通工人、商业服务业职工、个体经营者成为快递员从业人员的主要来源，合计约为55.2%；就白领下沉看，企事业单位普通办事人员、自由职业者成为又一大来源，其合计约为22%。

（三）高收入来自高强度加班，小时工资率仅相当于最低工资标准

劳动合同是劳动者与用人单位之间确立劳动关系、明确双方权利和义务的书面协议，它是劳动者实现劳动权的重要保障，能够减少和防止发生劳动争议，保障劳动者各项权益。从调查情况看，直营模式和平台模式的签约率较高，分别为94.4%和88.6%。

表3　快递员签订书面劳动合同情况分布

单位：%

劳动合同	总体	从业模式		
		直营模式	加盟模式	平台模式
是	78.7	94.4	55.1	88.6
否	21.3	5.6	44.9	11.4
总计	100.0	100.0	100.0	100.0

超时工作是目前快递员劳动权益保护中存在的突出问题。从调查看，快递员每周工作时间达到70.7小时，这就意味着快递员不仅没有休息日，而且每天工作时间达到10小时以上。具体而言，快递员中每周工作不足40小时的占4.5%，工作40小时的占1.9%，而工作时间在40小时以上的占93.6%，表明超时工作现象在快递员群体中极为普遍。就工作类型看，直营模式超时工作现象相对较轻，超时工作比例为90.8%（见表4）。

表 4　不同从业模式下的周工作小时分布

单位：%

周工作小时	总体	从业模式		
		直营模式	加盟模式	平台模式
不足 40 小时	4.5	4.9	4.6	4.0
40 小时	1.9	4.3	1.3	0.2
40 小时以上	93.6	90.8	94.0	95.8
总计	100.0	100.0	100.0	100.0

在超时工作状态下，快递员小时工资实际已接近各地最低小时工资标准。通过计算，本次调查发现，快递员小时工资平均为 23.9 元，其中男性为 24.5 元，女性为 19.1 元。而据人力资源和社会保障部公布的 32 地最低工资标准及最低小时工资标准，① 2018 年北京最低小时工资标准为 24 元，其他地区在 2015~2018 年的第一档小时工资标准也基本在 15~20 元。因此，虽然目前快递员工资高于城镇私营单位就业人员，但实际上是通过高强度的超时工作换来的。由于超时工作普遍存在，所以加班成为常态，83.2% 的人表示过去一个月加过班。

（四）劳动权益保护有待完善，以罚代管问题较突出

总体而言，28.6% 的人表示在目前的工作中遇到过侵犯劳动权益方面的问题。其中，雇主拒绝缴纳社会保险（45.7%）、强制加班（38.2%）、工作的安全保护未达到国家标准（34.5%）列前三项。从不同从业模式看，直营模式下的突出问题是强制加班，占 61.2%；而加盟模式和平台模式下的问题更多，雇主拒绝缴纳社会保险、工作的安全保护未达到国家标准、强制加班，甚至拖欠工资等问题均较为突出（见表 5）。

① 《人力社保部：北京最低小时工资 24 元全国居首》，https://baijiahao.baidu.com/s? id=16140773977387 60714&wfr=spider&for=pc。

表5　不同从业模式下的快递员权益保护问题分布

单位：%

权益保护问题	总体	从业模式		
		直营模式	加盟模式	平台模式
拖欠工资	22.7	11.6	29.0	25.1
强制加班	38.2	61.2	33.8	28.4
工伤	14.1	7.0	11.5	19.3
工作的安全保护未达到国家标准	34.5	22.2	33.8	41.3
工作环境污染超过标准	11.9	13.4	12.3	10.9
雇主拒绝缴纳社会保险（如养老、医疗等）	45.7	13.7	43.1	64.1
其他	18.6	21.4	22.3	15.0

为加强管理，各类快递企业、平台均建立了罚款制度。调查显示，82.9%的人表示所在单位有罚款制度，平台模式下的快递员中有95.5%的人认为单位有罚款制度，加盟模式和直营模式下也分别有84.2%和68.7%的人认为单位有罚款制度。罚款制度的建立虽有助于规范快递员从业行为，但也有过度依赖罚款，以罚代管的倾向。在调查前一个月内，有47%的人被罚过款，平台模式和加盟模式分别有56.2%和49.6%的人被罚过款（见表6）。从快递员被罚数额看，平均为413元，加盟模式罚款较高，为639元，平台模式则为223元。

表6　不同从业模式下快递员在过去一个月被罚过款的比例分布

单位：%

被罚过款	总体	从业模式		
		直营模式	加盟模式	平台模式
是	47.0	30.8	49.6	56.2
否	53.0	69.2	50.4	43.8
总计	100.0	100.0	100.0	100.0

（五）近四成表示有失业风险，但是工作满意度中等偏上

快递员在工作中也时常遇到各类困难和问题，包括被客户投诉（49%）、小区（写字楼）保安拦住不让入内（44.7%）、丢失客户物品（31.8%）、身体素质明显下降（30.3%）、交警（辅警）不让快递车通行（29.4%）、遭遇交通事故（28%）等列前几位。直营模式下的快递员相对较好，没有上述问题的比例为24.2%，而加盟模式下快递员丢失客户物品的比例较高，平台模式下快递员被保安阻拦、遭遇交通事故等方面的情况多于其他快递员。

近四成快递员感受到工作的不稳定性和失业风险。在调查中我们询问在未来6个月内失业的可能性有多大时，有20%的人认为完全有可能，18.4%的人认为有可能，而认为完全不可能和不太可能的合计为27.3%，平台模式下的快递员认为不可能失业的比例最低，仅为17.8%（见表7）。

表7　不同从业模式下快递员对未来6个月内的失业风险的认知分布

单位：%

失业风险	总体	从业模式		
		直营模式	加盟模式	平台模式
完全有可能	20.0	15.3	15.7	29.5
有可能	18.4	20.9	14.9	19.8
一般	10.9	9.9	10.2	12.7
不太可能	17.1	18.1	20.4	12.5
完全不可能	10.2	10.8	14.0	5.3
不清楚	23.4	24.9	24.9	20.2
总计	100.0	100.0	100.0	100.0

尽管快递员工作劳动强度大、工作风险较高，但被访者对这份工作的满意度仍较高。具体而言，按满分10分进行评价，44.8%的人给出了8分

及以上的高分，仅有15.9%的人给出了4分以下的低分。总体平均分为6.62分，满意度处于中等水平。直营模式快递员满意度最高，平均为7.22分，加盟模式快递员满意度平均为6.98分，平台模式快递员满意度平均为5.64分。

二　快递员的生活状况和社会态度

（一）三、四线城市居住自有住房比例较高，超半数认为经济状况有困难

从居住情况看，快递员居住在自有住房的占28.8%，租住廉租房的占26.6%。自有住房比例相对较低，表明快递员群体中流动人口占较大比例。而从城市类型看，一线城市居住自有住房的比例最低，为11%；随着城市级别的下降，居住自有住房的比例逐渐上升，在三、四线城市居住自有住房的比例达到45%以上，表明在三、四线城市快递员本地化倾向较为明显。

从消费情况看，快递员2017年个人生活消费支出平均为23459元。根据国家统计局发布的数据，2017年城镇居民人均消费支出24445元，快递员消费支出略低于城镇居民平均水平。

从经济状况的自我评价看，44.5%的人认为其收入基本够用，33.2%的人认为比较困难，19.4%的人认为非常困难，而认为非常宽裕和比较宽裕的比例合计仅为2.9%（见图1）。从城市类型看，一线城市和五线城市中表示比较困难和非常困难的比例较高，均在58%以上。通过与居住状况交互分析，可以看出，在所在城市有无自有住房对于快递员的经济状况自我评价有着一定的影响。在有自有住房的快递员中，认为经济状况非常宽裕和比较宽裕的占4.8%，高于其他居住类型快递员中的相应比例；同时，认为经济状况比较困难和非常困难的占39.6%，远低于其他居住类型快递员中的相应比例。

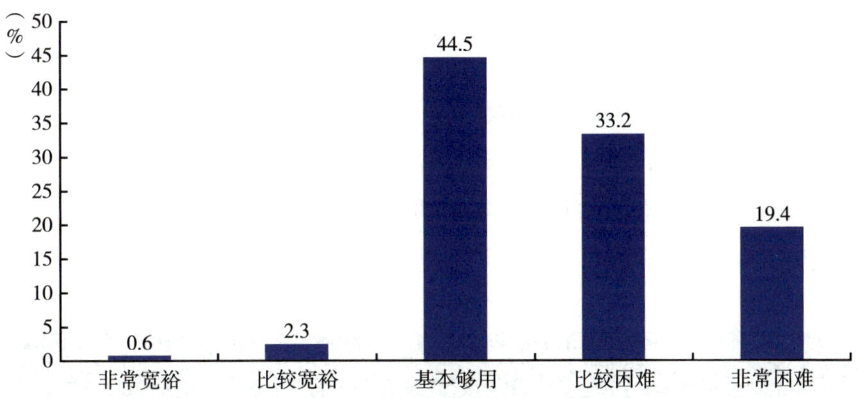

图1　快递员对自身经济状况的总体评价分布

（二）生活方式呈低娱乐、低开销状态

在业余生活中，快递员的娱乐形式较为单调。看短视频、听音乐、看电视剧或看电影、打游戏、看直播成为日常娱乐方式，但表示每天参与的人数也仅占18%~53%，有半数以上的快递员甚至每天连易获性极高的互联网娱乐都不参与（见表8）。在问及有关娱乐休闲的态度时，43.9%的人表示找不到适合自己的娱乐休闲方式，49.8%的人表示不愿意在娱乐休闲方面花钱，这种娱乐态度在性别、年龄、学历、收入等方面没有显著差异，表明低度娱乐已成为目前快递员生活方式的基本特征。

表8　快递员在过去一个月里娱乐参与分布

单位：%

娱乐方式	几乎总是	每天几次	几乎每天一次	至少每周一次	从不
看短视频	17.8	17.5	17.5	27.7	19.5
看直播	6.6	5.3	7.0	28.5	52.7
听音乐	15.0	11.9	16.0	32.7	24.4
打游戏	10.3	9.6	15.5	34.6	30.1
看电视剧或看电影	14.2	12.1	21.5	37.8	14.4

（三）女性吸烟喝酒比例与男性持平，40岁以上群体抗压能力略强

快递员中吸烟、喝酒的比例较高，56.5% 的人吸烟，41.5% 的人喝酒。但被访者大多认为自己身心健康，60% 以上的人均表示身体健康或情绪问题对工作及日常活动没有影响和很少有影响，认为经常影响和总是影响的比例仅占不足 8%（见表 9）。

表 9　身体健康或者情绪问题影响快递员工作或其他日常活动的情况分布

单位：%

分类	没有	很少	有时	经常	总是	总计
身体健康	47.6	31.0	17.4	2.5	1.5	100
情绪问题	35.3	29.1	27.7	5.7	2.2	100

调查显示，女性吸烟比例高达 56.6%，喝酒比例高达 42.2%。在年龄方面，吸烟及喝酒的比例随年龄增长而呈现缓慢下降趋势。就身心健康对工作及生活方面的影响看，女性略好于男性，40 岁以上群体的抗压能力略强于其他群体。

（四）工作认同感较低，强调家庭背景对于社会经济地位获得的重要性

一方面，快递员对于这份工作有着中等偏上的满意度；另一方面，56.3% 的人表示自己的工作不受人尊重，65.1% 的人认为工作压力非常大，53.6% 的人表示工作环境不安全经常提心吊胆，81.3% 的人表示不愿意让自己的孩子也从事同样的工作，表明快递员对这份工作的职业认同感较低。

职业认同感较低还体现在可替代感较强和对职业发展的迷茫。调查显示，只有 58.2% 的人认为快递员工作对这个社会来讲并不是可有可无的，67.3% 的人认为未来不太有可能大幅度增加收入，常常有种无力感；还有 68.3% 的人认为随着年龄增大，自己可能会被取代。

较低的职业认同感也影响其对自身社会经济地位的评价。快递员的社会经济地位自评得分普遍较低。按满分 10 分来评价，快递员对目前的社会经济地位评价均值为 3.26 分，低于他们对五年前社会经济地位评价的 3.58 分；同时，他们对于五年后的社会经济地位预期较高，平均达到 4.66 分。无论对五年前还是目前及未来五年本人社会经济地位的评价，均基本呈现学历越高自评越好的趋势。

在个人获得更高的社会或经济地位的主要因素方面，家庭背景（55.9%）、受教育水平（51.1%）、努力工作（47.3%）、个人天赋（36.3%）、本人社会关系（32.7%）等列前五位，较之获致性因素，快递员更强调先赋性因素（见表 10）。从年龄看，20 岁以下的年轻人选择家庭背景这一先赋性因素的比例高于其他年龄段快递员的相应选择比例；此外，选择社会关系的 20 岁以下快递员所占比例也较高，而选择受教育水平这一获致性因素的 20 岁以下快递员所占比例低于其他年龄段快递员的相应选择比例。

表 10　关于获得更高社会或经济地位的三种最重要因素的选择分布

单位：%

因素	总体	20 岁以下	20~29 岁	30~39 岁	40 岁及以上
家庭背景	55.9	58.0	54.2	57.5	57.4
受教育水平	51.1	44.3	51.9	50.6	51.0
努力工作	47.3	48.9	48.1	46.7	45.2
个人天赋	36.3	31.3	35.8	37.3	35.5
本人社会关系	32.7	41.2	32.7	32.1	32.1
运气	15.6	17.6	15.1	15.8	17.3
国家的政策倾斜	14.8	16.0	14.8	14.9	13.0

（五）城市“红细胞”难以融入所在城市，漂泊感明显

快递业在中国尚处于起步阶段，完全依靠简单体力劳动难以支撑日益增长的劳动力成本，长期高强度工作也使快递员成为“吃青春饭”的职业，而

大部分快递员仅以流动务工参与就业，难以真正融入所在城市。

就城市生活而言，48.5% 的人感觉自己不属于这个城市，53.3% 的人感觉自己只是这个城市的过客，46.6% 的人感觉在这个城市中总是低人一等（见表 11）。即使是那些已经在所在城市有自有住房的人，也有半数以上对所在城市缺乏归属感。

表 11 快递员关于三种说法是否符合自身情况的评价分布

单位：%

相关评价	很不符合	不太符合	比较符合	很符合	总计
我感觉自己不属于这个城市	27.2	24.3	20.6	27.9	100.0
我感觉自己只是这个城市的过客	24.8	21.9	20.4	32.9	100.0
我感觉在这个城市中总是低人一等	26.9	26.5	21.9	24.7	100.0

快递员到现有城市务工后，城市定居问题成为其考虑的主要问题。快递员多数认为一线城市有更好的工作发展机会和子女受教育机会，但想在一线城市买房安家的比例不高。调查显示，有 70.8% 的人认为一线城市能提供更多的工作发展机会，72.7% 的人认为一线城市能提供更好的子女受教育机会，但仅有 34.3% 的人表示会考虑在一线城市买房安家。总体来看，快递员更倾向在二、三线城市发展和生活。68.2% 的人表示将来会到二、三线城市发展，因为那里更适合生活；62.1% 的人表示将来会到二、三线城市发展，因为那里的工作发展前景更好。

（六）稳定广泛的社会关系网络促进积极乐观的生活态度

我们在调查中以快递员的微信好友为指标，了解其人际交往关系网络的基本特点。从调查结果看，快递员的微信好友主要分为三类，即以家人、亲戚为主的家庭圈，以同事、客户为主的工作圈，以及以线下线上交友为主的朋友圈。

快递员微信好友的种类和数量在一定程度上与其生活、工作的积极程度相关。我们以快递员微信好友种类和数量与其目前及五年后个人社会经济地位评价、工作满意度计算相关系数，结果表明，微信好友种类越多，其个人对目前及五年后社会经济地位评价越高、对工作的满意度也越高。由此可见，稳定而广泛的社会交往有助于快递员在繁重的工作中保持积极乐观的生活态度，微信好友等社会关系网络成为其工作、生活的有力支撑。

除个人的社交网络外，个人的社会组织 / 团体参与也是社会参与的重要组成部分。从调查结果看，快递员的社会组织参与并不普遍和频繁，主要参与形式集中在快递员微信群 /QQ 群、校友微信群 /QQ 群、快递员线下组织、兴趣组织，这些社会团体的参与率在 70% 左右。同时即使参与社会组织或团体，活跃度也较低，20%~30% 的人从不参与各类社会组织 / 团体的活动，另有 20%~30% 的人一年参与活动数次或更少。在经常超时工作的背景下，快递员除了依托互联网进行线上线下的社会参与外，基本上没有时间参与各类社会组织或团体，可能导致他们在日常工作和生活中得到各类社会组织或团体的社会支持较少。

三　研究结论与政策建议

（一）研究结论

本研究通过对青年快递员的调查，有了以下主要研究发现。

①在不同从业模式下，快递员的收入和保障呈现不同特点。直营模式快递员呈现中收入、高保障的特点，加盟模式快递员呈现低收入、中保障的特点，平台模式快递员则呈现高收入、低保障的特点。

②快递员的高收入依靠高强度加班，基本小时工资较低。

③快递从业者的劳动权益保护有待完善，以罚代管问题有待解决。经验和学历在快递行业对收入提升作用有限，人力资本因素无法发挥作用制约了行业发展。

④职业心理方面，快递从业者工作满意度中等偏上，但有较高的失业风险感知。

⑤日常生活方面，快递从业者普遍表现出经济压力大、日常娱乐生活少、

低开销的特点。

⑥社会认同方面，快递从业者工作认同感较低、城市融入程度低，稳定广泛的社会关系网有助于其形成积极的生活态度。

（二）政策建议

基于调查发现，本报告提出以下政策建议。

第一，规范行业规则，创新快递行业管理工作。加快树立与新模式、新业态相适应的行业规则和行业规范，推动快递员的社会管理工作，通过制度创新，广泛调动社会组织、企业组织参与快递行业及快递员人群的管理和服务工作，尤其是推动行业协会、工会组织在行业规范建设和职工权益保护方面发挥积极作用。同时，积极引导社会组织参与到快递员群体的管理和服务中来，并把快递员作为社会管理的参与方，引导他们尽可能成为社会管理和社会共治的参与方。

第二，落实劳动合同，提升社会保障水平。鼓励业态创新、解决就业问题的同时，也应推动企业遵守相关法律制度，提高不同类型、不同公司的快递员劳动合同签订率，避免劳动纠纷引发的社会问题。加强签订劳动合同和社会保障落实工作，从而既能够敦促企业依法纳税和足额缴纳社保，也可以为快递员面临的潜在社会风险有效兜底。

第三，加强权益保护，强化工作认同感。当前快递员群体的权益保护问题尤为突出，在部分公司内部缺乏科学、合理、有效的管理体制和奖惩体系，以罚代管往往成为部分快递企业的通病，这种经济手段表面上看似有效，却实际上触犯了快递员的合法权益和合法收益，也带来很多社会问题。应当改变以罚代管或者“算法统治”的管理体制，推广教育培训、沟通学习、提高职业素质的“以人为本”管理模式，重视和保护快递员群体的劳动权益。同时，积极推动企业文化建设，树立符合互联网时代快递行业发展的企业文化，实现企业与员工的共同成长和共赢局面。

第四，促进职业发展和生活保障，推进快递员群体社会融入。快递员是进城务工人员中收入较高、生活较稳定的群体，促进他们的职业发展和生活保障，有助于提升他们的归属感、促进社会融合。鼓励为快递员提供相应的职业培训，促进快递员群体的职业发展、打通职业上升通道，推动进城务工快递员及其家庭享受与城市居民同等的权利保障，帮助快递员家庭子女在城市接受教育，并最终作为城市人口融入主流社会之中。

参考文献

《2019 年中国快递发展指数报告》，澎拜新闻，https://www.thepaper.cn/newsDetail_forward_6714720，2020 年 3 月 27 日。

中国快递协会:《中国快递业社会贡献报告 2019》，http://www.cea.org.cn/content/details_15_20630.html，2020 年 9 月 9 日。

《2020 年全国快递业务量已超 600 亿件》，中国政府网，http://www.gov.cn/xinwen/2020-10/19/content_5552284.htm，2020 年 10 月 19 日。

中华人民共和国国家邮政局:《2020 年 10 月中国快递发展指数报告》，http://www.spb.gov.cn/xw/dtxx_15079/202011/t20201106_3411201.html，2020 年 11 月 6 日。

专 题 篇

Reports on Special Subjects

B.15

2020年中国互联网舆论场分析报告

祝华新　潘宇峰*

摘　要：2020年新冠肺炎疫情袭扰，打乱了中国人正常的工作和生活节奏。疫情防控工作在舆论场被14亿中国人检视，随着国内外疫情的变化，舆情主题不断变换。在武汉，疫情早期出现医疗资源挤兑，公众质疑地方政府公共卫生危机管控能力；中央调动全国资源驰援武汉，疫情防控阻击战取得重大战略成果，特别是与美国的疫情泛滥形成对照，舆论高度认可中国的制度优势和文化优势；特朗普当局"甩锅"和封堵中国，中美关系滑坡，引发国内舆论基本盘的愤怒，引发国人对全球化、国际供应链和科技自主创新等

* 祝华新，中国经济体制改革研究会常务理事、互联网与新经济专业委员会主任；潘宇峰，腾讯公司政务舆情部高级研究员。

问题的深切忧思。

关键词：互联网舆论　舆论场　舆情分析

2020 年互联网舆论和社会心态跌宕起伏。新冠肺炎疫情初期，武汉出现了医疗资源挤兑，千万级人口的大城市成为一座孤城。在中央政府的强有力领导下，全国各地医护人员和救援物质驰援湖北。网民通过手机图文和音视频信息，见证了悲欢离合，万千民众的相濡以沫感天动地。疫情加剧了中美关系的紧张。美国特朗普当局为选举政治的需要，全面妖魔化中国，中美关系陷入 1979 年中美建交以来最严峻的局面。美国“甩锅”中国的做法激起国人的民族正义感。早期批评基层政府危机管控不力的民众，重新聚集在政府麾下，为中国的制度优势和文化优势而自豪。与此同时，对于逆全球化、“断供”、“脱钩”，中国回应以“更高水平的自力更生”、“畅通国内大循环”和“国内国际双循环”。自改革开放以来，向西方学习的观念受到冲击，这一代网民的民族观、国际观在纠结中激荡。

一　2020 年舆情分类及相比往年的变化

本报告以每月热度[①]最高的 50 件热点舆情事件为分析样本，通过对每个事件各渠道传播热度、舆论正负面情绪等舆情数据进行测量，计算各事件以及事件涉及部门、地域呈现的舆论压力大小，统计时间周期为 2019 年 11 月 1 日至 2020 年 11 月 10 日。

① 舆情热度指标综合了热点舆情事件在报刊、新闻、论坛、博客、微博、微信、新闻 App 七类媒介渠道的传播量，各渠道权重通过层次分析法获得，鉴于舆论生态的变化，本报告重新向人民网舆情专家征询了权重意见，将各渠道权重值调整为：0.2181、0.1806、0.0284、0.0115、0.1342、0.2079、0.2193。

表1　2020年20件热点舆情事件

单位：千篇

热度排名	事件	报刊	新闻	论坛	博客	微博	微信	新闻App	热度
1	新型冠状病毒肺炎疫情	894.4	19129.8	1519.7	50.4	2395.9	13655.5	7074.1	99.60
2	全国各地推进复工复产工作	143.4	2991.7	239.9	7.8	92.4	1782.7	927.7	94.93
3	美国大选	15.4	1033.2	126.6	7.4	366.1	811.7	453.1	88.87
4	《中华人民共和国民法典》表决通过	23	377.3	29.8	1.5	25.7	636.8	162.2	83.95
5	社会广泛关注摊贩经营相关话题	7	270.1	88.3	4.6	118.6	553.8	153.7	82.84
6	制止餐饮浪费行为	16	188.8	21.5	0.1	18.4	317.3	91.9	79.96
7	“抗美援朝”70周年	10	114	5.8	0.2	5827.8	190.2	48.7	79.72
8	全国人大通过涉港国安法	6.5	248.1	44.8	0.2	115.7	142.6	93.2	79.65
9	美国多地抗议警察跪压黑人致死	3.6	207.7	23.8	0.8	50.1	213.1	131.9	78.69
10	悬疑剧《隐秘的角落》热播	1.7	117.4	20.7	0.6	399.9	146.9	67.2	76.89
11	蚂蚁集团暂缓上市	2.7	148.6	37.3	2	54.3	123.7	65.3	76.20
12	全国多地雨情汛情	6.6	105.6	12.9	0.1	4.9	76.9	47	73.19
13	《脱口秀大会》引热议	0.3	57.5	3.8	0.2	106.4	48.8	27.4	68.52
14	深圳经济特区建立四十周年	2	37.2	4.5	0.2	5.9	51.4	21.4	68.10
15	《八佰》上映提振电影业	1	35.5	4.9	0.1	3.6	36.3	17.8	65.47
16	中印加勒万河谷边境冲突事件	0.5	26.9	3.9	0.2	7.3	51.1	19.9	65.24
17	肖战事件	0.1	43	3.2	0.1	403.5	15.8	15.1	64.57
18	特朗普下令限制TikTok等中国社交网络软件	0.5	34.7	4.4	0.3	1.7	41.1	18.5	63.58
19	山东合村并居风波	0.6	12.2	2.4	0.1	9.5	31.1	7.5	62.55
20	短视频博主李子柒海外走红	0.5	20.7	1.6	0.3	5.1	39.9	6.6	62.21

以上为本报告周期内热度最高的20件事。[①] 2020年度的舆论热点多围绕新冠肺炎疫情展开，湖北及其他局部地区疫情轮番引发舆论聚焦，疫情相关话题的传播量居高不下。受疫情影响，经济民生领域也涌现出诸多热点，复工复产相关话题持续受到关注，摊贩经营、“光盘行动”等一时成为热点。国际话题数量与2019年持平，中美关系依然是贯穿全年的另一条重要线索。继华为之后，TikTok、Wechat等科技产品相继成为两国博弈焦点，美国大选、“黑命贵”（Black Lives Matter）等海外事件同时牵动太平洋两岸的舆论。值得注意的是，本年度未有社会热点案件出现在热度前20的事件中，政法领域舆情压力缓和，《民法典》与涉港国安法得到舆论拥护。

全年共计600个样本事件，按话题类型分为如下领域：公共卫生舆情、民生舆情、企业舆情、国际舆情、科技舆情、社区舆情。首先，以新冠肺炎疫情为代表的公共卫生舆情占据了近四成的舆情压力，且跟其他领域均有交叉关联，尤其是社区疫情防控等基层治理领域，如小区及校园的封闭管理、基层抗疫物资分配、一线形式主义作风等，易引发负面舆情（见图1）。其次，经济民生类话题亦多与疫情高度关联，物价、就业、教育、农民工等民生问题受影响颇大，企业经营、劳资关系等市场主体相关舆情事件层出不穷。虽然民生舆情与企业舆情相关事件数量众多，但压力指数并未明显上升，显示出“六稳”“六保”工作对降低经济社会风险所起到的积极作用。

2020年，中美关系、地缘风险、全球化等国际舆情事件热度进一步上升，舆论压力也非常突出，与之关联最大的是科技舆情，科技企业出海频频受阻，疫苗、个人隐私保护等科技抗疫话题也成为国际国内关注焦点。相较于国际舆情高压的态势，科技舆情整体正面事件偏多，舆情压力指数较低。受新冠肺炎疫情影响，2020年部门压力指数分布情况出现了较大变化，医疗卫生部门分担了大部分舆情压力，而其他部门的压力指数均有大幅降低（见图2）。

① 人民网主任数据分析师叶德恒对此项数据分析做出贡献。

图1　2020 年几个重点领域舆情压力关联情况

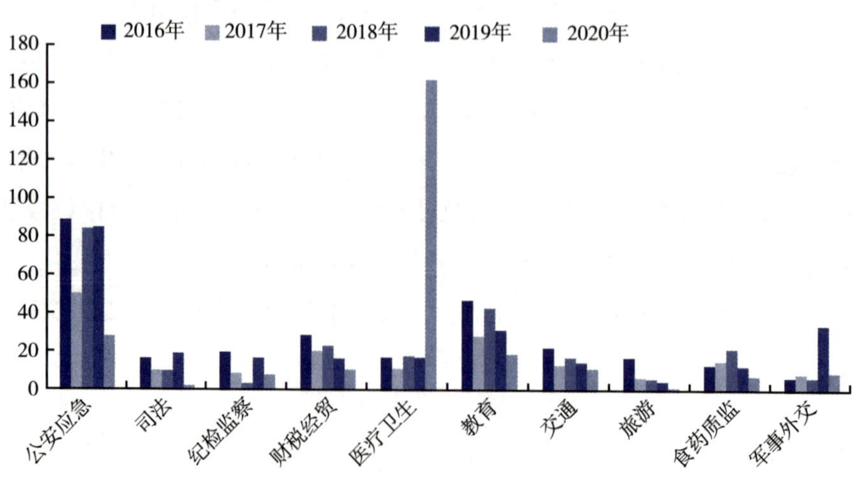

图2　近五年各政务职能部门舆情压力指数走势

从舆情压力指数的地区分布可以看出（见表 2），湖北、北京、吉林、黑龙江、新疆等疫情暴发或出现反弹的地区舆论压力较上年上升明显，尤其是湖北和北京，热点事件数量和压力指数均明显高于其他地区。压力指数第三高的山东省，存在青岛疫情的反弹、合村并居、冒名顶替入学等事件。香港依旧是舆论重点关注地区，香港国安法的通过以及维护国家安全委员会的成立，使得境内舆论态势较 2019 年明显好转，舆论对香港未来发展的信心有所提升。广东、浙江、四川、江苏等经济人口大省常年热点舆情高发，但 2020 年度舆情压力指数均有降低。事实上，排除疫情影响后，全国大部分地区负面舆情事件均有较大幅度的减少，舆论生态趋于清朗。

表 2　2020 年各地舆情压力指数

单位：%

排名	地区	热点事件数量占比	舆情压力指数	压力指数同比变化	排名	地区	热点事件数量占比	舆情压力指数	压力指数同比变化
1	湖北	22.4	25.57	709	11	上海	2.0	2.92	-70
2	北京	13.6	20.57	71	12	江西	2.0	4.63	-3
3	广东	8.0	8.93	-13	13	重庆	2.0	3.99	116
4	山东	5.6	11.78	-15	14	山西	2.0	3.13	-26
5	浙江	4.8	7.11	-9	15	安徽	1.2	1.69	-29
6	香港	4.8	2.21	-80	16	黑龙江	1.6	3.58	91
7	四川	4.0	6.19	-52	17	辽宁	1.6	1.98	-66
8	江苏	3.6	2.35	-89	18	海南	1.6	-0.93	-127
9	云南	2.8	3.40	-51	19	新疆	1.6	3.15	434
10	吉林	2.8	5.90	248	20	江西	2.0	4.63	-3

本报告尝试构建“突发公共卫生事件信息需求 - 供给”模型，量化网民对疫情信息及时性、针对性、专业性的需求迫切程度，以及各地通过互联网

提供防疫宣传信息情况，发现信息舆论传播与城市防疫工作效果具有一定相关性（见图3）。

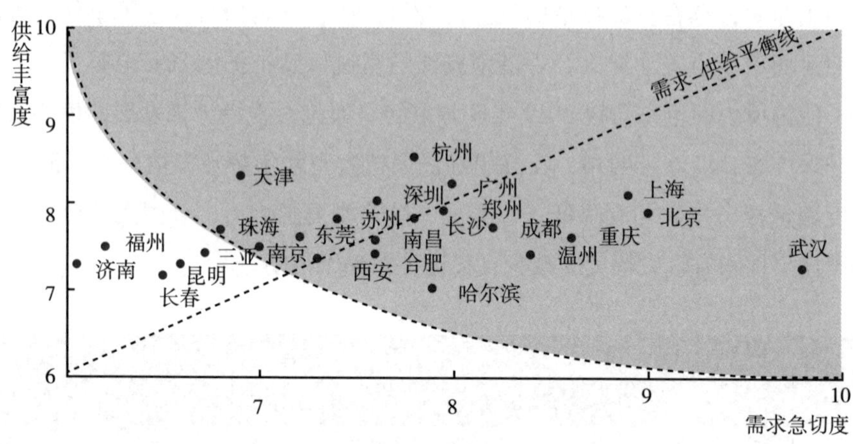

图3　各城市新冠肺炎疫情信息供需情况

在图3中，“需求急切度”由疫情规模、预估返程客流、谣言传播量、民众焦虑情绪、民众问责情绪、信息发布和正能量宣传期待情绪等二级指标加权计算得出，“供给丰富度”由各地新闻发布频率、发布内容精细度、辟谣传播量、媒体融合传播水平等二级指标加权计算得出。当相应地区需求大于供给时，舆论焦虑恐慌情绪上升，易令民众抗疫信心不足，舆论压力上升；当供给大于需求时，相应地区民众抗疫信心增强，公众情绪相对平稳，舆论压力得到缓解。研究发现，当网络信息的媒体属性越来越强，互联网和新技术发展与民众生活相关度越来越高时，社会治理需要纳入考量的指标也将增多。尤其在公共突发事件中，舆论的变量作用，愈发需要被纳入参考范围。相关部门抗疫信息的有效供给，民众互联网平台需求表达情况，对政府社会治理施政具有参考价值，后续其他问题的治理或许也可以将此供给状态作为评估参考指标之一。

二　网络舆论生成机制的新变化

（一）社交网络

疫情防控期间，社交网络成为信息传播和意见表达的主力平台。中国医师协会健康传播工作委员会等机构的调查数据显示，疫情期间，公众通过微信获取疫情相关信息的占调查人数的 71.13%，通过微博的占 57.74%，通过网站的占 54.8%，通过传统电视的占 48.29%。

（二）短视频

疫情防控期间，网络视频（包含短视频）使用率增长，成为除即时通信外用户规模第二大的互联网应用。截至 2020 年 6 月，短视频用户达 8.18 亿，同比增长 1.7 亿；使用率达 87%，同比增长 11.2 个百分点。[①] 截至 2020 年 8 月，短视频平台抖音日活用户规模达 6 亿，每日搜索达 3 亿次。[②]

短视频成为涉疫舆论热点生成的重要渠道。抖音、快手等短视频平台加强了疫情防控的宣传和普及。网民通过 Vlog、直播等形式，记录疫情期间的生活，表达喜怒哀乐。一线女医生女护士为方便穿防护服剪下长发等短视频，引发共鸣和赞赏。除了信息传达和内容创作外，短视频也发挥了服务功能。比如一些短视频平台与第三方医疗机构合作，开通在线问诊功能；与教育机构合作，开通在线教育功能。

各大短视频平台积极布局“直播带货”，各类企业借此拓展产品销售渠道，催生了一个“全民直播”新时代。为了破解产品滞销困境，多地领导干部走进短视频平台，为当地产品带货直播，成为 2020 年疫情防控期间的新景观。商务部数据显示，仅 2020 年一季度，全国电商直播就超过 400 万场，网

---

① 中国互联网络信息中心（CNNIC）:《第 46 次中国互联网络发展状况统计报告》。

② 《北京字节跳动 CEO 张楠：抖音日活超 6 亿日搜索量达 3 亿》，新浪网，http://finance.sina.com.cn/stock/ relnews/cn/2020-09-15/doc-iivhuipp4428703.shtml。

络零售对消费的促进作用进一步提升。[①]

短视频的爆发式增长，抚慰了公众由疫情带来的生活不便与心理创伤，稳定了社会情绪，也一定程度促进和引领了新型消费方式，助力扩大内需，促进国内消费。

（三）新闻媒体及户外媒介

在自媒体和社交网络大行其道、海量信息混杂的年代，新闻媒体是舆论场的压舱石，对稳定人心、恢复社会秩序至关重要。

在武汉防控疫情最紧张的日子里，广州、上海、杭州等各大城市亮出灯光秀，隔空喊话“武汉挺住”，用上百块户外大屏展示本地援鄂医护人员的感人照片：有被口罩勒出压痕的脸，长椅上睡去的疲惫身影。商家也积极参与户外表达，如全国200座城市324座万达广场在“5月12日国际护士节”这天同时点亮大屏，播放致敬抗疫英雄的视频和祝福语。武汉市举办长江灯光秀，感谢豫湘粤桂琼等省份雪中送炭的支援。

（四）谣言和营销号

近年来依法打击网络谣言，得到网民的拥护，一个信息充分公开、自由流动的舆论场，具有对冲功能和自我净化功能，使虚假信息得到有效遏制。有时是政府有关部门的失语、推诿，让老百姓处于信息不对称中，加剧了焦虑不安。新冠肺炎疫情发生后，深圳、北京等地陆续发布地方版应急条例，规定公民个人、社会组织等均可参与报告突发卫生事件隐患，非恶意报告的将不予追责。

有些网上营销号职业化传播不实信息，如把某些历史和新闻碎片无限放大，或对图片、短视频剪辑拼接，加大了谣言辨识难度。2020年3月初，多个微信公众号发布大量网文“店铺关门歇业，华人有家难回，X国华商太难了！”文章内容基本一致，只是换了国名、地名。炮制虚假海外华人信息，导致大量海外华人争抢回国机票。

---

① 《今年一季度全国电商直播超过400万场 直播带货将有新规》，人民网，https://baijiahao.baidu.com/ s?id=1668979570706515389&wfr=spider&for=pc。

三　新冠肺炎疫情中政府危机管控和舆情应对

抗击新冠肺炎疫情，是对国家治理体系和治理能力的一次大考。我们将疫情相关事件划分为信息公开、医疗救治、社会管理、经济民生和国际抗疫五个子话题，并分别计算各子话题的舆情压力指数如图 4 所示，从中可以看出疫情在不同阶段中舆论的关注和争议的焦点。

新冠肺炎疫情初期，武汉政务信息未及时有效公开，危机应对能力有待提升。在武汉疫情迅速蔓延的情况下，根据国家卫健委高级别专家组从武汉紧急带回的信息，1 月 22 日下午，习近平总书记作出重要指示，要求立即对湖北省、武汉市人员流动和对外通道实行严格封闭的交通管控。紧接着，湖北各地也实行了相应的严格管制措施，网民评价这是史无前例的“封一省保全国”。全国 30 个省份相继启动“重大突发公共卫生事件一级响应”，社区防控实行网格化、地毯式管理。不仅迅速控制住武汉及湖北的疫情，而且此后北京、青岛等地的疫情阻击战均取得胜利。

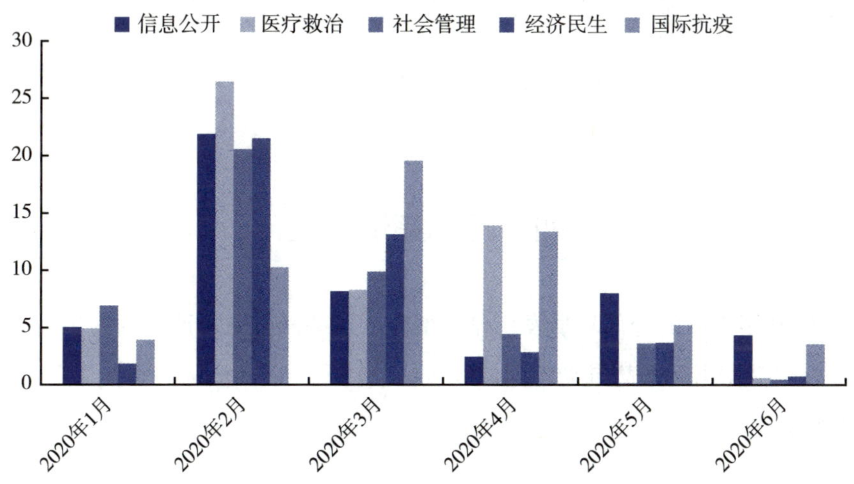

图 4　新冠肺炎疫情各子话题舆情压力指数

通过大数据分析新闻、微信公众平台、微博等渠道中网民针对疫情话题的评论，计算疫情各阶段网民评论文本中表现出的积极乐观、理性中立、失落悲伤、担忧焦虑、愤怒厌恶和恐惧惊慌六类情绪占比，并进一步利用期待、相信、失望等多种能体现网民信心变化的情绪数据进行综合建模，得到整体舆论对抗疫的信心指数。相关计算结果如图5所示。可以看出，整体的舆论情绪发展呈现从低谷急速抬升（1月底至2月）——波动调整（3月至6月）——逐渐走高（6月至9月）的过程。

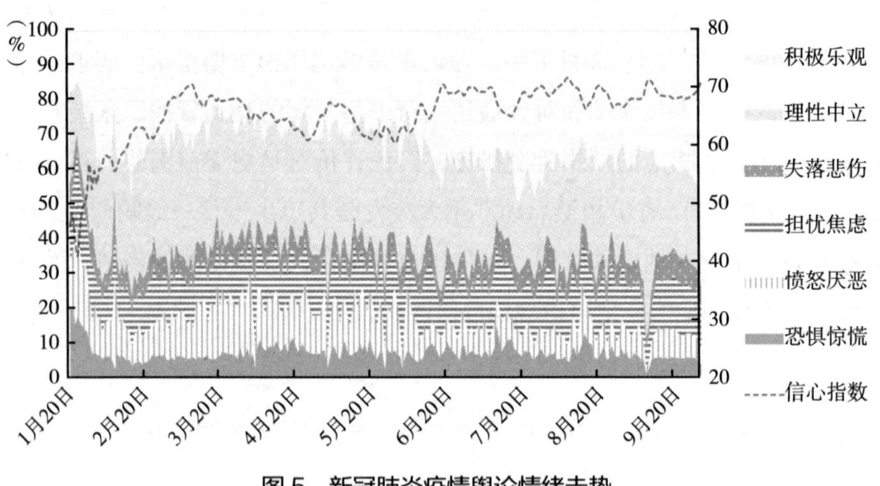

图5 新冠肺炎疫情舆论情绪走势

四 国际舆情升温

2020年中国的外部环境发生剧烈变化，一些网友觉得改革的内生动力消退，希望借助国际形势推动中国的经济社会转型，因此国际舆情在2020年显著升温。

（一）中外抗疫效果比较

网民注意到，中外新冠肺炎疫情防控的不同做法，凸显了两种社会制度和文化传统的差异。中国依靠举国体制、有力行政和社区隔离、个人自觉保持社交距离，成功防控疫情。西方把个人自由置于集体利益甚至健康和生命之上，疫情防控不尽如人意。美国特朗普当局拒不承认危机管控无力，加上黑人弗洛伊德被白人警察逮捕时因窒息死亡，引发全国抗议和社会失序，美国政治家自诩的“灯塔国”[①] 形象趋于破灭。

（二）中外相互认知滑坡

美国国务卿蓬佩奥 2020 年 7 月 23 日在尼克松图书馆发表演讲，提出自尼克松开始与中国接触 50 年以来试图引导中国朝着西方体制演变已被证明行不通，必须对中国采取“不信任并核实”的态度。特别是特朗普当局把病毒溯源问题政治化，把人类与疫情的斗争转换为中西方之间的政治摩擦。2020 年中美关系“比自由落体还糟糕”，[②] 带动西方舆论场对中国的认知大幅度趋于负面。根据美国皮尤研究中心（Pew Research Center）的民调结论，[③] 14 个西方国家所有受调查国民中，大多对中国持负面看法，其中 11 个国家民众对中国持负面看法的比例超过 75%。

与此同时，中国民众对美国的观感也在滑坡。2020 年 7 月，中国对美国强行关闭中国驻休斯敦领事馆做出反击，关闭美国驻成都领事馆。中国中央电视台的现场直播吸引了 2000 万人观看，还有不少成都市民前往围观。

美国总统特朗普签署行政令，要求中国互联网公司字节跳动在 90 天之内出售或剥离该公司在美国的 TikTok 业务。这种霸凌行为引发中国网民的反

① 老布什总统 1991 年《国情咨文》称：“美国作为民主的灯塔，应该照耀世界。”

② 新加坡国立大学东亚研究所教授郑永年 2020 年 5 月称：中美关系何止是自由落体所能形容。这个落体不仅没有任何阻碍力，反而得到了来自两边的巨大推力，以最快的速度掉向这些年来中美都不想看到的“修昔底德陷阱”。

③ 该机构 2020 年 6 月 10 日至 8 月 3 日在美国、加拿大、英国、法国、德国、意大利、西班牙、丹麦、瑞典、比利时、荷兰、日本、韩国和澳大利亚等 14 个国家开展的电话调查。

美情绪。中国舆论场出现了反对字节跳动对美妥协的声音，呼吁政府对等制裁西方高科技企业。也有一些冷静的声音提出：中国高科技企业和产品出海时需要重视合规问题，熟悉当地的监管环境，了解有关地区的地缘政治变化，特别是加强对用户数据隐私和网络安全的风控。

（三）国内舆论场的大国定力

尽管国际环境恶劣，中国国内舆论场并没有出现像 2012 年钓鱼岛风波、2017 年抵制韩国乐天那样的激烈情绪。在全球化的逆流中，中国政府提出站在历史的正确一边，党的十九届五中全会重申“和平与发展仍然是时代主题”，表现出大国政治定力。

五　公共议题中的舆论撕裂和共识重建

（一）社会公德

每一场重大灾难，常能见证和升华全民族的道德水准。2008 年汶川地震中，以“80 后”为主体的百万志愿者赶赴灾区救援。2020 年新冠肺炎疫情暴发，全国各地医护人员逆行至武汉及湖北各地。在疫情缓解、各地医疗队撤出时，湖北全境出现了百姓倾城而出、含泪相送的场景。

在全国各地，广大医护工作者、社区工作者、基层干部、公安干警、志愿者及解放军等群体投入疫情防控一线，展现了同舟共济、患难与共的家国情怀，以及令人震撼的行动力。在网上备受关注的，就有武汉“80 后”快递小哥汪勇组群接送医护人员；定居武汉的新疆汉子热依木 · 巴拉提免费为封城中的市民送出 16000 个馕饼；艺人韩红奔走为抗击病毒筹款筹物资；在杭州保姆纵火案中妻儿四人全部遇难的林生斌捐出 5000 个口罩，有网友动容感慨：“他还在相信人间，我们为什么不呢？”

在国际疫情泛滥的紧张时刻，中国驻外使馆开通领保热线，努力做好领事保护与服务。自 2020 年 3 月 29 日起，中国民航总局实施“五个一”政策，指一家航空公司、一个国家、一条航线、一周、一个航班的规定。从 2020 年

11 月初起，回国登机需 48 小时核酸 + 抗体双阴性证明。这些规定有利于遏制境外疫情输入，保护本土安全，但客观上增加了留学生和滞留在海外的其他中国人回国的难度，引发舆论同情。随着中国经济的日益强大，海外中国人心中洋溢着民族自豪感，海外中国人也需要感受到祖国的温暖。

（二）公民和政府、社区的关系

疫情防控中，中国特色的社区管理，涉及社会各界生活方式、行为方式的改变。特别是大数据助力疫情溯源和精准防控，具有神奇效应。比如，中国移动、中国联通、中国电信疫情期每天报送人口迁徙大数据；从百度、腾讯、阿里巴巴等互联网公司基于 App 定位系统所获取的用户位置信息，也可判断人口流动方向。比如，用大数据手段筛查去过武汉海鲜市场的 9600 万人次，分析 2019 年 12 月 1~31 日去过武汉海鲜市场的人向全国流动的情况，两天内绘制了传播地图。

但大数据在疫情防控中的应用，只是公民为了公众利益暂时让渡个人隐私。中央网信办曾在疫情紧张期下发文件，提出疫情数据最小化应用。有全国人大代表和新闻媒体提出：疫情结束后有关部门应当对收集的个人信息进行封存、销毁；警惕不加审视地将应急做法扩大到日常生活状态中来。全国人大正在审理《个人信息保护法》，受到各方关注。针对疫情防控中的个人隐私，应合理界定国家、社会和个人的关系。在应急管理中公权力扩张，社会治理侵入家庭和个人生活，对此需要审慎把握尺度。

（三）科学家群体的崛起

在新冠肺炎疫情中，钟南山、李兰娟、张文宏等医生战斗在抗疫第一线，对疫情做出专业判断，对防控提出中肯建议，受到公众的信赖甚至追捧。2020 年 5 月 16 日才开通微博的张文宏，迅速成为拥有 300 多万粉丝的“大V”。其他一些医学生物学专家，以及更宽广领域的科学家，如中国疾病预防控制中心流行病学首席科学家曾光、流行病学首席专家吴尊友等，对疫情走向、瑞德西韦、疫苗、疫情下应激反应等问题的看法，有前瞻性，给人启迪。

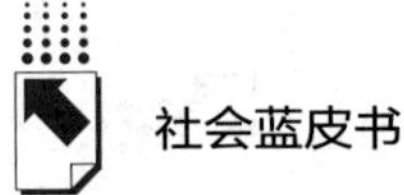

在新冠肺炎疫情这样的公共卫生危机中，专业人士的释疑解惑成为刚需。需鼓励专业机构、专业人士发声，与公众和媒体多交流，通报科技进展，发表专业意见，培植网上科学理性。

在事关公众利益的问题上，医学专家表现出与人文知识分子一脉相承的责任感。时隔17年，钟南山在“非典”和新冠肺炎疫情中两次挺身而出。2020年1月18日傍晚，钟南山以84岁高龄通过无座补票乘高铁急赴武汉，警示疫情告急。复旦大学附属中山医院医疗队领队朱畴文讲述率团支援武汉的经历，几度声音哽咽，感人至深。医学不仅仅是工具，还涉及生命价值等终极关怀，[①] 具有很强的道德感和精神激励作用。

医生群体有全球视野，不非议其他抗疫模式；表达意见严谨，如强调疫情动态清零；只在自己熟悉的专业领域建言，不轻易涉及自身专业以外领域的话题。过去一些人文“大V”，对几乎所有公共事务话题都保有旺盛的热情，习惯于越界发言，在每个舆论热点中刷存在感，每每露出破绽。而医学生物学专家较少卷入是非之争。医学专家的公开发声，基本上与政府同频共振。

值得注意的是，在公共卫生危机中，医学认知常常与商业行为连接。上海药物所和武汉病毒所称研究发现双黄连口服液可抑制新型冠状病毒，导致全国各大药店包括电商平台上的双黄连口服液被抢购一空。其实抑制不等于预防和治疗，专家提醒普通人勿自行服用双黄连。医学生物学专家走出象牙塔、面对公众时，需要形成科学共同体的规范约束，维护职业尊严。医学表达的公信力需要发言者与商业利益切割。

（四）小众文化的网络能量

凭借电视剧《陈情令》走红的男明星肖战，其形象在同人文学A03网站被改写。肖战粉丝感觉偶像人格受损，纷纷举报，导致A03国内用户无法继

① 超越专业范畴，对生命本源和价值的探索构成人生的终极性思考，它是人类超越有限、追求无限以达到永恒的一种精神渴望。

续访问。《检察日报》发文，试图为狂热的粉丝厘清法律的边界：一方面指出同人作品有侵犯著作权、名誉权的风险，另一方面告诫维护明星声誉的地点在法院而不是网络，肖战粉丝的过度维权变成了党同伐异，而肖战和团队没有进行正确的引导，属于偶像失格。该报因此受到肖战粉丝的围攻。如果明星任性自私，侵蚀社会主流价值观，那可能构成一种“网络宗教”。在互联网多元文化场域，需要正视和化解亚文化的消极因素，在新生代中培植阳光健康的国民心态。

六 2021 年舆情形势展望

（一）民生舆情将成为2021年第一大舆情

疫情当前，中央首次提出“六保”，即保居民就业、保基本民生、保市场主体、保粮食能源安全、保产业链供应链稳定、保基层运转。这是防止疫情演变为社会危机的应急管控举措。还要化解“疫后综合征”，包括做好治愈患者的康复和心理疏导工作，妥善解决因疫利益受损群众的合理诉求。预计随着疫情防控常态化，用人单位与求职者、房东与租客、农民工与企业、城市管理者与小摊小贩等的矛盾可能被聚焦和放大。需要帮助群众解决就业、社保、医保等实际困难，落实好特殊困难群众兜底保障工作，维护社会大局稳定。

疫情对经济的冲击具有滞后效应，预期 2021 年民生压力加大。2020 年高端白酒、豪华汽车和豪宅的销售额上升，1~9 月奢侈品消费增速估计在 20% 以上，但同期社会消费品零售总额下降 7.2%。[①] 不同地区、不同阶层发展不平衡的问题会被聚焦，舆论场的包容度或降低，在某些议题上的撕裂可能加剧。

① 邑嘉财经：《疫情下的折叠，富人更富，穷人更穷》，腾讯网。

（二）播客成为网络舆论新平台

以BBS和微博为代表的广场式舆论场域，正在转向以微信为代表的沙龙式舆论场域，播客也带有舆论分层特征。预计2021年播客[①]的主播和听众将有较大幅度增加。与目前流行的短视频相比，音频有更多的应用场景，如开车、搭载公共交通、做家务和睡前。播客爱好者大多是一线城市较年轻的高学历人士，通过播客表达特定领域的兴趣，展示新奇的社会观察和有趣的人生感悟，有相当高的专业水准以及个性色彩。播客的媒体属性较弱，以个人爱好同道者相聚，没有微博平台常有的左右激烈争辩，在细分领域具有话语权，音频平台UGC[②]内容的风控也将受到重视。

（三）对平台企业的强监管和涉企舆论

蚂蚁科技暂缓上市敲响了警钟。互联网平台企业资本雄厚，掌控较多数据和市场份额，容易形成垄断，甚至向社会政治领域渗透。预计2021年政府将实质性启动平台经济的反垄断工作，整顿互联网金融秩序。与此同时，也要注意保护平台企业的商业创新、科技创新动能。

在政府的强势监管与民意的峻急诉求这两极之间，加上自媒体半采半编、半真半假的企业负面（敲诈）报道增多，企业家需谨言慎行，理解和遵循政策导向，做好信息披露，对冲网络传言。

民营企业继续关注市场准入、审批许可、招投标、银行贷款等方面能否“一碗水端平”，依法保障企业家人身安全和企业财产安全，创造一个安全、稳定、可预期的投资经营和资产保障环境。

（四）国际舆论的压力

在新冠肺炎疫情溯源、疫苗和各国防控措施方面还会出现中外舆论争执。

---

① Podcast，在互联网上发布、允许用户订阅并自动接收音频文件，相当于以互联网为载体的个人电台。

② User Generated Content，用户生成内容。

中国需展示负责任大国形象，以本国人民利益为重，并兼具“人类文明共同体”的情怀，推动与世界各国就疫情防控的科学交流和成果分享。在疫情溯源问题上，恪守科学立场，坦诚参与国际对话，避免国内舆论场的民粹主张和国际政治复杂因素交互作用。

B.16
2020年食品药品安全形势分析

田明　冯军*

摘　要： 食品药品安全关系人民群众身体健康和生命安全，关系中华民族的未来。党中央和国务院历来高度重视食品药品安全工作，随着食品药品监管制度不断完善，我国食品药品安全状况整体稳中向好，但问题和风险同样存在。本文通过对政府监管部门统计的相关数据的分析，总结了当前食品药品存在的问题，食品方面的问题主要聚焦超范围超限量使用食品添加剂、微生物污染和农兽药残留超标，药品方面的问题主要表现为个别企业涉嫌违法违规生产和质量管理水平较低等问题。通过剖析食品药品的安全问题，本报告围绕"四个最严"的要求提出了做好制度建设、强化生产经营者主体责任、促进社会共治等建议，旨在保障广大人民群众的身体健康和生命安全。

关键词： 食品安全　药品安全　监管制度

食品药品安全是国家生存和发展的根本，党中央和国务院历来高度重视食品药品安全，《中共中央关于制定国民经济和社会发展第十三个五年规划的建议》明确提出"实施食品安全战略，形成严密高效、社会共治的食品安全治理体系，让人民群众吃得放心"。习近平总书记强调指出，在食品安全上给

* 田明，国家市场监督管理总局发展研究中心，博士，副研究员，研究方向为食品安全监管；冯军，国家市场监督管理总局发展研究中心副主任，研究方向为食品安全监管。

老百姓一个满意的交代，是对我们执政能力的重大考验。同时多次明确要切实加强食品药品安全监管，用最严谨的标准、最严格的监管、最严厉的处罚、最严肃的问责，加快建立科学完善的食品药品安全治理体系，坚持产管并重，严把从农田到餐桌、从实验室到医院的每一道防线。

近年来，各级党委政府和各有关部门按照党中央、国务院的决策部署，全面加强食品药品安全工作，不断健全统一权威的食品药品监督管理体系，完善食品安全标准，提高检验检测能力，较好地控制住了重大食品药品安全风险，人民群众饮食安全和用药安全得到保障，食品药品安全形势不断好转。但是，食品药品安全具有历史性特征，一定时期内的潜在风险可能演变成未来的突出问题，现阶段我国食品药品工作仍面临不少困难和挑战。食品方面，一是供给侧结构性改革、消费结构持续升级促使新技术、新产品、新模式不断涌现，但营养与安全问题依旧严峻，食品安全监管面临新难题；二是环境是食品安全的第一道防线，环境治理的长期性、综合性和反复性的特点使环境污染成为长期影响食品安全的重要问题；三是食源性致病微生物污染率高，耐药性问题突出，基于组学平台的食源性致病微生物数据库尚未建立，难以应对致病微生物突发风险；四是客观安全水平的提升难以转化为主观安全感，消费者对食品安全的信心和信任度需要修复和重塑；五是食品安全信息化标准有待完善，智能化应用法规缺乏，信息化系统存在信息孤岛和一定的安全性隐患；六是经济新形势下，城镇化加速发展，社会化分工日趋细化，食品产销分离带来的食品安全风险日趋凸显；七是我国食品供应链日趋国际化，加大了进口食品输入性风险。[①] 药品方面，医药产业发展仍然不充分不平衡，企业小散弱的问题突出，中低端产品供大于求，高质量药品供给不足，药品安全风险隐患仍然较多，化解历史遗留问题的难度较大，药品监管法治建设、监管决策科学化水平、监管人员能力素质还存在不少短板。医药新技术、新产业、新业态、新商业模式不断涌现，基因疗法、细胞疗法、免疫疗法、可

① 庞国芳、孙宝国、陈君石、魏复盛：《中国食品安全现状、问题及对策战略研究》，科学出版社，2020，第 57 页。

穿戴技术等方兴未艾，在引领药品创新发展的同时，也给药品监管工作带来了诸多新挑战。[①]

一 食品药品安全制度建设情况

（一）食品安全制度建设

党中央、国务院高度重视食品安全工作，不断完善食品安全工作制度建设，推进食品安全治理体系和治理能力现代化。2019 年 2 月，中共中央办公厅、国务院办公厅印发《地方党政领导干部食品安全责任制规定》，进一步落实食品安全党政同责要求，强化食品安全属地管理责任，健全食品安全工作责任制，保障人民群众“舌尖上的安全”。2019 年 5 月，中共中央、国务院印发《关于深化改革加强食品安全工作的意见》，这是第一个以中共中央、国务院名义出台的食品安全工作纲领性文件，具有里程碑式重要意义。2019 年 10 月，《中华人民共和国食品安全法实施条例》修订稿经国务院第 42 次常务会议审议通过、正式公布并于 12 月 1 日起正式施行。新修订的条例共 10 章 86 条，对餐饮服务提供者、单位食堂、网络食品交易第三方平台提供者等主体都提出了具体要求。坚持以人民为中心，坚持“四个最严”要求，在《中华人民共和国食品安全法》的基础上，补短板、强弱项，以良法善治，为群众“舌尖上的安全”保驾护航。除此之外，食品安全相关部门相互配合，积极联动，推进其他相关规章制度的完善。

（二）药品安全制度建设[②]

2019 年 6 月，第十三届全国人大常委会第十一次会议审议通过《疫苗管理法》。该法作为世界首部综合性的疫苗管理法，不仅依照“四个最严”的要求，坚持安全第一、风险管理、全程管控、科学监管、社会共治的理念，

① 徐景和:《新体制 新要求 新挑战——药品科学监管服务公众健康》,《中国食品药品监管》2019 年第 11 期。

② 徐景和:《加快打造药品安全法治工作的升级版》,《中国食品药品监管》2020 年第 8 期。

支持疫苗研发创新，严格疫苗生产、流通和预防接种管理，加大对疫苗违法行为的处罚力度，切实解决了长期制约疫苗安全和供应保障的体制机制问题，而且明确了国家坚持疫苗产品的战略性和公益性。2019年8月，第十三届全国人大常委会第十二次会议通过新修订的《药品管理法》。新《药品管理法》全面实施药品上市许可持有人制度，严格药品上市后研究和监督管理，运用综合手段严惩重处各类药品违法行为，为全面落实药品安全“四个最严”要求提供了有力的法治保障。与此同时，国家药监局加快规章制修订步伐，及时修订《药品注册管理办法》《药品生产监督管理办法》等核心配套规章，《药品经营监督管理办法》《药品网络销售监督管理办法》《生物制品批签发管理办法》等规章正在推动出台中。

二　食品药品安全现状

（一）食品安全现状

1. 食品产业不断发展壮大

食品产业作为国民经济的支柱产业和保障民生的基础性产业，具有举足轻重的战略地位和作用。2019年，全国规模以上食品工业企业营业收入81186.8亿元，同比增长4.2%，利润总额5774.6亿元，同比增长7.8%，是国民经济中最具活力的新兴产业。城镇人口对工业食品的支出约为农村人口支出的10倍，我国快速的城镇化进程加速了食品产业的发展，同时连续稳定的粮食及食用农产品供应、食品经营新业态的出现等也对产业的快速发展做出了重要贡献。近年来，我国食品产业科技在基础研究、前沿技术和集成示范、重大共性关键技术与核心装备研发、人才创新与队伍建设、基地和平台建设等方面取得显著成效，为食品产业的快速发展提供了强大的科技支撑。但是我国食品产业的核心技术与发达国家相比还存在一定的差距，大型企业占企业总数的比重小，工业化程度较低，能源消耗和环境污染的现象时有发生，影响着食品产业的发展。

2. 主要食品安全状况稳定

全国粮食总产量66384万吨（13277亿斤），同比增长0.9%，创历史最高水平。受猪生长周期、非洲猪瘟疫情、部分地区不合理禁限养等因素叠加影响，猪肉市场供给一度持续偏紧，随着国家和地方一系列生猪稳产保供政策措施密集出台、落地，全国生猪生产止降回升，市场预期趋稳，猪肉价格有所回落后保持总体稳定。受猪价上涨带动，牛羊禽肉、禽蛋、牛奶价格总体走强，但此类产品增产迅速，市场供给充足，价格涨幅明显低于猪肉。

3. 食品安全事件更受关注

食品安全关系到每一个人的健康，是百姓最关心的民生问题之一。2019年是中国决胜全面建成小康社会的关键之年，脱贫攻坚战进入决胜的关键阶段，国内生产总值为99.0865万亿元，比上年增长6.1%；按年平均汇率折算，人均GDP突破1万美元大关，达到10276美元。英国《经济学人》杂志旗下智库发布的《2019年全球食品安全指数报告》显示，中国食品安全指数在全球113个国家和地区中排名第35位，首次进入第30~39位的区间，较上年的第46位上升了11位。2019年，国务院发展研究中心“中国民生调查研究”课题组对全国31个省（区、市）的51609位居民开展满意度调查，食品安全满意率为88.5%，较2018年提升了6个百分点，在社会治安、居住环境、住房、食品安全等12项民生项目中，提升幅度最高。但是天津权健保健食品、成都七中学校食堂等食品安全事件信息的大量传播，造成一定的负面影响，反映出老百姓对食品安全的关注度日益提升。

4. 专项整治行动令人民群众更有“感”

2019年，中央纪委国家监委牵头抓总，围绕可检验、可评判、可感知这一“三可”目标，紧盯人民群众操心事、烦心事、揪心事，聚焦打击违法违规行为，整治保健食品、校园食品和农产品质量安全问题“四方面”重点任务，扎实开展了整治食品安全问题联合行动。推动取得了“销毁一批假冒伪劣产品、取缔一批违法违规主体、严惩一批违法犯罪分子、曝光一批典型案例、完善一批制度机制”的“五个一批”成果。同时基于国内“保健市场”乱象，国家13个部门密切协作，相互支持配合，攻坚克难，为落实党中央、国务院领导批示要求，在全国范围内，对“保健市场”展开了声势浩大、社会关注、成效良好的联合执法行动，积极构建共治、共建、共享的社会治理体系，维护人民群众合法权益和公平竞争市场环境，提升了人民群众的获得感、幸福感和安全感。

5. 食品安全改革还需深化

当前食品领域风险因素复杂，食品安全形势依然严峻。要始终坚持问题导向、深化改革，不断提高食品安全工作能力和水平。首先要建立健全标准体系，修改完善现有标准，尽快实现我国食品安全标准与国际标准的对接。其次要切实强化全过程监管，动员社会各方力量参与监管，完善投诉举报制度。再次要采取有力措施，真正解决好执法成本高、违法成本低的问题。对昧着良心制假售假、突破道德底线的行为，一定要实施终身行业禁入，并处罚到企业法人。最后要切实落实党政同责、地方负总责要求，推动食品安全工作落细落地。

（二）药品安全现状

1. 药品生产经营许可情况

截至2019年底，全国共有原料药和制剂生产企业4529家，全国共有《药品经营许可证》持证企业54.4万家，其中批发企业1.4万家，零售连锁企业6701家，零售连锁企业门店29.0万家，零售药店23.4万家。

2. 药品注册情况

新药审批方面，2019年国家药监局共批准新药临床577件，批准文号35件，批准新药生产的新药证书及批准文号14件；共批准按新药申请程序申报临床申请109件，批准按新药申请程序申报生产12件。仿制药申请方面，2019年共批准仿制药临床申请107件，生产申请373件。进口药品方面，2019年共批准进口药品临床申请494件，上市74件。2019年国家药监局共批准药品补充申请2996件。全国各省（区、市）药监局共批准药品补充申请3515件，备案14888件。

3. 投诉举报及案件查处方面

投诉举报方面，2019 年各级监管机构共受理药品投诉举报 7.1 万件，立案 3329 件，结案 4396 件。案件查处方面，2019 年各级监管机构共查处药品案件 7.7 万件，货值 19.9 亿元，罚款 3.9 亿元，没收违法所得金额 1.1 亿元，取缔无证经营 785 户，捣毁制假售假窝点 120 个，责令停产停业 1394 户，吊销许可证 127 件，移送司法机关 1258 件。其中涉及药品包装材料案件 264 件，货值 352.9 万元。

三　食品药品安全监督抽检情况

（一）食品安全监督抽检

2019 年，市场监督管理总局在全国 31 个省、自治区、直辖市的农产品和食品交易场所依法抽取并购买食品样本，共完成国家食品安全监督抽检 24.4 万批次，覆盖 33 个大类食品；检验微生物、农兽药残留、食品添加剂、生物毒素、重金属等食品安全国家标准指标 558 项，检出合格产品 23.8 万批次，不合格产品 5773 批次；监督抽检的总体合格率为 97.5%，与 2018 年持平，较 2014 年上升 2.9 个百分点；监督抽检的总体不合格率为 2.5%。

第一，日常消费量大的食品合格率继续保持高位。如肉制品抽检合格率为 97.0%，较 2018 年提高 0.5 个百分点；粮食加工品、食用油、蛋制品、乳制品、婴幼儿配方乳粉的抽检合格率分别为 98.8%、98.9%、99.5%、99.7%、99.8%，与 2018 年持平。

第二，重点食品企业产品合格率较高。对市场份额大、流通范围广的重点食品生产企业和经营企业的产品进行重点抽检，其合格率分别为 99.7% 和 98.7%。

第三，一些食品安全突出问题的治理行动取得成效。通过专项整治，餐饮食品、淀粉及其制品的抽检合格率分别较 2018 年提升 0.9 个和 2.3 个百分点，均达到 97%；非法添加非食用物质检出率仅为 0.02%。其中，婴幼儿配方乳粉中“三聚氰胺”连续 11 年零检出。

第四，个别品类食品抽检不合格率仍居高不下。从食品抽样品种看，冷冻饮品不合格率为 6.1%，虽较 2018 年下降了 1.1 个百分点，但仍处于较高水平，主要涉及微生物污染等问题。此外，由于检测项目增加，蜂产品抽检不合格率较 2018 年提升了 3.6 个百分点，达 5.7%，主要涉及禁用兽药残留和微生物污染问题。从食品抽样环节看，网购食品抽检不合格率为 3.2%，较 2018 年升高了 1.2 个百分点，反映出对网络平台销售的食品仍需进一步加强监管。

第五，微生物污染、食品添加剂超标和农兽药残留超标依旧是当前食品安全领域面临的主要问题。抽检发现，因微生物超标的不合格率为 1.6%，与 2018 年持平，占不合格样品总量的 28.4%；因食品添加剂超标的不合格率为 0.9%，虽较 2014 年、2018 年分别降低 0.9 个和 0.1 个百分点，但仍占不合格样品总量的 22.9%；农兽药残留超标的不合格率为 1.5%，较 2018 年上升 0.5 个百分点，占不合格样品总量的 16.7%。①

（二）药品安全抽检情况

2019 年国家药品抽检制剂产品与中药饮片品种 184 个，包括化学药品 112 个、中成药 57 个、生物制品 8 个和中药饮片 7 个，其中属于国家基本药物品种的为 94 个。制剂产品与中药饮片全年共完成抽样 15612 批次，其中生产环节 1909 批次、经营环节 10025 批次、使用环节 3678 批次，抽检覆盖 667 家药品生产企业、2535 家药品经营企业和 1349 家药品使用单位。

2019 年共抽检制剂产品 14269 批次。经检验，符合规定 14212 批次，不符合规定 57 批次，其中有 2 批次药品系按照补充检验方法检出其他植物组织。抽检的 177 个品种中，全部样品符合规定的药品制剂有 158 个，共 11446 批次。其中，化学药品有 102 个品种 6335 批次、中成药有 48 个品种 4931 批次、生物制品有 8 个品种 180 批次。2019 年国家药品抽检数据显示，制剂产品合格率为 99.6%，总体质量处于较高水平。

一是化学药品，2019 年共抽检化学药品 112 个品种 7912 批次，涉及 22

① 数据转引自 2020 年“世界食品安全日”中国主场活动。

个剂型，在药品生产、经营、使用环节各抽样品886、4646、2380批次。经检验，符合规定7881批次，不符合规定31批次，分别在经营与使用环节检出不符合规定产品28批次和3批次，分别占对应环节全部样品的0.6%和0.1%。

二是中成药，2019年共抽检中成药57个品种6177批次。经检验，符合规定6151批次，不符合规定26批次（含2批次补充检验不符合规定）。生产、经营、使用环节分别抽取中成药634、4805、738批次，在生产与经营环节各检出不符合规定产品3批次和23批次，占对应环节全部产品的比例均为0.5%。

三是生物制品，2019年共抽检生物制品8个品种180批次，其中生产、经营、使用环节分别抽取91批次、36批次、53批次。涉及治疗类品种2个、预防类品种5个、诊断类品种1个，共计2个剂型。经检验，所检项目均符合规定，合格率为100%。

四是基本药物，2019年共抽检国家基本药物（不含中药饮片）8889批次，经检验，符合规定8872批次，合格率99.8%。其中抽取生产、经营、使用环节各1095、5416、2378批次，在经营环节检出不符合规定产品17批次。

五是进口药品，2019年加大了对进口药品的抽检力度，共抽检进口药品874批次，涉及15个剂型，其中生产环节（进口口岸）、经营环节与使用环节分别抽取8批次、374批次和492批次。经检验，所检项目均符合规定，合格率为100%。

六是中药饮片专项抽检，2019年共抽检7个中药饮片1343批次样品。经检验，符合规定1222批次，不符合规定121批次。不符合规定项目主要涉及性状（72批次）、主成分含量测定（37批次）、醇不溶物（2批次）、鉴别（5批次）、浸出物测定（2批次）、水分（6批次）等方面，分别占全部不符合规定项目的58.2%、29.8%、1.6%、4.0%、1.6%和4.8%。①

① 数据转引自中国食品药品检定研究院发布的《国家药品抽检年报（2019）》。

四 食品药品存在的主要问题分析

（一）食品安全存在的问题

一是环境污染问题影响食品安全。长久以来，我国存在许多短期内无法根本解决的环境问题，例如水污染、大气污染、土壤污染、生态功能退化等。这些问题导致食品原料在种养环节存在农兽药残留超标的问题，从源头上影响着食品安全。

二是食品流通消费环节风险高。在食品贮存运输环节，部分食品经营者经营行为不规范，主体责任未有效落实，由运输和储藏条件不达标引发生物污染和非法添加风险。在餐饮服务环节，部分经营者管理不规范，出现原料把控不严、制售环境脏乱差等现象，特别是网络订餐等新业态发展较快，全程监管难，存在一定风险，舆情也多有反映。由食源性病原微生物引起的食源性疾病是全球食品安全的核心问题，贯穿"从农田到餐桌"的食品全过程，同时现阶段我国风险识别数据库、溯源系统等应对食源性病原微生物的手段不够完善，增加了很多食品安全新风险。

三是新业态带来新问题。随着互联网技术与传统食品产业的不断融合和重构，各种新业态不断涌现，随之而来的是层出不穷的食品虚假宣传、产品品质无法保障、产品来源无法溯源等新问题。上述问题反映出监管制度的缺失、监管部门职责的模糊、监管人员能力的欠缺，不及时解决上述问题将会增加更多食品安全隐患。

四是粮食食品过度加工引起的营养健康问题。随着人们生活品质的不断提升，消费者的需求越来越多元化，粮食食品精加工的出现备受消费者追捧。"面粉过白，大米过精"等现象看似产品精细化，实际加工过程造成营养成分过度流失，从而导致消费者摄入营养不均匀，最终导致肥胖、"三高"等慢性病。

（二）药品安全存在的问题

化学药品方面，抽检数据显示，经营环节出现不符合规定的情况高于生产、使用环节，提示药品经营企业要注意检查产品包装密封情况，完善药品贮存、运输环节的温湿度控制体系，重点关注需冷藏、避光贮存的药品；药品生产企业应加强过程管理，严格控制口服溶液剂等剂型品种的生产工艺关键步骤，提高工艺的稳定性和无菌保障能力。

中成药方面，抽检数据显示，口服制剂产品的不符合规定批次占比较高，提示有关企业应加强全过程质量控制，加强购进药材和原辅料的质量管理，应严格控制生产工艺关键步骤，提高工艺稳定性，优化包装条件等。

中药饮片方面，抽检专项显示主要问题有：一是混伪品掺杂、以次充好问题，如半夏作为虎掌南星混用或掺伪，用栽培品防风经焦糖染色后充当野生品，血竭中掺入龙血竭等；二是炮制不规范、染色问题，如部分批次半夏未检出炮制的指标成分甘草次酸，部分批次血竭检出人工色素。抽检结果提示，中药饮片生产企业应规范产地加工，严格遵守炮制规范和贮运条件，加强进厂或投料前检验，积极落实质量主体责任。

五 提高食品药品安全水平的政策建议

（一）食品安全政策建议

1. 进一步落实企业主体责任

食品生产经营者应当严格落实法定责任和义务，建立健全食品安全管理制度。一是落实质量安全管理责任，结合实际设立食品质量安全管理岗位，配备专业技术人员，严格执行法律法规、标准规范等要求，确保生产经营过程持续合规，确保产品符合食品安全标准。依照《中共中央 国务院关于深化改革加强食品安全工作的意见》（以下简称《意见》）的要求，食品质量安全管理岗位人员的法规知识抽查考核合格率要达到90%以上。同时风险高的大型食品企业要率先建立并实施危害分析和关键控制点体系。二是加强生产经营过程控制。着重对食品安全责任落实情况、食品安全状况进行自查评价。发现不符合食品安全要求以及存在食品安全风险的情况，应立即停止生产经营活动并采取整改措施，依照《意见》的相关要求，食品生产企业自查报告

率要达到 90% 以上。三是建立食品安全追溯体系。追溯体系的建立可以确保产品来源可查、去向可追。同时加强全程追溯的示范推广，逐步实现企业信息化追溯体系与政府部门监管平台、重要产品追溯管理平台对接，接受政府监督，互通互享信息。四是鼓励积极投保食品安全责任保险，发挥保险的他律作用和风险分担机制功能。

2. 提高食品安全风险管理能力

一是加强协调配合。坚持地方各级党委和政府对本地区食品安全工作负总责的原则下，相关职能部门要各司其职并健全工作协调联动机制，加强协作配合，提升发现问题、处理问题的能力。二是提高监管队伍专业化水平。依托现有资源强化专业化的检查员队伍，通过强化培训和考核，提高检查人员专业技能，及时发现和处置风险隐患。依据《食品安全法实施条例》的相关要求完善专业院校课程设置，加强食品学科建设和人才培养，提升全民“食育”教育水平。三是加强技术支撑能力建设。通过平台建设落实各级食品和农产品检验机构能力和装备配备标准；充分利用大数据、云计算、物联网、人工智能、区块链等技术在食品安全监管领域的应用，实施智慧监管，逐步实现食品工作无纸化。

3. 推进食品安全社会共治

一是加强风险交流。风险评估部门主动发布权威信息并开展风险解读，鼓励研究机构、高校、协会、媒体等参与食品安全风险交流。鼓励企业通过新闻媒体、网络平台等方式直接回应消费者咨询。针对造谣传谣、欺诈和虚假宣传行为，建立谣言抓取、识别、分析、处置智能化平台，从严打击。二是强化普法和科普宣传。对各类主体持续加强食品安全法律法规、国家标准、科学知识的宣传教育。在中小学开展食品安全与营养教育，将食品安全科普知识送进农村、校园、企业、社区等。普及健康知识，倡导合理膳食，开展营养均衡配餐示范推广。三是鼓励社会监督。鼓励新闻媒体准确客观报道食品安全问题，有序开展食品安全舆论监督。行业协会建立行业规范、强化行业自律。四是完善投诉举报机制。畅通投诉举报渠道，落实举报奖励制度。鼓励企业内部知情人举报食品研发、生产、销售等环节中的违法犯罪行为，经查证属实的，按照有关规定给予奖励。加强对举报人的保护，对打击报复举报人的，要依法严肃查处。对恶意举报非法牟利的行为，要依法严厉打击。

4. 持续开展食品安全放心工程建设攻坚行动

围绕《意见》中人民群众普遍关心的十大专项行动开展工作，以点带面治理“餐桌污染”。重点在风险评估和标准制定专项行动、农药兽药使用减量和产地环境净化行动、校园食品安全守护行动、农村假冒伪劣食品治理行动等工作中做实做细做严，从食品安全工作的源头、重头着手，确保人民群众“舌尖上的安全”。针对现阶段研究发现的进口冷链物流可能是新冠肺炎疫情传播途径的新情况，制定相关疫情防控工作规范，建立物品信息追溯平台体系，确保疫情对食品安全的影响可防可控。

（二）药品安全政策建议

1. 加强风险防控体系和能力建设

坚持预防为主、风险管理和全程控制的监管理念，把风险控制在萌芽状态。强化隐患常态化排查化解，建立完善药物警戒机制，强化监测监控、预报预警，特别是加强高风险产品、高风险企业的评估分析，第一时间发现和消除安全隐患。落实企业主体责任，加强对医药企业法人代表、质量负责人的培训和警示教育，督促其落实好全过程、各环节的主体责任。

2. 加强药监法治体系和能力建设

以实施《药品管理法》《疫苗管理法》“两法”为契机，全面加强药品监管法治体系建设，提升依法监管能力。认真抓好“两法”宣传培训工作，推动地方政府、监管部门、企业等全面落实法定责任、履行法定义务。抓紧完善“两法”配套规章制度，确保法律法规的顺利实施。坚持“最严谨的标准”导向，持续完善药品标准体系。改革完善检查执法体制，推进检查与稽查工作的衔接融合，加强基层药品执法力量建设，以阳光执法促责任落实。

3. 加强审评审批体系和能力建设

进一步深化审评审批制度改革，提高政务服务水平，更好地服务支持药品高质量发展。优化审评项目管理制度和流程，推动国产药从仿制为主向自主创新转变。继续加快临床急需境外已上市新药的审评审批，让群众及时共享全球医药创新成果。改革中药审评审批模式，构建以中医药理论、人用经验和临床研究相结合的中药注册审评证据评价体系。扎实推进仿制药质量和疗效一致性评价。增强服务医药企业的意识，深化“放管服”、证照分离等改革，为医药企业健康发展营造良好环境。

4. 加强支撑保障体系和能力建设

不断加强监管力量建设，创新监管方式方法，提高审评审批、检验检测、执法检查的能力水平。探索在国家区域战略实施地和医药产业集聚区域设立审评检查分中心，鼓励支持各地因地制宜设立区域监管机构，推进市县市场监管局在药品监管方面的职能、机构、人员、设备标准化建设。加强药品检查员队伍建设，抓紧制定检查员分级分类、岗位管理、教育培训等配套制度措施，支持各省级药监局设置好药品检查机构。深入实施药品智慧监管行动计划，加快药品追溯体系建设，建设完善国家药监局一体化政务服务平台，让数据多跑路，让企业和群众少跑腿。深入实施中国药品监管科学行动计划，建立健全与高校、科研院所药品监管研究合作机制，加强前沿监管技术研究，全面提升监管能力和水平。

5. 加强社会共治体系和能力建设

统筹整合各方资源，推动形成企业主责、政府监管、社会协同、公众参与的药品安全共治格局。强化药品监管全生命周期协同，完善自上而下的督促、指导、协调、约谈工作机制，自下而上的信息报送、请示报告工作机制，健全跨区域检查稽查协办机制，形成完整的全生命周期监管闭环。落实药品安全党政同责，发挥考核指挥棒作用，建立对地方政府履职不到位进行责任约谈的制度。完善药品安全部门协调机制，加强医疗、医药、医保“三医联动”，形成齐抓共管工作格局。积极参与国际药品安全治理，深化国际审评、检查、检验领域的交流合作，深入参与国际组织事务，增强我国在药品监管国际规则制定中的话语权和影响力。

参考文献

庞国芳、孙宝国、陈君石、魏复盛:《中国食品安全现状、问题及对策战略研究》，科学出版社，2020。

徐景和:《新体制 新要求 新挑战——药品科学监管服务公众健康》,《中国食品药品监管》2019 年第 11 期。

徐景和:《加快打造药品安全法治工作的升级版》,《中国食品药品监管》2020 年第 8 期。

《2019 年度药品监管统计年报》，国家药品监督管理局官网。

《国家药品抽检年报（2019）》，中国食品药品检定研究院网站。

《中共中央 国务院关于深化改革加强食品安全工作的意见》，中华人民共和国中央人民政府网。

李利:《扎实推进药品监管体系和监管能力现代化》,《旗帜》2020 年第 1 期。

2020 年“世界食品安全日”中国主场活动发布数据。

B.17

2020~2021年中国生态环境形势分析与预测

生态环境部宣传教育中心社会蓝皮书课题组*

摘　要：2019年，全国生态环境质量总体改善，“十三五”规划纲要确定的生态环境保护主要指标均达到年度目标和序时进度要求。2020年是打赢污染防治攻坚战的决胜之年，也是“十四五”规划启航奠基之年，中国即将进入向第二个百年奋斗目标进军，全面推进社会主义现代化强国建设、美丽中国建设的新发展阶段。“十四五”时期，中国生态环境保护将坚持以习近平生态文明思想为指引，以科技创新催生绿色发展新动能，加快建立生态产品价值实现机制，广泛形成绿色生产生活方式，为全球生态文明建设贡献中国智慧、中国理念、中国方案。

关键词：打赢污染防治攻坚战　绿色复苏　绿色生产生活方式　气候变化　生物多样性

2020年是习近平总书记提出“绿水青山就是金山银山”15周年，是全面建成小康社会和“十三五”规划的收官之年，是打赢污染防治攻坚战的决胜之年，也是“十四五”规划启航奠基之年，中国即将进入向第二个百年奋斗目标

---

* 课题组成员均为生态环境部宣传教育中心工作人员。贾峰，生态环境部宣传教育中心主任，世界环境杂志社社长兼总编辑，研究员；周恋彤，新媒体室项目主管，硕士，助理工程师；唐玉佳，新媒体室项目主管，硕士，工程师；栾雪菲，新媒体室项目主管，硕士，工程师；刘汝琪，新媒体室项目主管，硕士，工程师；黄瀞漪，新媒体室项目主管，硕士，工程师；赵晓艺，新媒体室项目主管，硕士，助理工程师。

进军的新发展阶段。全国各地在习近平新时代中国特色社会主义思想的指引下，把习近平生态文明思想作为指导做好生态环保工作的根本遵循，坚定不移贯彻新发展理念，坚决打赢打好污染防治攻坚战，推动经济高质量发展，提高全面建成小康社会绿色底色，中国生态环境保护取得重大进展，主要污染物排放总量大幅减少，生态环境明显改善。2020 年 10 月下旬召开的中国共产党第十九届中央委员会第五次全体会议，对“十四五”时期乃至到 2035 年生态文明建设和生态环境保护做出重大决策部署。今后一个时期，中国将继续坚定不移走绿色发展、高质量发展、可持续发展之路，推动生态文明建设实现新进步，促进经济社会发展全面绿色低碳转型，建设人与自然和谐共生的现代化。

一　中国生态环境保护总体形势

（一）生态环境质量明显改善

2019 年，全国生态环境质量总体改善，环境空气质量改善成果进一步巩固，水环境质量持续改善，海洋环境状况稳中向好，土壤环境风险得到基本管控，生态系统格局整体稳定，环境风险态势保持稳定。“十三五”规划纲要确定的生态环境保护主要指标均达到年度目标和序时进度要求。

1. 蓝天保卫战成效显著

2019 年，全国 337 个地级及以上城市（以下简称 337 个城市）中，157 个城市环境空气质量达标，占全部城市数的 46.6%；180 个城市环境空气质量超标，占 53.4%。337 个城市平均优良天数比例为 82.0%，其中，16 个城市优良天数比例为 100%，199 个城市优良天数比例在 80%~100%，106 个城市优良天数比例在 50%~80%，16 个城市优良天数比例低于 50%；平均超标天数比例为 18.0%，337 个城市累计发生严重污染 452 天，比 2018 年减少 183 天；重度污染 1666 天，比 2018 年增加 88 天。2019 年 337 个城市六项污染物浓度年际比较如图 1 所示。

2020 年 1~10 月，全国 337 个地级及以上城市平均优良天数比例为 87.7%，同比上升 5.5 个百分点；$PM_{2.5}$ 浓度为 30 微克 / 立方米，同比下降 11.8%（见表 1）；PM_{10} 浓度为 52 微克 / 立方米，同比下降 13.3%；O_3 浓度为 141 微克 / 立方

米，同比下降 6.6%；SO_2 浓度为 10 微克 / 立方米，同比下降 9.1%；NO_2 浓度为 22 微克 / 立方米，同比下降 12.0%；CO 浓度为 1.2 毫克 / 立方米，同比下降 7.7%。

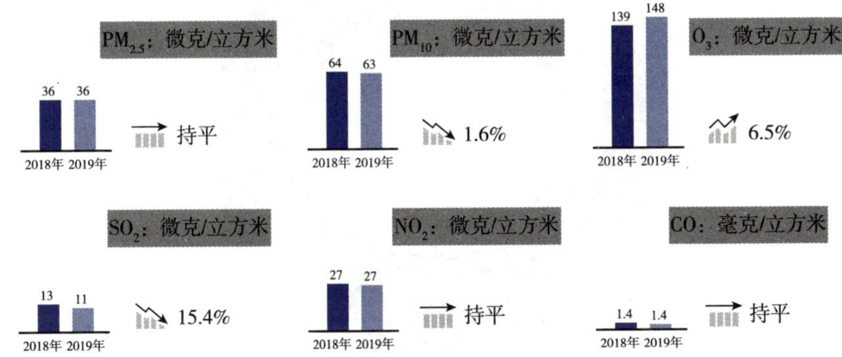

图 1　2019 年 337 个城市六项污染物浓度年际比较

资料来源：摘自《2019 中国生态环境状况公报》，https://baijiahao.baidu.com/s?id= 1668452644803575712 & wfr=spider&for=pc。

表 1　全国环境空气质量改善情况

类目	优良天数比例（%，百分点）				PM2.5（微克 / 立方米，%）			
	2019 年	同比增长	2020 年 1~10 月	同比增长	2019 年	同比变幅	2020 年 1~10 月	同比增长
总体	82.0	2.7	87.7	5.5	36.0	0	30	-11.8
京津冀及周边地区“2 + 26”城市	53.1	2.6	64.0	12.1	57.0	↓ 5.0	48	-11.1
汾渭平原	61.7	7.4	72.8	10.4	55.0	↓ 5.2	44	-12.0
北京市	65.8	3.6	72.5	10.0	42.0	↓ 17.6	39	-7.1

资料来源：根据生态环境部发布数据整理。

2. 碧水保卫战持续向好

2019 年，全国地表水优良（Ⅰ~Ⅲ类）水质断面比例同比上升 3.9 个百分点，劣Ⅴ类断面比例同比下降 3.3 个百分点（见图 2）。其中，长江流域好于Ⅲ类断面比例同比上升 4.2 个百分点，劣Ⅴ类断面比例同比下降 1.2 个百分点（见图 3）。近岸海域水质总体稳中向好，其中，渤海近岸海域优良（一、二类）水质面积比例同比上升 12.5 个百分点，劣四类水质面积比例同比下降 3.7 个百分点。

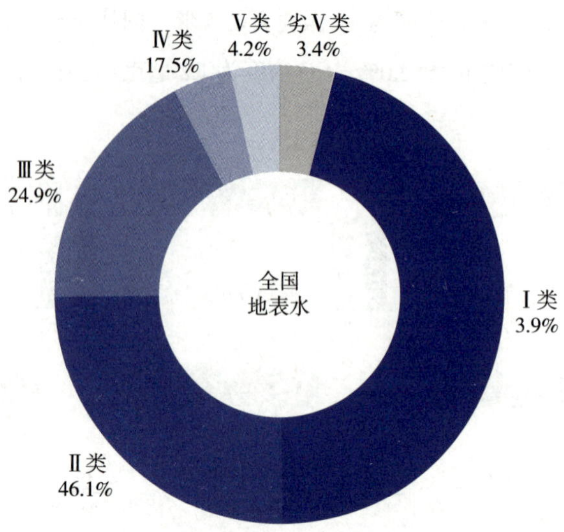

图 2　2019 年全国地表水总体水质状况

资料来源：摘自《2019 中国生态环境状况公报》，https://baijiahao.baidu.com/s?id= 1668452644803575712 & wfr=spider&for=pc。

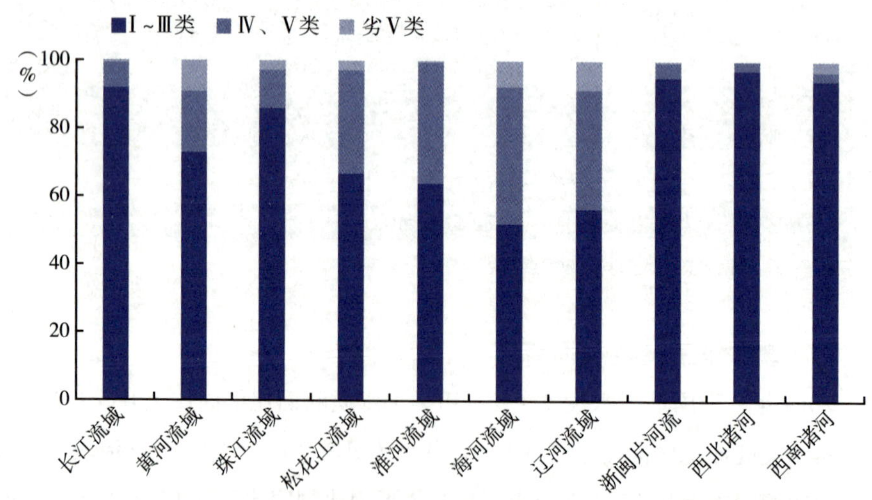

图 3　2019 年七大流域和浙闽片河流、西北诸河、西南诸河水质状况

资料来源：摘自《2019 中国生态环境状况公报》，https://baijiahao.baidu.com/s?id= 1668452644803575712 & wfr=spider&for=pc。

2020 年 1~10 月，1940 个国家地表水考核断面中，水质优良（Ⅰ~Ⅲ类）断面比例为 81.8%，同比上升 6.4 个百分点；劣Ⅴ类断面比例为 0.8%，同比下降 2.4 个百分点（见图 4）。主要污染指标为化学需氧量、总磷和高锰酸盐指数。

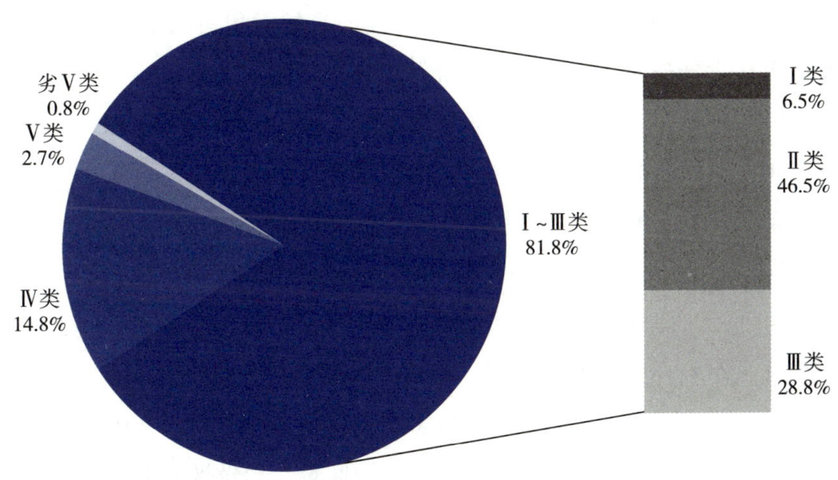

图 4　2020 年 1~10 月全国地表水水质类别比例

资料来源：摘自《2019 中国生态环境状况公报》，https://baijiahao.baidu.com/s?id= 1668452644803575712 & wfr=spider&for=pc。

3. 净土保卫战扎实推进

自《土壤污染防治法》颁布实施以来，一系列部门规章、标准和技术规范也相继出台，土壤生态环境管理“四梁八柱”框架体系基本建立。2020 年，完成农用地土壤污染状况调查，扎实推进重点行业企业用地调查。推进超筛选值耕地安全利用和严格管控，面积累计超过 1600 万亩；超过 40% 的县（市、区）完成耕地土壤环境质量类别划定。深入开展涉镉等重金属重点行业排查整治，1153 个耕地周边土壤污染源得到整治。化肥、农药使用量实现负增长。部署应用全国污染地块信息系统，发布土壤污染重点监管单位名录（1 万余家）。29 个省（区、市）发布土壤污染风险管控和修复名录。11 个部门签署土壤环境数据资源共享协议。各地自然资源部门从用地批准或规划许可入手，探索建立污染地块用地准入管理机制。中央财政累计下达土壤污染防治专项资金285亿元。扎实推进7个土壤污染综合防治先行区建设，实施200余个土壤污染治理与修复技术应用试点项目。

4. 自然生态质量保持平稳

2019年，全国生态环境状况指数（EI）值为51.3，生态质量一般，与2018年相比无明显变化。生态质量优和良的县域面积占国土面积的44.7%，主要分布在青藏高原以东、秦岭—淮河以南、东北的大小兴安岭地区和长白山地区；生态质量一般的县域面积占22.7%，主要分布在华北平原、黄淮海平原、东北平原中西部和内蒙古中部；生态质量较差和差的县域面积占32.6%，主要分布在内蒙古西部、甘肃中西部、西藏西部和新疆大部。

2020年，联合交通运输部、水利部、农业农村部、中科院林草局、中国海警局等部门，持续推进自然保护地“绿盾”强化监督专项行动；建立生态保护红线生态破坏问题监管机制，明确“监控发现－移交查处－督促整改－移送上报”工作流程；统筹推进生物多样性保护工作，更新《中国生物多样性保护战略与行动计划》；强化自然保护地监督，积极推动《自然保护地生态环境监管工作暂行办法》编制工作，围绕加快构建自然生态监管体系，结合十九届五中全会精神，加紧出台《关于加强生态监管工作的意见》，进一步改善生态保护工作偏弱的问题。

（二）统筹做好疫情防控和经济社会发展生态环保工作

2020年以来，面对突如其来的新冠肺炎疫情，中国生态环境保护始终坚持稳中求进工作总基调，统筹推进疫情防控和经济社会发展生态环保工作，支持服务做好“六稳”工作、落实“六保”任务，支持经济社会秩序加快恢复正常，努力克服新冠肺炎疫情带来的不利影响，扎实推进生态环境治理各项工作，确保到2020年底实现污染防治攻坚战阶段性目标。其中，“十三五”规划确定的生态环境保护约束性指标必须确保完成，已经完成的指标要保持持续向好，不能倒退变差，坚决打赢打好污染防治攻坚战。同时，力保如期实现预期性指标，如地级及以上城市重度及以上污染天数比例下降25个百分点、重点地区重点行业挥发性有机物排放总量减少10%、重要江河湖泊水

功能区水质达标率达到80%以上、近岸海域水质优良（一、二类）比例达到70%左右、重点生态功能区所属县域生态环境状况指数达到60.4以上等，为决胜全面建成小康社会做出新贡献。

按照党中央应对新冠肺炎疫情总体部署要求，全国生态环境部门紧紧围绕“两个100%”，即全国所有医疗机构及设施环境监管与服务100%全覆盖；医疗废物、医疗污水及时有效收集和处理处置100%全落实，慎终如始，毫不放松，抓紧抓实抓细疫情防控的相关环保工作，不断强化医疗废物、医疗废水处理处置等环境监管和服务措施，对全国医疗废物、医疗废水处置和环境监测情况进行定期通报，尤其是湖北、武汉和疫情境外输入高风险地区的医疗废物处置和医疗污水处理，做到监管服务全覆盖、收集处理处置全落实。在疫情防控常态化情况下，环境监管执法部门创新推出了环评审批和监督执法两个正面清单，对守法企业给予充分信任，对违法排污依法惩处，精准服务企业复工复产，有力支撑打赢疫情防控人民战争、总体战、阻击战，切实维护人民群众的健康安全。

（三）人民群众生态环境获得感不断增强

环境就是民生，青山就是美丽，蓝天也是幸福，绿水青山就是金山银山。2019年以来，生态文明建设和生态环境保护工作扎实有序推进，“蓝天”“碧水”“净土”三大保卫战的积极进展和显著成效从以往的“数字指标”，变成了广大人民群众的“切身感受”。在四川，蓝天保卫战进展情况以及大气防治主控因子$PM_{2.5}$的数据变化直观反映在“看雪山”上，从成都中心城区遥望雪山的次数逐年增加，直接印证了大气环境质量的改善。2019年，“看雪山”天数达到65次，截至2020年8月，已达到51次。东看朝霞，西望雪山，“窗含西岭千秋雪”的千古名句情景再现，如今已成为成都市民阳台外的一道常见风景。

浓浓的生态环境获得感不仅体现在对蓝天白云的“获得感”中，更体现在对绿水青山的“幸福感”中。2019年11月，生态环境部命名表彰了第三批23个“绿水青山就是金山银山”实践创新基地和84个国家生态文明建设示范市县。在“绿水青山就是金山银山”发展理念的指引下，全国各地涌现出一批生态保护和经济发展良性互动、高水平保护和人民生活水平提高统筹推进的鲜活案例。在甘肃省古浪县八步沙林场，三代治沙人以新时代“愚公”精神扎根荒漠38年，将防沙治沙与生态扶贫相结合，在生态改善的治沙沿线安置高山移民，发展枸杞、红枣种植和“溜达鸡”养殖等林下经济，让移民群众及当地农户切身感受荒漠变绿洲、变家园、变金山。在云南省贡山独龙族怒族自治县，“一草（草果）一药（中药材）一蜂（中华独龙蜂）一禽（独龙鸡）两树（核桃、漆树）两畜（独龙牛、高黎贡山猪）”的峡谷特色生态产业，以及依托怒江大峡谷和全国唯一独龙族聚居区发展的特色生态旅游，成为当地村民增收致富的法宝，两山理论在边疆少数民族地区得到了生动实践。生态环境获得感可以是幸福感、荣誉感、成就感，也可以与倡导责任和奉献精神相辅相成，体现在人人、事事、时时参与生态环境保护的充实感。2020年是为期三年的“美丽中国，我是行动者”主题实践活动的收官之年，生态环境部、中央文明办、教育部、共青团中央、全国妇联等五部门联合召开会议，总结活动成果。三年来，全国各地在六五环境日、生物多样性日、全国低碳日等重要节点，面向学校、企业、社区、农村等不同社会公众，开展了一系列形式多样、内容丰富的宣传和主题活动，公众参与环境保护的渠道不断拓展，社会共建美丽中国的热情显著提高。2019年12月23日，中国石化在全国环保设施和城市污水垃圾处理设施向公众开放现场会上作出承诺，2020年国内近百座城市内70余家所属所有生产企业环保设施全面开放，对广大公众做到“开门开放办企业”。除了国有大型企业，近年来，在有关部门对于企业环保信息公开和公众参与的各项要求推动下，全国各地大中小型企业在自觉履行环境保护主体责任的同时，积极向社会开放环保设施，满足公众知情权、参与权、监督权。截至目前，开放的各类单位和企业已达到1239家，累计有8500万人次走进污水处理厂、垃圾焚烧厂、环境监测站等环保设施，实地感受企业绿色发展水平，学习生态环境保护知识，感受环保技术进步带来的安全感。

（四）基于自然的解决方案赢得国际声誉

“十三五”期间，中国认真落实生态环境相关多边公约或议定书，牵头建立“一带一路”绿色发展国际联盟，积极参与和引领全球气候变化谈判进程，努力推动生物多样性保护，为世界贡献了中国智慧、中国理念、中国方案，已成为全球生态文明建设的重要参与者、贡献者、引领者。

气候变化是事关人类发展的重大挑战，需要全世界携手共同应对。作为最大的发展中国家，中国坚定支持应对气候变化多边进程，积极承担符合自身发展阶段和国情的国际义务。2020年9月22日，习近平主席在第75届联合国大会一般性辩论上宣布，中国将提高国家自主贡献力度，采取更加有力的政策和措施，二氧化碳排放力争于2030年前达到峰值，努力争取2060年前实现碳中和。11月22日，国家主席习近平在二十国集团领导人利雅得峰会“守护地球”主题边会上致辞，强调中国对气候承诺言出必行，将坚定不移加以落实。两个月内中国五次做出相关表态，显示出中国政府做好应对气候变化工作的坚定决心和必胜信心，体现了中国构建人类命运共同体的责任担当，引起了国际社会的广泛反响和广泛赞誉。

在各项政策措施中，中国高度重视利用市场手段来推进碳减排，不断探索建立减碳长效机制。全国碳排放交易体系自2017年12月正式启动以来，目前已陆续发布了24个行业碳排放核算报告指南和13项碳排放核算国家标准。组织开展对重点排放单位的历史碳排放数据核算、报告与核查。推动出台《碳排放权交易管理暂行条例》等碳市场相关法规和政策，推进全国碳排放权注册登记系统和交易系统建设，开展碳市场能力建设。截至2020年10月31日,7个地方试点碳市场配额累计成交4.22亿吨，累计成交额96.80亿元。试点范围内的碳排放总量和强度保持双降趋势，碳市场以较低社会成本控制碳排放的良好效果已经显现。

中国坚持山水林田湖草生命共同体理念，协同推进生物多样性治理。加快国家生物多样性保护立法步伐，划定生态保护红线，建立国家公园体系，实施生物多样性保护重大工程，提高社会参与水平和公众意识。过去10年，森林资源增长面积超过7000万公顷，居全球首位。长时间、大规模治理沙化、荒漠化，有效保护修复湿地，生物遗传资源收集保藏量位居世界前列。90%的陆地生态系统类型和85%的重点野生动物种群得到有效保护。中国认真履行东道国责任和义务，目前正在积极筹备《生物多样性公约》第15次缔约方大会（COP15），这将是联合国首次以“生态文明”为主题召开的全球性会议。中国将积极总结经验做法，以举办COP15为契机，向世界展示中国生物多样性保护的有益探索。

二　2020年面临的困难与挑战

（一）后疫情时代经济面临绿色复苏挑战

2020年以来，新冠肺炎疫情给各国经济社会发展带来了严峻考验。2020年本该是自然环境保护的超级年，COP15、联合国海洋大会、《联合国气候变化框架公约》第26次缔约方大会都让各界充满期待。然而，2020年来势汹汹的新冠肺炎疫情带来了全球性公共卫生危机；燃烧数月的澳大利亚山火，把野生动物面临濒临灭绝的风险带到人们面前……当今世界出现的生物多样性丧失、全球变暖、野生动物灭绝、森林减少、土地退化等一系列问题都与人类的活动息息相关。我们亟须做出正确的决策和决议，引导未来人类发展与自然共处的模式。

疫情前，人们习以为常地接纳了一些由高碳排放带来的生活便利，但疫情让人们意识到，其中不少事务并非必须，“地球的问题”与每个人的生活息息相关，我们无可逃避，也无法事不关己。疫情重创了全球经济，绿色复苏是全球经济迈向复苏的重要一步，采取举措刺激绿色复苏将使经济更有韧性、更加公平。

2020年4月22日世界地球日，环保组织自然之友启动了一项面向父母、大学生、在职员工3个群体的公众问卷调查，聚焦公众如何看待疫情带来的个人行为变化、如何响应并选择低碳生活方式等。调查历时1个月，参与人数达1.1万余人。调查发现，疫情使人们的生活关注点发生了变化，“身体健

康”成为所有受访者心目中美好生活的最关键组成因素之一。超过半数的受访者表示，愿意用低碳消费行动来支持环境保护和气候安全，为了应对疫情带来的影响，人们的关注点发生了变化。有 76.6% 的受访者表示更加关注健康和医疗；53.9% 的受访者表示更加关注自然环境变化和野生动物话题，这可能预示着环境保护的相关工作将得到更多支持。调查还显示，超过九成的受访者认为，环境、气候和美好生活高度相关。疫情之下，各种生活新方式也迅速被普及，如居家办公、无接触服务、减少出行等。由此可见，疫情发生以来，消费者的绿色消费意识有了明显提高，年轻的消费者在选择品牌的时候有望更多地考虑该企业的可持续发展行为，未来年轻人有望成为绿色消费的主力军，这也对工商业的绿色发展目标提出了要求。

后疫情时代，绿色和创新是各国发展的“必选项”。各种传染病和自然灾害屡屡发生警示人类，要尊重自然、顺应自然、保护自然，探索人与自然和谐共生之路；要改变发展方式和生活方式，实现生态环境保护与高质量发展的双赢。我们期待，增加绿色投资的基础设施，以创造就业机会，加快经济复苏；鼓励减少高耗能能源密集型行业，保证绿色发展政策的延续性，引导世界各国绿色重启、绿色复苏。

（二）统筹经济社会发展与生活环境保护任务艰巨

当前，国内外经济形势面临诸多不确定性，对工业企业生产经营产生一定的负面影响。国内化石燃料相关项目仍旧居多，传统工业减排潜力下降，生态环境工作面临新挑战。从国家发展阶段看，到 2035 年中国将整体进入高收入国家行列，基本实现与社会主义现代化目标相适应的经济发展水平，未来一段时间中国将处于协同推进经济高质量发展、人民生活高品质提升和生态环境高水平保护的协同推进时期。同时，习近平总书记提出的“2030 年碳达峰、2060 年碳中和”目标，对社会经济发展绿色低碳转型提出了新要求、新挑战。

以生态优先、绿色发展为导向的高质量发展道路，是崭新的、开创性的探索。在多种因素并行的平衡决策期，摆脱传统思维惯性与路径依赖从来就不是一件轻松的事情。未来，中国的生态文明建设重点将从“污染防治攻坚战”转向“美丽中国建设持久战”，美丽中国应该体现为优美的生态环境、可持续的生产消费，建立现代化的环境治理体系与治理能力等。转型当中必然面临一系列挑战。第一个挑战是如何保持和提高生态文明建设和环境保护的战略定力。在新时代生态文明建设背景下，生态环境保护应当做到方向不变、力度不减、标准不降，既要统筹考虑新冠肺炎疫情对经济社会发展的影响，也要把握好推进生态环境保护工作的节奏和力度，更要更加注重精准治污、科学治污、依法治污，因时因地因事采取适宜的策略和方法。第二个挑战是经济社会发展变化带来的新问题，如城镇化发展、人口老龄化、消费方式改变等带来的挑战，典型例子之一是近年来外卖和物流行业大发展带来的日益严重的快递垃圾问题。此外，新时代生态文明建设还将面临区域不平衡问题，城市的环境基础设施建设取得很大进展，但农村的环境基础设施依旧薄弱；技术进步也将给生态环境保护带来巨大的风险和挑战，如基因工程技术、5G 技术等；同时，随着中国日益走到国际舞台的中央，国际社会希望中国能够承担更多的环境责任，但中国的能力能否与之匹配，这方面也需要进行综合平衡。

（三）农村环境保护深层次矛盾亟待解决

随着中国社会发展和经济发展进程不断加快，农村生态环境严峻形势日渐凸显。随着各类大型工业开始转入农村地区，各种人为因素破坏、污染问题以及生态损毁退化等，开始让农村生态环境问题成为区域经济可持续发展的严重制约因素和加剧“三农”矛盾的根源。

一是粗放式农业生产导致农村污染现象加重。近年来，农药化肥的使用量逐年增加，过度使用带来的农业污染问题也日趋严峻，对农业可持续发展造成了不利影响。另外，集体森林制度改革的拖延、经营者缺乏明确性、业务机制缺乏灵活性以及利润分配不均，严重影响了农民发展林业的动力，进而导致森林生态系统和生物多样性受到损害。

二是农村生态环境保护基础设施落后。长期以来，农村建设规划差，基

础设施少，道路无硬化、无公厕、人畜居住混杂。加之地理位置偏僻，生产基础设施支持环节薄弱，服务基础设施实施环节薄弱，社会基础设施安全性差，流动基础设施承载能力薄弱等更加剧了这一状况。

三是城市污染向农村转移，乡村企业污染加剧。近年来，随着城市污染的加剧，城区生活污染开始向农村转移，大量的生活垃圾不经处理就被运输到郊区或农村，随意倾倒或者就地掩埋，导致郊区和农村地区遭受污染。此外，随着城市用地的日趋紧张，许多乡村企业开始兴起，其中不乏很多技术落后、装备陈旧、污染严重的小企业，给农村带来难以修复的生态灾难。

（四）公众生态环境意识与践行绿色低碳生活方式尚需努力

党的十九届五中全会明确 2035 年远景目标之一是“广泛形成绿色生产生活方式，碳排放达峰后稳中有降，生态环境根本好转，美丽中国建设目标基本实现”。习近平总书记多次强调，“我们要倡导简约适度，绿色低碳的生活方式……要倡导环保意识、生态意识，构建全社会共同参与的环境治理体系，让生态环保思想成为社会生活中的主流文化”。推动生态环境根本好转、建设生态文明和美丽中国，需要全社会公众共同参与作为有力支撑，需要生态环境保护、简约适度、绿色低碳和健康文明的绿色生活方式作为重要组成。然而，绿色生活方式的形成需要一个长期过程。一方面，一些沿袭已久的不绿色、不环保的生活方式有一定的惯性，还需进一步提升生态环境意识；另一方面，一些新出现的生活方式在为人们生活带来便利的同时，也给生态环境保护带来了一定压力。另外，绿色生活激励回馈机制短缺、志愿和社会服务平台体系不畅、自行车专用道等环境基础设施薄弱等问题，也阻碍了公众践行绿色生活方式。

值得注意的是，当前中国正处于新型城镇化与乡村振兴同步推进的重要战略机遇期，由此产生了大量“新市民”“老村民”群体，其生态环保意识尚需进一步培育。2019 年末，中国常住人口城镇化率为 60.6%，明显低于发达国家 80% 左右的平均水平。① 城镇化率每提高 1 个百分点，就有近 1400 万

① 国家发展和改革委员会副主任兼国家统计局局长、党组书记宁吉喆:《中国经济再写新篇章（经济形势理性看）》,《人民日报》2020 年 1 月 22 日，第 9 版。

人从农村转入城镇，[①] 成为“新市民”，对黑臭水体整治、生活垃圾处置、公共基础设施建设等城市综合承载能力提出更高要求。与此同时，“新市民”在思想观念、生活方式、生产方式等方面仍然延续“老村民”的状态，环保意识、卫生观念相对薄弱，生态环境知识科普与宣传教育需求强烈。2020 年 3 月 29 日至 4 月 1 日，习近平总书记在浙江考察时强调，要扎实推进新型城镇化，带动建设好美丽乡村。新型城镇化不是简单的“化掉农村”，而是与乡村振兴战略同步推进，将城市文明延伸到农村，突出生态服务功能和生态文明建设。对“老村民”的生态环保意识培育与生态伦理培育需要在传承弘扬传统优秀文化的同时融入现代元素，延续乡村“望得见山水，记得住乡愁”的历史文脉。

三　2021 年发展态势和政策建议——从复苏走向绿色繁荣

“十四五”时期是“两个一百年”奋斗目标的历史交汇期，在全面建成小康社会和打好打赢污染防治攻坚战的基础上，将开启第二个百年奋斗目标，进入全面推进社会主义现代化强国建设、美丽中国建设的新阶段。“十四五”时期的生态环境保护战略将采取一系列新方法、新举措、新尝试，这不仅关系到中国的绿色高质量和可持续发展，也与全球的绿色繁荣和人民福祉息息相关。

（一）坚持以习近平生态文明思想为指引

在习近平生态文明思想的科学指引下，“十三五”时期中国的生态文明建设从认识到实践都发生了历史性、转折性、全局性变化，治理力度持续加大，生态环境质量得到持续改善，制度体系逐步完善，体制改革不断深化，执法督察日益严格，国际合作不断扩大。为了实现“十四五”时期“生态文明建设实现新进步”和“促进人与自然和谐共生”的目标，以及 2035 年“美丽中

① 十三届全国人大二次会议国家发展和改革委员会主任何立峰答记者提问，http://www.npc.gov.cn/zgrdw/ npc/zhibo/zzzb41/2019-03/06/content_2076514.htm。

国建设目标基本实现”的远景目标，我们必须坚持以习近平生态文明思想为科学指引，坚持党的全面领导，压实生态文明建设政治责任；坚持以人民为中心，提供更多优质生态产品；坚持新发展理念，走生态优先、绿色发展之路；坚持系统观念，统筹山水林田湖草系统治理；坚持深化改革，完善生态文明制度体系；坚持底线思维，守住自然生态安全边界。

（二）以科技创新催生绿色发展新动能

推动产业高端化、绿色化、智能化、融合化发展。政府应承担起绿色发展的知识资本积累首要责任，特别是加强对高竞争性行业技术创新的政策支持；同时通过运用市场机制等多种手段，鼓励社会资本、高校力量进入绿色技术服务领域，激励企业加大绿色技术创新研发力度，推动绿色技术政产学研用一体化，推动产业向高端化、高附加值发展；将中小企业纳入绿色产业发展链，鼓励上游核心技术领域企业以无偿共享、技术付费等方式分享绿色技术创新成果，促进绿色技术在纵向上的灵活流通。

发挥新基建在产业绿色升级转型中的巨大作用。一方面加快新型基础设施建设，为产业智能化、融合化发展提供必要支持；另一方面深化工业互联网、大数据、人工智能的行业运用，减少生产中不必要的物料损耗，释放行业节能减排潜力。

根据全球能源互联网组织预测，2050年前，中国清洁能源占一次能源比重将提高到74%，这对能源行业提出更高要求，需加快能源供给侧改革。在能源供应侧，加快风能、太阳能、水能等清洁、可再生能源开发，用于替代化石能源消耗；加快特高压建设，打造互联互通的清洁能源网络，消弭单一清洁能源的局限性，形成优势互补，提升清洁能源供应的经济性、稳定性。在能源消费侧，加快构建以电能为核心的能源消费结构，推动以电代油、以电代柴、以电代煤，使能源利用更清洁。通过基础设施建设，提升清洁能源经济性、实用性，引导人民改变能源消费结构，如通过加快电动汽车充电桩建设等方式，提升新能源汽车普及率，减少汽油、柴油等化石能源消耗。

（三）加快建立生态产品价值实现机制

1. 建立多元化生态补偿机制

建立以生态系统生产总值（GEP）核算为基础，转移支付为主要方式，政府主导、市场参与的多元化生态补偿机制。依托《陆地生态系统生产总值核算技术指南》，总结、完善 GEP 核算试点城市经验，构建完备、普适的国家生态系统价值核算体系。

深化中国生态补偿转移支付制度建设。当前，中国生态补偿转移支付手段主要为纵向转移支付，横向转移支付存在感不强，且主要集中在流域范围内的区域生态补偿。应当逐步向森林、湿地、大气等领域探索，最终形成纵向转移支付为主、横向为辅、纵横联动的生态补偿转移支付制度体系。

重视市场作用，积极探索多元化的生态补偿方式。重点挖掘调节服务类生态产品市场潜力，以产权赋能、赋利的形式，给予生态产品市场价值，如进一步完善碳排放交易市场，健全碳排放交易制度，如塞罕坝林场于 2018 年达成首笔造林碳汇交易，真正将林业生态产品兑现为市场价值，有力诠释了两山理论。

2. 推动绿色就业，创造社会、经济、生态价值

2020 年一季度，新冠肺炎疫情的短期冲击对就业市场产生了一定影响，尽管目前总体形势逐渐向好，但就业压力仍旧巨大。可通过推动绿色就业，提供大量就业岗位，进一步缓解就业压力，促进社会和谐发展。绿色就业能够有效促进经济转型发展，以渔业为例，通过绿色就业，使传统渔业转型为生态渔业，通过构建生态闭环，立体、多层次发展渔业，减少生产过程中化肥等物料消耗，并赋予渔产品更高的绿色附加价值。另外，鼓励、引导企业设立绿色岗位，扩大高质量人才需求，加速人才向绿色产业流动，进而提升绿色科技创新能力，加速环保技术更新换代，实现资源的节约利用，促进生态环境的可持续发展。

3. 进一步完善绿色金融体系，拓宽融资渠道

目前中国绿色金融体系以绿色信贷为主体，多种绿色金融手段共同发展。

2020年以来，在错综复杂的国际形势及新冠肺炎疫情的双重冲击下，中国绿色信贷仍保持了较快增长，截至2020年6月末，中国本外币绿色贷款余额11.01万亿元，较年初增长10.8%，在生态文明建设、推进“六稳六保”工作中，发挥了巨大作用。中国已是全球最大的绿色债券发行国，绿色债券前景明朗、发展迅猛，但绿色保险等起步较晚，存在产品类型单一、创新不足等问题。建议在继续保持绿色信贷、绿色债券稳定发展的同时，鼓励市场金融机构开发新绿色金融产品，进一步降低融资融券门槛，加速推动绿色产业发展，尽快实现生态产品价值。同时需建立健全绿色金融市场监管制度，警惕个别企业“漂绿”骗取资金。

（四）广泛形成绿色生产生活方式

近年来，生态文明观深入民心，反映在人民的生产生活方式上，就是绿色消费升级、绿色城市建设和乡村绿色振兴。“十四五”时期，绿色消费将成为结构性翘板，社会生产生活方式的转型将得到进一步深化。城市绿色发展渐成趋势，例如，面对全球城市垃圾处理难题，中国近年深耕无废城市建设，2020年已在全国形成包括深圳、重庆等地在内的一批可复制、可推广的示范模式。在城市建设上，近年来，绿色建筑和生态建筑逐渐成为建筑设计领域的潮流，这种理念将建筑看成一个生态系统，致力于在采暖、采光、用料等多方面节约能源。而在这类建筑或设计中工作生活的人们，受到环境的感染，更利于在行动上贯彻低碳、节约、朴素的行为准则。

乡镇绿色化和乡村绿色振兴是社会绿色转型的基石。古语云：“郡县治，天下安”，社会发展离不开乡镇稳固，而乡镇振兴离不开绿色发展。良好的生态环境是乡村最大的优势和财富，更好地实现乡村振兴，必须以绿色发展为引领，坚持农业可持续发展，推动乡村自然资本加快增值，实现生态美和百姓富的统一。

（五）持续推进多边议程，积极参与全球环境治理

人类只有一个地球，各国共处一个世界。国际环保事业需要多方合作，

共同推动绿色经济、低碳生活、保护生物多样性、控制气候变化等重要全球环境议题。目前，中国已经加入了《生物多样性公约》《联合国气候变化框架公约》等国际环保公约，也将携手世界各国继续采取行动，切实履行义务。在气候变化领域，中国在美国宣布退出《巴黎协定》之际提出基于构建人类命运共同体的全球环境治理方案，彰显了大国应有的担当精神和责任意识。在 2020 年 11 月 22 日的二十国集团领导人利雅得峰会“守护地球”主题边会上，习近平总书记指出，地球是我们的共同家园。要秉持人类命运共同体理念，携手应对气候环境领域挑战，守护好这颗蓝色星球。同时提出加大应对气候变化力度，深入推进清洁能源转型，构筑尊重自然的生态系统三点主张。

当今世界生态因素千头万绪、互相影响，生态多样性保护对人类可持续发展意义重大。由于疫情影响，原定于 2020 年在云南昆明举办的《生物多样性公约》第十五次缔约方大会目前计划延期至 2021 年 5 月举办，这也将是中国加入该公约后第一次作为东道主举办这项大会，这将成为中国参与生物多样性保护事业中的里程碑，将进一步向国际社会彰显中国参与生物多样性保护的决心和力量。

参考文献

中华人民共和国生态环境部:《2019 中国生态环境状况公报》，https://baijiahao.baidu. com/s?id=1668452644803575712&wfr=spider&for=pc。

宁吉喆:《中国经济再写新篇章（经济形势理性看）》,《人民日报》2020 年 1 月 22 日，第 9 版。

十三届全国人大二次会议国家发展和改革委员会主任何立峰答记者提问，http://www.npc.gov.cn/zgrdw/npc/zhibo/zzzb41/2019-03/06/content_2076514.htm。

B.18
抗疫复工与迈向“十四五”时期的中国职工状况

乔　健*

摘　要：2020年在新冠肺炎疫情巨大冲击的背景下，职工就业从谷底平稳反弹，调查失业率稳中有落；工资增长由负转正，《保障农民工工资支付条例》低调施行；社会保险提前完成“十三五”规划目标，社保费用“免减缓”规模空前；安全生产事故和职业病总量继续下降，专项整治三年行动计划启动；劳动争议持续攀升，劳动报酬、解除或终止劳动关系是主要争议标的。本报告概述了“十四五”时期我国劳动关系面临的挑战、党的十九届五中全会通过的“十四五”规划建议中新发展阶段的劳动政策要点，并对未来劳动关系发展与政策趋向做出预测。

关键词：抗疫复工　新发展阶段　党的“十四五”规划建议　劳动政策

一　疫情背景下的劳工阶层现状

（一）就业从谷底平稳反弹，调查失业率稳中有落

2020年前三季度，面对新冠肺炎疫情的巨大冲击和复杂严峻的国内外环境，在党和政府统筹疫情防控和经济社会发展之下，经济增速扭负为正，在历

* 乔健，中国劳动关系学院国际交流合作处处长，副教授，主要从事劳动关系、职工状况和工会研究。

经一季度末城镇登记失业率3.66%、3月城镇调查失业率5.9%以后，前三季度城镇调查失业率稳中有落，就业总体趋于稳定。到9月末，全国城镇新增就业898万人，完成全年目标任务的99.8%。9月，城镇调查失业率为5.4%，比8月下降0.2个百分点；其中25~59岁人口调查失业率为4.8%，低于城镇调查失业率0.6个百分点，与8月的调查失业率持平。31个大城市城镇的调查失业率为5.5%，比8月下降0.2个百分点。但城镇登记失业率仍在4.19%的高位上。全国企业就业职工周平均工作时间为46.8小时。第三季度末，农村外出务工劳动力总量17952万人，比上年同期减少384万人，同比下降2.1%。

到2020年第三季度末，102个城市劳动力市场供求呈现三个特点。一是招聘需求人数和求职人数环比“双下降”，求职人数下降更明显，缺口人数扩大，供求关系仍然偏紧。100个招聘大于求职“最缺工”职业的招聘需求人数，从第二季度的148.9万人下降到131.6万人，下降11.6%。求职人数从第二季度的74.3万人下降到49.2万人，下降33.8%。缺口数从第二季度的74.6万人上升到82.4万人，上升10.5%。总体求人倍率（招聘需求人数和求职人数的比值）从第二季度的2.01上升到2.67，上升32.8%。从一个侧面反映出，第二季度复工复产带来的反弹需求出现回落，市场整体供求恢复常态。二是制造业需求复苏明显。新进排行的28个职业中，仪器仪表制造工等19个职业与制造业直接相关，占比是67.9%，短缺程度加大的15个职业当中，装配钳工等5个职业与制造业直接相关，占比是30%。三是与疫情防控相关的职业短缺程度明显下降。除缝纫工等仍保留在排行榜之内外，其他相关的职业均退出了排行榜。①

总体上看，面对疫情冲击和复杂严峻的国内外形势，国家加强宏观调控，多措并举稳企业、保就业，多部门、各地也纷纷出台了具有针对性的系列就业优先政策，如保障农民工返岗就业、促进高校毕业生就业政策，助力经济恢复和稳就业。就业形势逐步改善，总体趋于平稳。但是，重点行业、企业、地区和群体就业仍需关注，深层次就业结构性矛盾越发突出，如线下经营服务业需求恢复相对慢，去产能产业和传统行业景气指数仍较低，小微

① 《人力资源和社会保障部2020年第三季度例行新闻发布会文字实录》，人社部官网，2020年10月28日。

企业、京津冀和东北地区、一线城市以及高校毕业生群体的就业市场竞争仍然激烈。

（二）职工工资增长由负转正，《保障农民工工资支付条例》低调施行

截至2020年3月，全国有8个省区市上调月最低工资标准。其中，北京由2120元调整到2200元，河北第一档由1650元调整到1900元，辽宁由1620元调整到1810元，福建第一档由1700元调整到1800元，湖南第一档由1580元调整到1700元，广西第一档由1680元调整到1810元，贵州第一档由1680元调整到1790元，青海第一档由1500元调整到1700元。全国最高的月最低工资标准仍为上海的2480元，小时最低工资标准最高的仍是北京的24元，这两个标准2020年都未调整。2020年是最低工资标准调整面较小的年份，各地主要是考虑到年初的疫情加剧了经济走缓，企业面临更大的关停压力。

在根治工资拖欠方面，《保障农民工工资支付条例》经2019年12月国务院第73次常务会议通过，于2020年5月1日起施行。该条例的适用范围是，保障农民工工资支付，适用本条例，保障其他劳动者工资支付，参照本条例执行，但工程建设领域特别保障措施除外。条例的重点规范内容为，农民工提供劳动后有权依法按时足额获得工资报酬，任何单位、组织或者个人不得无故拖欠或者克扣。条例明确了治理拖欠的政府责任、清偿责任主体、关于建设领域工程款拖欠导致欠薪的预防、关于建设领域用工及工资支付规范，及加强监督检查和欠薪行为的惩戒措施等。

2020年前三季度，人力资源和社会保障部分两批公布了拖欠劳动报酬典型案件，全国人社部门向社会公布重大欠薪违法行为1167件，列入拖欠农民工工资“黑名单”信息587条。同时，加强劳动保障监察，开展清理整顿人力资源市场秩序专项执法行动，共出动执法人员11.9万人次，检查各类用人单位12.2万户次。条例实施前后，各地普遍开展集中宣传活动；运用大数据，创建根治欠薪智慧监察服务新体系；加大“互联网+调解”服务平台推广力度；会同相关部门制定车辆登记、银行账户、不动产登记查询规定，完善条

例配套措施等。但疫情对企业正常经营的严重干扰，使条例的实施力度受到影响。迄今为止，尚未公布2020年企业拖欠工资和条例实施情况的报告。

（三）社会保险提前完成“十三五”规划目标，社保费用“免减缓”规模空前

截至2020年三季度末，全国基本养老、失业、工伤保险参保人数分别为9.87亿人、2.12亿人、2.63亿人，均提前完成“十三五”规划目标。1~9月，三项社会保险基金总收入3.57万亿元，总支出4.22万亿元，9月底累计结余6.28万亿元，基金运行总体平稳。

疫情期间，政府实行了几项社会保险政策改革，惠及广大职工和企业。一是社保待遇按时足额发放，全面完成调整退休人员基本养老金工作，惠及超过1.2亿退休人员。失业保险简化申领手续，上线失业保险待遇网上申领全国统一入口，加快推进落实阶段性实施失业补助金、失业农民工临时生活补助政策。二是社保“免减缓”政策成效持续显现。各地落实延长阶段性减免企业社保费实施期限政策，截至9月，基本养老、失业、工伤三项社会保险共为企业减免社保费9107亿元，缓缴社保费616亿元。三是社保制度改革持续深化。养老保险基金省级统筹工作全面推进，已有26个省份和新疆生产建设兵团实现基金省级统收统支。做好企业职工基本养老保险基金中央调剂工作，前三季度资金已缴拨到位。四是社会保险经办管理服务水平提升。全面推行“不见面”服务，推动网上服务事项应上尽上，在疫情期间提供了很大便利。优化国家社会保险公共服务平台功能，截至9月底，已开通社保查询、失业保险待遇申领、养老金测算、资格认证等全国性、跨地区的9类27项社保公共服务，总访问数近6亿人次。

以减免企业社会保险费为例，2020年2月，为支持企业抗击新冠肺炎疫情，稳定就业，人社部、财政部、税务总局下发了《关于阶段性减免企业社会保险费的通知》，规定从2月起对企业养老、失业和工伤三项社会保险单位缴费部分实行“免减缓”。截至6月底，三项社保共减免企业缴费5769亿元，缓缴社保费431亿元，对纾解企业困难、帮助企业复工复产起到了积极作用。

为更大力度帮助中小企业渡过难关，根据《政府工作报告》要求，6 月，三部门印发了《关于延长阶段性减免企业社会保险费政策实施期限等问题的通知》（以下简称《通知》），将 2 月开始实施的阶段性免征中小微企业社保费政策延长到年底，大型企业减半征收政策延长到 6 月底，缓缴社会保险费政策也可延长到年底。除这三项延长期限政策外，《通知》还明确了 2020 年个人缴费基数下限可继续执行 2019 年标准，允许 2020 年缴费有困难的灵活就业人员自愿暂缓缴费、2021 年底前补缴等两项新政策。

总体上看，2015 年以来政府先后六次下调社保费率，职工五项社会保险总费率从 41% 降至 33.95%，共为企业减费近万亿元。这次减免政策，1 年释放出来的实惠预计将达 1.6 万亿元，总体上 2020 年三项社会保险总减费将达到 1.9 万亿元，[①] 力度空前，将对助力企业走出困境、稳定和扩大就业起到积极的促进作用。

（四）安全生产事故和职业病总量继续下降，专项整治三年行动计划启动

近年来，全国安全生产形势保持了稳定向好的态势，继 2019 年实现了事故总量、较大事故、重特大事故起数“三个继续下降”后，2020 年以来，也由于疫情带来的企事业单位急剧的“停摆”形势，安全生产事故起数和死亡人数进一步下降，应急管理部没有报告相关数据。[②]

但是，安全生产总体仍处于爬坡过坎期，危险化学品、煤矿、非煤矿山、消防、交通运输、建筑施工等传统高危行业风险没有得到全面有效防控，污染防治、城市建设、新能源等领域新情况、新风险不断涌现，重特大事故时有发生。特别是安全发展理念还不够牢、安全责任不落实、安全预防控制体系不完善等瓶颈性、根源性问题仍未得到有效解决，全国安全生产整体水平还不高。

---

① 《人力资源和社会保障部 2020 年第二季度新闻发布会》，中国网，2020 年 7 月 21 日。

② 《国新办举行（全国安全生产专项整治三年行动计划）新闻发布会》，国新网，2020 年 4 月 28 日。

2020年4月，国务院安委会印发《全国安全生产专项整治三年行动计划》，其内容主要分2个专题和9个行业领域专项。2个专题包括：学习贯彻习近平总书记关于安全生产的重要论述，重点解决思想认知不足、安全发展理念不牢、抓落实上有很大差距的问题；落实企业安全生产主体责任，主动推动解决安全生产责任和管理制度不落实等突出问题。9个专项是聚焦风险高隐患多、事故易发多发的煤矿、非煤矿山、危化品、消防、道路运输、民航铁路等交通运输、工业园区、城市建设、危险废物等9个行业领域，组织开展安全整治。9月，应急管理部印发《生产经营单位从业人员安全生产举报处理规定》，对举报严重违法违规行为和重大风险隐患的有功人员予以重奖和严格保护。

2019年，全国共报告各类职业病新病例19428例，同比降低17.15%。职业性尘肺病及其他呼吸系统疾病15947例（其中职业性尘肺病15898例，同比下降18.34%）。①

（五）劳动争议持续攀升，劳动报酬、解除或终止劳动关系是主要争议标的

2019年，全国劳动人事争议调解仲裁案件继续攀升。全国调解仲裁机构共受理劳动争议案件211.9万件，同比增长16%；涉及劳动者238.1万人，同比增加9%。其中，80%涉及劳动者的工资、社保、经济补偿金等切身利益问题，80%是非公有制企业侵害劳动者合法权益。②

到2020年三季度，全国各地劳动人事争议仲裁机构受理争议案件81.8万件，涉及劳动者人数96.5万人，当期审结案件为73.8万件。③ 预测调解仲裁案件总量同比略有增加。

截至9月末，北京市仲裁机构共受理劳动人事争议案件8.44万件，审结

① 《2019年我国卫生健康事业发展统计公报》，国家卫健委官网，2020年6月6日。

② 《2019年度人力资源和社会保障事业发展统计公报》，人力资源和社会保障部官网，2020年9月11日。

③ 《2020年人力资源和社会保障季度数据（2020年前三季度）》，人力资源和社会保障部官网，2020年10月29日。

7.25 万件，结案率为 85.9%，调解成功率为 66.91%，仲裁终结率为 70.49%。案件呈现以下特点：一是案件以劳动报酬、解除或终止劳动（人事）关系争议为主，两项争议案件占审结案件总数的 78.8%；二是涉及的用人单位以非公企业为主，非公企业争议案件占审结总数的 96.1%；三是涉及外地劳动者争议案件较多，占审结案件总数的 70% 以上；四是一半以上争议案件发生在服务行业，服务行业（不含房地产行业）案件占审结案件总数的 65%。

在河北，2020 年前三季度共受理劳动人事争议案件 2.23 万件，涉及劳动者 2.53 万人，案件量和案件人数分别下降 8.2% 和 13.5%，结案率为 83.3%，终局裁决率为 33.7%，调解成功率为 67.2%，仲裁终结率为 71.8%。从案件争议类型看，劳动报酬、社会保险和解除终止劳动合同争议为引发劳动争议案件的主要类别，其中劳动报酬 9288 件，占受理案件数量的 41.7%；社会保险 4569 件，占受理案件数量的 20.5%；解除终止劳动合同 4389 件，占受理案件数量的 19.7%，三项占受理案件数的 81.8%。从争议发生的主体类型看，私营企业劳动争议案 16764 件，占受理案件数的 75.2%。①

总的来看，受疫情防控常态化及经济下行、化解过剩产能等复杂因素影响，劳动争议案件的处理面临更大挑战。案发有以下主要原因：一是受到疫情影响，企业效益普遍不佳，私营企业较为突出，尤其是小微企业，因疫情造成资金款项不能及时到位而影响工人工资发放；二是劳动者对涉及切身利益的维权意识不断加强，对政策的关注度越来越高，有意识地通过法律武器维护自身权益；三是部分用人单位不签订劳动合同或在劳动合同的订立、变更、解除、终止等方面不明确，管理粗放，侵害职工合法权益而引发争议；四是涉疫情案件复杂程度高、处理难度大，企业生产经营状况不佳造成调解难、仲裁结果执行难，容易导致矛盾积压。同时，基层调解组织基础薄弱、力量不强，仲裁办案信息化水平不高、办案队伍保障激励措施不足等短板亟须补齐，完善多元处理机制任务繁重。

① 北京市劳动和社会保障法学会编《京津冀第二十二届劳动人事争议案例研讨会会议材料》，2020 年 11 月。

二　新冠肺炎疫情对劳动者权益的冲击与我国应对危机的劳动政策

2020年初新冠肺炎疫情的全球暴发，不仅带来对生命安全健康的巨大威胁，更是对全球经济、社会领域造成严重危机。国际劳工组织（ILO）在2020年4月发布的第二份疫情监测报告指出，世界经济和劳动力市场正面临"毁灭性"的冲击，这是"自第二次世界大战以来最严重的全球危机"。[①] 在我国，疫情暴发较早，这期间抗疫与复工交织，多数企业缺员严重，无法正常开工，3月初仅有50%的企业复工。而3月中旬以后情形急转直下，由于海外疫情暴发，所有外贸企业面临订单撤销而"无工可复"，加之服务业复工不理想，美日等国倡导将本国企业从中国撤出，就业面临十分严峻的局面。

大量劳动人口或陷入"摩擦性失业"。据国家统计局数据，2020年2月，中国城镇调查失业率为6.2%，约4340万人，较2019年全年平均失业率（3.62%）增长71.3%。[②] 3月，城镇调查失业率为5.9%，环比下降0.3个百分点，稍有缓解。一季度，全国规模以上工业增加值同比下降8.4%，第三产业增加值同比下降。货物进出口总额65742亿元，同比下降6.4%，其中，出口33363亿元，下降11.4%。[③] 疫情导致大量劳动者陷入失业，尤以住宿餐饮、批发零售、旅游娱乐等服务行业为甚。春节后农民工外出务工平均比往年推迟两个月，外出农民工近三成失业，外出后又返乡的农民工近三成未找到工作。

劳动关系面临新的挑战。疫情期间，企业由于经营困难，拖欠工资仍时有发生；工时不足导致的减薪，有的未与员工进行协商而引发争议；部分企业关厂结业的裁员问题成为疫情期间劳动关系矛盾的焦点。疫情的不确定性

---

① 国际劳工组织:《COVID-19与工作世界——更新估算和分析》，国际劳工组织官网，2020年4月7日。

② 《国新办举行2020年1-2月份国民经济运行情况发布会》，新华社，2020年3月16日。

③ 《国新办就2020年一季度国民经济运行情况举行新闻发布会》，中国网，2020年4月17日。

导致灵活就业规模继续扩大，除劳务派遣、平台用工以外，还出现了“共享员工”等新形式，在缓冲失业的同时，也使劳动者面临收入不稳定和保障缺失的风险。员工工作方式转换为远程办公，一方面，缺乏法律和企业管理规程的保护而使员工权益受损；另一方面，企业也为员工工作效率低下而多有抱怨。凡此种种，以至中央政治局常委会特别要求，在复工复产中要及时化解劳资关系等纠纷。

公共应急服务领域的劳动者权益亟待保护。公共应急服务领域的劳动者，如一线医护人员、社区工作人员、超市营业员、快递员、环卫工人及志愿者等，在疫情防控的过程中承受了极限过劳压力，由于对应急服务劳动者权益保护法规缺失，对他们的权益保护不充分，部分医护人员的经济补贴未能落实，亟须加强对其劳动权益的保护。

面对突如其来的疫情，我国为应对危机对人民生活的冲击，主要采取了下列劳动政策。

第一，减负、稳岗、扩就业并举，推动就业优先战略实施。一方面，实施积极的财政政策与稳健的货币政策，促使经济复苏并帮助更多企业减负。政策主要涉及税收减免、财政补贴、出口退税、贷款延期及贴息、担保费优惠、部分税费缓期缴纳等内容。如从 2020 年 2 月起，免征中小微企业基本养老、失业、工伤三项社会保险单位缴费部分，免征期限不超过 5 个月；对大型企业等其他参保单位（不含机关事业单位）三项社会保险单位缴费部分可减半征收，减征期限不超过 3 个月。对职工医保单位缴费部分实行减半征收，减征期限不超过 5 个月。同时，阶段性缓缴住房公积金。实施这些措施，旨在提升中小微民营企业生产扩张动能。5 月，十三届全国人大三次会议上的《政府工作报告》强调，2020 年财政赤字规模比上年增加 1 万亿元，同时发行 1 万亿元抗疫特别国债，将上述资金全部转给地方，主要用于保就业、保基本民生、保市场主体，包括支持减税降费、减租降息、扩大消费和投资等。继续执行下调增值税税率和企业养老保险费率等制度，新增减税降费约 5000 亿元。前期出台 6 月前到期的减税降费政策，包括免征中小微企业养老、失业和工伤保险单位缴费，减免小规模纳税人增值税，免征公共交通运输、餐饮住宿、旅游娱乐、文化体育等服务增值税，减免民航发展基金、港口建设费，执行期限全部延长到2020年底。小微企业、个体工商户所得税缴纳一律延缓到2021年。预计全年为企业新增减负超过2.5万亿元。

另一方面，将企业稳岗的政策提标。在前期扩大中小微企业享受失业保险稳岗返还政策受益面的基础上，对那些不裁员或少裁员的中小微企业，返还标准由原来的企业及其职工上年度缴纳失业保险费的50%，提高到最高达100%。1~9月，共向564万户企业发放失业保险稳岗返还资金850亿元，惠及职工1.45亿人。

此外，党和政府始终强调，“就业是最大的民生”，实施就业优先战略，为扩就业的政策加力。2020年3月18日，国办印发《关于应对新冠肺炎疫情影响强化稳就业举措的实施意见》，提出五方面举措。一是通过加快推动复工复产，加大减负稳岗力度，提高投资和产业带动就业能力，优化自主创业环境，支持多渠道灵活就业，更好地实施就业优先政策。二是通过引导农民工安全有序转移就业，鼓励就地就近就业，优先支持贫困劳动力就业，帮助农民工就业增收。三是通过扩大企业吸纳规模、基层就业规模、招生入伍规模、就业见习规模等，拓宽高校毕业生就业渠道。四是通过失业保障、就业援助、重点地区倾斜支持，加强困难人员兜底保障。五是通过大规模开展职业培训，优化就业服务，加强劳动者就业帮扶。《政府工作报告》要求，资助以训稳岗，2020~2021年两年职业技能培训3500万人次以上，高职院校扩招200万人，要使更多劳动者长技能、好就业。同时，用好用足促进就业创业的各项补贴政策。如对企业，通过社保补贴、定额税收减免、担保贷款和贴息，鼓励企业吸纳重点群体就业。对个人，通过限额税收减免、担保贷款和贴息、场地安排，支持劳动者自主创业。

第二，保护各类劳动者权益，协调疫情下的企业劳动关系。首先是保障弱势劳动者群体的基本生活。鉴于疫情确实对困难职工的基本生活造成一定的冲击，财政部增加困难群众救助补助资金投入，并阶段性加大价格临时补贴力度，照顾低保对象、特困人员、优抚对象及失业人员生活。为保障失业人员基本生活，人社部门延长大龄失业人员领取期限；阶段性实施失业补助

金政策，2020 年，对领取失业保险金期满仍旧没有就业以及不符合法定领取失业保险金条件的参保失业人员发放 6 个月的失业补助金，截至 3 月底，全国已经向230万名失业人员发放失业保险金93亿元，代缴医疗保险费20亿元，发放价格临时补贴 6 亿元，向 6.7 万名失业农民合同制工人发放了一次性生活补助 4.1 亿元。

其次是在疫情防控与促进经济复苏的同时，重视在微观领域保护工作场所的劳动者、调整工作环境和形式、为保护湖北等疫区劳动者权益出台反歧视措施等，同时加强疫情中的企业劳动关系协调工作。一是落实应急工作人员待遇。针对参加防治工作的一线医务人员和防疫工作者，按照其工作类型，分别给予每天 300 元、200 元的临时性工作补助。对在重症危重症患者病区工作的一线医务人员，按实际工作天数的 1.5 倍计算应发工资天数。二是根据承担疫情防治工作任务情况向承担防控任务重、工作量大的医疗卫生机构核增一次性绩效工资总量。三是疫情防控期间，将湖北省（含援鄂医疗队）一线医务人员临时性工作补助相应标准提高 1 倍，中央财政对湖北省全额补助；及时核增医疗卫生机构一次性绩效工资总量，将湖北省一线医务人员薪酬水平提高 2 倍；扩大卫生防疫津贴发放范围，覆盖全体一线医务人员。环卫工人除了日常保洁外，他们还承担了一定的应急任务，如集中隔离点和方舱医院的消毒、医疗废弃物的处置等工作，住建部要求落实好对环卫工人的关心关爱措施，通过轮休、调休、补休等措施，让一直高负荷奋战在一线的环卫工人身心得到调整。同时，落实补贴措施，帮助环卫工人解决实际生活困难。另外，国家着力保护来自疫区的劳动者免受歧视，要求各类人力资源服务机构和用人单位不得发布拒绝招录疫情严重地区劳动者的招聘信息。各类用人单位不得以来自疫情严重地区为由拒绝招用相关人员。

在劳动关系协调方面，国家协调劳动关系三方于 2020 年 2 月 7 日出台《关于做好新型冠状病毒感染肺炎疫情防控期间稳定劳动关系支持企业复工复产的意见》，加强对特殊时期企业劳动关系处理的指导服务。一是协商解决复工前的用工问题，首次在工作方式上提出远程工作；鼓励符合规定的复工企业灵活安排工作时间，错峰复工。二是规范用工管理。明确疫情期间企业不得解除受相关措施影响不能提供正常劳动职工的劳动合同或退回被派遣劳动者。对仍需裁员的，指导企业制定裁员方案，依法履行相关程序。三是协商疫情期间的工资待遇，保障职工工资权益。劳动者未返岗期间的工资待遇，参照国家关于停工、停产期间工资支付相关规定与职工协商。同时，支持困难企业协商工资待遇。保障职工工资待遇权益。对因依法被隔离以致不能参加正常劳动的职工，要指导企业按正常劳动支付其工资；隔离期结束后，对仍需停止工作进行治疗的职工，按医疗期有关规定支付工资。四是采取多种措施，如减少招聘成本，合理分担企业稳岗成本，提供在线免费培训等，减轻企业负担。五是主动化解劳动关系矛盾。推动企业建立健全内部劳动争议协商解决机制。加强专业性劳动争议调解工作，创新仲裁办案方式，大力推广“互联网+调解仲裁”，切实提高争议处理效能。

此外，在4月，国家协调劳动关系三方还开展了2020年“和谐同行”千户企业培育共同行动，全面实施集体协商稳就业促发展构和谐行动计划，推进援企稳岗政策落实，建立健全劳动关系风险会商研判机制和重大事件的沟通协调机制，加强对受疫情和经济下行压力影响企业的劳动用工指导和服务。北京、上海等16个省级工会就做好疫情期间集体协商工作印发专项通知，浙江、山东等省级三方以“同舟共济、共渡难关”为主题开展集体协商集中要约行动。

三 “十四五”时期中国劳动关系面临的挑战与政策趋向

当前，世界进入大变局之时。国际环境日趋复杂，不稳定性和不确定性明显增加。2020年初暴发的新冠肺炎疫情肆虐全球，导致经济下行。在经济领域，逆全球化的态势逐渐形成，全球产业链开始重新布局，第四次产业革命和数字经济的发展正在推动深刻的产业结构升级和经济结构调整。凡此种种，都对即将迈向“十四五”时期的劳动力市场和劳动关系产生深刻影响。

展望“十四五”及未来中长期的劳动力需求结构，劳动力市场供需将保持基本平衡，劳动力供给相对短缺将持续存在。“十四五”时期，技术变革对

劳动关系也将带来深远影响。由于技术的快速发展带来了生产和组织方式的变革，新就业形态劳动者数量不断增多，到2019年，我国参与数字经济活动的人数8亿人，参与提供服务者约为7800万人，其中通过互联网平台就业的人员有623万人，[①] 疫情加速了这一就业群体的扩张。传统的劳动关系规制方式已难以适应形势的发展变化，需要重新研究这部分劳动者的劳动保障体制机制，变对劳动关系的规制为对劳动的规制，从侧重岗位的保护向侧重社会保护转变，实现普及化的包含高中低水平的劳动保障权益的连续保护。[②]

疫情对工作方式的长期影响也不容低估。在抗疫复工过程中，中国有超过1800万家企业选择了线上远程办公，超过3亿用户使用了远程办公应用设备。[③] 在疫情持续和数字经济普及的背景下，远程工作将成为未来不可或缺的一种工作形式而长期存在。但它也会给如何适用工作时间、休息休假等法定劳动标准带来一定的挑战，模糊了工作和个人生活之间的界限，使工作侵蚀原本属于个人的空间和时间。迄今为止，中国尚未对这种工作形态进行立法规制。

在此背景下，党的十九届五中全会于2020年10月召开，会议通过的《中共中央关于制定国民经济和社会发展第十四个五年规划和二〇三五年远景目标的建议》中提出坚持新发展理念，构建新发展格局，实现更高质量、更有效率、更加公平、更可持续、更为安全的发展。要求加快形成以国内大循环为主体、国内国际双循环相互促进的新发展格局，促进社会公平正义、逐步实现全体人民共同富裕，统筹发展和安全。其中，第十二部分以“改善人民生活品质，提高社会建设水平”为题，重点阐述了新发展阶段的劳动政策要点。

首先，将提高人民收入水平放在首位。重提提高劳动报酬在初次分配中的比重，完善工资制度，健全工资合理增长机制，着力提高低收入群体收入，

① 国家信息中心:《2019年共享经济市场交易额超3万亿》,《新京报》2020年3月4日。

② 人社部劳动关系司聂生奎司长在2020年全国劳动保障科研工作会议上的发言，2020年9月12日。

③ 叶迎:《加强远程工作中的劳动者权益保障》,《中国劳动保障报》2020年4月11日。

扩大中等收入群体。健全各类生产要素由市场决定报酬的机制。这既是以国内大循环为主体对启动内需和扩大消费的新发展格局的必然要求，也是实现全体人民共同富裕的题中应有之义。近年来国民收入占GDP的比重不高，区域之间、城乡之间、不同收入群体之间的收入差距仍然较大，中等收入群体仍然不足。推动企业和劳动者在共建共享的基础上，促进企业发展和实现劳动者合理分享企业发展成果，既是经济增长又是社会进步的重要源泉。

其次，强化就业优先政策和劳动者权益保护。要求千方百计稳定和扩大就业，提升就业质量，促进充分就业，保障劳动者待遇和权益。健全就业公共服务体系、劳动关系协调机制、终身职业技能培训制度。更加注重缓解结构性就业矛盾，加快提升劳动者技能素质。扩大公益性岗位安置。完善促进创业带动就业、多渠道灵活就业的保障制度，支持和规范发展新就业形态，健全就业需求调查和失业监测预警机制。

最后，健全多层次社会保障体系。要求健全公平统一、可持续的多层次社会保障体系。推进社保转移接续，健全基本养老、基本医疗保险筹资和待遇调整机制。实现基本养老保险全国统筹，实施渐进式延迟法定退休年龄。发展多层次、多支柱养老保险体系。健全灵活就业人员的社保制度。

比较而言，“十四五”规划建议强调高质量发展和更高质量的就业，实体经济是立国之基，提高中低阶层群体收入成为发展的战略基点，这些都有利于规范劳动关系和保障劳动者权益。另外，为构建更有利的贸易营商环境而推进“放管服”改革，应对人口老龄化而重提“延迟退休”，则是深化劳动力市场灵活化改革的具体例证。如何处理好灵活化与安全性的关系，是“十四五”时期劳动关系面临的一个重大理论课题。

围绕“十四五”时期我国经济社会的发展目标及劳动关系面临的挑战，需要进一步完善新发展阶段的和谐劳动关系。

第一，完善中国特色和谐劳动关系体系。包括以健全组织和完善职能为重点加强协调劳动关系三方机制建设；推动企业集体协商与区域和行业协商结合的“提质增效”；加强劳动争议多元参与的“大调解”机制和效能建设，这些都面临制度完善和效能提升。加强劳动保障监察，完善和落实劳动保障

监察执法制度，健全违法行为预警防控机制，建立劳动保障监察执法与刑事司法联动等多部门综合治理机制，及时有效查处违法案件。强化劳动关系预警系统建设，包括组织机构、指标体系、信息系统、评价与警报系统及劳动争议分类处理系统。实施好劳动关系“和谐同行”能力提升三年行动计划。

第二，推动劳动基准立法，保障新业态劳动者权益。一是保障快递员的休息休假权利。针对快递员疫情期间配送任务激增，处于不规律工作、深夜无休的状态，应限制其工作时间，保障其休息休假的权利。二是建立快递员职业伤害保障机制。由于平台新的算法压缩派件时间，快递员在送件过程中极易发生交通安全事故，但他们没有工伤保险。企业可根据自身实际，为员工购买单险种工伤保险，并选择性购买补充商业保险，实现工伤保险、商业保险与新业态企业三方共担机制。比如浙江省的指导意见中提出探索构建政府、商保、平台三方协作的新业态从业人员职业伤害保障机制；建立多重劳动关系的新业态从业人员，各用人单位均需履行参保义务。这项规定为快递员、外卖骑手等高危职业人群，在发生职业伤害时，提供了一条工伤保险保障路径。此外，构建公平共享的收入分配机制。深入推动工资和其他劳动标准集体协商制度，推动技能要素参与收入分配，引导员工、企业、平台在共享共商共建的基础上形成命运共同体，推动国内循环和扩大内需。

第三，加快建立劳动关系公共服务体系。加强对企业劳动用工的指导和服务，推动企业依法妥善处理劳动关系，是完善治理体系和提升治理能力的重要方面。政府对劳动关系的规制，除传统的立法、设定底线、确立规则、制定标准以及校正性的劳动保障执法监察、劳动争议处理和利益争议协调之外，更多的是引导和服务工作。如通过劳动关系法制宣传、组织协调、专项行动等推动劳动关系主体自主协调，加强趋势研究、信息发布、典型经验推介、咨询指导、风险会商研判、提前预警及小微企业托管等。

第四，在“一带一路”中资企业大力宣传“合法合规”“文化融合”“人才支撑”三位一体的跨文化和谐劳动关系新模式。随着中资企业海外投资并购规模的迅速扩大，劳动关系风险已成为与安全风险、政治风险、经济风险、法律风险、社会风险并列的第六大投资风险。在合规管理日益重要的今天，劳动关系合规已经成为无法忽视的重要环节，良好的劳动关系治理和风险防范，是中国企业走向“一带一路”的可靠保障，也是促进实现“民心相通”的基石。一是合法合规，防范劳动关系风险，这需要多管齐下，综合治理，如企业人力资源和劳动关系管理的合规，学会与强势工会打交道，熟练掌握集体谈判的相关技巧，对劳动争议的预防和处理。二是建立文化秩序，推进文化融合，在跨文化管理中贡献中国方案与中国智慧。三是为企业国际化战略夯实人才队伍支撑，在“一带一路”建设进程中传承中国基因。

参考文献

《中共中央关于制定国民经济和社会发展第十四个五年规划和二〇三五年远景目标的建议》，新华社，2020 年 11 月 3 日。

《人力资源和社会保障部 2020 年第三季度例行新闻发布会文字实录》，人社部官网，2020 年 10 月 28 日。

《2020 年前三季度国民经济运行情况新闻发布会》，中国新闻网，2020 年 10 月 19 日。

北京市劳动保障法学会编《京津冀第二十二届劳动人事争议案例研讨会会议材料》，2020 年 11 月。

国际劳工组织:《COVID-19 与工作世界——更新估算和分析》，国际劳工组织官网，2020 年 4 月 7 日。

张车伟等:《“十四五”中国就业新变化和新机遇》，《新经济导刊》2020 年第 3 期。

人社部劳动关系司聂生奎司长在 2020 年全国劳动保障科研工作会议上的发言，2020 年 9 月 12 日。

B.19

2020年中国决胜精准扶贫分析报告

吴惠芳　戴小燕　王宇霞*

摘　要：2020年是实现脱贫攻坚与乡村振兴有效衔接之年，更是迈向后扶贫时代，推动绝对贫困清零转向相对贫困治理的关键之年。精准扶贫战略作为全面建成小康社会和打赢脱贫攻坚战的制胜法宝，全方位、多层次地改变了我国贫困治理的基本逻辑和运作模式，打造了中国特色的脱贫攻坚制度体系。经过多年的精准扶贫实践，贫困人口收入持续提升，贫困发生率持续下降，贫困群众获得感显著增强，绝对贫困人口数量趋零，国家级贫困县全部摘帽，脱贫攻坚取得决定性进展，创造了我国乃至世界减贫史上的最好成绩。为进一步巩固脱贫成果，需着眼于脱贫攻坚政策的延续，加强以常规化、城乡一体化、市场化和社会化为导向的相对贫困治理机制建设，在体制机制、产业发展、公共服务、乡风文明等方面精准衔接乡村振兴战略与第十四个五年规划，突出人民主体地位，开启全面建设社会主义现代化国家新征程。

关键词：脱贫攻坚　精准扶贫　相对贫困治理　乡村振兴

一　2020年精准扶贫的顶层设计

自习近平总书记在湖南省十八洞村考察时首次提出精准扶贫以来，扶贫

* 吴惠芳，中国农业大学人文与发展学院副院长，教授、博导；戴小燕，中国农业大学人文与发展学院硕士研究生；王宇霞，中国农业大学人文与发展学院博士研究生。

工作有力推进，重点明确，纵深拓展，精准聚焦。经过7年多的精准扶贫和4年多的脱贫攻坚战，现行标准下的贫困人口从2012年底的9899万人减少到2019年底的551万人，累计减少9348万人；贫困村从12.8万个减少到2707个，累计减少12.5万多个，困扰中华民族千百年来的绝对贫困问题将历史性解决。针对2019年底未摘帽的52个贫困县，国务院扶贫开发领导小组组织实施挂牌督战，截至2020年11月23日，全国832个国家级贫困县全部脱贫摘帽，实现贫困县历史性清零。

脱贫攻坚的基本方略是精准扶贫精准脱贫，必须做到“六个精准”，扶持对象精准、项目安排精准、资金使用精准、措施到户精准、因村派人精准和脱贫成效精准，并聚焦“五个一批”的脱贫任务持续发力，整体协调发挥作用。坚持精准扶贫，提高扶贫成效，还必须解决好扶持谁、谁来扶、怎么扶的问题，做到扶真贫、真扶贫、真脱贫，切实提高扶贫成果可持续性，让贫困人口有更多的获得感。实践表明，坚持因人因地因需施策，因贫困原因贫困类型施策，有助于深入开展扶贫工作，掌握较为真实客观的一手材料，更好地分析和总结精准扶贫顶层设计的地方化过程及其实践效果。“十三五”期间，我国超过5000万农村贫困人口摆脱绝对贫困，区域性整体贫困基本得到解决，世界银行公布的数据显示，我国减贫对世界的贡献率超过70%，脱贫攻坚取得了举世瞩目的成就，为2020年后相对贫困的治理打下坚实基础。

（一）驻村工作队与驻村干部规模继续扩张

选派驻村工作队和驻村干部是加强脱贫攻坚一线工作力量、打通政策落实“最后一公里”的重要举措。具体而言，驻村工作队和驻村干部在加强贫困村基础设施建设，发展扶贫产业，加强贫困村社会事业建设，以及加强基层组织建设等方面起着不可替代的作用。2014~2019年在岗驻村工作队数和驻村干部人数如图1所示，数量呈逐年递增的趋势，实现建档立卡贫困村驻村工作队选派全覆盖，并逐步向有扶贫任务的非贫困村拓展。

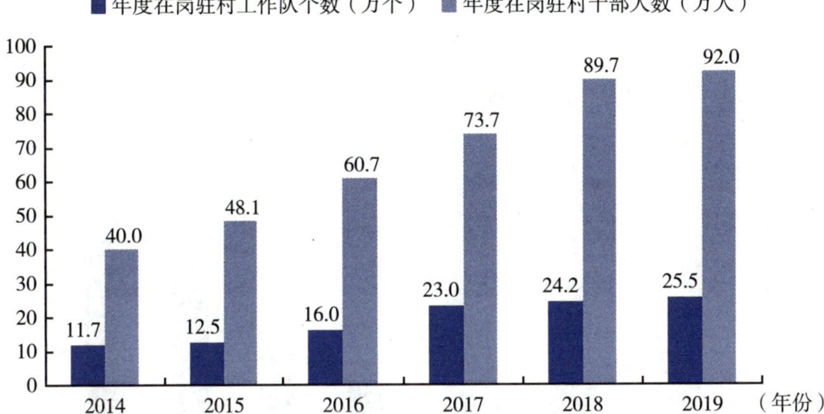

图 1　2014~2019 年驻村工作队数和驻村干部人数

数据来源：国务院扶贫办脱贫攻坚网络展，http://fpzg.cpad.gov.cn/index.html?0。

驻村工作队及驻村干部架起了沟通和扶持贫困群众的桥梁，使贫困群众能够及时了解扶贫政策，积极促成帮扶项目的落地，对村级组织运行也能起到一定的监督作用。驻村工作队还充分发挥在脱贫攻坚中的生力军作用，全国累计选派 43.5 万名干部担任第一书记，派出 279 万名干部驻村帮扶，与当地基层干部并肩战斗，带领贫困群众脱贫致富，既锻炼了驻村干部，也为后扶贫时代相对贫困治理和乡村振兴培养了一大批“一懂两爱”的人才。驻村工作队与驻村干部作为国家治理嵌入基层治理的执行者，在精准扶贫实践中做出了突出贡献。未来将进一步规范驻村工作队和驻村干部的管理，精准施训提升其实战能力，确保选派精准、帮扶扎实、成效明显、群众满意，助力脱贫攻坚、后扶贫时代相对贫困治理与乡村振兴。

（二）扶贫专项资金投入持续提升

扶贫资金被称为贫困群众的“救命钱”“保命钱”和减贫脱贫的“助推剂”。近年来，中央财政不断加大对贫困地区的一般性转移支付力度，并引导有助于脱贫的农业、教育、医疗、交通、生态等转移支付向贫困地区和贫困人口倾斜，弥补脱贫攻坚短板。在财政收支形势严峻、中央部门带头过紧日子的情况下，财政部门持续加大扶贫资金的投入规模，彰显了打赢脱贫攻坚战的决心。仅财政专项扶贫资金一项，2013~2019 年中央财政累计补助地方专项扶贫资金 5100 多亿元，见图 2。

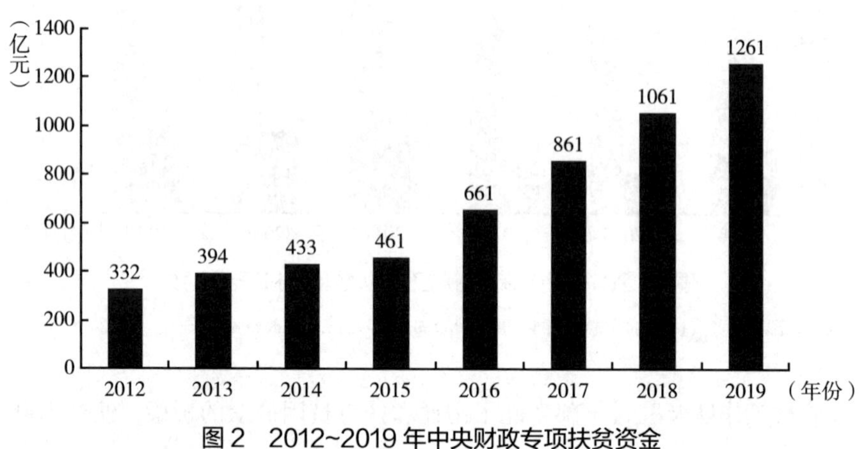

图 2　2012~2019 年中央财政专项扶贫资金

扶贫资金来源渠道多元，既包括中央和地方的财政专项扶贫资金、金融机构的小额扶贫贷款等信贷资金，也有企业等社会力量的帮扶资金。扶贫资金分配时，重点向“三区三州”和“三区三州”之外贫困人口多、贫困发生率高、脱贫难度大的深度贫困地区倾斜。2020 年以来重点关注挂牌督战贫困县、村，在中央财政权责发生制结转资金中，一次性安排用于脱贫攻坚的综合性财力补助资金达 300 亿元，以此支持贫困地区克服疫情影响，补齐挂牌督战县因疫情造成的财政减收、贫困劳动力就业等问题。

截至 8 月，2020 年安排财政专项扶贫资金 1461 亿元已全部下达，财政专项扶贫资金连续 5 年保持每年 200 亿元增量。[①] 其中，2018~2020 年县级基本财力保障机制奖补资金安排深度贫困地区目标增量规模达 300 亿元，“三区三州”达 150 亿元。另外，通过重点生态功能区转移支付加大对贫困地区的支持力度，仅 2018~2019 年，针对“三区三州”和深度贫困地区专门安排了 145

① 《一个国家的“扶贫账本”》，国务院扶贫开发领导小组办公室官网，http://www.cpad.gov.cn/art/2020/10/21/art_35_184589.html，2020 年 10 月 21 日。

亿元转移支付资金，财政倾斜支持力度大。并且，积极推动加大东西扶贫协作力度，2019 年东部地区财政援助资金拨付到位 229 亿元，较 2018 年增长 29%。

（三）住房医疗脱贫成果巩固深化

脱贫攻坚已到了决战决胜、全面收官的关键阶段，帮扶资金和项目重点向贫困村、贫困群众倾斜，扶到点上、扶到根上。因此，更需要切实加强住房和医疗保障，巩固和深化精准脱贫成果。

1. 农村危房改造户数和投入资金额度继续攀升

实现农村贫困人口住房安全有保障，是贫困人口脱贫的基本要求和核心指标之一。党的十八大以来，住房和城乡建设部会同财政部、国务院扶贫办、民政部、中国残联等部门，围绕实现“两不愁、三保障”目标任务，聚焦建档立卡贫困户等重点对象，全面推进农村危房改造工作。2013 年至 2019 年底，中央财政累计支持农村 1794 万户、5700 多万住危房的群众住上安全住房，其中建档立卡贫困户 733 万户、2300 多万人，第三方评估显示农户满意度达 97.5%。2020 年，住房和城乡建设部同国务院扶贫办对全国 2340 多万户建档立卡贫困户住房安全情况逐户进行核验。核验结果显示，1184 万户建档立卡贫困户原住房基本安全，占比 50.6%；1157 万户建档立卡贫困户通过实施农村危房改造、易地扶贫搬迁、农村集体公租房等多种形式保障了住房安全，占比 49.4%，全国所有建档立卡贫困户均已实现住房安全有保障。① 结合危房改造推进贫困村居住环境改善，激发群众内生动力，不断巩固深化脱贫攻坚成果，提升贫困群众的获得感和幸福感。

《中央财政农村危房改造补助资金管理办法》中强调，建档立卡贫困户等重点对象农村危房改造是实现脱贫攻坚“两不愁、三保障”总体目标中住房安全有保障的重要措施。② 尤其是“三区三州”等深度贫困地区自然条件差、

① 《住房和城乡建设部：脱贫攻坚农村危房改造扫尾任务按时完成 》，中国政府网，http://www.gov.cn/xinwen/2020-09/23/content_5546523.htm，2020 年 9 月 23 日。

② 《关于加强农村危房改造资金使用管理助力全面完成脱贫攻坚任务的通知》，中国政府网，http://www.gov.cn/xinwen/2019-06/10/content_5398964.htm，2019 年 6 月 10 日。

经济基础弱、贫困程度深、住房不安全的群体规模大，中央财政单列补助资金，进一步加大倾斜支持力度。加强农村危房改造资金使用管理，确保资金使用合规、安全、高效，既是做好建档立卡贫困户等重点对象危房改造工作的基本前提，也是提高政策实施效果、增强群众获得感的重要保障。

2. 优质医疗资源向贫困地区持续下沉

近年来，我国积极推进贫困地区县、乡、村三级医疗卫生机构标准化建设，深化三级医院对贫困地区县级医院的对口帮扶，支持贫困县医院的重点专科建设和人才培养，为贫困群众提供专家巡诊义诊服务，充分发挥“互联网 + 医疗”的优势，全面建成从三级医院到县医院互联互通的远程医疗网络，多措并举，推动优质医疗卫生资源下沉到基层。财政支持方面，2019 年中央财政投入医疗救助补助资金 245 亿元，自 2018 年起累计向深度贫困地区投入 80 亿元，大力支持农村贫困人口医疗保障水平的提升。并且，对贫困地区县级医疗卫生机构建设项目“应纳全纳”，协调下达 2019 年度中央投资 72.5 亿元支持贫困地区 196 个县级医院建设项目，安排 2019 年中央财政转移支付地方卫生健康项目资金倾斜支持“三区三州”15 亿元，还专门针对“三区三州”等深度贫困地区安排 25.76 亿元资金，支持 368 个深度贫困县提升县、乡、村医疗服务能力。

截至 2020 年 6 月，全国贫困患者医疗费用个人平均自付比例控制在 10%左右，大病专项救治病种全国范围内扩大到 25 种，很多省份还增加到 30 多种，全国 1435 万贫困大病和慢病患者得到基本救治和健康管理服务。我国已建立基本医保、大病保险、医疗救助、政府兜底的保障机制，精准施策，实行县域内住院“先诊疗、后付费”和“一站式”即时结算，着力提高贫困人口医疗保障水平，推动健康扶贫各项工作扎实深入开展，构建防止因病致贫、因病返贫的长效机制。基本保证贫困户常见病、慢病能够在县、乡、村三级医疗机构获得及时诊治，得了大病、重病后基本生活有保障。国家卫生健康委、国务院扶贫办、医疗保障局等部门，还组织近百万基层工作人员进村入户，逐户逐人开展因病致贫、因病返贫核实核准工作，全面摸清贫困人口患病情况，并建立动态管理数据库和信息平台，实现精准管理到人。截至

2019 年 12 月底，农村贫困人口参保率达到 99.99%，基本实现应保尽保，累计 1600 多万贫困人口得到基本救治和管理服务，贫困人口县域内就诊率达到 90% 以上，已有 997 万多户因病致贫返贫的贫困户实现脱贫。

（四）“五个一批”持续发力

打好脱贫攻坚战，顺利实现全面建成小康社会目标，重中之重是确保“五个一批”持续发力。各地通过深入调查研究，针对贫困人口和贫困地区精准施策，如有劳动能力的通过生产扶持和就业帮助实现脱贫，对在“一方水土养不起一方人”地方居住的通过易地搬迁实现脱贫，丧失劳动能力的通过社会保障实施兜底扶贫，因病致贫的实施医疗救助帮扶等。

1. 以多元化产业扶贫模式提高贫困户收入

产业扶贫是助推贫困地区长期可持续发展、帮助贫困人口就地就业的长远之计，作为“五个一批”的第一批，它是管长远、管根本的举措，需要持续抓、长期抓，因地制宜，找准产业，用发展甩掉贫困帽子。2020 年，建档立卡数据显示，全国贫困人口中有 92% 参与产业扶贫，超过 2/3 的贫困户得到新型经营主体带动，扶贫产业实现了从无到有、从有到优的历史性跨越。① 实践证明，产业扶贫已成为覆盖面最广、带动人口最多、政策力度最大的扶贫举措。各地发展了一批特色鲜明的扶贫主导产业，培育了一批益贫带贫的新型经营主体，打造了一支进村入户的科技帮扶队伍，构建了一套保障有力的产业政策体系。下一步，仍要重点抓好提升扶贫产业链发展水平、壮大县域特色主导产业、促进农产品顺畅销售、培育新型经营主体、强化到村到户科技服务等任务，确保扶贫产业可持续发展，带动贫困户稳定脱贫。

农业农村部、国务院扶贫办等部门不断加大贫困地区特色产业发展指导推进力度，组织编制产业扶贫规划，出台完善政策规划，总结推广典型范例，扎实推进贫困地区新型农业经营主体培育、科技人才服务、农产品产销对接等重点工作，促进贫困地区发展产业带动就业增收取得明显成效。我国已形

---

① 刘永富:《巩固提升产业扶贫成果 坚决打赢脱贫攻坚战》，国务院扶贫开发领导小组办公室官网，http://www.cpad.gov.cn/art/2020/10/23/art_106_184709.html，2020 年 10 月 23 日。

成一系列产业带贫增收的长效机制，产业扶贫帮扶政策已覆盖98%以上的贫困户，“龙头企业+合作社+贫困户”带贫模式不断完善，通过订单生产、就地务工、股份合作等方式，70%以上的贫困户与新型经营主体建立了利益联结关系。

产业扶贫实践多样化，主要通过以下几方面提供支持和保障。第一，打造扶贫特色产业。坚持规划引领，因地制宜确定扶贫主导产业，贫困地区林果、蔬菜、畜禽、加工、手工等特色产业快速发展，涌现出了洛川苹果、赣南脐橙、定西马铃薯等一大批产业扶贫优秀范例。第二，加大科技服务力度。全国832个贫困县成立产业扶贫技术专家组4100多个，为“三区三州”等深度贫困地区选派544个技术专家组，在22个脱贫任务重的省份全面实施农技推广服务特聘计划，在621个贫困县招募特聘农技人员3000多名，指导各地选聘26万多名贫困户产业发展指导员，切实提升产业扶贫技术支撑保障水平。继续面向贫困地区开展农村实用人才带头人示范培训，大力培育贫困地区新型职业农民。第三，实施光伏扶贫工程，通过一次性投资帮助贫困户长期受益、稳定增收。截至目前，全国27个省（区、市）、1400多个县，以单村或联村形式建设了约8.1万座村级光伏扶贫电站，总建设规模约1500万千瓦。

脱贫摘帽地区的农村走向富裕，根本途径在于支持打造一批连续开发、龙头带动、农户参与、融合发展的特色产业，构建高质量发展的乡村产业体系。国扶办官网公布的数据显示，832个国家级贫困县累计实施产业扶贫项目超过100万个，建成各类产业基地超过30万个。如“三区三州”等深度贫困地区，实现了特色产业从无到有的历史性跨越，涌现出凉山花椒、怒江草果、临夏牛羊、南疆林果、藏区青稞牦牛等一批特色品牌。打造多元产业发展模式，充分利用电商等网络平台，打通贫困地区产购销渠道，加大消费扶贫推广力度。据悉，贫困地区累计培育引进各类企业6.76万家，发展农民合作社71.9万家、家庭农场超过15万家。全国4400多个农业科研教学单位、15000多名专家参与产业扶贫，贫困县组建技术专家组4100多个、选聘产业发展指导员26万名，实现产业技术服务贫困县、贫困村全覆盖。更为关键的是，在产业扶贫过程中，推动了贫困地区经济和社会的发展，提升了贫困地区基层干部和贫困群众的能力，改进了基层干部的工作作风，密切了党群干群关系，增强了基层党组织凝聚力和战斗力，为打赢脱贫攻坚战、全面建成小康社会，为今后农村长远发展和乡村振兴打下了很好的基础。

2. 以易地扶贫搬迁实现“挪穷窝、换穷业”

易地搬迁是解决生态脆弱地区贫困问题的有效手段，可有效改善基础设施和供给服务，增加非农就业机会。移得出、稳得住、能致富，才能安居乐业。截至2019年底，全国共对“一方水土养不起一方人”地区约960万建档立卡贫困人口实施了易地扶贫搬迁，已搬迁入住建档立卡贫困人口930万余人，搬迁入住率达到97%。易地扶贫搬迁不仅解决了近1000万贫困群众“两不愁三保障”问题，还通过挪穷窝、换穷业、拔穷根，从根本上阻断了贫困的代际传递，取得了良好的经济、社会、生态效益。各地为约90%的搬迁群众落实后续扶持措施，已有900多万建档立卡贫困搬迁群众实现脱贫。

第一，政策供给。由国家发展和改革委、国务院扶贫办等部门牵头，对生活在“一方水土养不起一方人”地区约1000万建档立卡贫困人口实施易地扶贫搬迁，通过“挪穷窝、换穷业”，帮助他们“拔穷根”，实现搬得出、稳得住、能脱贫、可致富。先后制定了《“十三五”时期易地扶贫搬迁工作方案》《全国“十三五”易地扶贫搬迁规划》等重要政策文件，明确了易地扶贫搬迁有关政策要求。并配套出台易地扶贫搬迁工作成效考核办法、中央预算内投资管理办法、后续扶持工作指导意见等配套文件，协调有关部门出台住房建设面积控制、融资资金筹措、土地增减挂钩、住房安全质量管理等支持政策，构建了新时期易地扶贫搬迁“四梁八柱”的政策制度体系。

第二，资金支持。“十三五”易地扶贫搬迁中央投资约800亿元，支持建档立卡贫困人口实施易地扶贫搬迁。并且，不断创新资金筹措方式，引入地方政府债务资金和开发性、政策性金融资金等，中央财政贴息贷款规模达2000多亿元，安排地方政府债务规模约3200亿元，一次性切块下达“十三五”专项建设基金500亿元。中央预算内投资和地方政府债、贴息贷款、专项建设基金等各类融资的资金下达总额超过6000亿元。

第三，监督机制。国家发展和改革委建立易地扶贫搬迁常态化稽察机制，

2017年，共派出6批36个稽察组，对有搬迁任务的省份稽察和整改“回头看”两轮全覆盖；2018年，分8批赴15个省份开展事中事后监管巡查；2019年，制定出台《2019年易地扶贫搬迁事中事后监管巡查工作方案》，组织25个巡查组开展三轮常规性监管巡查，并对12个省份开展机动式监管巡查，向有关省份下达整改通知。

3. 以生态补偿激发贫困人口内生动力

绿水青山，就是金山银山。贫困地区常常也是生态脆弱地区，以生态补偿激发贫困人口内生动力，助力贫困户增收和加强生态环境保护，一举多得。

国土绿化扶贫。将全国2/3以上的造林绿化任务安排到贫困地区，确保贫困地区投资规模和增幅高于全省平均水平15%以上，新增退耕还林还草任务的80%安排到贫困县。精准扶贫工作开展以来，国家林业和草原局共安排贫困地区中央林业资金1085亿元支持生态扶贫，安排贫困地区退耕还林还草任务2898万亩，落实贫困地区补助资金1404.18亿元，共计160多万贫困户享受退耕还林还草补助政策，户均得到补助资金2500元。并且，将造林绿化与脱贫攻坚相结合，吸纳贫困人口加入扶贫攻坚造林合作社，参与造林绿化工程就业增收。

生态产业扶贫。通过做大生态效益补偿蛋糕、扩大全面保护天然林政策覆盖面、选聘生态护林员，开展生态补偿扶贫，促进贫困群众增收脱贫。集体和个人所有的国家级公益林补偿标准提高到每亩每年16元。对实施禁牧和草畜平衡的牧户给予禁牧补助和草畜平衡奖励，农牧民人均增收700元左右。脱贫攻坚战以来，累计安排中央财政投资资金140亿元，选聘生态护林员100万名，带动300多万贫困人口增收和脱贫。

生态环保扶贫。生态环境部会同有关部门大力支持贫困地区加快解决突出环境问题，巩固提升生态资源优势，持续增强绿色发展潜力，推进生态扶贫工程。出台《关于生态环境保护助力打赢精准脱贫攻坚战的指导意见》等政策性文件，加大中央财政生态环保专项资金向贫困地区的倾斜力度，指导支持贫困地区打好蓝天、碧水、净土保卫战，推动山水林田湖草生态保护修复工程覆盖23个省（区、市）的贫困地区，以农村垃圾处理、污水处理为主的农村环境综合整治工程覆盖18.8万个村庄，一大批生态功能重要、生态环境敏感脆弱的贫困地区得到系统保护修复，农村村容村貌和人居环境得到持续改善，贫困地区生态资源优势不断巩固，人民群众对优美生态环境的获得感、幸福感明显增强。

4. 以教育扶贫阻断代际贫困传递

习近平总书记指出，“贫穷并不可怕，怕的是智力不足、头脑空空，怕的是知识匮乏、精神委顿。”[①]教育扶贫作为精准扶贫的重要着力点，是扶贫助困的治本之策，也是阻断贫困代际传递的根本之策，其在改善贫困地区教育状况、均衡区域教育资源和实现教育公平等方面发挥着不可替代的作用。国家实施的一系列重大教育政策和项目，重点支持困难地区和薄弱环节，如2019年，中央财政对地方教育转移支付超过3000亿元，80%以上用于中西部地区。教育作为阻断贫困代际再生产的有效手段，需全方位多层次下功夫，立足于改善贫困地区教育环境、深化贫困子女职业教育培训、完善贫困学生教育资助体系和提升贫困地区教育信息化水平等。摆脱贫困，不仅要和物质贫困告别，更要提高人的素质、实现人的全面发展。

义务教育薄弱环节改善与能力提升补助资金量大、社会关注度高，中央财政在分配资金时，注重向“三区三州”等深度贫困地区倾斜，每年约安排300亿元补助资金、170亿元长效机制资金。通过安排义务教育薄弱环节改善与能力提升补助资金，重点支持中西部地区和东部部分困难地区。全国共新建、改扩建校舍2.24亿平方米，购置价值1000.3亿元的设施设备，全国99.8%的义务教育学校办学条件达到基本要求，已有2717个县（区、市）通过义务教育发展基本均衡县国家评估认定，约占全国总县数的92.7%，16个省（区、市）整体通过认定，农村学校办学条件得到显著改善。

加快发展职业教育和继续教育，广泛开展公益性职业技能培训，近三年共有850万贫困家庭的子女通过职业教育实现了教育脱贫的梦想。第一，聚焦重点人群，对建档立卡贫困家庭子女、最贫困群体、贫困残疾人等开展有

① 习近平:《在深度贫困地区脱贫攻坚座谈会上的讲话》，人民出版社，2017，第10页。

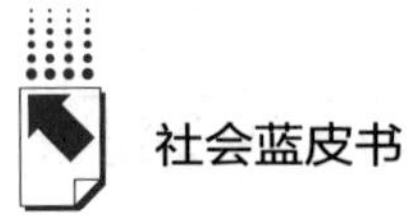

针对性的教育培训。第二，聚焦重点项目，实施《职业教育东西协作行动计划（2016-2020 年）》，推进东西职业院校协作全覆盖、东西中职招生协作兜底，支持职业院校全面参与东西劳务协作三大行动。第三，东西协作、社会助教形成合力，东部省（市）、职教集团、职业院校累计资助资金设备金额达 12 亿元，共建示范专业点 421 个，中职招收建档立卡贫困家庭学生 38.9 万人，开展培训项目近 470 个，培训总人数 8.4 万余人。

学生资助是一项重要的保民生、暖民心工程，事关教育公平，事关社会公平，事关全面建成小康社会。全力推进学生资助工作，实现了各个学段全覆盖、公办民办学校全覆盖，家庭经济困难学生全覆盖。2019 年，全国累计资助各级各类学生 1.06 亿人次，资助金额 2126 亿元。[①] 其中，全国累计资助“三区三州”地区学前教育、义务教育、中等职业教育、普通高中教育和普通高等教育学生（幼儿）627.26 万人次（不包括义务教育免除学杂费和免费教科书、营养膳食补助）；累计资助金额 106.83 亿元。积极推进精准资助和资助育人，持续加强学生资助规范管理，国家学生资助政策体系更加完善，资金投入力度不断加大，学生资助工作进一步提质增效，为“不让一个学生因家庭经济困难而失学”提供了坚实保障。

加快推进教育信息化基础设施建设，启动实施“教育信息化 2.0 行动计划”，积极发展“互联网 + 教育”，促进教育优质均衡发展。2019 年，中央财政下达学生生均公用经费补助资金 797.51 亿元，农村信息化建设补助资金 293.5 亿元。第一，教育部联合工业和信息化部启动学校联网攻坚行动，截至 2020 年 8 月，全国中小学（含教学点）互联网接入率达到 98.7%，配备多媒体教学设备的教室达 402.8 万间，93.1% 的学校已拥有多媒体教室，其中 74.2% 的学校实现多媒体教学设备全覆盖，学校统一配备的教师终端、学生终端数量分别达到 1050 万台和 1559 万台，为信息化教学夯实了基础条件。第二，中央财政通过学生生均公用经费补助、义务教育薄弱环节改善与能力

① 全国学生资助管理中心：《2019 年中国学生资助发展报告》，《人民日报》2020 年 5 月 21 日，http://paper.people.com.cn/rmrb/html/2020-05/21/nw.D110000renmrb_20200521_1-06.htm。

提升补助资金等经费支持教育信息化建设。未来继续加大对“互联网 + 教育”的支持力度，在资源共建共享、深化教学应用、网络精准扶智、师生信息素养、教育治理能力等方面重点发力，以体制机制创新推动教育改革发展，使农村偏远地区也能共享“互联网 + 教育”发展成果。

5. 以社会保障兜底扶贫

加强社会保障，筑牢兜底扶贫网。党的十八大以来，民政部会同有关部门健全完善农村低保、特困人员救助供养和临时救助等制度，不断提高兜底保障水平，为如期打赢脱贫攻坚战、全面建成小康社会提供了坚实的底线支撑。截至 2019 年底，全国共有 1857 万建档立卡贫困人口被纳入低保或特困人员救助供养。中国残联等部门大力推进贫困残疾人脱贫行动，建档立卡贫困残疾人由建档立卡之初的 600 余万人减少到 2019 年底的 48 万人。人力资源和社会保障部积极落实社会保险扶贫相关政策，到 2019 年底，全国享受基本养老保险待遇的贫困老人达到 2885.5 万人，为 3808 万贫困人口代缴城乡居民养老保险费，近 6700 万贫困人口直接受益，符合参加基本养老保险条件的建档立卡贫困人口参保率达到 99.99%。

兜底保障是打赢脱贫攻坚战的重要组成部分，是一项底线制度安排。习近平总书记多次作出重要指示批示，要求民政部门聚焦脱贫攻坚、聚焦特殊群体、聚焦群众关切，更好地履行基本民生保障、基层社会治理、基本社会服务等职责；要求对老弱病残等缺乏劳动能力的贫困人口，综合运用社会救助等保障措施，实现应保尽保，确保兜住基本生活底线。2020 年，民政部重点摸底排查尚未脱贫的，已经脱贫但收入不稳定、增收能力较弱、返贫风险较高的，以及建档立卡边缘户这三类人群，加强监测和预警，并和扶贫办进行数据比对。通过地方政府逐人逐户进行摸底排查，最终把符合条件的 109 万人新纳入社会救助兜底保障范围。2020 年还出台了《关于改革完善社会救助制度的意见》，对社会救助制度健全完善进一步提出了明确的要求。总而言之，健全分层分类的社会救助体系，是党的十九届五中全会确定的重大任务，也是巩固脱贫攻坚成果、衔接乡村振兴战略的重大举措。

二　新冠肺炎疫情与脱贫攻坚

2020 年脱贫攻坚进入收官阶段，任务繁重，新冠肺炎疫情突袭带来严峻挑战。中小微企业、个体工商户、农民工、灵活就业人员、一般服务业从业人员等低收入人群，以及贫困户、失业人员、低保和临时救助对象等困难群众受疫情影响较大。因疫情防控所导致的停运、停产、停业、停学以及生活和生产资料价格上涨等，均增加了返贫风险，对既有扶贫工作产生了一定程度的冲击。疫情防控迫使扶贫工作人员两线作战，工作量倍增，各地普遍将驻村扶贫工作队直接转化为疫情防控工作队，脱贫攻坚工作出现暂时性停摆。2020 年 2 月，全国城镇调查失业率达到 6.2% 的历史最高值，随后波动下降至 9 月的 5.4%，低于 6% 左右的预期调控目标。精准策略为我国顶住疫情冲击、有序恢复经济社会发展秩序提供了有效方法和策略保障。

（一）新冠肺炎疫情对完成脱贫攻坚任务的冲击

2020 年突如其来的新冠肺炎疫情对贫困地区的农民收入、农民外出务工，包括农产品的销售等都造成了一定的困难和挑战，疫情防控和管控措施还使贫困群众产生了畏惧和恐慌心理，以及长时间留居家中难以获得收入的焦虑心理等。总体来说，疫情对完成脱贫攻坚任务的冲击具体表现在以下几个方面。

第一，疫情防控致停产停业、就业扶贫显现瓶颈、返贫风险增加。新冠肺炎疫情暴发后，各省份均采取停产停业和延长企业复工时间的方式防控疫情，致使贫困劳动力就业大面积受阻，造成贫困户返贫风险增加。如湖南通道县外出务工的贫困劳动力往年有 24335 人，截至 2 月 24 日，只输出 2810 人，尚有 88.5% 滞留乡村。

第二，疫情防控影响扶贫全产业链，产业扶贫的物资采购、产品销售、项目建设受阻。在物资采购方面，由于采取社区封闭式管理等疫情防控措施，生产资料无法调运，扶贫产业经营风险增加。在产品销售方面，受疫情期间

市场行情波动和物流体系迟滞的影响，种植业和养殖业产品销售受到严重限制。在项目建设方面，受疫情防控影响，产业扶贫项目招标审批受到影响，扶贫产业项目建设相应中止。

第三，疫情防控造成停学压力，对教育扶贫产生直接影响。全国鼓励开展远程学习和网络授课，但部分贫困户面临技术障碍和设备缺乏，只有手机没有电脑设备，只用数据流量而无 WiFi 的困境，产生网络资费过高和贫困学生网上课程学习障碍等问题。尤其是深山区网络基础设施较差，手机和网络信号不好，影响到部分学生在线学习的顺利开展。

第四，疫情防控凸显医疗体系短板，健康扶贫发力不足。乡村医疗卫生系统人员编制不足，迫使乡村医务工作者不得不被抽调至抗疫防护之中，村庄内部日常医疗服务无法正常开展，老弱病残贫困人口的生活照料、疾病看护和就医面临考验。再加上乡村医疗物资缺乏，无法及时开展生活环境消杀活动，难以有效满足疫情防护的物资需要。

第五，疫情防控造成生活资料价格攀升，社会保障兜底扶贫效果反弹。疫情防控期间物流管控严格，生活资料价格上涨，大部分贫困户购买力下降，生活质量降低，部分依靠社会保障兜底的脱贫户存在返贫风险，社会保障兜底扶贫效果反弹。

（二）各地克服疫情对脱贫任务影响的典型做法与效果

面对新冠肺炎疫情的巨大冲击和复杂严峻的国内外环境，各方积极采取相应措施，使脱贫攻坚步伐持续迈进。7 年精准扶贫、4 年脱贫攻坚战取得的巨大成就，在疫情防控中得到充分展现。农村基础设施的全面完善、驻村帮扶机制的全面覆盖以及贫困户自我发展能力的全面提高，对增强疫情防控能力起到基础性作用。各地普遍借助已有的脱贫方式和已形成的脱贫工作体系克服疫情防控的不利影响。在抓好防控措施的基础上，确保脱贫攻坚正常开展，做到思想不乱、精力不散、工作不断。3 月以来，我国疫情的逐步好转为脱贫攻坚工作步入正轨提供了有利时机。各地在科学研判疫情防控趋势的基础上，牢牢把握脱贫攻坚底盘，多措并举确保疫情防控和脱贫攻坚两不误，涌现出一些新政策和新做法。地方政府进一步强化脱贫攻坚的组织领导，压紧党政统筹、领导挂帮和属地管理责任，为脱贫攻坚的深入推进提供有力保障，并聚焦突出问题和薄弱环节，逐条逐项梳理完善，确保高质量通过脱贫验收评估，全面打赢脱贫攻坚收官战。

一是在满足疫情防控条件的基础上加强脱贫攻坚交通运输保障，确保农业生产资料、扶贫产业和扶贫项目建设原料设备物流畅通。二是组织动员驻村帮扶单位、企事业单位和社会组织等主体大力开展消费扶贫，充分利用电商平台，解决贫困地区农副产品滞销积压问题。如贵州省通过“线上+线下”联动推广销售扶贫产品，薇娅直播扶贫专场中就有18款贵州扶贫产品，销售额为1266万元。三是加快产业扶贫项目建设手续审批办理，简化审批程序，优先保障扶贫项目开工。并且，通过财政奖补、税费减免、贴息贷款等多种形式为带贫主体提供支持，有序推进企业复产复工。如湖南宜章县建立了企业和扶贫车间复产复工联络员制度。四是通过“线上”“线下”相结合的方式建立贫困户就业服务平台，全力稳岗拓岗。如贵州赤水市对建档立卡户返岗情况建立台账，根据岗位需求和群众需求有针对性地开展创业就业服务。五是通过“点对点”专送直达等形式协助农民工有序外出复工。如贵州赤水市根据省内外疫情防控形势、企业复工安排、岗位需求和劳动力特点等情况，按照“分批有序错峰”原则，优先组织贫困劳动力返程返岗和外出务工。截至9月30日，52个挂牌督战县2020年已外出务工贫困劳动力295.68万人，是2019年外出务工人数的116.2%。①

（三）脱贫攻坚工作对贫困地区疫情防控工作的影响

农村基础设施的全面完善、驻村帮扶机制的全面覆盖以及贫困户自我发展能力的全面提高，都对增强疫情防控能力起到基础性作用。尤其是自脱贫攻坚工作开展以来，贫困地区基层组织得到加强，基层干部通过开展贫困识别、精准帮扶，本领明显提高，在实践锻炼中快速成长。成型的脱贫方式和

① 《扶贫办：近期脱贫攻坚重点工作最新进展（截至9月30日）》，中国政府网，http://www.gov.cn/xinwen/2020-10/10/content_5550247.htm，2020年10月10日。

已有的脱贫工作体系也帮助各地积极克服疫情防控的不利影响。在这次新冠肺炎疫情防控中，贫困地区基层干部展现出较强的战斗力，许多驻村工作队即防“疫”队、战“疫”队。截至 3 月底，全国的驻村干部到岗率已经超过 99%①，积极宣传防控措施和知识、排查监测以及筹集防疫物资等，还及时组织贫困群众外出务工、开展农业生产，采取多种渠道销售扶贫产品，以增加贫困群众的收入等。

再者，完备的基础设施建设降低了病毒的传播风险，脱贫攻坚治理机制促进了疫情防控的人员监管与信息传达，精准扶贫工作推进机制提升了农民主动参与村庄管理的意识。贫困户扶志效果突出表现在疫情防控工作中，贫困户积极主动参与村集体的防疫工作，成为村级防疫工作的重要力量。如黑龙江省望奎县 34 个贫困村共 2015 个贫困户参与村级疫情防控工作，承担日常消毒、关卡值班、巡逻等任务。精准扶贫以来，日渐完善的基础设施、不断提升的县乡村三级治理体系和治理能力、智志双扶、产业发展等，对于克服新冠肺炎疫情影响和推进脱贫攻坚积极开展有重要意义。

三　2020 年精准扶贫进展

2020 年是具有里程碑意义的一年，即将全面建成小康社会，实现第一个百年奋斗目标。2020 年也是脱贫攻坚决战决胜之年，52 个“贫中之贫、困中之困”的贫困县全部摘帽，剩下的 500 多万贫困人口计划在 2020 年内全部脱贫。精准扶贫助力提速脱贫奔小康，各方努力克服疫情影响，确保如期完成剩余的脱贫攻坚任务。

（一）绝对贫困人口数量趋零

“十三五”期间，全国大力实施精准扶贫精准脱贫方略，资金支持和投入力度更大，措施更精准。脱贫攻坚工作进展顺利，在产业合作、劳务协作、

① 《建档立卡贫困人口新冠肺炎患者已全部清零》，中国政府网，http://www.gov.cn/xinwen/2020-04/25/content_5505949.htm，2020 年 4 月 25 日。

人才支援和资金支持等方面瞄准建档立卡贫困人口精准发力，贫困人口从2012年底的9899万人下降到2019年底的551万人，连续7年每年减贫1000万人以上，2020年底即将实现农村贫困人口全部脱贫目标，区域性整体贫困基本得到解决，贫困群众的生活有了质的飞跃。正如习近平总书记所说："中华民族千百年来存在的绝对贫困问题，将在我们这一代人的手里历史性地得到解决"。①

（二）贫困人口收入水平大幅度提升

全国贫困人口建档立卡数据显示，建档立卡贫困户人均纯收入由2015年的3416元增加到2019年的9808元，年均增幅30.2%。2/3以上的建档立卡贫困人口主要靠外出务工和产业脱贫，工资性收入和生产经营性收入占比上升，转移性收入占比逐年下降，增收可持续性稳步增强，收入水平大幅度提高。其中，2013年至2019年，832个贫困县农民人均可支配收入由6079元增加到11567元，年均增长9.7%，比同期全国农民人均可支配收入增幅高2.2个百分点。②党的十八大以来，农村居民收入消费继续保持较快增长，尤其是贫困地区农村居民收入消费实现快速增长，与全国农村平均水平之间的差距缩小，贫困人口发展能力持续提升。总体上看，贫困群众"两不愁"质量水平明显提升，"三保障"突出问题总体解决，贫困地区特色产业不断壮大，产业扶贫、电商扶贫、光伏扶贫、旅游扶贫等较快发展，贫困户就业增收渠道明显增多。

（三）贫困人口生产生活条件明显改善

贫困地区生产生活条件明显改善，交通、水利、电力、通信、教育、文化、卫生等基础设施项目的加强建设，为贫困人口脱贫提供了坚实的支撑。

---

① 《习近平：在打好精准脱贫攻坚战座谈会上的讲话》，新华网，http://www.xinhuanet.com/politics/leaders/2020-04/30/c_1125928631.htm，2020年4月30日。

② 《习近平：在决战决胜脱贫攻坚座谈会上的讲话》，新华网，http://www.xinhuanet.com/politics/2020-03/06/c_1125674682.htm，2020年3月6日。

贫困地区基本公共服务主要领域指标接近全国平均水平，主要包括：贫困地区具备条件的乡镇和建制村通硬化路，贫困村全部实现通动力电，全面解决贫困人口住房和饮水安全问题，贫困村达到人居环境干净整洁的基本要求，切实解决义务教育学生因贫失学辍学问题，基本养老保险和基本医疗保险、大病保险实现贫困人口全覆盖，最低生活保障实现应保尽保，基本达到“五通六有”（通路、通电、通水、通广播电视、通信息；有义务教育保障、有基本医疗保障、有住房安全保障、有安全饮用水、有生活用电、有广播电视）。居民生活质量显著提升，如 2019 年水利部发布的数据显示，我国共建成 1060 多万处农村供水工程，覆盖了 9.2 亿农村人口，农村集中供水率达到 87%，自来水普及率达到 82%；每百户家用汽车拥有量达 35.3 辆，比 2013 年增长 1.1 倍；全国居民恩格尔系数降至 28.2%；农村“厕所革命”加快推进，基本卫生条件明显改善等。

（四）贫困地区社会经济发展水平明显提高

全国具备条件的建制村全部通硬化路，贫困地区群众“出门水泥路，抬脚上客车”的梦想变成现实；村村都有卫生室和村医，贫困人口基本实现基本医保、大病保险和医疗救助三重保障全覆盖，因病致贫返贫人口大幅减少；10.8 万所义务教育薄弱学校的办学条件得到改善；易地扶贫搬迁近 1000 万贫困群众，实现搬得出、能脱贫、可致富，贫困地区经济社会发展明显加快。“万企帮万村”精准扶贫行动实施，取得了扎实的工作成果。截至 2020 年 6 月底，进入“万企帮万村”精准扶贫行动台账管理的民营企业有 10.95 万家[①]，精准帮扶 12.71 万个村（其中建档立卡贫困村 6.89 万个）；产业投入 915.92 亿元，公益投入 152.16 亿元，安置就业 79.9 万人，技能培训 116.33 万人，共带动和惠及 1564.52 万建档立卡贫困人口。

贫困地区网络覆盖目标提前超额达成，贫困村通光纤比例由实施电信普遍服务之前不到 70% 提高到 98%；电子商务进农村综合示范实现对 832 个

---

① 数据来源：全国工商联统计发布，中国政府网，http://www.gov.cn/xinwen/2020-09/12/content_5543019.htm，2020 年 9 月 12 日。

贫困县全覆盖，全国农村网络零售额由2014年的1800亿元，增长到2019年的1.7万亿元，规模扩大了8.4倍；网络扶智攻坚工程成效明显，全国中小学（含教学点）互联网接入率从2016年底的79.2%上升到2020年8月的98.7%；网络扶贫信息服务体系基本建立，远程医疗实现国家级贫困县县级医院全覆盖，截至2019年6月，全国行政村基础金融服务覆盖率达99.20%，截至2020年8月，全国共建设运营益农信息社42.4万个；网络公益扶贫惠及更多贫困群体，一大批具有社会责任感的网信企业和广大网民借助互联网将爱心传递给贫困群众。

（五）贫困治理现代化能力明显提升

贫困是世界各国普遍面临的问题，反贫困是古今中外治国理政的一件大事。而贫困治理是一个社会再动员、再组织、再塑造的过程，是国家治理的重要组成部分。党的十八大以来，以习近平同志为核心的党中央把脱贫攻坚摆在治国理政突出位置，把贫困治理能力作为国家治理能力的重要组成部分，不断推进贫困治理现代化，不断提升贫困治理能力，推动贫困治理与其他各方治理工作相互促进，对坚持和完善中国特色社会主义制度、推进国家治理体系和治理能力现代化发挥了重要作用。精准扶贫实施以来，各级通过组织开展贫困识别和贫困退出、实施扶贫项目，贫困地区基层治理能力和管理水平明显提高，增强了农村基层党组织凝聚力和战斗力。

各级政府充分调动贫困群众的积极性、主动性、创造性，不断释放贫困群众努力奋斗的潜在能量，逐步构建起从“被动输血”向“主动造血”转变的长效脱贫机制，这是我国贫困治理能力提升的重要基础和鲜明标志。尤其在精准扶贫战略实施过程中，不断动员全社会参与脱贫攻坚工作，推动形成专项扶贫、行业扶贫、社会扶贫等多方力量、多种举措有机结合和互为支撑的“三位一体”大扶贫格局，营造全社会合力参与贫困治理的良好氛围，脱贫攻坚领域国家治理体系和治理能力现代化水平显著提升。此外，还需提升贫困人口的自我发展能力，构建长短结合、标本兼治的长效脱贫机制，确保稳定脱贫、有效防止返贫。精准扶贫期间我国充分发挥了“集中力量办大事”

的制度优势，扶贫济困，精准施策，激发贫困群众的主体意识，助推精准扶贫发展，提升国家治理能力现代化程度，并将制度优势转化为贫困治理效能，进而形成一个具有中国特色的贫困治理路径。

（六）中国减贫经验为国际减贫事业提供范本

2020 年脱贫攻坚任务完成后，1 亿左右贫困人口实现脱贫，中国提前 10 年实现联合国《2030 年可持续发展议程》的减贫目标，世界上没有其他哪一个国家能在这么短的时间内帮助这么多人脱贫，这对中国和世界来说具有重大意义。联合国秘书长古特雷斯表示，精准扶贫方略是帮助贫困人口实现《2030 年可持续发展议程》设定的宏伟目标的唯一途径，中国的经验可以为其他发展中国家提供有益借鉴。过去 10 年作为为全球减贫做出最大贡献的国家，中国减贫方案和减贫成就得到国际社会普遍认可。联合国前秘书长潘基文在“联合国 2030 年可持续发展目标与中国减贫经验”线上研讨会上也曾表示，中国非凡的发展进程在全球范围内为实现联合国千年发展目标做出了巨大贡献。中国作为世界上最大的发展中国家，取得举世瞩目的减贫成就，有助于全世界特别是广大发展中国家坚定消除绝对贫困的信心，充分发挥政治优势和制度优势，构筑了全社会扶贫的强大合力，建立了中国特色的脱贫攻坚制度体系，为全球减贫事业贡献了中国智慧和中国方案，谱写了人类反贫困史上的辉煌篇章。

党和国家高度重视扶贫工作，政府主导的扶贫制度体系不断完善，致力于消除绝对贫困，未来还将重点关注贫困边缘人口，实现共同富裕，让全体人民共享发展的成果，共同迈进小康社会。决胜精准扶贫涉及结构性制约和资源再分配机制问题，还涉及脱贫精准度和扶贫效果的巩固，应强调贫困人口的生存权与发展权，避免行政治理和运动式治理，采取多元化和精准化的帮扶措施，进而稳固提升脱贫成效。

四　2020 年后相对贫困治理

2020 年，脱贫攻坚任务目标的实现预示着后扶贫时代的到来，我国减贫策略重心由绝对贫困转向相对贫困治理，贫困维度也从单一性的收入性贫困转向长期性、脆弱性、动态性的多维贫困，消除相对贫困将仍是中国共产党实现全面建成小康社会和建成富强民主文明和谐的社会主义现代化国家的核心任务。基于此，我国亟须立足于精准扶贫已有基础，制定更有针对性的相对贫困治理策略，着力完善相对贫困治理体系，彰显中国共产党领导下治理制度改革的优越性，贯彻“以人民为中心”的发展理念，保证社会秩序的良性运行与协调发展。

（一）设定相对贫困人口评定标准，建立相对贫困治理机制

2020 年后扶贫时代的到来意味着中国现有的贫困概念发生了变化，贫困人口的标准也应该有所改变，相对贫困的界定与相对贫困人口的评定成为首要任务，如何建立一个合适的减贫工作技术体系成为重中之重。①

相对贫困人口的评定不仅要考虑城乡、区域经济差异，也要考虑国家的相对贫困治理压力，避免财政压力过大、治理任务过重而不堪重负。2020 年后的相对贫困主要表现在低收入贫困、支出性贫困、城乡流动性贫困、特殊群体贫困、暂时性贫困等方面②，“贫”转“弱”趋势明显，对脆弱群体的识别需要完善贫困人口识别标准，转移性收入、务工收入等收入口径的认定需要统一③。从单一收入维度向福利、能力等多维需求转变的相对贫困治理工作受限于城乡长期二元结构体制、亚文化结构和空间地理结构、社会结构性障碍等因素，社会福利保障短板突出，相对贫困人口识别与测量更加困难。占总人口一定比例的低收入和困难人口成为关注所在④，健康、教育、住房、发展、社会需求等也逐渐成为测量相对贫困人口的核心指标。但如何实现全国统一

① 李小云、苑军军、于乐荣：《论 2020 后农村减贫战略与政策：从扶贫向防贫的转变》，《农业经济问题》2020 年第 2 期。

② 左停、李世雄：《2020 年后中国农村贫困的类型、表现与应对路径》，《南京农业大学学报》（社会科学版）2020 年第 4 期。

③ 左停、金菁：《弱有所扶的国际经验比较及其对我国社会帮扶政策的启示》，《山东社会科学》2018 年第 8 期。

④ 左停、贺莉、刘文婧：《相对贫困治理理论与中国地方实践经验》，《河海大学学报》（哲学社会科学版）2019 年第 6 期。

性标准与地方差异性现实之间的平衡仍是中国相对贫困人口划定的核心难题。

随着社会经济的发展，贫困人口的特点已经发生变化，我国亟须设定相对贫困人口评定标准，将弱势群体纳入相对贫困治理范畴，尽快推动建立一个稳定的相对贫困治理长效机制，构建贫困动态检测、监测和评估机制，瞄准低收入城乡流动群体和脱贫不稳定群体，侧重以防贫、返贫和新增贫困人口为主的治理机制和激励机制，建立健全社会公共基础设施和社会保障服务体系，加强贫困人口能力建设，保证贫困人口远离贫困陷阱，巩固长效脱贫成果。

（二）确定多元主体扶贫方向，走市场化和社会化相对贫困治理道路

政府自上而下的行政化扶贫在解决区域贫困问题方面具有显著效应，但面对经济增长减贫效应的下降与贫困人口自我发展内生动力的不足，需要反思政府在扶贫、减贫工作中的强干预角色。2020 年后扶贫时代减贫工作的常态化需要确立多元主体扶贫方向，推动多元主体协同互助参与相对贫困治理，实现贫困治理行政化向市场化和社会化的转变。

随着农业结构调整与农业产业结构升级，相对贫困群体的劳动力优势正在下降，城乡流动性贫困问题渐趋突出。为拓宽这一群体的就业渠道，政府在扶贫治理中要实现主导角色转向，由政府集中调配资源转向依赖市场配置资源，实现各资源要素在城乡、区域内的自由流动，营造良好的市场环境，激发市场主体活力，在发挥市场益贫性功能的同时保证收入分配公平，不仅为贫困人口提供根本保障，更能够强化农民主体性，推动新型农业经营主体的发展，提高农业产业组织化水平，实现小农户与现代农业的有机衔接，实现经济效率与社会公平的协调统一。

以政府为主体的扶贫行动还需动员全社会参与，构建政府、市场和社会三方力量有效协同的相对贫困治理格局，促进三方资源整合，合力推进贫困治理，实现三方优势互补和对称互惠。[①] 社会组织在跨区域、项目和机构的资

---

① 秦慧：《2020 年后相对贫困治理研究》，《学校党建与思想教育》2020 年第 17 期。

源协调、专业化服务提供及增能赋权方面具有突出优势，一方面政府要减少自身行政化力量对社会组织的干预，以增加政府购买服务的方式鼓励更多的社会组织和公益机构参与扶贫治理，实现贫困群体物质与精神双脱贫；另一方面社会组织也要减少对政府的依赖，加强自身参与扶贫能力建设，打造专业扶贫工作人才队伍，充分发挥社会组织参与扶贫治理的功能，培育乡村发展的内生动力，减少对政府和社会外界力量的依赖，与政府建立平等、信任关系，有效提升扶贫成效。

（三）打破城乡二元体制机制，确立城乡一体化的相对贫困治理战略

2020年后扶贫时代的城乡、区域、群体差异越发明显，国家在贫困地区投入大量人力、物力、财力以加强基础设施和基层治理人才队伍建设，但是在快速城市化进程下，非贫困村与城市的多元贫困群体同样不容忽视，从城乡统筹视角应对相对贫困问题越来越重要，我国亟须建立城乡一体化的反贫困治理体系，落实城乡并重的减贫策略。

在乡村与城市的共同场域内，相对贫困线标准必须考虑区域、城乡差异，需要根据各地实际情况确立不同的扶贫标准，并以此完善考核监督机制。针对复杂多变且持久的相对贫困特点，教育、医疗、卫生、民政等多部门应当协同参与，构建多部门协同一体化的相对贫困治理机制，整合扶贫资源，打破治理资源分散化、扶贫项目碎片化困境。[①] 政府需着力整合市场、社会等资源，加强完善社会公共服务和基础设施建设，推进城乡基本公共服务均等化，提升教育、健康、法律保障水平，缩小城乡差距。

往返于城市与乡村之间的“真空地带”者是相对贫困治理工作的重点所在，这部分人一方面游离于乡村精准扶贫政策外，难以获得乡村基本社会保障服务，另一方面因从事低端、高强度体力劳动在城市同样无法享受良好的市民待遇，双向的社会融入困难与快速流动使得“蚁族”“漂族”等城市多元化贫困群体的贫困特性更具隐蔽性，户籍制度、土地产权制度以及现代农业

① 董帅兵、郝亚光：《后扶贫时代的相对贫困及其治理》，《西北农林科技大学学报》（社会科学版）2020年第6期。

体系等限制了这部分人的自由流动和收入渠道，相对贫困治理工作需要瞄准这一“真空地带”，采取差异化、更具针对性的帮扶措施，解决更具隐蔽性的城乡流动性贫困问题。

五　脱贫攻坚与乡村振兴的有效衔接

脱贫攻坚与乡村振兴作为不同发展阶段的战略任务紧密相连、各有侧重，脱贫攻坚是乡村振兴的基础和前提，乡村振兴战略是对脱贫攻坚的进一步巩固和深化。[①]脱贫攻坚与乡村振兴的统筹衔接不仅能从根本上扭转农村劳动力持续大规模由乡村流入城市的趋势[②]，更有助于推进农业农村现代化，实现中国经济的可持续发展[③]。

（一）脱贫攻坚与乡村振兴战略衔接的必要性

脱贫攻坚战略的实施为贫困地区的发展打下基础，精准扶贫工作的顺利推进是实施乡村振兴战略的底线要求。[④]政府自上而下大量的人力、物力、财力支持迅速改善了贫困地区的基础设施和公共服务条件，在“两不愁、三保障”的基础上实现道路硬化、路灯亮化、村庄绿化、环境美化，村庄公共空间的打造将村民凝聚到一起，创造一个自力更生的良好的村庄发展环境，为推进乡村振兴战略提供了平台支撑。

脱贫攻坚战略促进了乡村治理体系的完善和创新。驻村帮扶工作和“一对一”精准帮扶理念促进扶贫落实到户到人，驻村工作队和第一书记在村级产业发展、扶志教育、贫困退出、村级治理等方面发挥了关键的指导作用，省、市、县、乡、村等多层级，跨教育、医疗、住房、水利、就业等多部门，

① 豆书龙、叶敬忠：《乡村振兴与脱贫攻坚的有机衔接及其机制构建》，《改革》2019 年第 1 期。

② 梁栋、吴存玉：《论乡村振兴的精准推进——基于农民工返乡创业与乡村振兴的内在逻辑与机制构建》，《青海社会科学》2019 年第 2 期。

③ 唐任伍：《新时代乡村振兴战略的实施路径及策略》，《人民论坛・学术前沿》2018 年第 3 期。

④ 王亚华、苏毅清：《乡村振兴——中国农村发展新战略》，《中央社会主义学院学报》2017 年第 6 期。

涉及政府、企业、社区组织、第三方机构等多元主体的多维贫困治理网络逐步形成，共同推进农村治理能力和水平的提升。[①] 基层党建作为“战斗堡垒”的作用得到空前加强，驻村工作队伍的政策宣传与入户工作提升了村“两委”班子与村民对国家政策的认知和理解能力，为乡村振兴打造了“人才库”，有技术、有能力的年轻人走向基层，成为乡村振兴的核心人才，普通村民的发展意识、责任意识同样得到提升，他们是推进乡村振兴的主体力量。

考虑到相对贫困的不确定性和脆弱性，脱贫攻坚工作完成之后还需建立一个稳定脱贫的长效机制来继续巩固提升脱贫攻坚成果，乡村振兴战略是最重要的“接力棒”。面向全国农村、农民和农业的乡村振兴战略不仅能够满足相对贫困群体的多维社会需求，更是解决发展不平衡和不充分问题的根本之策，来自生计兜底、产业发展、公共服务建设、文化传承创新等方面的支持和帮扶促进后扶贫时代相对贫困群体的可持续发展，加大针对弱势贫困群体的帮扶力度，有助于缩小贫富差距、推动城乡一体化协同发展。

在农村青壮年劳动力持续外流的现实情境下，失去人这一核心载体，乡土社会结构和传统文化随之变化。乡土文化作为中华现代文明的根基，是促进社会可持续发展的重要力量，乡村振兴战略下乡土知识的传承不仅是联结城乡的文化纽带，更是维护乡村社会自治和稳定、巩固精准脱贫成效的重要抓手。总之，脱贫攻坚为乡村振兴奠定扎实基础，乡村振兴为脱贫攻坚提供了动力和保障，以缩小贫富差距和城乡差距为目标的脱贫攻坚和乡村振兴战略的有机衔接，体现了社会主义的本质要求。

（二）脱贫攻坚与乡村振兴何以有机衔接

着眼于脱贫攻坚政策的延续，一些深度贫困地区仍然要以预防返贫和新增贫困人口为重心；在已脱贫和非贫困地区，以巩固脱贫成果为重点的乡村振兴战略可以借助已有的脱贫攻坚成果，促进村庄产业发展，助力乡村振兴。脱贫攻坚与乡村振兴的衔接重点在于体制机制、产业发展、公共服务、乡风

---

① 左停、刘文婧、李博:《梯度推进与优化升级：脱贫攻坚与乡村振兴有效衔接研究》，《华中农业大学学报》（社会科学版）2019 年第 5 期。

文明等方面，尤其侧重于收入的增加和生活质量的提升。

实现乡村振兴战略与脱贫攻坚的共生式发展，相关体制机制的完善是重要前提。目前，乡村振兴战略相关的顶层设计文件和政策体系已经基本完善，但仍需要制定乡村振兴与脱贫攻坚有机衔接细则及实施方案，将脱贫攻坚可升级项目纳入乡村振兴规划和实施方案，对涉农碎片化项目、机构和人员进行整合改革，完善乡村振兴工作队伍与村“两委”互补的基层治理模式，保证村民自治规范化。

基层治理能力的提升需要打造一支懂农业、爱农村、爱农民的“三农”工作队伍，完善相关选拔、考核机制和多元主体参与的社会动员机制，实现从脱贫攻坚到乡村振兴的有机衔接和效果叠加。外来人才的注入对村级治理能力的提升具有显著效应，为保证稳定脱贫，扶贫系统的缓冲期非常必要，且各部门、各村之间要形成合力，充分考虑各地实际情况做出相应调整，增强可持续发展能力。乡村公共空间和公共资源的打造同样为乡村治理能力的提高奠定基础，乡村村规民约以及家风家训建设的推进能够实现村民自我管理和约束，提高乡村治理能力。

产业发展在脱贫攻坚和乡村振兴中均处于重要地位，后扶贫时期仍要注意到扶贫产业面临潜在的市场风险，必须慎重选择。究竟以市场和消费者需求为导向发展产业还是在市场基础上发挥政府干预作用成为讨论的重点所在。农业产业极具特殊性，其前期投入大、自然风险影响大、回报周期长。产业兴旺要立足于农村当地特色资源优势、经济发展水平和生态环境类型，发展与其相适应的乡村产业才能真正提升农业竞争力。因此，要因地制宜，培育新型农业经营主体，鼓励多元产业发展，延伸农业产业链，健全社会化服务体系，提高农业产业的市场竞争力，促进小农户和现代农业的有机衔接。再者，产业兴旺同样可以为农业农村现代化的实现注入新的内生动力，必须深化资金、资源、技术、劳动力等要素的优化组合，构建现代农业生产体系和经营体系，促进一二三产业融合发展，实现传统农业产业的结构升级，以协助解决长期困扰我国的“三农”问题。

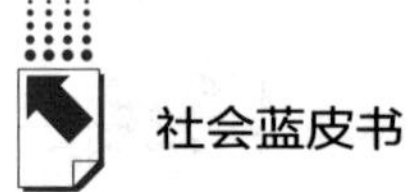

乡村振兴的战略重点不仅包括乡村，还包括城乡人口的优化配置。[①] 考虑到城乡经济社会发展、基础设施建设与公共服务供给的不平衡，乡村振兴战略必须立足于城乡一体化发展，以补齐社会发展不平衡不充分的短板，在教育、医疗、消费、就业、公共服务等方面加快农业农村发展，完善针对弱势群体的社会服务，加大社会帮扶力度，缩小收入及福利差距。[②] 脱贫攻坚的易地扶贫搬迁、公益岗位设置、人居环境整治和危房改造政策为打造美丽宜居乡村奠定基础，城乡公共服务的均等化有助于推进社会良性治理，在保护当地生态环境的同时实现适度开发，展现乡村发展的可持续理念，为城乡居民打造生态宜居的生产生活环境。

乡风文明是乡村振兴的象征，传承、保护优秀乡村文化是实现乡风文明的有效抓手。[③] 乡村文化振兴同样是乡村振兴战略的重要内容之一，脱贫攻坚教育精准扶贫帮助地方群众摆脱贫困亚文化限制，激发他们的内生动力，塑造良好的成长发展环境，进而推进国家治理能力现代化。乡村振兴的实现需要村民的集体参与，对乡村文化的尊重和传承有助于提升农民作为乡土知识传承者的主体意识，加强农民对乡土文化的重视，为乡土知识振兴创造一个和谐共荣的发展环境。[④]

---

① 黄祖辉：《准确把握中国乡村振兴战略》，《中国农村经济》2018 年第 4 期。

② 刘合光：《乡村振兴的战略关键点及其路径》，《中国国情国力》2017 年第 12 期。

③ 朱启臻、吴玉敏：《乡村价值：从脱贫攻坚到乡村振兴的行动范式》，《党政研究》2020 年第 5 期。

④ 李博、左停：《乡村振兴中乡土知识的惠益分享机制与减贫作用探析》，《华中农业大学学报》（社会科学版）2019 年第 4 期。

B.20

2015~2020 年中国健康扶贫攻坚战研究报告

王震　康蕊　李民*

摘　要：本报告梳理了 2015~2020 年健康扶贫攻坚战的时代背景、政策设计及工作进展，重点分析了 2015 年之前贫困地区“看病难”“看病贵”的问题，以及各部门针对以上问题在医疗卫生服务保障、医疗费用经济保障中所开展的工作，并客观总结了健康扶贫攻坚战在完善医疗卫生服务资源配置、缓解“因病致贫”“因病返贫”方面所取得的积极成效。以乡村振兴战略和“城乡一体化”为指引，报告对后扶贫时代的主要挑战进行了预判，并据此提出了健康扶贫短期和长期的目标任务与对策建议。

关键词：健康扶贫　基层医疗卫生　医保扶贫　后扶贫时代　乡村振兴战略

党的十九大报告明确指出实施乡村振兴战略，坚决打赢脱贫攻坚战，在 2020 年保证现行标准下的贫困人口如期脱贫。当前，中国贫困发生率已由 2012 年的 10.2% 大幅降至 2019 年底的 0.6%，“现行标准下农村贫困人口实现脱贫、贫困县全部摘帽、解决区域性整体贫困”的目标任务接近完成。2015 年中国健康扶贫进入攻坚战阶段以来，贫困人口的健康问题一直都是脱贫攻坚的重要任务之一，健康脱贫对整体脱贫具有重要的辐射带动作用，各地均

* 王震，中国社会科学院经济研究所研究员；康蕊，中国社会科学院经济研究所博士后；李民，中国社会科学院大学硕士研究生。

把健康扶贫作为决战决胜脱贫攻坚的关键之役。

健康扶贫启动以来，特别是2018年脱贫攻坚战三年行动开始实施后，党中央、国务院高度重视健康扶贫工作，出台实施了一系列健康扶贫规划，完善公共医疗卫生服务，在农村地区建设医疗机构，按标准配置医疗设备和医护人员。医保扶贫工作也在各地有序开展，一定程度上缓解了贫困群众"因病致贫""因病返贫"的问题。可以肯定的是，针对贫困群众"看病贵""看病难"的问题，健康扶贫战略起到了至关重要的引领作用。贫困地区的医疗卫生资源分布更加公平均衡，医疗卫生服务的可及性不断增强，农村居民的身体健康状况不断改善；贫困人口医疗保障体系基本建成，个人医疗费用支出负担减轻，经办服务可及性提高。

2020年是中国全面建成小康社会收官之年，也是脱贫攻坚决战决胜之年。夺取脱贫攻坚战全面胜利后，后扶贫时代中健康扶贫面临新的挑战，退出或即将退出的建档立卡户仍面临返贫风险或健康支出困难，贫困地区医疗卫生条件落后的状况将长期存在，"收入型"贫困向"支出型"贫困转型要求制度随之创新。从短期来看，"十四五"规划时期，健康扶贫应着力完成医疗服务供给侧改革、经办服务提效和监管体系构建等目标任务。从长期来看，首先，应通过治理模式创新，促进脱贫成果巩固提升；其次，落实基本公共服务导向的扶贫思路，实现医疗卫生服务资源配置的公平与均等化；最后，构建医保、医疗救助一体化的保障体系，降低高额医疗费用所带来的致贫返贫风险。最终令健康扶贫的成果惠及更多的地区和农村居民，为实施乡村振兴战略、促进城乡一体化提供有力支撑。

一　健康扶贫的时代背景、政策设计与成效

（一）健康扶贫的时代背景与意义

1. 健康扶贫的时代背景

健康扶贫是实施健康中国战略的基础与前提。党的十八届五中全会和十九大明确提出健康中国战略，核心是提升人民健康水平，全方位、全周期

维护和保障人民健康。由于经济社会发展、自然环境、医疗资源配置等因素的限制，广大农村地区在应对疾病风险时具有天然的脆弱性，抗风险能力较弱。健康扶贫的最终目标是通过提升农村地区的医疗卫生水平，让农村家庭尤其是贫困人口享有更加公平可及的公共卫生服务，减轻在医疗卫生方面的消费支出负担，降低疾病对正常生活的影响。

2017 年，习近平总书记指出，健康扶贫属于精准扶贫的一个方面，因病致贫、因病返贫是扶贫硬骨头，在综合治理的同时需结合“靶向治疗”。十八大以来，中国扶贫攻坚工作实施精准扶贫方略，坚持分类施策、因人因地施策、因贫困原因施策、因贫困类型施策，科学有序地对扶贫对象实施精确识别、精确帮扶、精确管理。2018 年，中国脱贫攻坚工作进入决胜阶段，健康扶贫成为脱贫攻坚的重点领域与关键环节。

2. 健康扶贫的社会意义

健康扶贫是打赢脱贫攻坚战的关键举措，从根本上降低了整体的致贫风险，对保证在2020年贫困人口如期脱贫、全面打赢脱贫攻坚战具有重要意义。2016 年，原国家卫计委牵头开始推进实施健康扶贫工程，特别是在 2018 年进入脱贫攻坚战决战决胜关键阶段以来，贫困地区越来越多的群众能够享有基本医疗卫生服务，农村贫困人口患大病时能得到及时有效救治保障。通过基本医保和其他社会救助措施，多数省份的农村贫困人口医疗费用实际报销比例不断提高，大大减轻了建档立卡户等生活困难群众的就医支出成本，降低了因病致贫、因病返贫的风险。

中国健康扶贫战略惠及越来越多的地区和居民，加速了世界减贫进程，为全球减贫事业做出了巨大贡献。一是中国健康扶贫的速度和效率明显快于全球，提升了全球健康扶贫工作整体水平。二是为全球健康扶贫提供了中国经验。中国的健康扶贫工作一直以精准脱贫方略为指引，并制定了多项具有中国特色的健康扶贫方案，为其他发展中国家的脱贫减贫工作提供了有益借鉴。三是积极开展国际减贫合作，为世界健康扶贫工作贡献了中国力量，在实现自身健康扶贫战略的同时也通过资金和药品援助、派遣医务援助人员等方式帮助其他发展中国家摆脱因疾病导致或加剧的贫困。

（二）健康扶贫的政策设计与工作进展

健康扶贫攻坚战实施以来，工作总体目标是实现贫困人口“基本医疗有保障”，将防止因病返贫作为主攻方向，将精准扶贫作为基本方略，政策设计中的重要策略是“大病集中救治、慢病签约服务、重病兜底保障”。大部分地区开展了大病、重病专项救治，建立了医保和社会救助兜底保障，并从基层医疗服务能力建设、公共卫生服务与慢病管理等方面提升帮扶地区的内生动力，针对特殊人群，如贫困地区的农村妇女开展了专门的医疗救助，深度贫困地区“三区三州”开展了具有地方特色的扶贫创新模式。

1. 大病专项救治

为落实健康扶贫精准到人、精准到病的战略要求，中央及各地开展了大病专项救治，通过核查贫困人口的患病情况，建立动态的大病识别和救治系统。由群众自下而上反映，对医疗费用负担重、临床诊疗路径清晰且诊疗效果明确的病种，规定定点医院、诊疗方案和付费标准等。当前，专项救治涵盖了对25种大病的规范化治疗。

2. 医保综合保障

首先，医保扶贫的首要工作是将建档立卡贫困人口全部纳入城乡居民基本医保、大病医保和医疗救助制度覆盖范围内。其次，对贫困人口的医疗费用报销实施倾斜照顾和特殊保障相结合的双措施，一是在初次报销中提高报销比例，并对经城乡居民医疗保险、大病保险、医疗救助补偿后的个人自付费用再次予以报销补偿，二是由财政专项资金负责政府直接兜底、医保兜底、大病专项救助兜底等。

3. 基层医疗服务能力建设

在全民健康保障工程建设中，约有87.5%的中央投资用于支持贫困地区医疗卫生基础设施建设。[①] 另有中央财政补助资金专项用于贫困县县级医院和基层医疗卫生机构临床服务能力建设。在乡镇卫生院一级单位实施全科医

① 国家统计局:《中国农村贫困监测报告2019》，https://navi.cnki.net/KNavi/YearbookDetail?pcode= CYFD&pykm=YPKJC&bh=。

生特岗计划、农村订单定向医学生免费培养项目，为贫困地区的村卫生室建设培训村医和乡村全科执业助理医师。组织三级医院对口帮扶贫困县的县级医院，建立远程医疗网络。

4. 公共卫生服务与慢病管理

针对慢性病患者，开展家庭签约服务，当前涵盖的慢性病包括高血压、糖尿病、结核病、严重精神障碍等。坚持预防为主、防治结合，针对艾滋病、结核病、包虫病、大骨节病等重点传染病和地方病，采取针对性的地方防治行动。为贫困地区儿童开展营养改善、新生儿疾病筛查项目，对遗传代谢病患儿进行医疗救助。通过健康讲座等形式，普及公共卫生知识，引导健康的生活方式。

5. 农村妇女“两癌”救助

在所有贫困县开展农村妇女宫颈癌、乳腺癌“两癌”免费筛查，运用中央彩票公益金救助，在深度贫困地区和建档立卡贫困妇女中实现“两癌”救助全覆盖。一些地区开始推广妇女“两癌”健康扶贫保险，建立了多重救助保障。通过线上、线下相结合的方式开展“两癌”防治宣传教育，由全国妇联组织举办“妇女健康大讲堂”。

6. 深度贫困地区的扶贫创新

根据精准扶贫战略要求，健康扶贫工作聚焦深度贫困地区，执行“一地一策”，为“三区三州”制定了健康扶贫工作攻坚行动方案。具体包括：倾斜支持“三区三州”各级医疗卫生机构建设，支持县级医院和基层医疗卫生机构临床服务能力建设，支持农村贫困人口托底医疗保障工作。医疗人才“组团式”援藏援疆，以“院包科”的形式帮助深度贫困地区医院提升服务能力。

二 “看病难”问题的解决：健康扶贫的医疗服务供给

（一）脱贫攻坚战前的医疗服务资源配置

1. 医疗卫生服务总体供给不足

2015 年之前，中国农村地区医疗和公共卫生两个领域的服务资源均呈现总体供给不足的特征。一方面，农村地区尤其贫困地区的农村，仍有部分居民面临有病不能及时就医的问题；另一方面，公共卫生服务覆盖不足，导致健康水平低于平均水平，患病风险以及发生灾难性医疗卫生支出的风险相应增加。

（1）贫困地区农村医疗服务的可及性差

2014 年，农村居民生病之后，不能及时就医的比重为 5.6%。在不能及时就医的主要原因中，医院距离太远所占比重为 74.5%。①

首先，医疗设施建设落后。农村地区乡镇卫生院基础设施建设达标率仅为 70.6%，贫困地区中 5.9% 的自然村仍无卫生站（室），如表 1 所示。在贫困地区扶贫资金投向中，乡卫生院、村卫生站（室）建设及设施投入约为 16.6 亿元，占比仅为 1.2%。②

其次，专业技术人员不足。2014 年，贫困地区仍有 16.8% 的乡镇没有全科医生，9.1% 的村无具有合法行医证医生 / 卫生员配备，如表 1 所示。卫生技术人员培训投入约为 1.9 亿元，占比仅为贫困地区扶贫资金的 0.1%。③

表 1　贫困地区的医疗服务供给情况

指标	2012 年	2013 年	2014 年
医疗卫生机构床位数（万张）	76.1	85.5	96.0
医疗卫生机构技术人员（万人）	69.3	78.6	—
执业医师（万人）	29.6	31.7	—
有卫生站（室）的村比重（%）	86.8	92.6	94.1
拥有合法行医证医生 / 卫生员的村比重（%）	83.4	88.9	90.9
有政府办卫生院的乡镇比重（%）	92.1	97.1	98.2
有全科医生的乡镇比重（%）	69.0	77.8	83.2
乡卫生院、村卫生站（室）建设及设施占扶贫投资的比重（%）	1.3	1.4	1.2

资料来源:《中国农村贫困监测报告 2015》。

① 国家统计局:《中国农村贫困监测报告 2015》，https://navi.cnki.net/KNavi/YearbookDetail?pcode= CYFD&pykm=YPKJC&bh=。

② 国家统计局:《中国农村贫困监测报告 2015》，https://navi.cnki.net/KNavi/YearbookDetail?pcode= CYFD&pykm=YPKJC&bh=。

③ 国家统计局:《中国农村贫困监测报告 2015》，https://navi.cnki.net/KNavi/YearbookDetail?pcode= CYFD&pykm=YPKJC&bh=。

（2）公共卫生服务的覆盖不足

脱贫攻坚战实施之前，中国农村地区公共卫生服务的水平低、项目少。人均基本公共卫生服务经费补助标准在 2014 年仅为 35 元，[①] 对比当年的公共卫生消费水平略显不足。在艾滋病、结核病等传染病、地方病防治中，并未开展全国性的免疫防治规划。农村新生儿筛查和妇女“两癌”筛查的意识和落实仍然十分落后。贫困家庭的儿童营养和健康状况未得到足够重视，先天性心脏病儿童救治比例仍较低。

由于公共卫生服务资源的供给不足，农村地区居民的健康水平较低，患有慢性病、地方病的概率更高。2014 年，贫困地区农村居民中，体弱多病的人数占 6.4%，长期慢性病者占 3.4%，患有大病的占 0.6%。在贫困地区中，一成以上的行政村存在地方病。贫困地区农村中 6.3% 的村存在肺结核，1% 的村存在大骨节病，0.9% 的村存在地方氟中毒，0.7% 的村存在布氏杆菌病，0.7% 的村存在血吸虫病。[②]

2. 医疗卫生服务供给不均衡

从全国农村总体来看，医疗卫生服务供给呈现不均衡的特征。按照现行国家农村贫困标准测算，2015 年一半以上的农村贫困人口主要集中在西部地区。但西部地区的医疗卫生服务资源是最为匮乏的。东部、中部地区农村在医疗卫生服务方面的基础条件普遍优于西部地区，优势较为明显，例如在自然村卫生站（室）的配备上，东、中、西部地区的户比重分别为 86.0%、86.5%、85.2%（见表 2）。[③]

① 国家统计局:《中国农村贫困监测报告 2015》，https://navi.cnki.net/KNavi/YearbookDetail?pcode=CYFD&pykm=YPKJC&bh=。

② 国家统计局:《中国农村贫困监测报告 2015》，https://navi.cnki.net/KNavi/YearbookDetail?pcode=CYFD&pykm=YPKJC&bh=。

③ 国家统计局:《中国农村贫困监测报告 2016》，https://navi.cnki.net/KNavi/YearbookDetail?pcode= CYFD&pykm=YPKJC&bh=。

表 2　全国农村地区的医疗卫生服务供给的地区差异（2015 年）

单位：万人，%

指标	全国	东部地区	中部地区	西部地区
贫困人口	5575	653	2007	2914
贫困发生率	5.7	1.8	6.2	10.0
所在自然村有卫生站（室）的户比重	85.9	86.0	86.5	85.2

资料来源:《中国农村贫困监测报告 2016》。

在贫困地区中，区域性贫困较为严重的三类地区分别是连片特困地区、扶贫重点县、少数民族地区农村。这三类地区的硬件设施和人员配备远低于一般农村地区的平均水平。① 2014 年，在 14 个连片地区覆盖的全国 21 个省（自治区、直辖市）的 680 个县中，有卫生站的行政村比重为 93.4%，但最高的大别山区和最低的西藏区相差约 34 个百分点，拥有合法行医证医生 / 卫生员的村比重这一指标在大别山区和南疆三地州之间也相差了约 35 个百分点。② 尽管扶贫重点县的总体水平在贫困地区农村中较高，但各省份之间的差距也较大（见表 3）。

表 3　贫困地区医疗卫生服务供给的区域差异（2014 年）

单位：%

指标	贫困地区农村	连片特困地区			扶贫重点县		
		整体水平	大别山区	西藏区 / 南疆三地州	整体水平	安徽 / 宁夏	海南
有卫生站（室）的村比重	94.1	93.4	99.0	64.6	94.5	100.0	81.0
拥有合法行医证医生 / 卫生员的村比重	90.9	90.3	99.2	63.9	91.1	99.0	64.7

资料来源:《中国农村贫困监测报告 2015》。

① 少数民族地区农村的统计数据缺失，故本文中不进行报告。

② 国家统计局:《中国农村贫困监测报告 2015》，https://navi.cnki.net/KNavi/YearbookDetail?pcode= CYFD&pykm=YPKJC&bh=。

3. 医疗卫生服务体制机制不完善

贫困地区农村较中国大多数农村地区而言，分级诊疗的推行更为困难，主要原因在于基层医疗卫生资源下沉困难，体现在两个方面：一是基层医疗卫生的基础设施建设不足，二是基层医护人力资源和行政编制资源不足。首先，大多数贫困地区的自然环境恶劣，社会经济发展水平较为落后，财政支持的基层卫生服务设施建设水平较低，基层医疗卫生所需的卫生室场所、必要的检查设备、仪器以及常见病药品供应不足。其次，从基层人员主观选择来看，贫困地区的自然环境和生活环境较为恶劣，薪酬待遇不高，因而医护人才不愿到基层去。基层无法吸引人才的另一重要原因是制度资源分配不均衡，行政编制资源下沉到基层的少之又少，留不住人的问题较为严重。

由于基层医疗卫生能力薄弱，贫困人口无法实现全面的健康管理与有效的检查，小病“忍忍就过去了”，一旦发现大病，就诊方向一般会选择大城市的大医院，大医院的虹吸效应在贫困人口中体现得尤为明显。再加上贫困地区信息化建设较为落后，基层与发达地区医疗机构之间的电子病历和电子健康档案的信息共享缺失，分级诊疗的转诊推动困难。贫困人口有病不得不到大医院进行“大检查”、开具“大处方”，一方面造成了低收入群体的医疗费用支出负担，另一方面在基层就医的人越来越少，恶性循环之下部分村卫生室、乡镇卫生院经营困难，愈加无法发挥应有的医疗“守门人”的作用。

（二）健康扶贫攻坚战中的医疗卫生服务供给

1. 加大财政投入与政策扶持力度

2015 年中共中央、国务院发布《关于打赢脱贫攻坚战的决定》以来，健康扶贫工作稳定推进，以精准扶贫为总体指导，加大了对贫困地区医疗卫生服务资源的财政投入与政策支持力度。

中央财政安排专项资金支持贫困地区的医疗卫生服务供给。2018 年以来，全面健康保障工程中 87.5% 的中央投资用于支持贫困地区的医疗卫生基础设施建设，中央财政补助资金 23.3 亿元协调用于 832 个贫困县的县级医院和基层医疗卫生机构临床服务能力建设。[①]各地区财政支持贫困地区县医院的业务用房建设和医用设备配置，建设信息化远程医疗网络。

中央及各地政府还通过政策支持增加贫困地区村医等医护人员配备。在贫困地区实施全科医生特岗计划、农村订单定向医学生免费培养项目，为贫困地区吸引和留住医护人才。2015~2019年，中央累计支持补充乡镇卫生院全科医生1.4万人。[②]通过建立基本公卫、基本药物制度补助等补偿机制，解决村医待遇低和养老保障等方面问题，不断壮大村医队伍，提升村医服务能力。

2. 重点地区精准帮扶和倾斜支持

针对国家层面的深度贫困地区“三区三州”，[③]中央和当地分别制定印发了专门的地区健康扶贫实施方案。“三区三州”所在省份按照“一地一策”制定“健康扶贫工作攻坚行动方案”。

在医疗服务方面，加大对“三区三州”各级医疗卫生机构建设的倾斜支持力度。2018年共协调中央财政补助资金4.66亿元，用于深度贫困地区县级医院和基层医疗卫生机构临床服务能力建设。[④]

在公共卫生方面，重点部署地方病防治的地区倾斜扶持。2018年，中央拨款4780万元支持西藏自治区的包虫病防治工作，拨款1100万元支持四川凉山州的艾滋病综合防治。另外，地方政府还积极吸引社会组织的慈善捐款，例如盖茨基金会计划在3年内投入450万美元到四川的防治项目。[⑤]

3. 医疗卫生体制机制改革

2015年以来，贫困地区的医疗卫生体制机制改革工作主要围绕基层医疗

---

① 国家统计局:《中国农村贫困监测报告2019》，https://navi.cnki.net/KNavi/YearbookDetail?pcode= CYFD&pykm=YPKJC&bh=。

② 国家统计局:《中国农村贫困监测报告2019》，https://navi.cnki.net/KNavi/YearbookDetail?pcode= CYFD&pykm=YPKJC&bh=。

③ “三区三州”的“三区”是指西藏自治区和青海、四川、甘肃、云南四省藏区及南疆的和田地区、阿克苏地区、喀什地区、克孜勒苏柯尔克孜自治州四地区；“三州”是指四川凉山州、云南怒江州、甘肃临夏州。

④ 国家统计局:《中国农村贫困监测报告2019》，https://navi.cnki.net/KNavi/YearbookDetail?pcode= CYFD&pykm=YPKJC&bh=。

⑤ 国家统计局:《中国农村贫困监测报告2019》，https://navi.cnki.net/KNavi/YearbookDetail?pcode= CYFD&pykm=YPKJC&bh=。

卫生资源下沉展开，具体措施包括基层基础设施建设（硬件）、医护人才能力提升（软件）、地方特色的专项行动和一系列辅助措施。

首先，贫困地区农村的医疗卫生基础设施建设进一步加强，为医疗卫生资源下沉打下了良好的基础。2015~2018 年，中央累计支持了贫困地区 3438 个乡镇卫生院标准化建设，支持了贫困地区 1.4 万个村卫生室建设，不断提升基层医疗卫生服务能力。其次，开展基层卫生人才能力提升项目，为贫困地区培训了 6 万名村医，培养了 3 万名乡村全科执业助理医师。① 最后，在基层实施有针对性的防治策略，推动疾病预防的关口向前移，坚持“预防为主、防治结合”的公共卫生服务方针，针对艾滋病、结核病等重点传染病和地方病，启动地方防治专项行动。

除此之外，为推动贫困地区的医疗卫生体制机制改革，还开展了一系列辅助性活动。2015 年，国家卫计委启动建立面向 832 个县的卫生计生扶贫工作监测系统，收集贫困地区的卫生基本数据、卫生资源配置、医疗及公共卫生服务提供情况和扶贫重点项目开展情况等信息。以此为基础，各地开展了发达地区大医院对贫困地区基层医疗的对口帮扶项目。截至 2018 年底，全国共有 932 家三级医院对口 832 个贫困县的县级医院，② 由一支或多支团队持续蹲点帮扶，并建立了远程医疗网络，不仅增加了贫困地区医疗服务资源的供给规模，还通过传授专业技能等，提升了当地的基层医疗卫生服务能力，增强了抵御疾病风险的内生动力。

（三）医疗卫生服务扶贫的成效

1. 医疗卫生服务的可及性增强

2015 年以来，贫困地区农村的医疗卫生服务的可及性不断增强。截至 2018 年底，已有 773 个国家级贫困县至少每县有 1 家县级医院达到二级服务

---

① 国家统计局:《中国农村贫困监测报告 2019》，https://navi.cnki.net/KNavi/YearbookDetail?pcode= CYFD&pykm=YPKJC&bh=。

② 国家统计局:《中国农村贫困监测报告 2019》，https://navi.cnki.net/KNavi/YearbookDetail?pcode= CYFD&pykm=YPKJC&bh=。

水平，11359 个乡镇的卫生院基础设施建设达标，12187 个乡镇的卫生院至少每个乡镇拥有 1 名全科医生或职业（助理）医师，13.8 万个行政村的卫生室基础设施建设达标，15.8 万个行政村的卫生室至少每个行政村拥有 1 名合格乡村医生。西藏实现了 322 种“大病”在本区内可得到治疗、1914 种“中病”在地市一级可得到治疗，新疆受帮扶医院的急危重症病人的抢救成功率达 90% 以上。①

贫困地区农村中“所在自然村有卫生站的农户比重”达到 93.2%，较 2014 年上升了 6.4 个百分点，其中，连片特困地区和扶贫重点县的增幅也和贫困地区平均水平基本持平（见图 1）。“有病能及时就医”的比重为 98.8%，较 2014 年上升了 4.4 个百分点，不能及时就医的主要原因中，医院距离太远所占比重为 53.6%，较 2014 年下降了 20.9 个百分点。针对 25 种大病的患者提供了规范化治疗，已有 1213 万人得到分类救治，覆盖 95% 的大病和慢性病患者。②

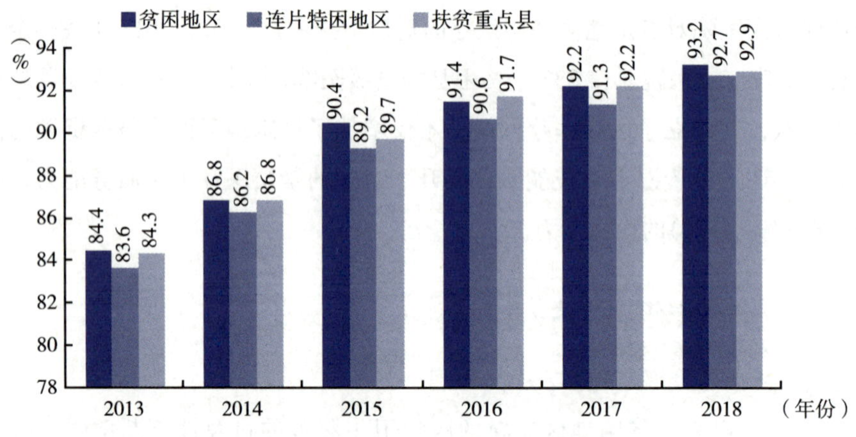

图 1　贫困地区所在自然村有卫生站的农户比重

资料来源:《中国农村贫困监测报告》(2014~2019)。

---

① 国家统计局:《中国农村贫困监测报告 2019》，https://navi.cnki.net/KNavi/YearbookDetail?pcode= CYFD&pykm=YPKJC&bh=。

② 国家统计局:《中国农村贫困监测报告》(2015~2019)，https://navi.cnki.net/KNavi/YearbookDetail? pcode= CYFD&pykm=YPKJC&bh=。

2. 资源分布更加公平均衡

2015 年以来，贫困地区农村的医疗卫生服务资源在地区之间的分布更为均衡，地区间的差距正在不断缩小。以“所在自然村有卫生站的农户比重”为例，2018 年全国 23 个覆盖贫困地区的省份平均水平为 92.1%，[①] 其中 21 个省份的比重高于 80%，最高与最低之间相差 27 个百分点，较 2014 年的差距缩小了约 7 个百分点（见图 2）。连片特困地区之间的差距，覆盖扶贫重点县的省份之间的差距均缩小了 10 个百分点以上。

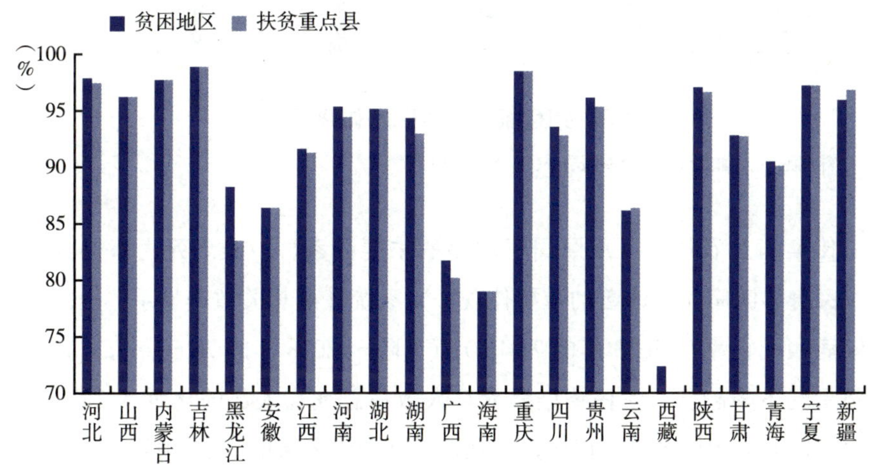

图 2　贫困地区医疗卫生服务供给的区域差异（2018 年）

资料来源：《中国农村贫困监测报告 2019》。

3. 农村居民身体健康状况改善

根据农村贫困监测调查，2018 年，在贫困地区农村居民中，身体状况为健康的人数占 94.8%，不健康但生活能自理的占 4.4%，生活不能自理的比重为 0.8%。[②] 其中，身体状况健康人数占比较 2014 年增长了 5.1 个百分点（见图 3）。

① 国家统计局：《中国农村贫困监测报告 2019》，https://navi.cnki.net/KNavi/YearbookDetail?pcode= CYFD&pykm=YPKJC&bh=。

② 国家统计局：《中国农村贫困监测报告 2019》，https://navi.cnki.net/KNavi/YearbookDetail?pcode= CYFD&pykm=YPKJC&bh=。

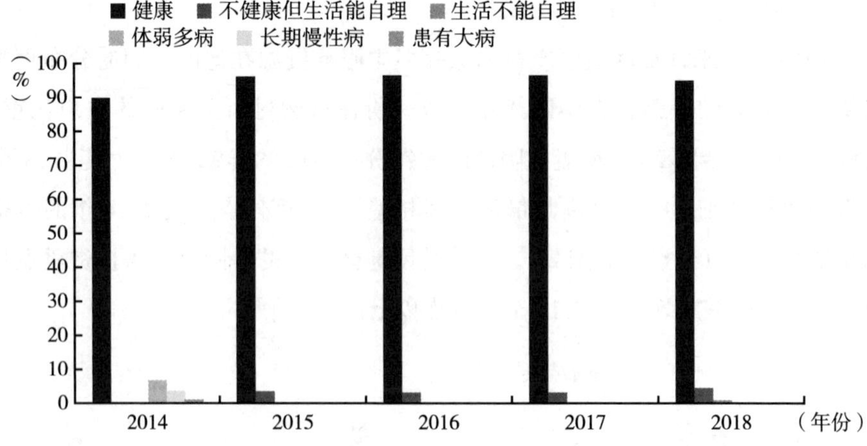

图3　贫困地区农村居民身体健康水平

资料来源：《中国农村贫困监测报告》（2015~2019）。

传染病是农村地区威胁居民健康的主要因素，传染病死亡率得到控制是农民身体健康状况改善的重要体现。国家统计局相关数据显示，全国农村传染病粗死亡率从2013年的7.94/10万下降至2018年的7.26/10万，并且每年都呈现下降趋势。农民传染病死亡人数占总死亡人数的比重从2013年的1.21%下降到2018年的1.05%。[①] 在西藏和四省藏区的10个项目县，通过妇幼健康服务能力提升项目等，妇女儿童的健康状况得到改善。截至2019年初，凉山州艾滋病母婴传播率较2017年下降了25%。[②]

三　“看病贵”问题的解决：健康扶贫的经济保障

（一）脱贫攻坚战前的医疗保障体系

1. 医疗费用报销待遇水平低

尽管2008年中国31个省、自治区、直辖市已经实现新型农村合作医疗

① 国家统计局：《中国统计年鉴2019》，http://www.stats.gov.cn/tjsj/ndsj/2019/indexch.htm。

② 国家统计局：《中国农村贫困监测报告2019》，https://navi.cnki.net/KNavi/YearbookDetail?pcode= CYFD&pykm=YPKJC&bh=。

制度（以下简称“新农合”）这一基本医保制度全覆盖的目标，但总体来看，农村地区特别是贫困地区医疗费用报销的保障水平较低，医疗费用支出负担仍然较重。2013 年，“因病致贫”“因病返贫”占农村人口致贫主要原因的 42.2%。① 在西部地区农村中，新农合的平均报销比例仅为 40%，自付医疗费用高于家庭年收入的农户占比为 28.8%。②

2014 年以前，贫困人口医疗费用支出负担重的原因可归纳为三个方面。第一，尽管中国大部分地区实现了新农合的制度全覆盖，但由于政策落实的地区差异，贫困地区的部分人口仍未被纳入保险范围内，2014 年仍有 2% 的贫困地区人口由于经济困难未参合，③ 距离人群全覆盖的目标仍有一定距离。第二，由于医疗保险和医疗救助的各项制度普遍存在门槛线或封顶线，重特大疾病并无专门报销政策，一旦发生较高的医疗费用，个人自付部分对于贫困家庭来说，仍是影响正常生活的支出负担。第三，在贫困人口医保制度设计中，对供方行为的约束较少。贫困患者小病大治、挂床住院等过度医疗的问题在各地普遍存在。

2. 医疗保障体系不健全

首先，贫困人口医疗费用支出的兜底保障缺失。2014 年以前，贫困人口的医疗费用补偿机制主要分为两大类，一是医疗保险，包括基本医疗保险和大病保险，二是医疗救助，包括门诊救助、住院救助、重特大疾病救助和其他临时救助。不过，经过各类报销和补贴后再无兜底保障，相较贫困家庭的收入水平而言，自付和自费费用支出所带来的“因病致贫”和“因病返贫”的风险仍较高。另外，贫困人口医疗费用报销的各险种和补助政策之间的衔接机制不健全，存在报销和补助空白，仍有大额费用需要贫困人口自付和自费，并无相关兜底政策支持。

其次，医保扶贫的精准度不足。在扶贫对象锚定上，贫困线这一条硬杠

---

① 《卫计委：因病致贫、因病返贫户占建档贫困户的 42%》，人民网，2016 年 6 月 21 日。

② 汪辉平、王增涛、马鹏程：《农村地区因病致贫情况分析与思考——基于西部 9 省市 1214 个因病致贫户的调查数据》，《经济学家》2016 年第 5 期。

③ 国家统计局：《中国农村贫困监测报告 2015》，https://navi.cnki.net/KNavi/YearbookDetail?pcode= CYFD&pykm=YPKJC&bh=。

杠还在一些地区引发了“悬崖效应”，一些收入高于贫困线的边缘群体得不到及时救治，与纳入扶贫保障的群体比较引起不良社会效果。在保障内容上，大多数保障项目“一刀切”，有些贫困人口占用过多扶贫资源，而另一部分贫困人口对资源的利用率较低。各地针对特殊病种的报销和救助政策缺失，粗放化的管理方式难以高效地解决贫困人口的医疗保障问题。

3. 经办服务效率低

由于经办服务的效率低，贫困人口在获得各项待遇的过程中，需要付出较高的成本，这直接抵消了保障措施的成效。通俗来讲，要获得100元的保障待遇，能够拿到这100元的成本就不能太高。以80元的成本来获得100元的待遇，甚至以超过100元的成本来拿到100元的待遇，无疑会导致保障效果大打折扣。在2014年以前，由于贫困人口信息获取难，报销往往需要来回跑腿，付出大量的人力成本和时间成本。贫困地区大多处于交通不便的山区，给报销经办增加了更多的路费等间接成本。在异地就医直接结算未实施前，手工结算效率低，贫困人口往往需要垫支大量费用。

经办服务效率低的主要原因是，一方面，经办部门之间割裂，贫困人口的认定和待遇发放等业务分散在各个部门，信息共享机制缺失。另一方面，信息化建设落后。受限于当时的信息技术条件，医院和扶贫部门、医保部门、民政部门并未建立起信息数据平台，信息共享手段落后。

（二）健康扶贫攻坚战中的医保扶贫

1. 提升报销待遇水平

首先，各地通过资助参加新农合/城乡基本医疗保险，将贫困人口纳入基本医疗保险覆盖范围内。以甘肃临夏州为例，特殊困难城乡居民个人缴费部分补助办法，州级层面仅提出“由政府给予补贴”“由县（市）民政部门给予全额和定额资助”的要求。在临夏县，建档立卡贫困人口资助参保额度为10元/人（2018年），农村二类低保对象的资助额度为55元/人（2018年），对农村一类低保对象、五保户、孤儿保障对象进行全额代缴（见表4）。

表 4 “三州”特殊困难城乡居民医保个人缴费部分补助

单位：元

年份	甘肃临夏	（临夏县 / 永靖县）	四川凉山	（西昌市）	云南怒江	（兰坪县）
	个人缴费	补助	个人缴费	补助	个人缴费	补助
2017	150	—	150	100/150	150	—
2018	180	10/55/180	180	90/130/180	180	180
2019	220	70/220	220	160/220	220	70/220

注：对低保对象、特困供养人员、孤儿、建档立卡贫困人口参加城乡居民医保的个人缴费部分，由县（市）民政部门予以全额和定额资助，因此分别在三州中选取一个城市的政策标准予以说明。

资料来源：各州县政府部门网站。

其次，对贫困人口的住院补助政策设计包括降低起付线和提高报销比例。从全国范围来看，贫困人口大病保险起付线较普通居民降低了 50%，报销比例提高 5 个百分点。一些地区在此基础上还提高了待遇水平，以甘肃临夏州为例，一是建档立卡贫困人口住院报销实行零起付线，二是对建档立卡贫困人口、特困供养人员等七类人员，普通疾病住院报销比例在统一报销标准基础上提高 10 个百分点。

最后，加强不同制度之间的待遇衔接。甘肃临夏州实施了“10 元 85%”报销政策，即对建档立卡贫困人口合规医疗费用经基本医保报销和大病保险报销后，达不到大病保险条件，实际报销比低于 85% 的部分执行 85% 的报销比例。对建档立卡贫困人口个人自付合规费用经基本医保、大病保险报销后，个人自付合规费用年累计超过 3000 元以上的部分，由民政部门通过民政救助兜底解决。

2. 构建“五道医疗保障线”体系

在基本医疗保险、大病保险和医疗救助三重保障之外，各省份还陆续建立起覆盖所有困难群众的大病补充保险制度，并实施政府兜底保障，“基本医疗保险、大病保险、大病补充保险、医疗救助和贫困人口医疗保障政府财政补助”五道保障线制度基本形成。以河南固始县为例，对贫困人口入院依次经城乡居民基本医保、城乡居民大病保险、困难群众大病补充保险三道医疗保障线补偿后（无需全部经过），剩余的合规住院费用，首先由民政负责的医疗救助按40%予以报销后，再由政府财政补助按90%予以报销，余下的个人合理自费医疗费用可另由政府财政补助按50%报销，如表5所示。

表5　固始县城乡居民基本医疗保险住院报销制度（2019年）

"五道保障线制度"		报销比例	
		贫困人口	非贫困人口
基本医保	乡镇卫生院/社区医疗机构	免起付线，95%	起付线200元，200~800元70%；800元以上90%
	县级医院	起付线300元，300~1500元68%；1500元以上88%	起付线400元，400~1500元63%；1500元以上83%
	市级医院（二级及以下规模）	起付线500元，500~3000元60%；3000元以上80%	起付线500元，500~3000元55%；3000元以上75%
	市级医院（三级）	起付线900元，900~4000元58%；4000元以上77%	起付线900元，900~4000元53%；4000元以上72%
	省级医院（二级及以下规模）	起付线600元，600~4000元58%；4000元以上77%	起付线600元，600~4000元53%；4000元以上72%
	省级医院（三级）	起付线1500元，1500~7000元55%；7000元以上73%	起付线1500元，1500~7000元50%；7000元以上68%
	省外医院	起付线1500元，1500~7000元55%；7000元以上73%	起付线1500元，1500~7000元50%；7000元以上68%
大病保险	起付线	0.75万元	1.5万元
	起付线~5万元（含）	80%	50%
	5万~10万元（含）	85%	60%
	10万元以上	95%	70%
	年封顶线	40万元	40万元

续表

		报销比例	
		贫困人口	非贫困人口
大病补充保险	起付线	0.3 万元	
	0.3 万 ~0.5 万元（含）	30%	
	0.5 万 ~1 万元（含）	40%	
	1 万 ~1.5 万元（含）	50%	
	1.5 万 ~5 万元	80%	
	5 万元以上	90%	
	年封顶线	无封顶线	
民政医疗救助	个人自付合规费用	40%	
政府财政补助	个人自付合规费用（2018 年 7 月）	90%	
	自费医疗费用（2018 年 1 月）	50%	

注：①对于贫困人口来说，够大病保险部分，先报大病保险，不够大病保险部分先报大病补充保险。

②省内即时结报，省外到县行政服务中心四楼“贫困人口医疗保险一站式即时结算”窗口结报。

资料来源：课题组调研过程中所获得资料。

除此之外，各地还开展了农村贫困人口大病、慢性病分类救治，实行单病种付费，控制费用总额，2018 年覆盖了所有农村贫困人口。为进一步降低贫困人口自费负担，一些地区还规定基层医疗机构与县二级医院非报销范围费用（指丙类用药和丙类检查费用）不得超过医疗总费用的一定比例，超出部分由定点医疗机构承担。

3. 推进“一站式”经办与结算服务

2015 年以来，在理顺管理体制的基础上，各地开始整合医保扶贫资金、服务标准与流程，简化经办程序，全面推进“一站式”经办与结算服务。让贫困人口在“一个窗口”就能获得不同层次、不同来源的保障待遇。贫困人口在县域（市域）内定点医疗机构住院可“先诊疗后付费”，定点医疗机构中设立“一站式”综合服务窗口，实现基本医疗保险、大病保险、医疗救助和社会慈善救助“一站式”信息联通与及时结算，不仅免交押金，还免除此前贫困人口对医疗费用的垫支，在出院时只需支付个人应承担的医疗费用（见图4）。

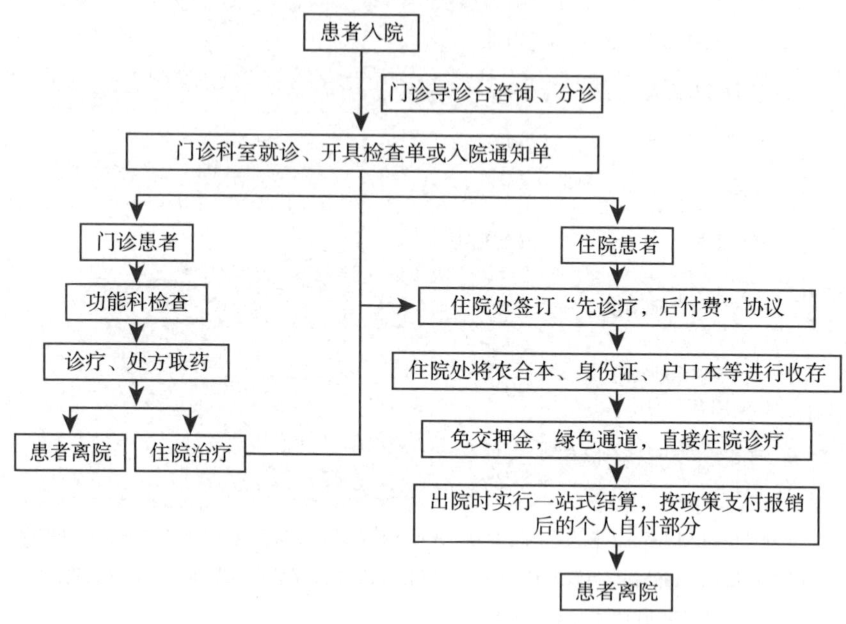

图4　贫困人口就医“一站式”结算流程

资料来源：课题组调研过程中所获得资料。

（三）医保扶贫所取得的成效

1. 贫困人口的医疗保障体系基本建成

健康扶贫攻坚战期间，通过实施医疗保障的各项政策制度，各地区贫困人口的医疗保障体系基本建成，不仅保证了医疗保障各项制度的有效衔接，还为贫困人口的医疗费用支出提供了兜底保障。首先，通过资助参加新农合/城乡基本医疗保险，将贫困人口纳入基本医疗保险覆盖范围内，贫困人口参保率在2020年稳定在99.9%以上，基本实现了基本医保制度对贫困群众的全

覆盖。[①] 其次，医疗救助全面覆盖贫困人口，2019 年中央财政投入社会救助补助资金 245 亿元，其中 90% 流向中西部贫困地区，农村贫困群众政策范围内住院救助比例普遍达到 70%。最后，健康扶贫专项救治病种扩大到 21 个，累计救治 1000 多万贫困人口。一些省份在此基础上扩大病种，例如广西对 25 种大病开展专项救治，累计救治大病患者 4.45 万人。[②]

2. 贫困人口医疗费用支出负担减轻

2018 年以来，医保扶贫政策已累计惠及贫困人口 4.6 亿人次，累计减轻贫困人口医疗费用负担近 3000 亿元。目前，在基本医保、医疗救助、大病保险等多重医疗保障体系框架下，贫困人口住院和门诊慢病医疗费用实际报销比例均稳定在 80% 左右，一些地区的住院治疗费用实际报销比例为 90% 以上。对贫困人口实施降低起付线、提高报销比例、取消封顶线的倾斜保障，2019 年惠及超过 310 万贫困患者，报销水平在基本医保报销基础上平均提高约 18 个百分点。贫困人口的医疗费用支出负担不断减轻，“因病致贫”人口较 2014 年减少了约 2700 万人，“因病致贫”人口占全部贫困人口的比例下降了 96.6%。[③]

3. 经办服务的效率大大提升

2018 年，中国 96% 以上的地区实现了贫困人口基本医保、大病保险和医疗救助的县域内“一站式”结算，目前 25 个省份已全部实现市域内“一站式”结算。[④] 经办服务的效率提升，减少了贫困人口获得医疗保障的各种成本，既包括直接的开支，比如往返的路费、在异地的住宿餐饮等成本，也包括时间损失，比如家属陪同消耗的时间等，还有由手工报销带来的垫资等开支。

2016 年，多数省份已经实现了省内异地就医的直接结算；新农合也在一

① 《推进健康扶贫和医保扶贫 确保贫困人口基本医疗有保障发布会》，国家医疗保障局网站，http://www.nhsa.gov.cn/art/2020/11/20/art_14_3993.html，2020 年 3 月 10 日。

② 国家统计局：《中国农村贫困监测报告 2015》，https://navi.cnki.net/KNavi/YearbookDetail?pcode= CYFD&pykm=YPKJC&bh=。

③ 《推进健康扶贫和医保扶贫 确保贫困人口基本医疗有保障发布会》，国家医疗保障局网站，http://www.nhsa.gov.cn/art/2020/11/20/art_14_3993.html，2020 年 3 月 10 日。

④ 《推进健康扶贫和医保扶贫 确保贫困人口基本医疗有保障发布会》，国家医疗保障局网站，http://www.nhsa.gov.cn/art/2020/11/20/art_14_3993.html，2020 年 3 月 10 日。

些省份建立了直接结算系统。2017 年，全国开始推动和实施跨省的异地就医直接结算工作。截止到 2019 年 6 月，跨省异地就医定点医疗机构达到 18962 家，[①] 基本上实现了每个县都有一个医疗机构入网，缓解了此前跨区域的就医只能由患者先垫付、再回参保地报销的问题，极大地便利了贫困人口。

四　后扶贫时代健康扶贫的展望及对策

（一）后扶贫时代的主要挑战

1. 退出或即将退出的建档立卡户仍面临返贫风险或健康支出困难

贫困地区对健康扶贫政策的依赖性大，地区及扶贫对象的内生动力不足，返贫风险较大，一旦扶贫政策中止或遭受意外冲击，更容易面临返贫风险或支出困难。

贫困地区之所以长期处于贫困状态，主要原因在于恶劣的生存环境和不利的区位条件极难改观，贫困恶性循环的陷阱难以摆脱，贫困人口面临多方面的脆弱性。自然、历史和社会经济条件长期落后，贫困地区总体贫困程度深、贫困发生率高，农村人口普遍受教育水平较低，农民收入水平低于全国平均水平，短期内难以改变这一现状。尽管脱贫攻坚战取得决定性进展，但是对于那些已退出或即将退出建档立卡户的家庭来说，因病致贫的根本原因并没有被彻底根除。

因此，对已退出或即将退出的建档立卡户，应给予持续性的政策支持，以巩固扶贫成果。未来对这一群体的健康扶贫工作有一个长期的过程，不仅应形成一个高质量的内生发展机制，还需要将医保和医疗救助制度有序衔接，在制度上为已退出人口“兜住底”。

2. 贫困地区医疗卫生条件落后的状况将长期存在

由于贫困地区社会经济发展落后，财政保障困难，并且受限于艰苦的自然环境，医疗卫生事业发展长期落后，特别是乡、镇两级基层医疗卫生服务

① 《推进健康扶贫和医保扶贫 确保贫困人口基本医疗有保障发布会》，国家医疗保障局网站，http://www.nhsa.gov.cn/art/2020/11/20/art_14_3993.html，2020 年 3 月 10 日。

的供给难以满足当前需求。尽管 2020 年实现脱贫在即，但我们必须认识到贫困地区社会经济总体发展落后的状况将长期存在，医疗卫生条件改善的困难仍很大。

14 个集中连片特困地区是当前基层医疗卫生服务条件最为薄弱的地区，面临着数量和质量均不足的双重问题。从数量上来看，集中连片特困地区的户籍人口占全国总人口的 17.6%，而医疗卫生机构床位数的占比仅为 12.2%，2019 年的统计中仍有 1.3% 的人口有病不能及时就医。从质量上来看，"三区"西藏区、四省藏区、南疆四地州的"所在自然村有卫生站的农户比重"平均为 83.5%，其中，西藏区仅为 72.5%，也就是说仍有约 30% 的农村还没有卫生站。各村的卫生室平均拥有的合格乡村医生不足 1 名，仍有乡镇卫生院未配备全科医生或执业（助理）医师，一些县级医院仍低于二级服务水平。[①] 以上地区的现实状况与实现"大病不出县、小病不出乡"的目标之间仍然有一定距离，未达标的地区往往是"最难啃的硬骨头"，改善进程将更加艰难。

贫困地区的地域面积广，多为山地等复杂地形，基层医疗卫生服务的半径大，包括交通在内的服务成本较高。一些地区的远程医疗协作网络刚刚建好，还需要一段时间的学习与适应。一些基层医疗卫生人才总量不足、技术水平低、流动性大，与当前中国的医疗体制改革紧密相关，医改是涉及多部门、多方利益的长期工程，贫困地区医疗卫生资源的合理配置有赖于整个医改进程的推进。因而，未来一定时期内，医疗卫生条件改善的难度仍较大，需统筹加大财政支持和基层基础设施建设力度、增加基层行政编制资源、推进分级诊疗等多项措施配合发力。

3. "收入型"贫困向"支出型"贫困转化

随着脱贫攻坚任务的完成，中国的贫困成因发生了重大变化，"支出型"贫困所占比例越来越高。在"收入型"贫困下，因病致贫主要指的是疾病导致的劳动力就业损失；"支出型"贫困则主要是从支出端给家庭资产带来的冲击。即使一个家庭有较高的收入，如果发生高额医疗支出（灾难性医疗

① 国家统计局:《中国农村贫困监测报告 2019》，https://navi.cnki.net/KNavi/YearbookDetail?pcode= CYFD&pykm=YPKJC&bh=。

支出），也会严重冲击这个家庭的资产存量，将其在收入排序中的位置拉入“贫困行列”。可以预计这种“支出型”的因病致贫将会是后扶贫时代的主要类型。

当前中国“分离式”的医疗救助体系在应对“支出型”因病致贫上是有“漏洞”的，即非贫困户的灾难性医疗支出导致的因病致贫问题。在高额医疗费用的压力下，实际上会有一部分非贫困人口因为医疗费用致贫。但在“分离式”医疗救助体系下，从收入端确定的贫困人口却未覆盖这部分群体。

在后扶贫时代，在高额医疗支出成为新的主要的致贫原因之后，这个“漏洞”会越来越大。不仅如此，这种“分离式”的救助体系还带来一个突出的社会问题，即所谓的“悬崖效应”以及由此引发的“攀比效应”。被认定的贫困人口与非贫困人口在受到高额医疗费用冲击后，贫困人口由于能够获得救助，其收入排序或家庭资产排序会高于非贫困人口特别是部分处在贫困线边缘的群体。“悬崖效应”会带来强烈的“攀比效应”，“因病致富”“因贫致富”等不良现象冲击社会心理，败坏社会风气。

（二）“十四五”期间健康扶贫的短期任务

1. 推进医疗服务的供给侧改革

“十四五”期间，面向已脱贫群体的医疗服务供给侧改革应着重解决以下问题。第一，门诊的居民医保报销政策具有局限性。当前部分地区居民医保的报销仅限于住院和纳入范围的门诊慢病，普通门诊不予报销。在这样的情况下，一些贫困人口或者继续返贫，或者拖到疾病严重了去办理门诊慢病报销，乃至住院。第二，基层医疗服务的可及性不高。在贫困地区，大量慢性病患者本可以通过慢病管理和基层医疗卫生服务得以控制，但由于基层医疗卫生服务的可及性较差，最后小病拖成大病，增加“因病致贫”的风险。第三，慢病管理缺位且健康意识不强。在精准扶贫工作中，帮扶干部所起的作用仅仅是将身体不适的贫困人口转移到医院进行住院治疗，无法真正起到健康扶贫“守门人”作用，大量慢病、大病患者仍然需要前往县级医院甚至外地更高级别医院就诊。

相应的，供给侧改革应从三方面着手。一是合理设置医疗保障扶贫政策，逐步扩大门诊报销范围。二是促进优质医疗资源下沉，政府财政要加大对偏远地区的投入，既包括资金，也包括编制资源和其他行政资源。三是引入社会工作在健康扶贫中发挥作用，将医疗救助与慢病管理相结合。

2. 提升医保扶贫的经办效率

目前医保扶贫经办服务中存在信息获取难、程序烦琐复杂、不同部门间来回跑腿、垫资与手工报销等问题，原因在于经办管理和信息化建设中存在的问题。医保扶贫工作中经办管理层面主要存在两方面问题。第一，经办服务效率低，贫困人口服务利用的成本高。贫困人口的信息获取难，申请报销的程序烦琐复杂，一些地区仍存在垫资的问题，且当前手工报销结算等待时间长。第二，医保扶贫的经办系统分割较为严重，一是医疗保险经办系统和医疗救助经办系统是分割的。二是地理范围内的不统一，中国医保经办平台存在地区和行政层级方面的分割。信息化建设中存在的问题包括：第一，由于经办系统信息化建设水平不足，经办系统更新迭代速度不够快，无法跟上不断推出的医保政策与医疗救助政策。第二，信息化水平不足还导致经办系统不够友好，无论对于乡镇的经办人员还是贫困人员来说，都有较高的使用成本。第三，由于经办系统的信息化水平不足，该系统较难采集到全面的医生和患者医疗行为的数据，这就使得医疗救助人群“瞄准”机制较难设定，也可能导致过度医疗和医疗资源的浪费，还增加了规范医生治疗行为的难度。

“十四五”期间，提升医保扶贫经办效率的目标任务包括以下几方面。第一，建立一体化的医疗救助和医保经办系统，从输出端实现“一站式结算”，在偏远地区宣传异地就医直接结算政策。第二，整合建立医保、医疗救助统一的信息化管理体系，并且建立贫困人口数据库和医务人员医疗行为数据库，在偏远地区通过教育普训等普及“大数据”技术，增强信息化建设能力。

3. 构建健康扶贫的监管体系

“十四五”期间，应重点解决健康扶贫监管缺位导致的若干问题。第一，贫困人口的住院率虚高。贫困人口本就健康状况差，因病、因残致贫的比例高，保障水平提高后，住院率提高是正常的；但从我们调研的情况以及数据分析的结果看，贫困人口的住院率存在“虚高”，即存在放松住院指征住院的情况。第二，片面追求考核目标导致过度医疗，不仅造成了边缘贫困人口与贫困人口攀比等问题，还导致救助资源的浪费。贫困人口住院患者的身体状况达到出院标准不愿意出院或反复回来住院的情况时有发生，这与“医疗单位问责制”的政策因素有关。第三，医疗救助资金违规发放。我们在调研中发现，一些基层部门将救助资金用于单位工作经费、购建固定资产等，擅自扩大医疗救助资金使用范围。医疗救助资金的违规使用，使有些符合条件的救助对象得不到救助。

健康扶贫监管体系的构建，需要从以下几个角度进行完善：第一，将医疗救助纳入医疗保险监管体系中，利用医疗保险比较成熟的管理与信息网络，优化医疗救助资格认定、申报、审核的流程，实施大数据实时动态智能监控。第二，建立医疗服务综合评价体系。通过科学有效的评价体系，弱化医疗机构与贫困人口之间的利益关系，形成科学的医保监管体系。第三，强化医保基金监管制度。完善跨部门联合监管机制，形成部门间信息互通、结果互认、力量叠加的监管格局，积极引入第三方监管力量，强化社会监督。

（三）后扶贫时代健康扶贫的长期对策

根据到2020年消除绝对贫困时乡村振兴制度框架和政策体系基本形成的国家战略部署，2020年后的贫困治理宏观战略将转向乡村振兴。同时，脱贫攻坚全面收官后，“城乡一体化”背景下的脱贫减贫重点应从“绝对贫困”转向“相对贫困”。2020年实现全面脱贫后，提升脱贫效果的可持续性，促进减贫治理长效化，应以乡村振兴战略和“城乡一体化”改革思想为根本指引，基于此，提出后扶贫时代健康扶贫的几点对策。

1. 通过“治理”巩固提升脱贫成果

首先，巩固好现有脱贫成果，应落实好已摘帽贫困县、已退出贫困村和脱贫人口的后续健康扶贫政策。在健康扶贫领域，切实做到“不摘责任、不摘政策、不摘帮扶、不摘监管”。尽管脱贫攻坚战解决了短期收入问题，但健康问题的解决是一个长期的过程，贫困地区发展内生动力仍未形成，疾病

应对很难通过针对性措施一次性解决。因此，应建立返贫预警机制，将疾病救治和健康管理相结合，“治病”和“治未病”并举，降低农村贫困人口的患病和致贫风险。在此基础上，还应建立完善的健康扶贫成果巩固提升考核办法，增强贫困地区医疗卫生服务体系的持续发展能力。

其次，巩固提升健康扶贫成果，也是由消除“绝对贫困”向减少“相对贫困”的转型过程，应在原有精准脱贫的策略和工作体系基础上创新治理方式。在减贫对象瞄定上，治理机制应注重兼顾特惠性与普惠性，进行针对贫困边缘户的政策设计，明确政策作用对象退出机制。在减贫内容安排上，积极落实“健康中国 2030”战略和乡村振兴战略，将以治病为主要任务转向以谋求人民健康为核心，推进健康扶贫与医疗卫生体制改革、健康管理体系建设相结合，以“健康乡村”为建设目标，通过社会治理的手段建立健全乡村健康保障体系。在减贫投入来源上，尽管脱贫攻坚任务完成后，健康扶贫的支出压力有所缓解，但投入机制不能简单复制到乡村振兴战略中，为保证减贫收入的持续性和财务管理的均衡性，应将治理重点放在提升财政投入效率、引入社会资本参与等方面。

2. 落实基本公共服务导向的扶贫思路

落实基本公共服务导向的扶贫思路，具体到解决贫困人口健康保障问题，应运用“未被城乡基本公共服务覆盖”来定义相对贫困标准，解决贫困地区基层医疗卫生服务供给的问题。针对已脱贫地区和即将脱贫地区与全国农村地区整体的医疗卫生服务水平差异大问题，根据“填平补齐”原则，研究制定后扶贫时代的贫困地区医疗卫生服务能力建设规划。

为实现医疗卫生服务资源配置的公平与均等化，扶贫规划具体包括基层医疗卫生机构建设和人才建设两方面水平的提升，初期目标是向全国农村地区一般水平看齐，长期目标是“城乡一体化”维度的普惠均衡。一方面，继续完成已脱贫地区的县、乡、村医疗卫生机构标准化建设，远程医疗系统应用，通过培训提升“互联网＋医疗”的业务能力。实现全面脱贫后，应保留原有的发达地区三级医院对口帮扶项目，建立对口帮扶的长效机制。另一方面，继续倾斜支持实施农村订单定向免费医学生培养和全科医生特岗计划，运用本土化培养模式，为贫困地区提供真正了解地方情况、熟悉地方问题的专业医护人才。通过实行乡聘村用的招聘管理机制，保证基层人才的收入，最终达到留住人才的目的。创新慢病管理和家庭医生签约服务的考核机制，以监管促实效。除此之外，针对“三区三州”深度贫困地区，对这些刚刚符合脱贫标准、返贫风险仍较高的地区，实施政策倾斜，不仅包括补贴资金的倾斜，还包括地区重大传染病防治等公共卫生能力建设扶持。

3. 构建医保、医疗救助一体化的保障体系

考虑到中国脱贫攻坚完成后贫困类型的变动，特别是考虑到高额医疗费用导致的“支出型”贫困占比越来越高，中国医疗救助的功能定位以及与医疗保险的界限需要重构，方向是从“分离式”到一体化或嵌入式，以医疗保险为主体覆盖全体居民，将医疗救助作为兜底性平台，将所有从医疗保险体系中“漏出”的群体，都纳入医疗救助的平台。

救助的途径依然可以是两个：在“入口”处，以家庭收入为基础，建立基于收入调查的参保补贴；在“出口”处，以高额医疗费用（灾难性医疗支出）为基础，建立高额医疗费用补贴。“出口”处的补贴面对所有参保人口。医疗救助的原则仍然坚持“补残原则”，即不管是参保补贴还是高额医疗费用补贴，补贴后的收入不能超过贫困线，坚决杜绝医疗救助后收入反而上升的不良现象。

构建一体化、嵌入式的医疗救助体系，还有一个现实的考虑，即医疗救助与医疗保险目前都在国家医保局一个部门管理之下，一体化的保障模式更加适应管理体系的运行，更加适应医疗救助与医疗保险经办服务的一体化。在这里还需要明确，“一体化”一是医疗救助与医疗保险的功能衔接的一体化，以防止出现“漏出”人员，将所有从保险体系中“漏出”的人都兜住；二是救助与医保的经办服务的一体化，提高经办效率。但“一体化”不是把二者的功能、资金来源、锚定对象混在一起，更不是用保险的资金去实现救助的职能，或用救助的资金去实现保险的职能。

附 录

Appendix

B.21

中国社会发展统计概览（2020）*

邹宇春 李建栋**

一 经济发展

2019 年全年国内生产总值（GDP）为 990865.1 亿元，比 2018 年的

* 本文受到国家社科基金重大项目“中国社会质量基础数据库建设”（项目号：16ZDA079）、中国社会科学院创新工程重大项目“全面建成小康社会和‘后小康社会’重大问题研究”（项目号：2019ZDGH004）、中国社会科学院“社会发展指标综合集成实验室”等项目资助。特此感谢，文责自负。

** 邹宇春，中国社会科学院社会学研究所副研究员，中国社会科学院国情调查与大数据研究中心特邀研究员；李建栋，中央财经大学文化与传媒学院助理教授。

919281.1 亿元名义增长 7.8%。[①] 人均国内生产总值达到 70892 元，较 2018 年的 66006 元，增长 7.4%。经济运行总体平稳、稳中有进。

对国内生产总值进行产业分解，第一产业增加值 70466.7 亿元（占国内生产总值的比重为 7.1%），增长 8.8%；第二产业增加值 386165.3 亿元（比重为 39.0%），增长 5.8%；第三产业增加值 534233.1 亿元（比重为 53.9%），增长 9.1%。

若以可比价格计算（以 2018 年为基准），2019 年 GDP 增速为 6.1%；相应的，三个产业的增长率分别为 3.1%、5.7% 和 6.9%；对生产总值增速的贡献，第一产业、第二产业和第三产业分别拉动 0.2%、2.2% 和 3.6%。

对国内生产总值进行成分分析，全年最终消费支出对国内生产总值增长的贡献率为 57.8%，资本形成总额贡献率为 31.2%，货物和服务净出口贡献率为 11.0%。最终消费支出和资本形成总额贡献率都较上年（分别是 65.9%，41.5%）有所下降，反映了经济形势前景不明朗。但出口贡献由负（上年是 -7.4%）转正，尤为可贵的是这是在贸易摩擦严重的国际环境下取得的成绩。

2020 年 1~3 季度，国内生产总值初步核算为 722786 亿元，按可比价格计算，同比增长 0.7%（见图 1），这是在疫情之下全世界难得的一个正增长，说明中国经济韧性强，已初步从疫情危机中走出来，在防控常态化背景下保持经济增长。

社会消费品零售总额保持增长态势，但增速继续放缓。2019 年社会消费品零售总额为 411649.0 亿元，较上年增长 8.0%。2020 年 1~3 季度，由于新冠肺炎疫情影响，社会消费品零售总额 273324.0 亿元，同比增长 -7.2%（见图 2）。

① 按照中国国内生产总值（GDP）数据修订制度和国际通行做法，在第四次全国经济普查后，对 2018 年及以前年度的 GDP 历史数据进行了系统修订。本文 2018 年 GDP、人均 GDP 数据等皆为修订后的数字。

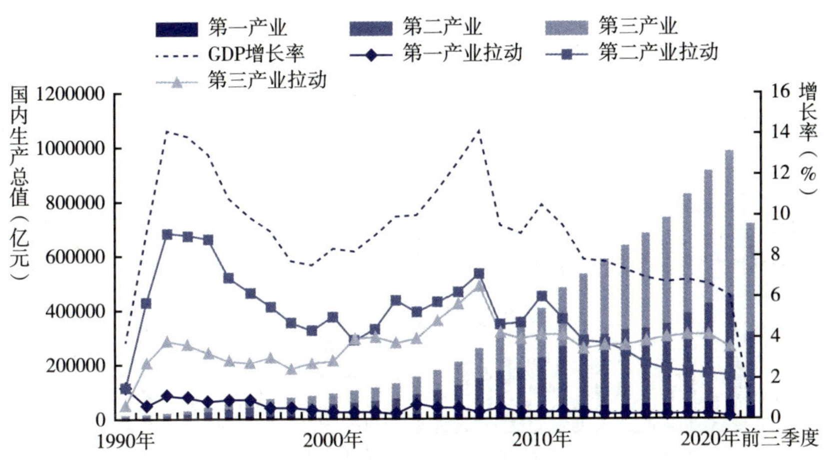

图 1　1990 年以来国内生产总值增长情况

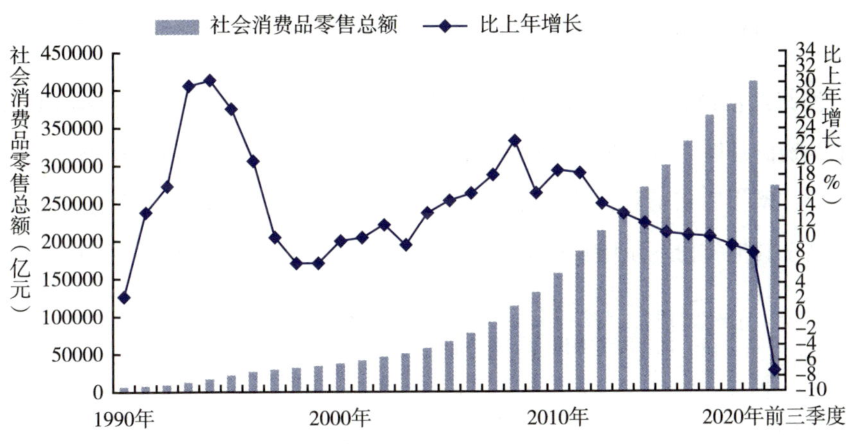

图 2　1990 年以来社会消费品零售总额情况

不同省份的社会消费品零售总额表现出较大差异，但与往年相比，格局并未有较大变化。2019 年超过 2 万亿元的有广东、山东、江苏、浙江、河南、湖北、四川七省，其中湖北省、四川省是首次进入过 2 万亿元大省行列。考虑到年末人口数（常住人口口径），我们计算 2019 年各地区人均消费额，排名最高的是北京，人均消费额 6.70 万元。紧接着是上海 6.13 万元。人均消费额大于 4 万元的还有浙江、江苏、福建 3 个地区（见图 3）。

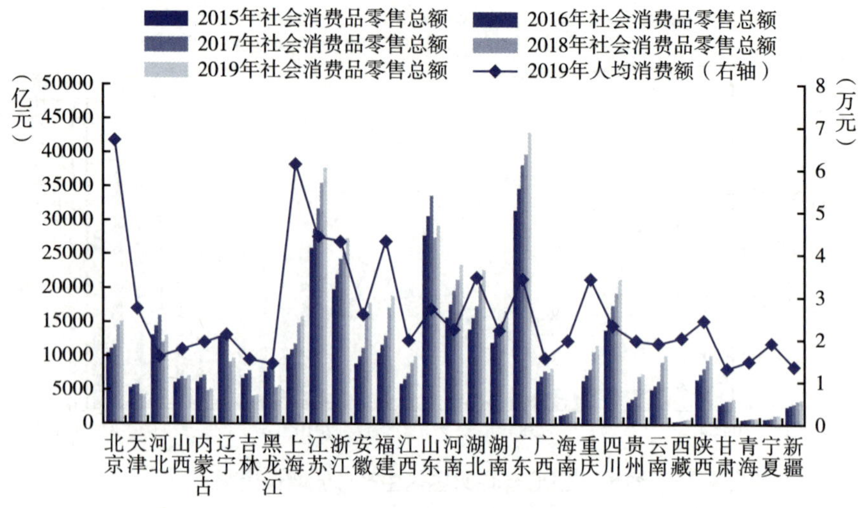

图 3　2015~2019 年分地区社会消费品总额及人均消费额

注：根据第四次全国经济普查结果对 2018 年社会消费品零售总额进行了修订，2019 年相应进行调整。

网络经济继续保持高速增长。2019 年全国网上零售额达到 106324.2 亿元，其中实物商品网上零售额为 85239.5 亿元，分别比上年增长 16.5% 和 19.5%。分区域看，网上零售五强没有改变，广东、浙江、北京、上海、江苏的网上零售额远高于其他省份。从增长幅度看，天津市增速最大，达 72.2%（见图 4）。

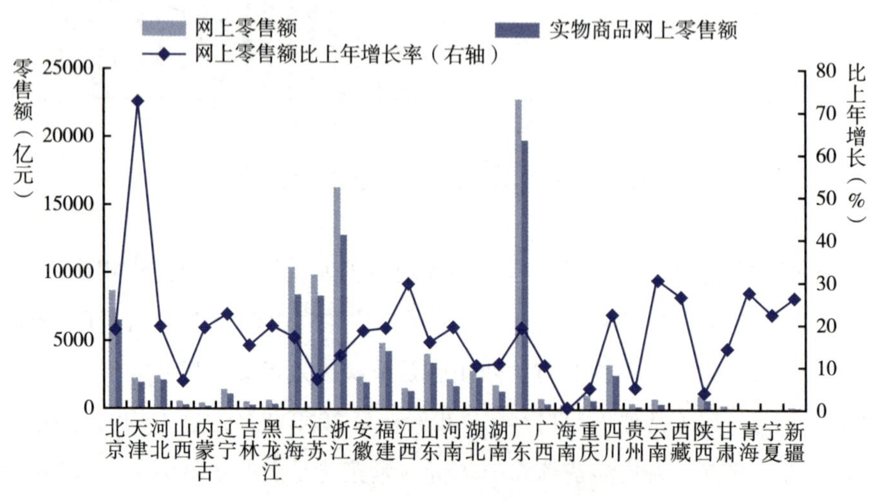

图 4　2019 年分地区网上零售额

2019 年全社会固定资产投资 560874.3 亿元，比上年的 645675.0 亿元下降 13.1%。投资的下降反映的是对世界经济及中国经济前景的悲观预测。其中全年房地产开发企业本年完成投资额 132194.3 亿元，比上年的 120164.8 亿元增长 10.0%，约占总投资的 23.6%（见图 5）。

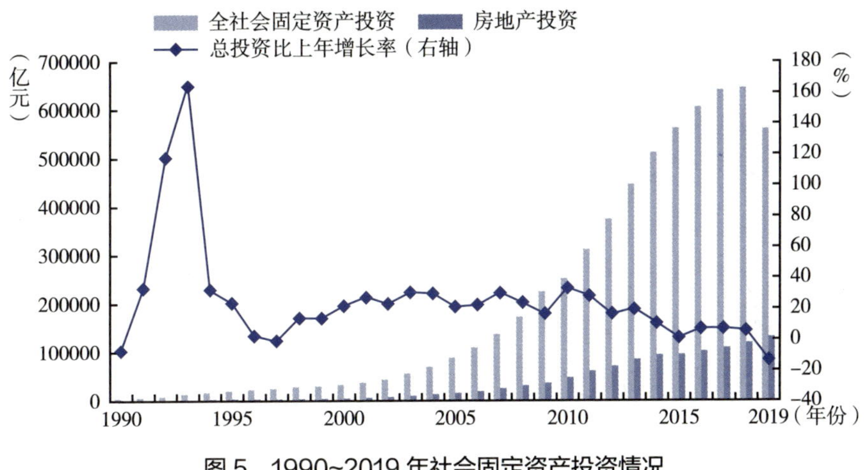

图 5　1990~2019 年社会固定资产投资情况

注：1997 年起，除房地产投资、农村集体投资、农村个人投资外，其他固定资产投资的统计起点由 5 万元提高到 50 万元。2011 年，除房地产投资、农村个人投资外，固定资产投资统计起点由 50 万元提高到 500 万元。因此 1996 年、2010 年数据做了相应调整，相关口径变动年份的增速均按可比口径计算。

按照行业区分（见图 6），固定资产投资较大的行业是制造业（218700 亿元，占总投资的约 39.0%），房地产业（172883 亿元），水利、环境和公共设施管理业（87316 亿元），交通运输、仓储和邮政业（66012 亿元）。制造业投资增加既是“中国制造”的惯性，也是对“智能制造”政策刺激的反应。创新驱动与转型升级是制造业投资增加的最大动力。比上年固定资产投资减少的行业包括：建筑业（-83.8%），批发和零售业（-15.9%），居民服务、修理和其他服务业（-9.1%），公共管理、社会保障和社会组织（-15.6%）。

分地区看社会固定资产投资，天津增速最大，为 13.1%。而吉林、山东、海南、宁夏等地有较大幅度的回撤（见图 7）。

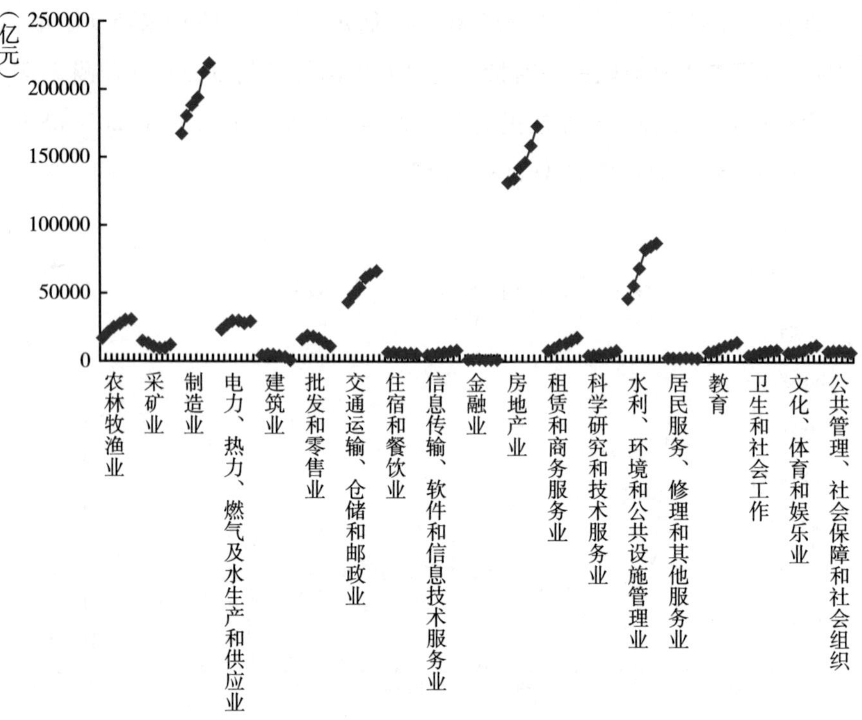

图 6　2014~2019 年分行业社会固定资产投资情况

注：房地产业固定投资包括非房地产开发企业、农户投资等。

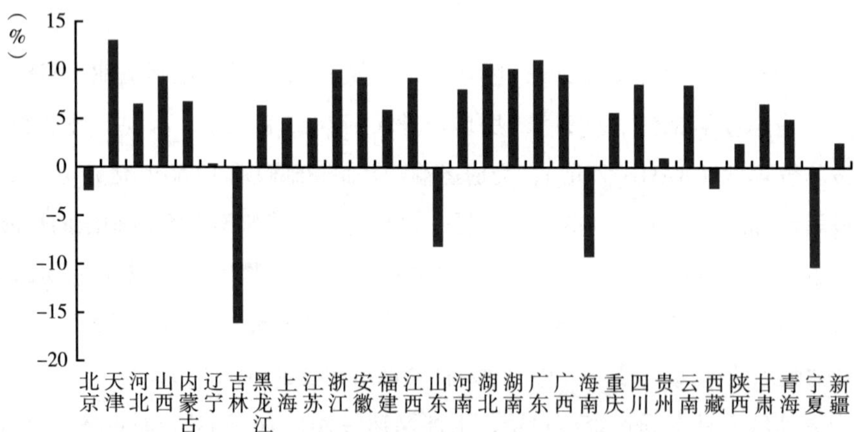

图 7　2019 年分地区社会固定资产投资增速

2019 年全年货物进出口总额 315504.8 亿元（约 4.57 万亿美元），比上年增长 3.4%（以美元计则为下降 1%）。其中，出口 172342.3 亿元，增长 5.0%；进口 143162.4 亿元，增长 1.6%（见图 8）。货物顺差（出口减进口）29180 亿元，比上年增加 5932.5 亿元。

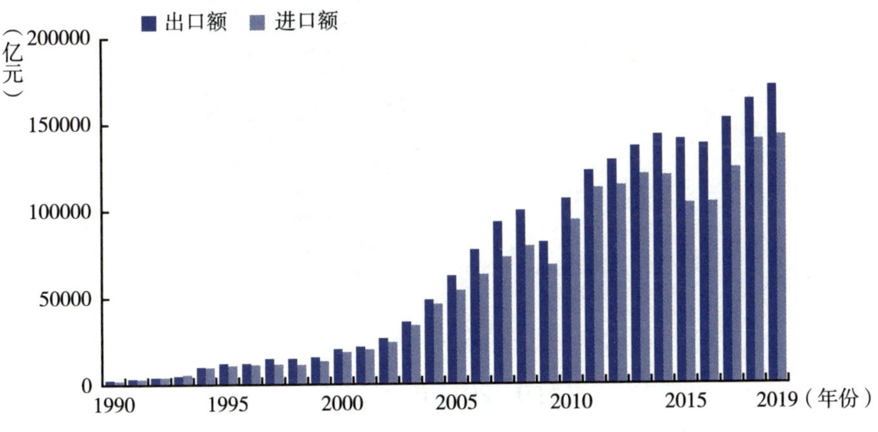

图 8　1990~2019 年对外货物贸易情况

在商品出口方面，根据 SITC 分类标准，工业制成品出口额为 23651 亿美元，占 47%；机械及运输设备出口额为 11955 亿美元，占 24%；初级产品出口额为 1339 亿美元，占 3%（见图 9）。

在商品进口方面，根据 SITC 分类标准，工业制成品进口额为 13481 亿美元，占据 33%；机械及运输设备进口额为 7865 亿美元，占据 19%；初级产品进口额为 7289 亿美元，占据 18%（见图 10）。

服务进出口包括运输、旅行、建筑、保险服务、金融服务、电信、计算机和信息服务、知识产权使用费、个人文化和娱乐服务、维护和维修服务、加工服务、其他商业服务、政府服务等。2019 年服务进出口总额 54152.9 亿元，相当于当年货物进出口总额的 17.2%（比例与上年相同）。其中，出口 19564.0 亿元，进口 34588.9 亿元，逆差 15024.9 亿元。

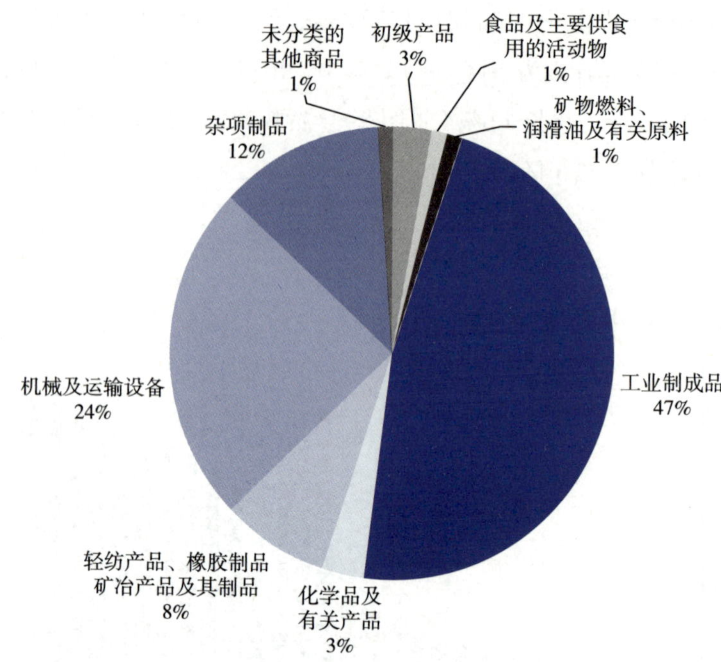

图 9　2019 年出口类别

注：未分类的其他商品包括非食用原料、饮料及烟类、动植物油脂及蜡等。

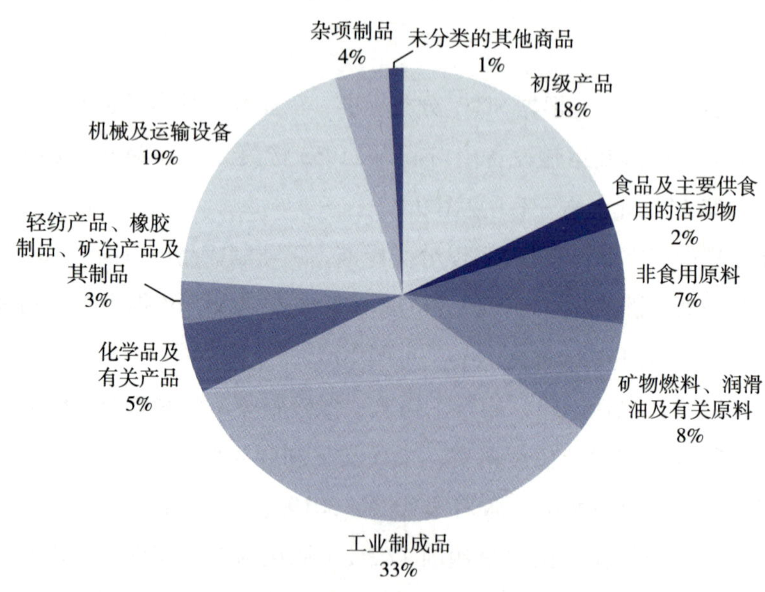

图 10　2019 年进口类别

外商直接投资（FDI）是指外国投资者在中国境内通过设立外商投资企业、合伙企业、与中方投资者共同进行石油资源的合作勘探开发以及设立外国公司分支机构等方式进行投资。在外商直接投资方面，2019 年中国实际使用外资金额为 1381 亿美元，较上年增加 32 亿美元；与之相对，中国对外 FDI 为 1369 亿美元，较上年减少 61 亿美元。截至 2019 年中国对外直接投资存量为 21988 亿美元。FDI 在不同行业的分布显示，中国接受的 FDI 最大部分在制造业，其次为房地产业。中国对外 FDI 集中在租赁和商务服务业，其后制造业、金融业、批发和零售业三个行业相近（见图 11）。

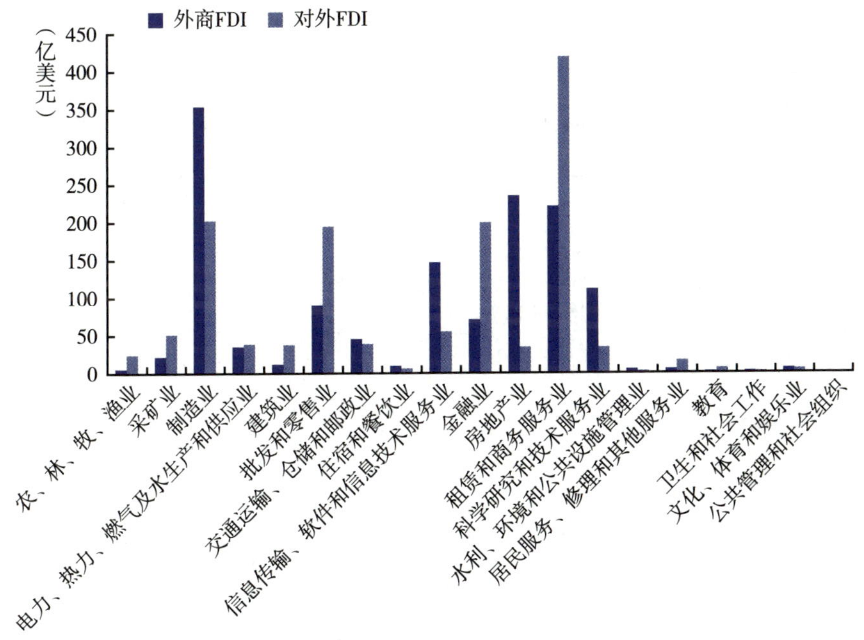

图 11　2019 年双边 FDI 情况

2019 年末国家外汇储备 31079 亿美元，比上年末增加 352 亿美元。黄金储备为 6264 万盎司，为历史最高点（见图 12）。全年人民币平均汇率为 1 美元兑 6.8985 元人民币，与 2018 年 6.6174 的汇率相比，美元升值 4.2%。

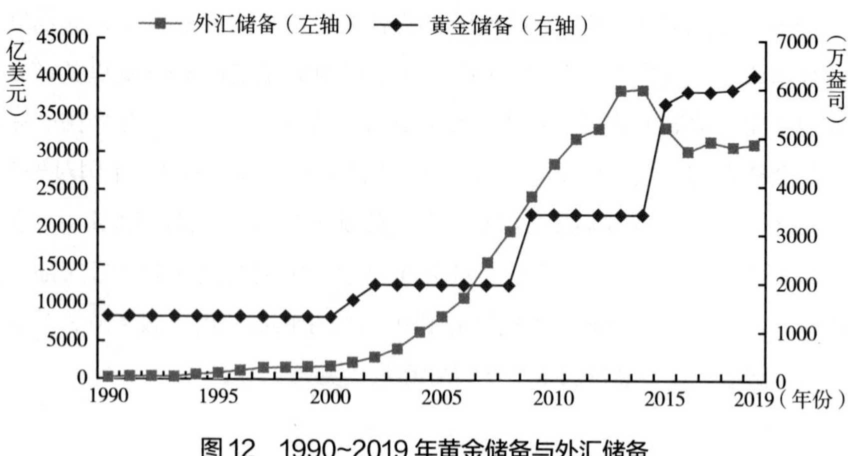

图12　1990~2019 年黄金储备与外汇储备

2019 年末广义货币供应量（M_2）余额 198.6 万亿元，比上年末增长 8.7%；狭义货币供应量（M_1）余额 57.6 万亿元，增长 4.4%；流通中货币（M_0）余额 7.7 万亿元，增长 5.4%（见图 13）。整个货币政策仍属稳健中性。

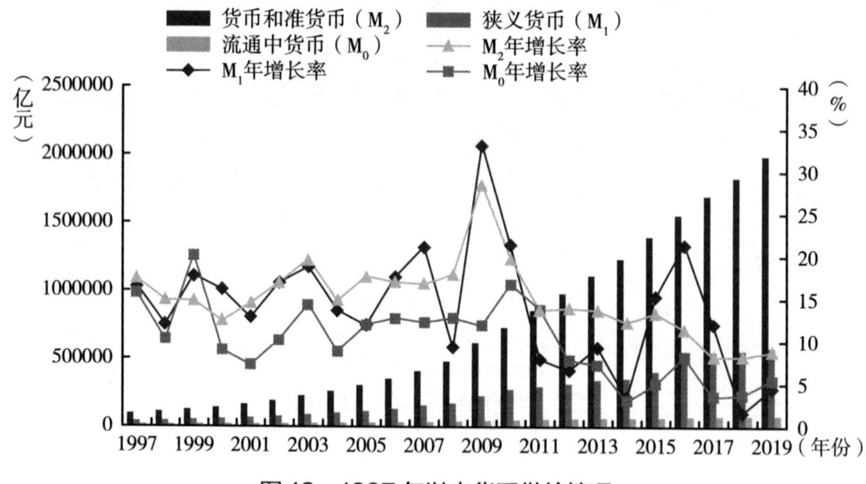

图13　1997 年以来货币供给情况

注：自 2011 年 10 月起，货币供应量已包括住房公积金中心存款和非存款类金融机构在存款类金融机构的存款。2018 年货币和准货币数据进行了统计方法完善，与之前不可比。

2019年末1年期基准存款利率1.50%，1年期基准贷款利率4.35%，5年期基准贷款利率4.75%。这是自2015年10月以来一直保持的基准利率（见图14）。这说明中国经济处于相对稳定运行状态，货币政策未做激烈变化。但要注意到大背景与往年不同。2019年全球许多央行开启了宽松模式，纷纷大幅降息。中国央行保持货币政策的独立性，并没有降息，只是降低准备金3次。此外，2019年8月17日，中国央行公告，对于国内新增贷款利率定价采用贷款市场报价利率（LPR），并将在存量贷款“换锚”LPR后，取消贷款基准利率。这是中国利率市场化改革重要的里程碑。

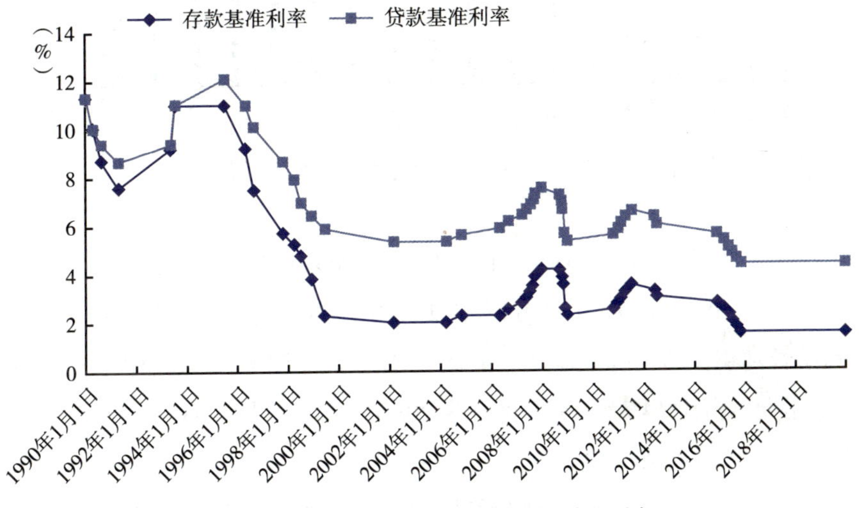

图14　1990年以来1年期存贷款基准利率

社会融资规模增量指一定时期内实体经济从金融体系获得的资金总额。主要包括：人民币贷款、外币贷款（折合人民币）、委托贷款、信托贷款、未贴现的银行承兑汇票、企业债券、非金融企业境内股票融资等。2019年，中国社会融资规模为25.6万亿元，其中企业债券融资额为3.34万亿元。股票筹资额指企业通过公开发行股票、配股而筹措的资金，包括金融企业和非金融企业，也包括境外股票（H股、N股）。2019年中国股票筹资额为 1.25 万亿元（见图 15）。发行股票与发行企业债券标示着资本市场的发达程度。

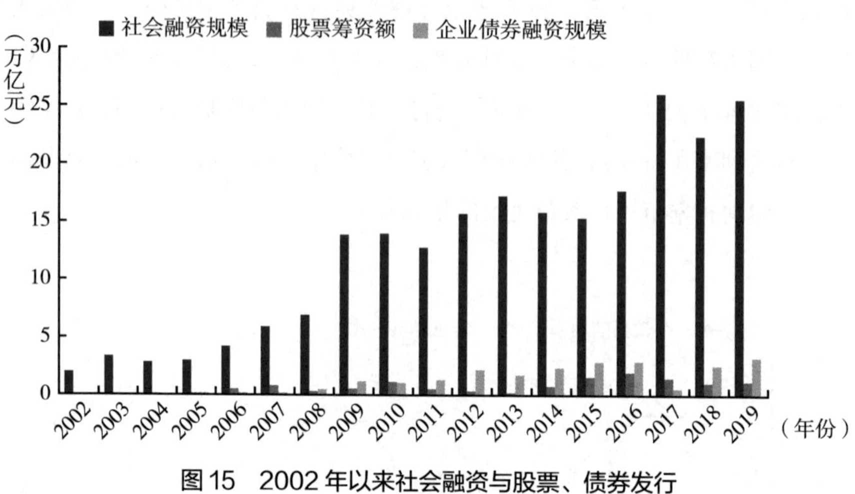

图 15　2002 年以来社会融资与股票、债券发行

在国家财政方面，2019 年财政收入为 190390 亿元，其中中央财政收入 89309 亿元，占比 46.9%，地方财政收入为 101080 亿元，占比 53.1%。财政收入增长速度为 3.8%。 2019 年财政支出为 238858 亿元，其中中央部分为 35115 亿元，占比 14.7%，地方部分为 203743 亿元，占比 85.3%。财政支出增长速度为 8.1%（见图 16）。

收入小于支出，造成中国财政赤字。财政赤字率一般被定义为财政赤字占国内生产总值的比重，欧盟一般将 3% 作为衡量财政风险的警戒线。中国 2019 年财政赤字为 48468 亿元，粗略计算财政赤字率达 4.9%。考虑到预算稳定基金，中国财政部公布的 2019 年预算赤字率为 2.8%。考虑到政府性基金预算的专项债以及城投债，IMF 公布的 2019 年中国财政赤字率为 6.4%。

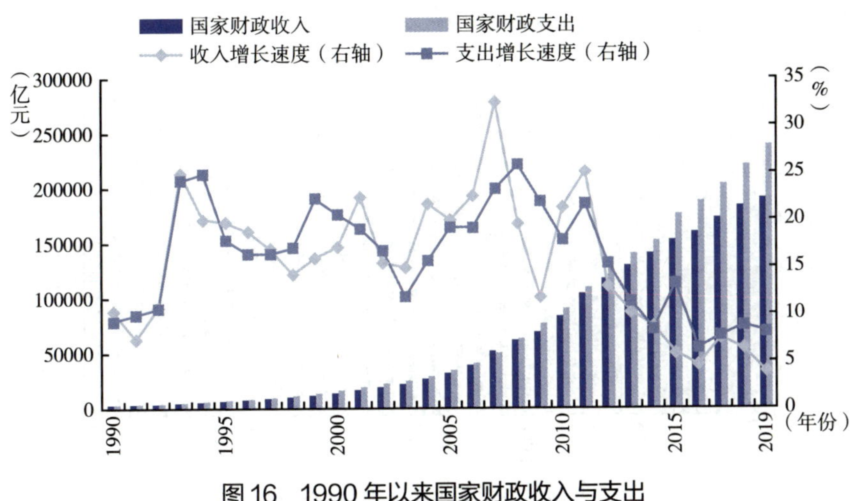

图 16　1990 年以来国家财政收入与支出

注：一般公共预算收入中不包括国内外债务收入。从 2000 年起，一般公共预算支出中包括国内外债务付息支出。

二　人口与就业

2019 年出生人口 1465 万人，比 2018 年出生人口数减少了 58 万；人口出生率为 10.48‰，人口自然增长率为 3.34‰。自 2015 年生育政策调整允许生二孩以来，出生人口并未出现大幅增长。人口出生率和人口自然增长率都在下行轨道（见图 17）。2019 年人口自然增长率是新中国成立以来最低的正增长（人口自然增长率于 1960 年为负值，为特殊年份）。依此趋势，中国未来潜藏着巨大的人口危机，人口老龄化与人口负增长将很快带来整个社会面貌的变化。

人口的城乡结构变化沿袭过去态势，2019 年底总人口数量为 140005 万人，其中城镇人口比重上升到 60.60%，为 84843 万人；乡村人口比重降至 39.40%，为 55162 万人。以性别区分，男性占 51.09%，女性占 48.91%，这是自 2005 年（51.53%）以来，男性比例持续下降。居民人均预期寿命继续增加至 77.3 岁，充分体现了中国的民生、医疗、经济等诸多领域继续保持较高增长。男女在预期寿命上差异显著。男性预期寿命为 74.7 岁，女性预期寿命为 80.0 岁。

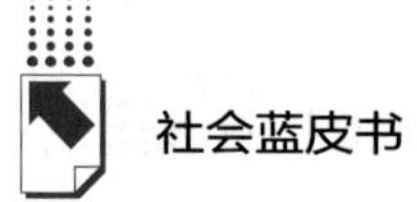

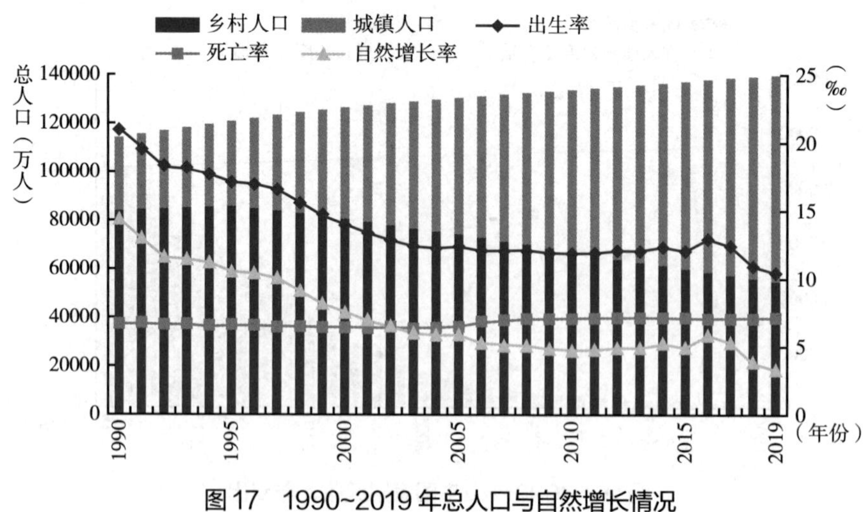

图 17　1990~2019 年总人口与自然增长情况

除人口数量和城乡结构的变化外，人口年龄结构也处于变化之中。2019 年比 2018 年人口数增加 467 万人。这其中，少儿人口数量较上年减少 30 万人，达 23493 万人；15~64 岁劳动年龄人口数量则较上年减少 443 万人，达 98914 万人。65 岁及以上老年人口数量增加 941 万人，达 17599 万人，占总人口的 12.6%；按照联合国的传统标准，一个地区 65 岁及以上老人占总人口的 7%，即该地区被视为进入老龄化社会。中国已经是老龄化严重社会。人口抚养比相应地也发生改变，2019 年总抚养比继续上升，为 41.6%，少儿抚养比提高到 23.8%，老年抚养比提高到 17.8%（见图 18）。

2019 年就业人口的数量为 77471 万人，比 2018 年下降 115 万人。从产业结构来看，第一产业就业人口占比为 25.1%，第二、第三产业分别为 27.5% 和 47.4%。当前中国就业形势保持基本稳定。2019 年城镇登记失业人数 945 万人，比 2018 年下降 29 万人。城镇登记失业率为 3.60%（见图 19）。

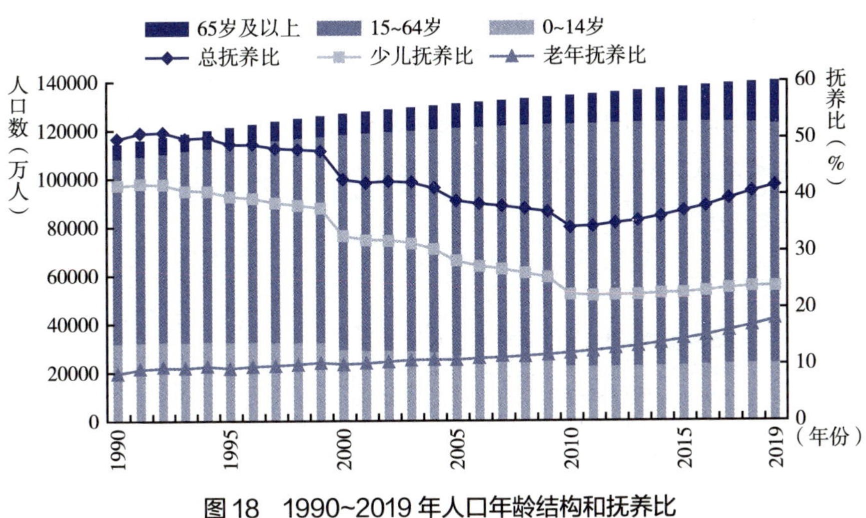

图 18　1990~2019 年人口年龄结构和抚养比

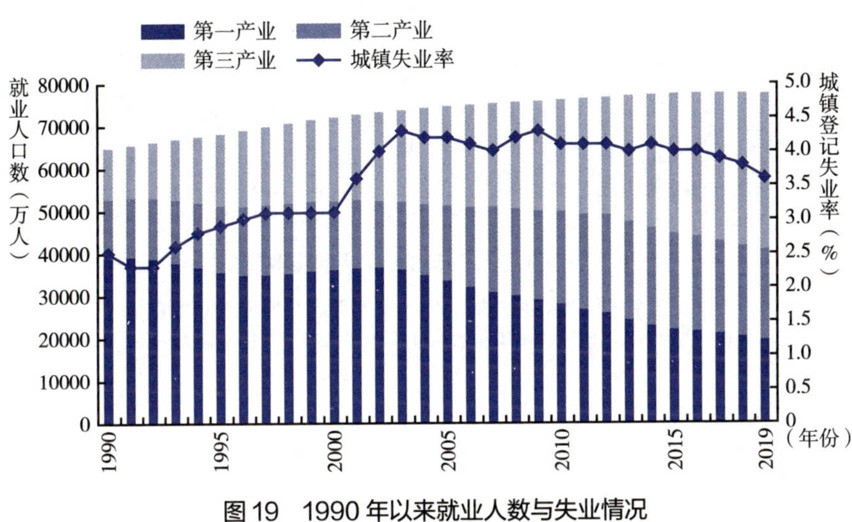

图 19　1990 年以来就业人数与失业情况

三　城乡居民生活

城乡居民收入保持增长，2019 年全国居民人均可支配收入 30733 元，比上年增长 8.9%。

分城乡看，2018 年到 2019 年城镇居民家庭人均可支配收入从 39250.8 元提高到 42358.8 元，增长 7.9%。农村居民家庭人均纯收入从 14617.0 元提高到 16020.7 元，增长 9.6%。随着农村居民收入的提高，农村居民家庭人均纯收入的增长率要高于城镇，城乡居民收入差距继续缩小（见图 20）。

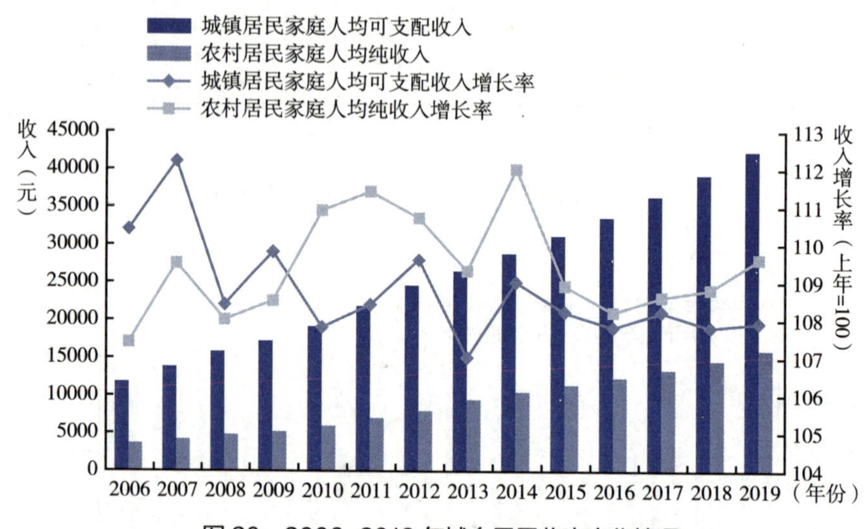

图 20　2006~2019 年城乡居民收支变化情况

注：从 2013 年起，国家统计局开展了城乡一体化住户收支与生活状况调查，2013 年及以后数据来源于此项调查。与 2013 年前的分城镇和农村住户调查的调查范围、调查方法、指标口径有所不同。

如果不以城镇、农村为分类标准，而考察全国居民按收入五等份分组的人均可支配收入，则可发现 2019 年最低一组收入为 7380.4 元，最高一组收入为 76400.7 元（见图 21）。

在 2019 年居民收入中，工资性收入、转移净收入、经营净收入、财产净收入四项所占比例分别为 55.9%、17.1%、8.5%、18.5%（见图 22）。

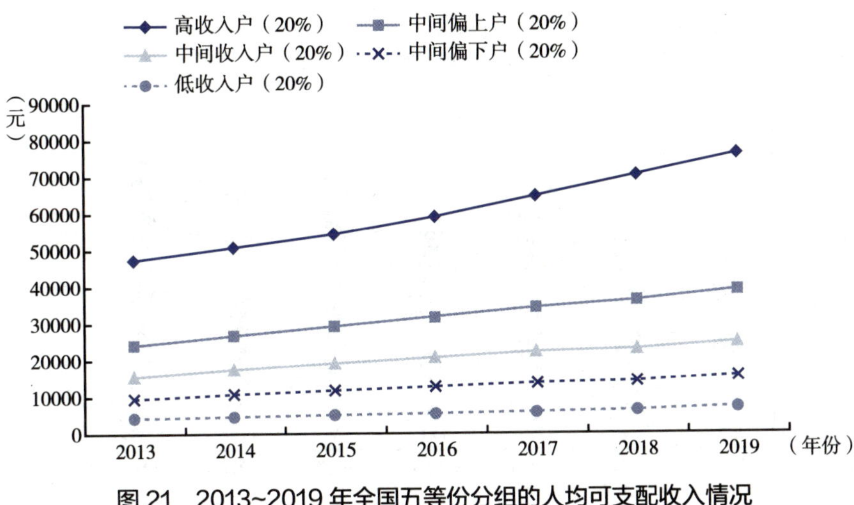

图 21　2013~2019 年全国五等份分组的人均可支配收入情况

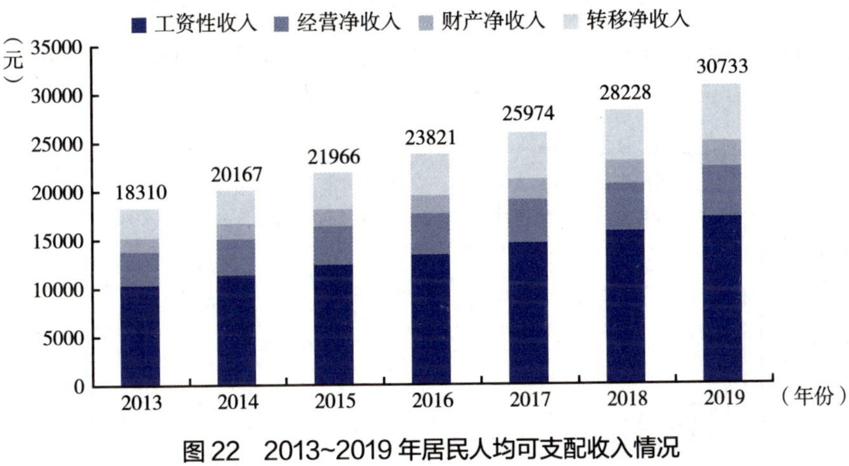

图 22　2013~2019 年居民人均可支配收入情况

居民消费支出也呈增长趋势，2019 年人均为 21559.0 元，比上年增长 8.6%。其中，食品烟酒类支出占比最高，占比为 28.2%，其次是居住类占 23.4%，交通通信、教育文化娱乐类支出所占比例分别为 13.3% 和 11.6%（见图 23）。

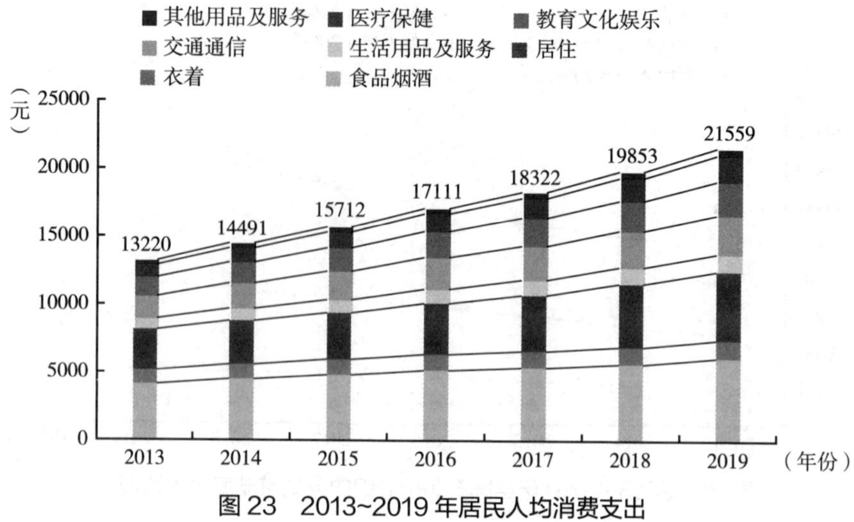

图 23　2013~2019 年居民人均消费支出

2019 年度减贫任务全面完成，全国共减少农村贫困人口 1100 万人。2019 年底贫困人口数量为 551 万人，贫困发生率降低到 0.6%（见图 24）。

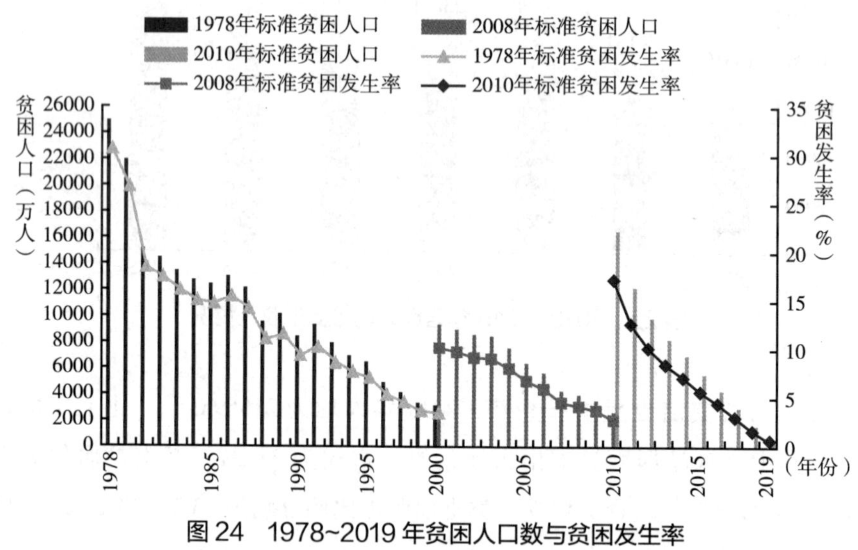

图 24　1978~2019 年贫困人口数与贫困发生率

注：① 1978 年标准：1978~1999 年称为农村贫困标准，2000~2007 年称为农村绝对贫困标准。② 2008 年标准：2000~2007 年称为农村低收入标准，2008~2010 年称为农村贫困标准。③ 2010 年标准：现行农村贫困标准。现行农村贫困标准为每人每年 2300 元（2010 年不变价）。

四　科技、教育、卫生、文化、社会保障与社会组织

2019 年，全国共投入研究与试验发展（R&D）经费 22143.6 亿元，比上年增长 12.5%；研究与试验发展（R&D）经费投入强度（与国内生产总值之比）为 2.23%。按活动类型看（见图 25），全国基础研究经费为 1335.6 亿元（比重 6.0%）；应用研究经费为 2498.5 亿元（比重 11.3%）；试验发展经费为 18309.5 亿元（比重 82.7%）。

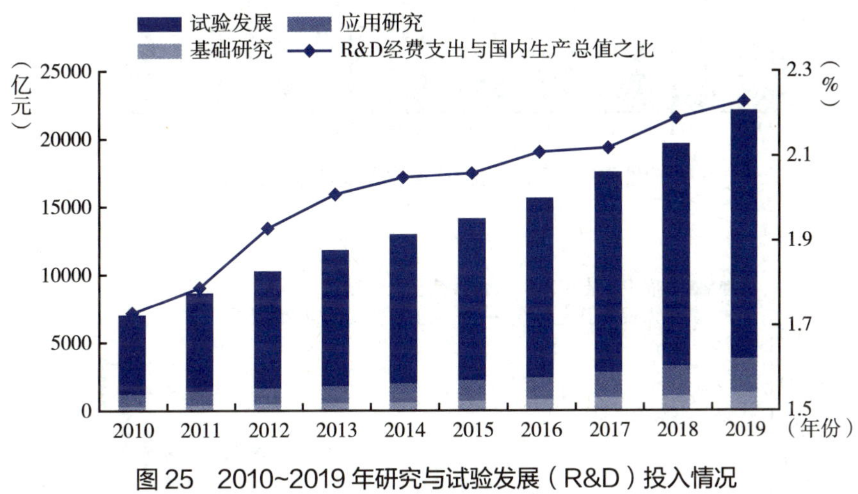

图 25　2010~2019 年研究与试验发展（R&D）投入情况

教师人数稳步增加。2019 年中国拥有普通高等学校专任教师人数 174.0 万人，中等职业技术学校专任教师 84.0 万人，普通高中专任教师 185.9 万人，初中专任教师 374.7 万人，小学专任教师 626.9 万人，学前教育专任教师 276.3 万人，特殊教育专任教师 6.0 万人（见图 26）。

卫生总费用稳步增加。2019 年全国卫生总费用预计达 65841.4 亿元。其中，政府卫生支出 18017.0 亿元（占 27.4%），社会卫生支出 29150.6 亿元（占 44.3%），个人卫生支出 18673.9 亿元（占 28.4%）。卫生总费用中个人卫生支

出占比较 2018 年下降 0.25 个百分点。人均卫生总费用 4702.8 元，卫生总费用占 GDP 的比重为 6.6%，较 2018 年增长 0.15 个百分点（见图 27）。

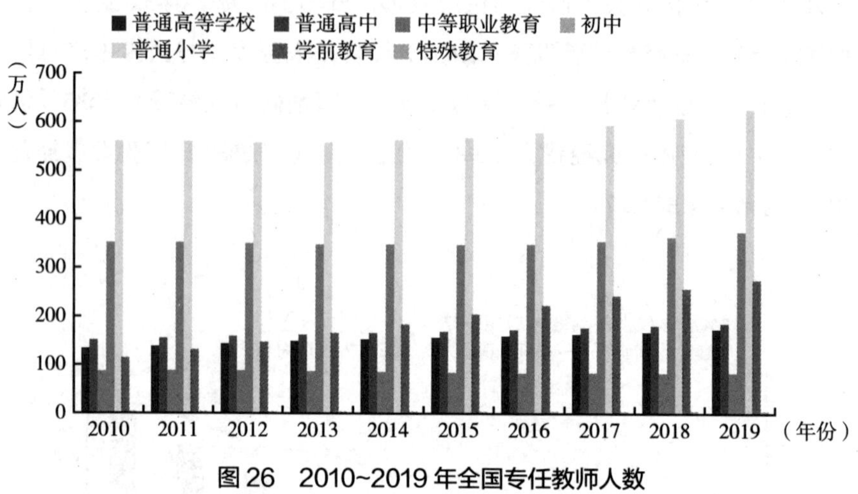

图 26　2010~2019 年全国专任教师人数

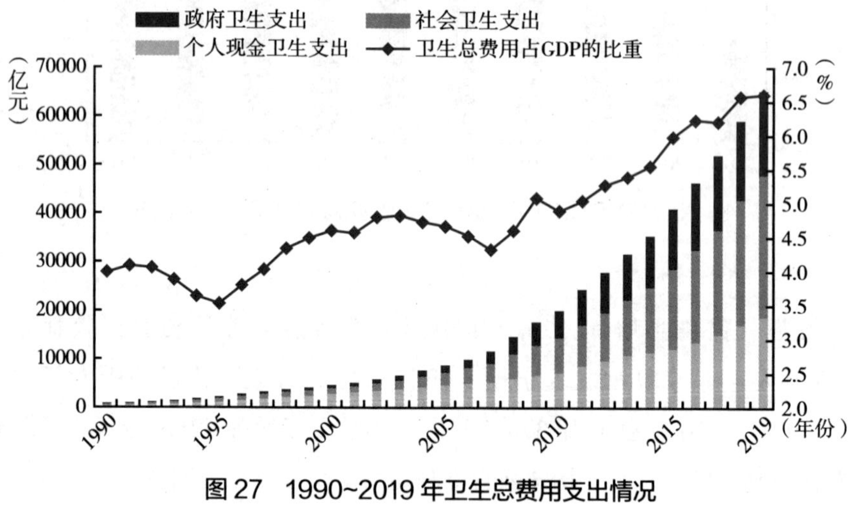

图 27　1990~2019 年卫生总费用支出情况

2019 年末，全国医疗卫生机构总数达 1007545 个。与 2018 年相比，医院增加 1345 个，基层医疗卫生机构增加 10751 个。全国医疗卫生机构床位880.7万张。医院中，公立医院床位占72.5%，民营医院床位占27.5%。每千人口医疗卫生机构床位数由2018年的6.03张增加到2019年的6.30张。

2016年中共中央发布《中华人民共和国国民经济与社会发展第十三个五年规划纲要》，提出要在“十三五”期间丰富文化产品和服务，基本建成公共文化服务体系，将文化产业发展为国民经济支柱性产业。在“十三五”规划的引导下，中国文化产业进入快速发展的新时期，文化产业增加值在国民经济中的占比逐年提高。

文化及相关产业增加值是指一个国家所有常驻单位一定时期内进行文化及相关产业生产活动而创造的新增价值。按行业分，它涵盖文化制造业、文化批发零售业和文化服务业。经核算，2018年全国文化及相关产业增加值为41171亿元，占GDP的比重为4.48%。据测算，2019年，全国文化产业增加值为43700亿元，占GDP的比重为4.41%（见图28）。

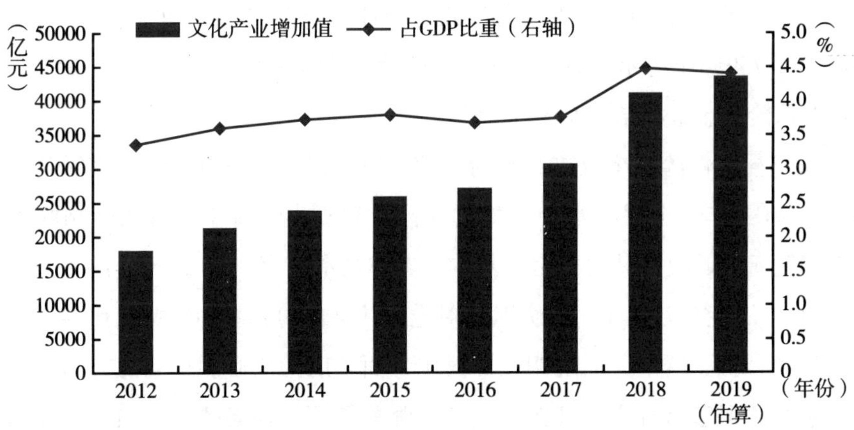

图28　2012~2019年中国文化产业增加值及占GDP比重

随着社会保障体系建设的推进，劳动者的各项保险制度逐步建立和完善，覆盖人群不断扩大，保障能力不断增强。2019年，全国参加基本养老保险人数为96748万人；参加失业保险人数为20543万人；参加工伤保险人数为

25474 万人；参加生育保险人数为 21432 万人。全国参加基本医疗保险人数 13.5 亿人（中国总人口 14.0 亿），接近全民医保（见图 29）。

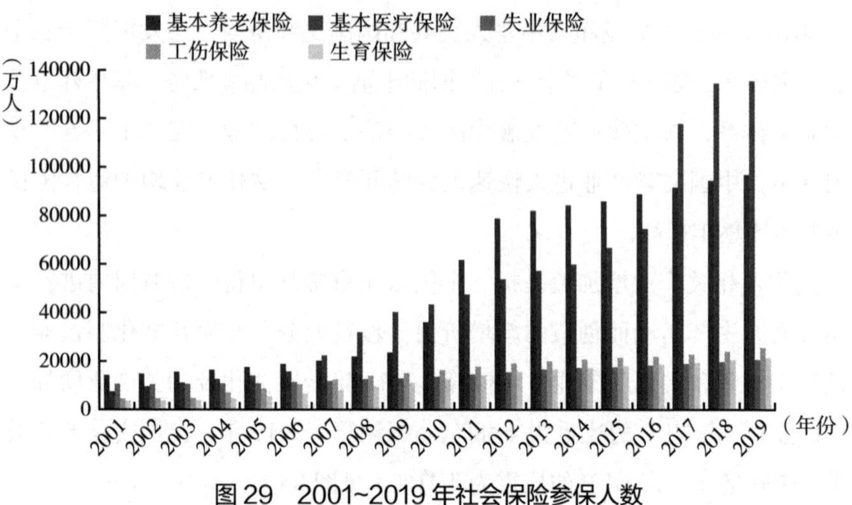

图 29　2001~2019 年社会保险参保人数

2019 年全年五项社会保险基金收入合计 82367.7 亿元，增长 3.9%。基金支出合计 73956.4 亿元，增长 9.1%，当年收支结余 8411.3 亿元。2019 年底全国社会保险基金滚存结余 96545.3 亿元。

虽然社会保险基金收支结余为正数，但如果剔除财政补贴，实际盈余为负。在 2019 年社会保险基金预算收入预计和支出安排中，财政补贴收入为 1.95 万亿元。财政补贴主要用于基本养老和基本医疗。从 2015 年的 1 万亿元到 2019 年的近 2 万亿元，各级财政对全国社会保险基金的补贴仅用四年的时间就翻了一番。这一方面说明在保民生方面政府的决心和行动力，另一方面也暗示着社保基金存在“开源节支”的强烈需要。在老龄化日趋严重的情况下，社保基金缺口问题也要及时未雨绸缪。

在社会组织与自治组织方面，至 2019 年底，中国共有社会组织 866335 个，其中，社会团体 371638 个，民办非企业单位 487112 个，基金会 7585 个。中国共有自治组织 642693 个，其中村民居委会 533073 个，社区居委会 109620 个（见图 30）。

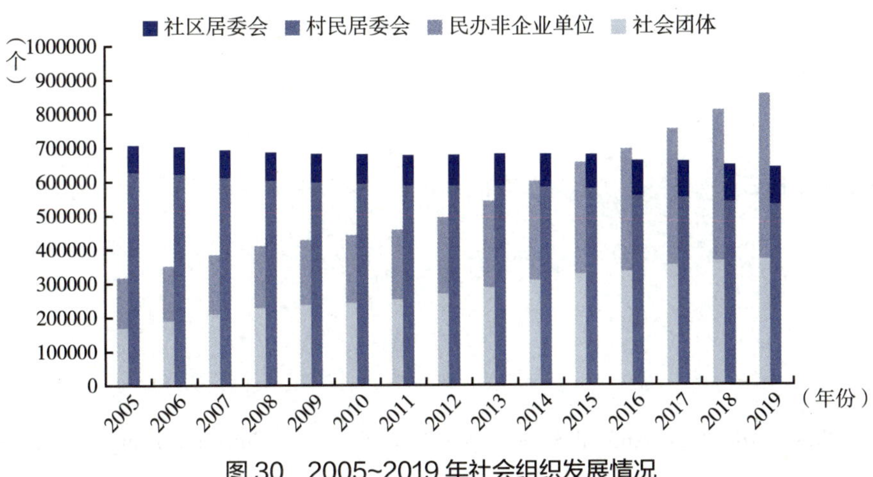

图 30　2005~2019 年社会组织发展情况

参考文献

中华人民共和国财政部:《2019 年全国社会保险基金结余决算表》，http://yss.mof.gov.cn/2019qgczjs/202007/t20200731_3559856.htm。

中华人民共和国国家统计局:《中国统计年鉴 2020》，中国统计出版社，2020。

中华人民共和国国家统计局:《中国统计摘要 2020》，中国统计出版社，2020。

中华人民共和国国家统计局:《中华人民共和国 2019 年国民经济和社会发展统计公报》。

中华人民共和国国家统计局网站，http://www.stats.gov.cn。

中华人民共和国人力资源和社会保障部网站，http://www.mohrss.gov.cn。

Abstract

This is the 2020 Annual Report (the Blue Book of China's Society) from the Research Group on "The Analysis and Forecast of China's Social Development", issued by Chinese Academy of Social Sciences (CASS). Researchers and scholars from various research institutions, universities and government departments report on statistical data released by the government or social science surveys. This project is organized by the Institute of Sociology at Chinese Academy of Social Sciences.

This report analyzes the achievements of China's economic and social development during the 13th Five Year Plan period and the economic and social situation in 2020. According to the report, 2020 is the decisive year for China to build a moderately prosperous society in an all-round way, complete the task of poverty alleviation in a comprehensive approach, and realize the first centenary goal. Meanwhile, it is the end of the 13th Five Year Plan and the evaluation period for the goals and tasks achieved during the 13th Five Year Plan Period. In the past five years, China's economy has entered a new stage of high-quality development. The income of urban and rural residents has increased significantly, and the living standard has been continuously improved. The employment condition of the whole country has been steadily improved while the quality of education has been enhanced more fairly and rapidly. Remarkable achievements have been made in the development of agriculture, rural areas and farmers. Also the medical and health reform has been pushed to a new level. Unprecedented efforts in ecological civilization construction has been made, and the process of urbanization continues to advance. The report also points out that while the overall economic and social development is stable, it also faces many difficulties and challenges.

In 2021, China has entered a new development stage of building a socialist modern country with Chinese characteristics in an all-round way, and the start of social modernization process is also an important part of the process. In the next five years, it is necessary to further adjust the policy of income distribution, continue to significantly narrow the income distribution gap of residents, improve the growth potential of residents' consumption, lay a solid foundation for the realization of domestic circulation, vigorously implement the national strategy of coping with the problem of population aging, intensify efforts to realize the effective connection between targeted poverty alleviation strategy and Rural Revitalization Strategy, attach great importance to the problem of relative poverty, and promote higher quality and equitable development of people's livelihood such as education, medical and health care and social security. It is also crucial to promote the new type of urbanization with people as the center, accelerate the development of middle-income groups, and promote the modernization and improvement of social structure.

Based on the topics above, this book, on the one hand, builds the foundation of discussion on reliable survey data and statistics; and on the other hand, offers insightful opinions on various topics. There are four parts of this book. The general report and 19 individual reports provide discussion on the comprehensive analysis of China's social and economic development in 2020 and during the 13th Five Year Plan Period, coupled with forecast of future development. The general report also discusses the overall situation of social and economic development in 2020, and points out some significant problems and challenges ahead. The general report also analyzes the effect of Covid-19 on China's social development in 2020. Under the strong leadership of the Communist Party of China, the Chinese people have achieved great achievement in fighting the Covid-19 and the epidemic prevention and control. The general report also puts forward some policy suggestions to deal with challenges and problems in 2021 and during the 14th Five Year Plan.

The second part includes 6 reports on various issues, which examine problems such as the residents' income and consumption, employment situation, education reform, social security and social safety. The third part includes 7 survey reports, which provide data on the evaluation of targeted poverty alleviation action, the development of social class structure in mega cities, the cultural services and tourism consumption of Chinese residents, the health status and health behavior of Chinese college students, the practice of digital culture of teenagers and the public's recognition of socialist core values. The fourth part of this book has 6 reports on special topics, which include the internet-based public opinion in 2019, food and drug safety condition, and environmental protection. One report analyzes the effect of China's decisive victory in targeted poverty alleviation in 2020 and the problems that need to be solved. One report analyzes the achievements of health poverty alleviation in China during the 13th Five Year Plan Period and the development trend of health poverty alleviation during the 14th Five Year Plan Period. One report analyzes the recovery from Covid-19 and the employment situation in the 14th Five Year Plan Period. In general, each chapter of this book gives both insightful research and detailed policy recommendation.

Contents

Ⅰ General Report

Abstract: The year of 2020 is the decisive year for China to complete of the construction of a moderately prosperous society, and achieve the task of poverty alleviation in a comprehensive way. Meanwhile, the year of 2020 is also crucial to realize the first centenary goal and reach the closing stage of the outline of the Thirteenth Five Year Plan for national economy and social development. In the past five years, China's economy has entered a new stage of high-quality development. The income of urban and rural residents has increased significantly, and the living standard has been continuously improved. The employment condition has been steadily enhanced while the quality of education has been improved with better fairness. Remarkable achievements have been made in the development of the condition of agriculture, rural areas and farmers. The deepening of medical and health reform, and the unprecedented efforts in ecological civilization construction have significant effect at the national level. The progress of urbanization continues to advance at a steady rate. However, there are also many risks and challenges in economic and social development. The international environment will be more uncertain for a long time, the income distribution gap is still large, the potential of residents' consumption needs to be enhanced, and the pressure of population aging is increasing. After solving the problem of absolute poverty, the problem of relative poverty can not be ignored, the quality and fairness of education still need to be improved, and the process of social structure modernization needs to be promoted. In 2021 and during the whole period of the 14th Five Year Plan, we should focus on the task of improving the quality of people's life and promoting comprehensive social construction, and strive to move to a new stage of the construction of a socialist modern society in an all-round way.

Keywords: New Development Stage; A Moderately Prosperous Society in all Respects; Improvement on Social Structure

Ⅱ Reports on Social Development

Abstract: In 2020, China overcomes effect of the Covid-19 outbreak, and residents' income continues to grow. Meanwhile, the income gap continues to narrow and consumers' spending will gradually recover. The living environment in urban and rural areas will continue to improve with higher consumers' confidence level. And confidence towards employment and income will be stabilized and enhanced to a new level. In recent years, the distribution pattern of national income has been improved, and the consumption potential of residents has been released. In order to achieve a good start for the 14th Five Year Plan and promote the rapid growth of urban and rural residents' income and consumption, the government and relevant departments should pay more attention to: adhering to the principle of common prosperity; implementing the strategy of expanding domestic demand; strengthening the employment priority policy and improving the quality of employment; improving the mechanism of salary and remuneration system; optimizing the structure of residents' income; improving the level of supply-side quality; stimulating residents' consumption potential; creating better price-setting environment and improving residents' consumption expectation.

Keywords: Living Environment and Condition; Consumers' Confidence; Income Distribution; Urban and Rural Residents

Abstract: In 2020, under the background of China-US economic and trade friction, and the outbreak of Covid-19, China's government has intensified its macroeconomic policies, strengthened the linkage between economic, social and employment policies, implemented the policy of employment priority, and vigorously promoted the relief of market entities' burden to stabilize and expand employment. The employment situation in China has fluctuated significantly in the first quarter, and recovers in the area of employment and market demand afterward. The employment of enterprises has been rapidly recovered and improved, and the labor market is showing a development trend of "overall stability, gradual recovery and better expectation". In the next stage, we should continue to strengthen the employment priority policy, adhere to the employment orientation of economic development, continue to increase fiscal, monetary, industrial and investment policies to stabilize employment, and improve the employment support system for enterprises in key industries, small and medium sized market entities and important groups. It is also important to increase the support for flexible employment and self employment, innovate public employment service, and prevent and control large-scale unemployment risk, stabilize the employment situation and expand the new employment situation.

Keywords: Employment Situation; The Covid-19 Outbreak; Employment Priority; Six aspects of Stability; Six Aspects Guarantees

Abstract: Over the past 70 years since the founding of new China, China has made great efforts to develop its economy and constantly improve people's livelihood, so that the outcome of reform can benefit the general public. China's social security system has also made great progress. The outbreak of Covid-19 in early 2020 has brought great challenges to China's social security system. In order to cope with the impact of Covid-19, China has taken a series of measures, such as reducing the medical expenses of patients from medical insurance, reducing the social security payment of enterprises in terms of unemployment insurance, and helping enterprises to survive the winter. Although social insurance has played an important role in dealing with the current situation, some problems have also been exposed, such as the excessive dependence of social security fund on financial support, the low level of overall planning, and the poor connection between regions. 2021 is the first year of the 14th Five Year Plan. At that time, new layout and requirements will be put forward for China's social security system. Effective implementation of the spirit of the Fifth Plenary Session of the 19th CPC Central Committee will also be an important development direction of social security in the future.

Keywords: Unemployment Insurance; Old-age Insurance, Medical Insurance; Veterans' Security

B.5 2020: The Report of China's Education Reform and Development

Li Tao, Gong Xiaoxue and Zhang Wenting / 075

Abstract: 2020 is the year when China's 13th Five Year Plan (2016-2020) ends successfully, and it is also a crucial year to fight against poverty and build a moderately prosperous society in an all-round way. The outbreak of the Covid-19, which has been sweeping the world, poses unusual challenges and provides opportunities as well. The key words of education development are "online" and "offline", "coping" and "changing", "past" and "future", "retrospection" and "planning". On the whole, as a key year connecting the preceding and the following reform plan, China's education at all levels and all categories has made steady development in 2020 despite all kinds of difficulties. And all the set goals of education development have been successfully completed, which is reflected in the realization of the basic balance of compulsory education in counties' level, and the elimination of the number of dropouts from poor families. At the same time, in 2020, China's education reform has entered a real "deep-water area". The development of education from "scale" to "quality" has intensified the effect of the reform, making 2020 a year of significant education reform, which is mainly reflected in the aspects of education evaluation, education supervision and comprehensive reform of educational structure in various stages. It is believed that with the ending of educational development during the 13th Five Year Plan Period, it will lay a perfect foundation for the high-quality development of Chinese education during the 14th Five Year Plan Period.

Keywords: Education Reform; Education Development; Online Education

B.6 2020: Report on the Situation of Public Order and Public Safety in China

Liu Wei, Chen Gang / 091

Abstract: In 2020, the impact of the Covid-19 and the adjustment and transformation of international power structure pose significant challenges to China's political security, where the risks and challenges were more direct and realistic. However, the general condition of anti-terrorism is stable. In the effort to prevent and control the Covid-19 and maintain stability, criminal cases and public security cases have declined significantly. The campaign of "six clean-up" has achieved remarkable results, and the special project against gangsters has gained an overwhelming success. The elimination of economic crime has been promoted in depth, and major financial risks have been prevented. The government is actively responding to the demands of people's livelihood, and continues to crack down on crimes involving food and medicine safety, and crimes related to wild animals and plants. The situation of drug control has made steady progress and the trend is positive. However, new types of network crimes are rising rapidly, and internet fraud is prominent. At present, China's public security is still facing with various "risk points", such as the gangsters crimes, the prominent crimes involving epidemic diseases control and enterprises crimes, the widespread influence of internet fraud cases, the severe and complex drug crime situation, and the prominent problems of illegal firearms and explosives. It is suggested that we should strengthen the bottom line thinking, prevent and resolve political security risks, purify the social environment, and plan for the regular campaign of anti-corruption and anti-gangland crimes. It is also important to provide services for the dual circulation system and diversify solutions to the "post epidemic syndrome". Meanwhile, it is crucial to deepen inter-ministerial cooperation to prevent and control new cyber crimes in a three-dimensional strategy, and adhere to the "double prevention" strategy and closely organize a drug prevention and control network, which requires the government to implement multi-line and multi-level parallel measures to crack down on the illegal crimes and control firearms and explosives. A sound public security and crime prevention and control system will help to build a safe China.

Keywords: Social Security; Prevention and Control System; Public Security Situation; China's Safety

Abstract: The outbreak and global spread of novel corona-virus have caused great losses to economy and society. In the process of disease prevention and control in China, it not only embodies the China's system advantages, but also exposes the defects of public health emergency management system. The purpose of this paper is to systematically review the construction progress of public health emergency management system in China, the main experience obtained and its performance in the novel corona-virus epidemic situation, summarize the problems existing in the public health emergency management system, and put forward targeted suggestions for establishing a well functioning governance system to provide more effective response to public health emergencies.

Keywords: Public Health; Governance of Health Emergencies; Covid-19

Ⅲ Reports on Social Survey

B.8 Report on the Public Recognition of China's Socialist Core Values

Li Wei, Gao Haiyan / 135

Abstract: Based on the data of the "Chinese Social Survey" in 2013 and 2019, this paper analyzes the changes in the recognition degree of the socialist core values of the public. The results show that the promotion of socialist core values in the past eight years has been effective, and the values reflecting national identity, social order and social unity have gradually been highly recognized by the public. The value consensus of different social groups is more prominent, and the value difference between the elite group and the bottom group is obviously reduced, which indicates that the comprehensive goal of promoting the modernization of governance system and governance capacity has a good public social psychological foundation

Keywords: Core Values of Chinese Socialism; Public Value Recognition; Social Evaluation; Social Governance

B.9 Evaluation Report on Targeted Poverty Alleviation Action of "Ten Thousand Enterprises Helping Ten Thousand Villages"

Research Group of "Private Enterprises and Targeted Poverty Alleviation", the Institute of Sociology, Chinese Academy of Social Sciences / 153

Abstract: This report evaluates the effectiveness of the targeted poverty alleviation action of "ten thousand enterprises helping ten thousand villages" by using a number of evaluation indicators based on the relevant data of the All-China Federation of Industry and Commerce. On the whole, the targeted poverty alleviation action of "ten thousand enterprises helping ten thousand villages" has achieved remarkable results. The assistance mechanism of private enterprises is clear, and the assistance area is accurate. The effort focuses on helping the serious poverty areas, and the East and West poverty alleviation cooperation has achieved fruitful results. The leading role of the party in private enterprises, the promotion of commerce associations, the economic strength of enterprises and the personal and social responsibility of entrepreneurs are the important mechanisms of poverty alleviation. On the basis of comprehensive experience and theoretical summary of the action of "ten thousand enterprises helping ten thousand villages", the report examines the connection between targeted poverty alleviation and Rural Revitalization Strategy.

Keywords: Ten Thousand Enterprises Helping Ten Thousand Villages; Targeted Poverty Alleviation; Poverty Alleviation; Rural Revitalization

Abstract: Based on the large-scale survey data of 10 cities from Beijing, Tianjin, Hebei, Yangtze River Delta, Pearl River Delta, the Middle Reaches of Yangtze River, and Chengdu and Chongqing Area in 2019, this report analyzes the social strata of 10 cities of Beijing, Tianjin, Shanghai, Hangzhou, Guangzhou, Shenzhen, Wuhan, Changsha, Chongqing and Chengdu by referring to the classification method of "Ten Social Strata". Based on the analysis of the structural characteristics of the ten social strata, this paper reveals the structure of social strata in mega cities. It is found that the white-collar workers, represented by the state and local level government officials, private entrepreneurs, business managers, professional and technical personnel, clerks, individual business owners and tertiary industry employees, constitute the main part of the social stratum structure in mega-cities. Generally speaking, the "olive shaped" social stratum structure of China's mega cities has started to take shape.

Keywords: Social Structure; Social Stratification; Olive Society

Abstract: In recent years, China's economy has achieved rapid development and sustainable growth, the level of domestic consumption and quality of life are gradually improving, and the lifestyle is becoming more and more colorful. The development-oriented consumption represented by culture and tourism has become one of the important components of the national economy. The concept, demand and behavior of the public in the field of cultural tourism consumption are changing. In the field of cultural life, with the implementation of the Public Cultural Service Promotion Law, the construction of modern public cultural service system is constantly improved, and the sense of cultural activities' satisfaction of Chinese residents is obviously enhanced. At the same time, the contradiction between supply and demand of cultural services is gradually changing from hardware facilities to personalized and digital needs in the process of upgrading of the general public's cultural activities. In the field of tourism consumption, since 2012, China's tourism industry has achieved rapid and sustainable growth, and tourism has entered the era of popularization. However, the Covid-19 outbreak in 2020 has brought unprecedented impact to the whole tourism industry and the travel plan of the people, and it will take time for recovery.

Keywords: Public Culture; Cultural Life; Tourism Consumption; Public Service Satisfaction

B.12 Report on Health Status and Health Behavior of Chinese College Students
—*Analysis Based on the Data of PSCUS*

Liu Baozhong, Guo Yaping / 226

Abstract: Youth health is the key to youth development and an important part of the national strategy of "Healthy China". This report uses the survey data of "Chinese College Students Tracking Survey (PSCUS)" in 2018, 2019 and 2020 to analyze the basic health status, health behavior and the impact of Covid-19 on college students' health. The study found that the self-rated health status of college students is good, but the measurement of the scale shows that the physical symptoms and organ function of college students are general, nearly 30% of college students have a higher risk of mental illness; in addition, college students pay attention to physical exercise, but do not eat breakfast. Behavior such as smoke, drink, stay-up late and other behaviors also harm the health of college students. The impact of the Covid-19 epidemic on college students' physical and mental health needs to be paid attention to. The data show that the overall health status of college students is good, but there are still some college students whose sleep and mental health are affected by the outbreak of the Covid-19. College students' health is an important basis to ensure their study and life. College physical education should give full attention to the function of guidance and education, advocate healthy lifestyle among college students and cultivate the habit of lifelong exercise.

Keywords: College Students; Physical Health; Mental Health; Health of Social Communication; Healthy Behavior

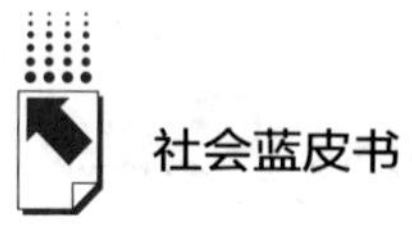

B.13 A Multi-agent Analysis of the Adolescents' Digital Cultural Practices
—in the Case of Using Short Video Clips

Gao Wenjun, Zhu Di, Tian Feng, Guo Ran, Wang Lu and Wu Ziyang / 245

Abstract: In modern times, the adolescents grow up in the Internet society, and the digital cultural life is an important part of their lives. From a multi-agent perspective, the current research takes short video clips as an example to study adolescents' digital cultural life. Through a national sample survey of elementary, middle and high school students, and focus group interviews of parents in multiple places, the current study analyzed the characteristics of adolescents' using of digital cultural products, such as short video clips, from the perspectives of both adolescents and parents. Meanwhile, factors affecting adolescents' digital cultural practices were examined, including adolescents' developmental stage, role model of parents, parent-child relationships and social networks. Finally, in terms of families, companies and the government, suggestions were given to positively guide the adolescents' practices of digital culture.

Keywords: Adolescents; Digital Culture; Short Video Clips; Multi-agent

B.14 Report on Chinese Urban Express and Courier Service

Zhu Di, Tian Feng, Fan Lei and Gao Wenjun / 275

Abstract: In recent years, the logistics express industry has developed rapidly. Not only the scale of the business and the number of employees have increased greatly, but the innovation of business has also emerged in many areas. However, there are some problems in the career development and rights protection of employees, which has drawn the attention from all sectors of society. Based on the "Investigation on the Work, Living Conditions and Rights Protection of Young Express Employees in 2019", this report finds that under different employment modes, the income and job security of express delivery personnel present different characteristics. The direct organization mode presents the characteristics of medium income and high work security, the express franchise mode presents the characteristics of low income and medium security, and the express platform mode presents the characteristics of high income and low work security. However, the high wages come from high-intensity overtime work, while experience and education have a limited effect on income promotion in the express industry. In terms of social attitude, job satisfaction of express employees is on the upper middle level. Meanwhile, they have higher perception of unemployment risk, lower job identity recognition, and lower degree of urban integration. Stable and extensive social network will help them form a positive attitude towards life..

Keywords: Employees in Express Industry; Mode of Operation; Social Integration

Ⅳ Reports on Special Subjects

Abstract: In 2020, the COVID-19 epidemic have disrupted the normal working and living rhythm of Chinese people. The work of epidemic prevention and control was examined by 1.4 billion Chinese people in the public opinion field. With the change of epidemic situation at home and abroad, the theme of public opinion is constantly changing. In the early stage of Covid-19 outbreak, there was a shortage on medical resources in Wuhan, and the public questioned the local government's ability to control the public health crisis. After the central government mobilized national resources to help Wuhan, the epidemic prevention and control war achieved significant strategic results, especially in contrast to the epidemic spread in the United States, and public opinion highly recognized China's institutional and cultural advantages. Trump administration blamed and blocked China, and China-US relation declined, which caused the anger of domestic public, as well as deep worries about globalization, international supply chain and independent innovation of science and technology.

Keywords: Internet Public Opinion; Public Opinion Field; Public Opinion Analysis

Abstract: Food and drug safety is related to people's health and life safety, and the future of all Chinese. The Party Central Committee and the State Council have always attached great importance to food and drug safety work. With the continuous improvement of food and drug regulatory system, the overall situation of food and drug safety in China has been stable, but there are also problems and risks. This paper summarizes the current problems of food and drug by analyzing the relevant data of the government regulatory department. The food problems mainly focus on the excessive use of food additives, microbial pollution and agricultural and veterinary drug residues. The medicine problems mainly focus on illegal production and shortage of quality control from certain companies. Through exploratory research, it is found that some enterprises are suspected of illegal production and low level of quality management. Based on the analysis of food and drug safety issues, this report puts forward some suggestions, such as improving the system construction, strengthening the main responsibility of producers and operators, and promoting social governance, which are all aiming at ensuring the health and life safety of the general public.

Keywords: Food Safety; Drug Safety; Supervision System

Abstract: In 2019, the overall improvement of the national ecological environment quality has improved significantly, and the main indicators of ecological environmental protection determined in the 13th Five-Year Plan outline have reached the annual goals and the schedule requirements. The year 2020 is the decisive year to win the battle of pollution prevention and control, and also the year when the 14th Five-Year Plan starts and lays the foundation. China is about to enter a new development stage of comprehensively promoting the construction of a powerful socialist country and building a beautiful China. During the 14th Five-Year Plan Period, China's ecological environment protection will adhere to Xi Jinping's ecological civilization ideology as a guideline, promote green development with technological innovation, accelerate the establishment of the value setting mechanism of ecological products, form a green production and life style, and introduce China's wisdom, China's ideology and China's plan to the construction of global ecological civilization.

Keywords: Ecological Environment; Green Development; Climate Change; Bio-diversity

Abstract: In 2020, under the background of the great impact of the Covid-19 outbreak situation, the employment situation rebounds steadily from the bottom, and the unemployment rate falls steadily. The wage growth will turn from negative to positive, and the Regulations on Ensuring the Wage Payment of Peasant Workers will be implemented in a low-key manner. The social insurance will complete the 13th Five Year Plan ahead of schedule, and the new policy of social security expenses will be unprecedented. The total number of work safety accidents and occupational diseases will continue to decline. The three-year action plan was launched, and labor disputes continue to rise, where wages and contract termination on labor relations were the main subjects of dispute. This report outlines the challenges faced by China's labor relations during the 14th Five Year Plan Period, the key points of labor policy in the new development stage, and forecasts the development and policy trend of labor relations in the future.

Keywords: Anti Covid-19 Strategy; New Development Stage; The 14th Five Year Plan Proposal; Labor Policy

Abstract: the year 2020 is the year of convergence between poverty alleviation and Rural Revitalization Strategy. It is also a key year for the post poverty alleviation era and the transformation from absolute poverty to relative poverty governance. As a weapon for the construction of a moderately prosperous society in an all-round way and winning the battle of poverty alleviation, the precise poverty alleviation strategy has changed the basic logic and operation mode of China's poverty governance in multiple ways, and has created a poverty alleviation system with Chinese characteristics. After years of targeted poverty alleviation practice, the income of the poor continues to rise, the incidence of poverty continues to decline, the sense of achievement of the poor people is significantly enhanced, the number of absolute poverty-stricken population is approaching zero, all the national poverty counties have been lifted from poverty, and decisive progress has been made in poverty alleviation, creating the best achievement in the history of poverty reduction in China and even in the world. In order to further strengthen the achievements of poverty alleviation, we need to focus on the continuation of poverty alleviation policy, strengthen the construction of relative poverty governance mechanism guided by routinized policy, urban-rural integration, market and social oriented strategy. It is also important to accurately connect the Rural Revitalization Plan and the 14th Five Year Plan in the aspects of institutional mechanism, industrial development, public services, rural civilization, etc. The government should highlight the dominant position of the people and start comprehensive construction of building a socialist modern country.

Keywords: Poverty Alleviation; Targeted Poverty Alleviation; Relative Poverty Governance; Rural Revitalization

Abstract: This report analyzes the background, policy design and progress of the health poverty alleviation campaign from 2015 to 2020, focusing on the problems of "difficult to see a doctor" and "expensive medical treatment" in poor areas before 2015, as well as the work carried out by various departments in the medical and health service. This report also objectively summarizes the improvement due to the Health Poverty Alleviation Campaign. Positive results have been achieved in the allocation of medical and health service resources, alleviating the problems of "poverty caused by illness" and "returning to poverty due to illness". Guided by the strategy of Rural Revitalization and the integration of urban and rural areas, the report predicts the major challenges in the post poverty alleviation era, and puts forward short-term and

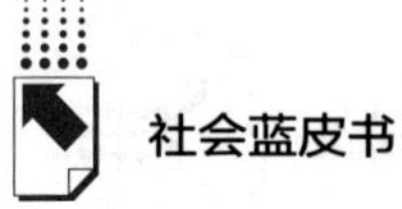

long-term suggestion for healthy poverty alleviation.

Keywords: Health Poverty Alleviation; Community Level Medical Service; Medical Insurance and Poverty Alleviation; Post Poverty Alleviation Era; Rural Revitalization Strategy

V Appendix

权威报告 · 一手数据 · 特色资源

皮书数据库

ANNUAL REPORT(YEARBOOK)
DATABASE

分析解读当下中国发展变迁的高端智库平台

所获荣誉

- 2019年，入围国家新闻出版署数字出版精品遴选推荐计划项目
- 2016年，入选“‘十三五’国家重点电子出版物出版规划骨干工程”
- 2015年，荣获“搜索中国正能量 点赞2015”“创新中国科技创新奖”
- 2013年，荣获“中国出版政府奖 · 网络出版物奖”提名奖
- 连续多年荣获中国数字出版博览会“数字出版 · 优秀品牌”奖

成为会员

通过网址www.pishu.com.cn访问皮书数据库网站或下载皮书数据库APP，进行手机号码验证或邮箱验证即可成为皮书数据库会员。

会员福利

- 已注册用户购书后可免费获赠100元皮书数据库充值卡。刮开充值卡涂层获取充值密码，登录并进入“会员中心”—“在线充值”—“充值卡充值”，充值成功即可购买和查看数据库内容。
- 会员福利最终解释权归社会科学文献出版社所有。

数据库服务热线：400-008-6695
数据库服务QQ：2475522410
数据库服务邮箱：database@ssap.cn
图书销售热线：010-59367070/7028
图书服务QQ：1265056568
图书服务邮箱：duzhe@ssap.cn

社会科学文献出版社 SOCIAL SCIENCES ACADEMIC PRESS (CHINA) 皮书系列
卡号：664512326284
密码：

S 基本子库
UB DATABASE

中国社会发展数据库（下设 12 个子库）

整合国内外中国社会发展研究成果，汇聚独家统计数据、深度分析报告，涉及社会、人口、政治、教育、法律等 12 个领域，为了解中国社会发展动态、跟踪社会核心热点、分析社会发展趋势提供一站式资源搜索和数据服务。

中国经济发展数据库（下设 12 个子库）

围绕国内外中国经济发展主题研究报告、学术资讯、基础数据等资料构建，内容涵盖宏观经济、农业经济、工业经济、产业经济等 12 个重点经济领域，为实时掌控经济运行态势、把握经济发展规律、洞察经济形势、进行经济决策提供参考和依据。

中国行业发展数据库（下设 17 个子库）

以中国国民经济行业分类为依据，覆盖金融业、旅游、医疗卫生、交通运输、能源矿产等 100 多个行业，跟踪分析国民经济相关行业市场运行状况和政策导向，汇集行业发展前沿资讯，为投资、从业及各种经济决策提供理论基础和实践指导。

中国区域发展数据库（下设 6 个子库）

对中国特定区域内的经济、社会、文化等领域现状与发展情况进行深度分析和预测，研究层级至县及县以下行政区，涉及省份、区域经济体、城市、农村等不同维度，为地方经济社会宏观态势研究、发展经验研究、案例分析提供数据服务。

中国文化传媒数据库（下设 18 个子库）

汇聚文化传媒领域专家观点、热点资讯，梳理国内外中国文化发展相关学术研究成果、一手统计数据，涵盖文化产业、新闻传播、电影娱乐、文学艺术、群众文化等 18 个重点研究领域。为文化传媒研究提供相关数据、研究报告和综合分析服务。

世界经济与国际关系数据库（下设 6 个子库）

立足“皮书系列”世界经济、国际关系相关学术资源，整合世界经济、国际政治、世界文化与科技、全球性问题、国际组织与国际法、区域研究 6 大领域研究成果，为世界经济与国际关系研究提供全方位数据分析，为决策和形势研判提供参考。

法律声明

“皮书系列”（含蓝皮书、绿皮书、黄皮书）之品牌由社会科学文献出版社最早使用并持续至今，现已被中国图书市场所熟知。“皮书系列”的相关商标已在中华人民共和国国家工商行政管理总局商标局注册，如LOGO（ ）、皮书、Pishu、经济蓝皮书、社会蓝皮书等。“皮书系列”图书的注册商标专用权及封面设计、版式设计的著作权均为社会科学文献出版社所有。未经社会科学文献出版社书面授权许可，任何使用与“皮书系列”图书注册商标、封面设计、版式设计相同或者近似的文字、图形或其组合的行为均系侵权行为。

经作者授权，本书的专有出版权及信息网络传播权等为社会科学文献出版社享有。未经社会科学文献出版社书面授权许可，任何就本书内容的复制、发行或以数字形式进行网络传播的行为均系侵权行为。

社会科学文献出版社将通过法律途径追究上述侵权行为的法律责任，维护自身合法权益。

欢迎社会各界人士对侵犯社会科学文献出版社上述权利的侵权行为进行举报。电话：010-59367121，电子邮箱：fawubu@ssap.cn。

社会科学文献出版社